以知为力　识见乃远

生长于斯

六朝史上的『地方』

林昌丈 著

中国出版集团 东方出版中心

厦门大学人文社科优秀学术专著出版资助计划

前　言

　　这部论稿的议题，始于十年前的博士论文。在论文中，我对六朝时期会稽豪族的居住地、经济来源和社会网络作了初步研究。这引发我进一步去关注地方，好奇当地的大族为何会对其族居地世代耕耘。和当时学界较为关注六朝政权的性质与运作不同，我对六朝政权下的不同区域和人群更感兴趣。在阅读六朝史籍、已有的学术成果和逐渐进入相关研究的过程中，我发现但凡涉及地方家族、大族的研究，往往是探讨门阀政治形成的历史过程，或者是聚焦于世家大族的兴衰史。随着议题的延伸和拓展，一些研究已开始关注六朝的不同地区，促使学者将眼光投射到具体区域的历史脉络上。然而，他们仍然是站在六朝政权的国家建构上去关注地方。

　　一开始，我自己深陷于这些论题当中。随着对地方性史料的进一步搜集、整理而获得一些支撑性证据后，我便慢慢开始思考六朝史上地方的呈现方式。在文献的记载中，地方最为集中表现的便是地名。它主要包括山川地名、政区地名和聚落地名等。除了少数地名可以被稍微细致地加以描述外，绝大多数地名，我们对其得名、形态面貌和具体情况所知甚少。之所以对地名产生兴趣，是因为我们深知地名并非只是名称而已，它"反映的是相当地方性的自然、人文环境"，和山川、土地等景观相联结，是"人对于空间赋意的结果"。[1] 同时"这些地点不仅仅有个地名而已，更要紧的是它们各具含义，构成这个人对世界的内容的认知"。[2] 本书第一章《〈水经注·浙江水注〉的山川世界》大体反映了刘宋时期及之前会稽地区山川河流的景象，是郦道元根据当时所能搜罗和依凭的六朝载籍描绘浙江水及浦阳江、曹娥江等河流的地域景观。《水经注·浙江水注》呈现的山川世界，是人们情思和心性的投射，可以说是六朝南方地区民众感知周遭环境的代表性例子。以《水经注·浙江水注》为例，还旨在说明丰富的山川地理环境不仅造就了迥异于中原的地方景观，而且产生了多元的生计方式与经济形态。这为当地大族的孕育和成长提供了土壤。而透过"濑""滩"地名使用和传播的演变考察，揭示地名和自然环境、人群移动间的密切关系，并试图理解汉魏六朝时期南北地域间的文化接触、碰撞和融合的漫长历史过程。

抽象而平面化的地名、地点经由文人记载、旅居体验而逐渐呈现了立体感，拥有了不同的意义。在南方地区的游山玩水中，宦游士人特别是渡江的北人，如王、谢子弟对"濑"这一景观发生浓厚的兴趣，《水经注》中翔实的记载当得益于他们的文字资料。但与以往不同的是，这些文字不再仅仅是诗辞、铭赋中的意象组合，而是更加细腻丰富、有着非常具体的描述。不仅如此，正是

---

[1] 叶韵翠：《批判地名学——国家与地方、族群的对话》，台湾大学地理学报编辑委员会编：《地理学报》第68期，2013年。
[2] 唐晓峰：《地理学与"人文关怀"》，《读书》1996年第1期。

这些南来的文士群体,将南方山川中的"石濑"景观和"恶道"联系起来,并进行细致地描绘。

我开始意识到,传世文献记载的地区或地方,基本特点就是尽量简单。正史文献未全面、细致地描述地方,目的也并不在此。正如学者曾经说过,"国家的简单化就像一张简略的地图。它们并未成功地表达它们所要描述的真实社会活动,它的目的也不在此;它们只表达了官方观察员所感兴趣的片段"。[3] 这样的简单化记载同样体现在政区地名中。在第六章中我试图说明沿革地理学以政区为出发点和归宿点,其研究视角是自上而下的。研究特点是将政区的基本要素(地理位置、地理区域、幅员、边界与治所等)及其置废的时间脉络作为考察的主体,进而探究政区及其层级演变的规律性问题。这一研究范式往往容易忽略人群与社会的因素,即地方有势力者或群体的角色、地方社会的能动性。在政区为主导的国家治理框架下,政区与地方社会显然并非相互隔绝、对立,而是长期地不断互动。郡县制推行后,首先赋予地方以具体地名称、中心与幅员。名称即县名,并非凭空产生,多数情况下承袭自前代的叫法,或者根据境内的山川来命名;中心即治所,是衙署与长官、掾史处理政务的所在地,也是一个地方的经济中心;幅员即一县施政的空间范围。地方则建立在这一主体框架上,随着社会、经济的不断发展,开始强化治所这一中心,明晰县的行政边界,并逐渐形成对县的认同。

---

[3] 詹姆斯·C. 斯科特著,王晓毅译:《国家的视角:那些试图改善人类状况的项目是如何失败的》,北京:社会科学文献出版社,2019年,第3页。

不仅如此，受到政治文化观念和地方行政制度交互作用的影响，六朝时期围绕州郡县政区产生了不少的地记。在地方行政制度的长期实践下，这些地方性文本成为行政管理、资源控制的辅助性手段。它们还构成了地方知识收集和积累的重要载体。第四、五章有关"郡记""州记"的探究，除了指出地方行政制度为文本的产生提供重要的背景外，还尝试进一步解答以政区为基本框架的各个地方是如何通过呈现、积累地方知识而变得彼此相区别、特征鲜明的。

有个性且充满意义的地方，更是离不开当地人群的认知与塑造。爱德华·雷尔夫说道："随着居住者地方依附的增强，其家园的特征也会发生变化：一方面，在于居住者不断积累的地理知识与社会知识；另一方面，在于居住者会投入到该地方的更多事务当中。所以，依附感的增强，以及对地方持久性的感知，会让人觉得不论周围的世界怎么改变，这个地方作为一个与众不同的实体会持续地存在下去。"[4] 对栖居处所和土地的依赖，不仅来自人群的向下扎根，也出于他们向上生长的需要。在扎根于地的历史进程中，不同区域的人群主动或被动进入了国家的行政体系中，拥有了编户民和其他的政治身份。本论稿的第七、八和九章分别选取了南方地区的西部、中部和东部的边缘人群作为典型个案，从居地、葬地、交通道路、编户和租赋等角度入手，考察地方人群的生存实态，呈现了斯叟夷、汉人错落杂居的地方景观，闽地人

---

[4] 爱德华·雷尔夫著，刘苏、相欣奕译：《地方与无地方》，北京：商务印书馆，2021年，第50页。

群侨旧混杂的社会面貌以及荆南家族与流域相结合的土地开发方式。

上面的一些粗浅看法和认识是我徜徉于六朝历史的开始。除了华丽的庙堂与隐秘的山林，六朝历史还存在于各地方当中。我们在地方历史的脉络中观察到各种国家制度及其运行、大小政治事件的发生和消亡。地方历史不仅是当地的历史，还是六朝政权历史进程中的重要组成部分。"我们或许可以把地方当作国家的缩影，所有有关政治主张、经济竞争、暴力控制、文化产物、形态设计、宗教构成、记忆建构等众所周知的话语方式以及理解方式都发生在这个微观世界里。"[5] 人们在具体的地方舞台中接触、感知官僚机构、行政权力等政治景观。段义孚曾说过："炉边的一张靠椅是一个地方，一个国家也是一个地方。小地方可以通过直接体验而被感知。一个像国家那样大的区域是出乎一般人的直接经历之外的；但它可以通过文艺、教育和政治的象征手法转变成一个'地方'，一个热情忠诚的焦点。"[6] 六朝政权和君主权威并非遥不可及，而是可以在地方上看见六朝历史，看见各种人群在向下扎根、向上生长。无论名门望族、地方豪族还是名不见经传的小人物，共同为六朝历史涂抹上了多彩色调。

本书题为"生长于斯"，套用了《周礼·大祝》"歌于斯，哭

---

[5] 包弼德：《论地方史在中国史研究中的地位——以欧美近十多年的研究为例》，复旦大学历史地理研究中心、哈佛大学哈佛燕京学社编：《国家视野下的地方》，上海：上海人民出版社，2014年，第13页。

[6] 段义孚著，李旭旦、汤茂林译：《人文主义地理学》，《中国城市评论》第4辑，南京：南京大学出版社，2008年，第37页。

于斯,聚国族于斯"。[7] 具体内涵虽不同,但都突出了"此地"这一场所。"此地"即是栖居地、立足之所。我的用意在于强调土地、家园对人群的重要意义,"家园,作为珍贵记忆的化身,捆住了每颗心,于是才有了离别的忧伤、回望时的思念、漂泊异乡时的渴望"。[8] 正是在此层面上,以"人"为立场的历史才得以凸显。[9] 它也是六朝历史的出发点。"生于斯,长于斯",还在表明对六朝地方历史的研究不是研究视角的下移,而是回归地方,观察那个"天高皇帝远"的世界。

---

[7]《十三经注疏》整理委员会整理:《周礼注疏》卷二五《大祝》,北京:北京大学出版社,1999年,第662页。

[8] 转引自约翰·布林克霍夫·杰克逊著,俞孔坚等译:《发现乡土景观》,北京:商务印书馆,2016年,第69页。对这句话的相似翻译,可参阅斐迪南·滕尼斯著,张巍卓译:《共同体与社会》,北京:商务印书馆,2019年,第410页。

[9] 鲁西奇:《人的历史与人的历史学》,参见氏著:《谁的历史》,桂林:广西师范大学出版社,2019年,第3—24页。

· 第一编 ·

环境、景观与居地

第一章

《水经注·渐江水注》的山川世界

《水经注·渐江水注》详细记载了渐（浙）江水及其支流的山水地理、人文景观，保存了汉魏六朝时期浙江地区大量的山川、城邑和祠庙等文献资料。以往对《渐江水注》的研究，概括而言，主要集中于以下两个方面：一是对《注》文的校勘、山川城邑等地名的定位和名物考释；[1]二是主要从《注》文涉及的征引文献入手，梳理《注》文的明确标引文献以及一些和《注》文相似的文献记载。[2]随着学界对《水经注》研究的日益深入，学者不仅以《水经注》所载的水道复原为目标，进行相关的历史地理研究，而且从史源学的

---

[1] 陈桥驿：《〈水经·渐江水注〉补注》，氏著：《〈水经注〉研究》，天津：天津古籍出版社，1985年，第283—316页。该篇后收入陈氏著：《水经注校证》，北京：中华书局，2007年，第935—988页；张步天：《水经注地理疏证》，北京：线装书局，2017年，第605—619页。

[2] 郑德坤：《水经注引书考》，台北：艺文印书馆，1974年；朱谋㙔：《水经注笺》，国家图书馆藏明万历四十三年（1615年）刻本；杨守敬、熊会贞注疏：《水经注疏》卷四〇《渐江水》，南京：江苏古籍出版社，1989年，第3273—3338页。下文凡征引《水经注疏》，除非必要，不另出注。

角度进一步探究郦《注》的文献来源。[3] 在前人研究的基础上，本章对《浙江水》的《注》文进行历史地理和文献学两方面的梳理，并从史源方面进一步探析《注》文和六朝地记间的关系。

一、《水经注·浙江水注》疏证

> 浙江水出三天子都。《山海经》谓之浙江也。[4]

关于浙江水发源的山脉，最早的认识来自《山海经》。《山海经第十·海内南经》曰："三天子鄣山，在闽西海北。"郭璞注云："今在新安歙县东，今谓之三王山，浙江出其边也。"又《山海经第十三·海内东经》记浙江与庐江二水皆出三天子都，又名天子鄣。[5] 三王山，《续汉书·郡国四》丹阳郡"歙县"条与会稽郡"山

---

[3] 这一方面的代表性著作，请参阅李晓杰主编：《水经注校笺图释　渭水流域诸篇》，上海：复旦大学出版社，2017年；李晓杰主编：《水经注校笺图释　汾水涑水流域诸篇》，北京：科学出版社，2020年；李晓杰主编：《水经注校笺图释　洛水流域诸篇》，北京：科学出版社，2021年；夏婧：《〈水经注〉援引文献溯源研究》，博士后出站报告，复旦大学历史地理研究中心，2015年；鲍远航：《〈水经注〉与魏晋南北朝地理文学文献研究》，北京：中国社会科学出版社，2019年。

[4] 《浙江水注》篇以王先谦《合校水经注》（北京：中华书局，2009年）为底本，参校杨守敬、熊会贞注疏《水经注疏》（南京：江苏古籍出版社，1989年）。《经》文为楷体加粗，《注》文为楷体，下同。《经》文依据黄学超《〈水经〉文本研究与地理考释》，上海：复旦大学出版社，2021年，第65页。

[5] 郝懿行笺疏，沈海波校点：《山海经笺疏》，上海：上海古籍出版社，2019年，第224、252页；袁珂：《山海经校注》，上海：上海古籍出版社，1980年，第268、332页。

阴县"条刘昭注引《山海经》郭璞注皆作"玉山",⁶ 当以"三王山"为是。淳熙《新安志》绩溪县"山阜"栏下云:"大鄣山在县东六十里,高五百五十仞,周百五十里。"⁷ 这与《太平寰宇记》所记三天子都山在县东南八十里的里数稍有出入。元人舒頔撰有《大鄣山记》,其略云:"浙水出大鄣山,见诸郡志。其山高数百丈,石如壁立,横截溪洞间,深邃不可测。去邑五十里,东接唐昌,出天目山,南逾歙。"⁸ 则大鄣山是一处自绩溪东部绵延至歙县南部的山脉。全祖望校《水经注》首先引述诸家所论三天子都,认同"都"即"鄣"字之讹,并且认为三天子鄣虽有三而大鄣则推浙江之源,秦汉间人以是取郡名为鄣郡。⁹ 由此来看,天子都(鄣)有三,而全祖望等学者持大鄣山为浙江之源的说法。¹⁰

然而,明人吴度《三天子都考》引述汪循《率山记》曰:"或以绩溪大鄣山为《山海经》所称三天子都,非也。《水经》浙江水出三天子都,在率东。庐江出三天子都,入彭蠡。今惟率山之水,山阴山阳,一东一西,而流入于江者,与古吻合。尝游率山,见

---

6 《续汉书·郡国四》,参见范晔:《后汉书》,北京:中华书局,1965年,第3486、3488页。此外,乐史《太平寰宇记》亦作"玉山",其卷一〇四《江南西道二》歙州绩溪县"三天子都山"条云:"一名玉山,在县东南八十里。"(北京:中华书局,2007年,第2065页。)
7 淳熙《新安志》卷五,《宋元方志丛刊》第8册,北京:中华书局,1990年,第7668页下栏。
8 舒頔:《贞素斋集》卷一《记》,《景印文渊阁四库全书》第1217册,台北:台湾商务印书馆,1986年,第550页上栏。
9 郦道元著、全祖望校:《水经注》卷三五《浙江水注》,李勇先、高志刚主编:《水经注珍稀文献集成》第2辑,成都:巴蜀书社,2017年,第39页上栏。
10 丁谦:《水经注正误举例》卷一,刘承幹辑《求恕斋丛书》,北京:文物出版社,1987年,第1页A面—2页B面。

巨石上镌'三天子都'字,即三天子都也。"[11] 汪循为契合《水经》庐江水与渐江水所出当为同一处"三天子都"的记载,将徽州府休宁县的率山释作"三天子都"所在。同时,汪循将发源于率山西南、屈曲流经今景德镇市并径鄱阳湖、北至长江的昌江水系当作"庐江水",这与《水经注·庐江水注》所记出入甚大。庐江水所出之三天子都,和《庐江水注》提及的"彭蠡泽西天子鄣"颇有关联。那么,绩溪东部的大鄣山与休宁县南部的率山,究竟何处是三天子都所在呢?

检核地图可知,大鄣山与率山实则是相连的山系。同一山脉,绵延甚广,古人将同一名称用于指称山脉相连的不同山区,因而导致记载的方位、里数不一,是比较常见的事情。故郭璞及后人的注释,反而过于拘泥。简而言之,《山海经》所谓浙江所出的三天子都,是一处范围较广的山区。由《禹贡》及《山海经》的记载来看,所谓的三天子鄣可能与彭蠡泽的形成密切相关。从地理位置上观察,位于皖南山区的大鄣山(或率山)和彭蠡泽(鄱阳湖)西的天子鄣(庐山附近)二者与大禹在彭蠡泽、震泽的导江导海的传说应有一定的联系。

  《地理志》云:"水出丹阳黟县南蛮中。"北径其县南。有博山,山上有石,特起十丈,上峰若剑杪。

---

[11] 乾隆《江南通志》卷一五《舆地志·山川五》,《中国地方志集成·省志辑·江南》据清乾隆元年(1736年)刻本影印,第3册,南京、成都:凤凰出版社、巴蜀书社等,2001年,第359页下栏。

《汉书·地理志上》丹阳郡"黟"县下云:"渐江水出南蛮夷中,东入海。"[12]《说文·水部》"渐"字下曰:"渐水出丹阳黟南蛮中,东入海。"[13] 全祖望校《水经注》曰:"此与《汉志》《水经》合当东汉时,新安一带山越居之。"[14] 丁谦《水经注正误举例》云:"水源出处,汉时皆为山越所据,不知其名,故《地理志》仅混称蛮夷中。"[15] 东汉时期,蛮夷盘踞于渐江水上游山区一带,时人尚不能确知渐江水的发源地,班固《汉志》、许慎《说文》只能给出较为模糊的说法。《后汉书·度尚传》载汉桓帝时丹阳抗徐试守宣城长,"悉移深林远薮椎髻鸟语之人置于县下,由是境内无复盗贼"[16]。黟县位于宣城西南方向,距离邻近,都位于皖南山区。想必渐江水发源地一带的"蛮夷",应当也是这些椎髻鸟语之人。"北径其县南"的注文,正是郦道元依据《地理志》提及的"黟县"而言。

汉六朝时期的黟县县治,《太平寰宇记》谓在县东五里。今浙江正源发源于皖赣边界的六股尖山,屈曲东北流,经黟县南境。《太平寰宇记·江南西道二》歙州"黟县"栏云:"今县南十八里有墨岭山,岭上有石特起十余丈,峰若剑峙。"[17] 则博山即为墨岭山,在黟县南十八里,即在今黟县南屏村南部一带。

---

12 《汉书》卷二八上《地理志上》,北京:中华书局,1962年,第1592页。
13 许慎著,徐铉校定:《说文解字》卷一一上,北京:中华书局,1963年,第226页上栏。
14 郦道元著,全祖望校:《水经注》卷三五《渐江水注》,第39页上栏。
15 丁谦:《水经注正误举例》卷一,刘承幹辑:《求恕斋丛书》,第2页A面。
16 《后汉书》卷三八《度尚传》,第1286页。
17 乐史著,王文楚等点校:《太平寰宇记》卷一〇四《江南西道二·歙州》,第2065页。

浙江又北历黟山。县居山之阳，故县氏之。汉成帝鸿嘉二年，以为广德国，封中山宪王孙云客王于此。晋太康中，以为广德县，分隶宣城郡。

黟山即今黄山，在浙江水西北，故其水当东北历黟山。广德国，据《汉书》纪、传的记载，立于西汉成帝鸿嘉二年（公元前19年），刘云客为首任广德王，在任一年薨，无后。平帝元始二年（公元2年）复立。《汉书·诸侯王表》云："元始二年四月丁酉，静王榆以惠王曾孙戴王子绍封，四年薨。"[18] 又据《王子侯表》"利乡孝侯安"条，刘国父刘遂，祖利乡孝侯刘安。安乃宪王弟，则刘国当即刘云客。云客弟云汉。元始二年复立的广德国为静王刘榆，上引《纪》《传》皆作刘伦。《汉书·景十三王传》"广川惠王"下云："平帝元始二年，复立戴王弟襄隄侯子瘉为广德王，奉惠王后，二年薨。子赤嗣，王莽时绝。"[19]《汉书补注·景十三王传第二十三》"中山靖王胜"下注引钱大昕案语曰："'平帝元始二年至奉靖王后'二十三字，明是衍文。伦、瘉字形相近，非有二人也。"王先谦则曰："伦实广德王，奉惠王后。"[20] 则静王伦（瘉、

---

[18]《汉书》卷一四《诸侯王表》，第416页。钱大昭《汉书辨疑》卷三云："案《王子侯表》，襄隄侯圣，广川缪王子。圣子伦，为广德王。《传》云戴王弟襄隄侯子，此《表》戴王下脱'弟'字，《丛书集成初编》第161册，上海：商务印书馆，1936年，第37页。关于刘云客的先世，《纪》《传》前后抵牾。淳熙《新安志》卷一"封建"栏下辨诬道，"云客之祖孝侯安，于宪王为弟，其父戴侯遂于怀王为从父弟，则云客乃宪王弟孙，怀王从父弟子，《表》《传》所言是也。宪王孙无封利乡者。《纪》脱一'弟'字耳"，第7605页上栏。郦注本之《成帝纪》，误。

[19]《汉书》卷五三《景十三王传》，第2433页。
[20] 王先谦补注：《汉书补注》第8册，上海：上海古籍出版社，2012年，第3919页。

榆）为广川惠王越曾孙，至其子刘赤，前后共立国七年。

广德国，据《汉书·地理志》，在丹阳郡黟县。王莽时国除，还为黟县。《汉书疏证》"广德夷王"条云："胜本封中山，云客弟又改封广平，中间不应远封宣州之广德，疑非也。"[21] 而汉末东吴之广德县，[22] 在今广德县西南，已与黟县无涉。可见东吴时已有广德县，并非太康年间所立，郦《注》有误。

> 浙江又北径歙县东，与一小溪合。水出县东北翁山，西径故城南，又西南入浙江。

杨守敬谓"北"上当有"东"字。其意指浙江当东北径歙县东，可从。"小溪"，吴度《三天子都考》云："黄山虽奇秀，其趾有水名丰乐溪，亦与众溪相类，即《水经注》所谓小溪之一支耳。"[23] 杨守敬云："今登水出绩溪县东北大鄣山，西南流至歙县，南入新安江，当即此水也。"[24] 陈桥驿《水经注校证》云："吴度以丰乐溪为此一小溪名。……今从歙县与绩溪南流的主要河流有丰乐溪、富资溪、布射溪、登源河四水，在歙县县城附近汇合，称为练江，练江南流，在朱家村以北注入新安江。……此小溪于今

---

21 沈钦韩等撰：《汉书疏证：外二种》卷二八，据清光绪二十六年（1900年）浙江官书局本影印，上海：上海古籍出版社，2006年，第810页下栏。
22 建安五年（200年），徐琨封广德侯，即吕蒙、张纯后来所任的广德县。考证见陈健梅：《孙吴政区地理研究》，长沙：岳麓书社，2008年，第49页。
23 乾隆《歙县志》卷一六《艺文志上》吴度《三天子都考》，《中国方志丛书》影印乾隆三十六年（1771年）刻本，台北：成文出版社有限公司，1975年，第1485—1487页。
24 杨守敬、熊会贞注疏：《水经注疏》卷四〇《浙江水》，第3277页。

应为练江。丰乐溪与登源河,均为练江上流。"[25] 据《三天子都考》可知,吴度认为丰乐溪为小溪的支流,陈桥驿误读。练江由歙城东南流至浦口村西,汇入新安江。陈桥驿以"小溪"释作练江,与《注》文不合。杨守敬所谓的"登水",即今登源河,源于绩溪县东登源洞岭一带,西南汇入练江。

关于歙县,《汉书·地理志》丹扬郡"歙"县下谓都尉治,[26] 当是丹扬(阳)都尉治于歙。歙县治所,一般认为位于今歙县县城。[27] 然郦《注》却说有歙县故城。从"小溪"和故城相对位置的描述来看,此故城似乎位于今歙县县城一带。翁山,吴度《歙故城考》谓即大鄣山。[28] 确切地说,翁山应是大鄣山系的一部分,位于歙县东北。

> 又东径遂安县南。溪广二百步,上立杭以相通,水甚清深,潭不掩鳞。故名"新定",分歙县立之。晋太康中,又改从今名。

上文云小溪入浙江后,此处谓"又东径遂安县南",并无明确指出是何水东径遂安县南。杨守敬将这一河流理解为浙江(新安江),故他说道:"今新安江经遂安县北,此'南'字当作'北'。"若此条记浙江东径遂安县南,下文不当称浙江为"溪"。揣测文

---

25 陈桥驿:《水经注校证》卷四〇《浙江水》,第960页。
26 《汉书》卷二八上《地理志上》,第1592页。
27 胡阿祥编著:《宋书州郡志汇释》,合肥:安徽教育出版社,2006年,第23页。
28 乾隆《歙县志》卷一六《艺文志》吴度《歙故城考》,第1480页。

意,此处应指流径遂安县南的一条溪水,而非浙江。因而,"又东径遂安县南"上很有可能存在阙文。新定县,贺齐讨伐黟、歙山越后,分歙县所立,属新都郡。《宋书·州郡一》扬州新安太守"遂安令"条云:"孙权分歙为新定县,晋武帝太康元年更名。"[29] 其治所,在今淳安县汾口镇仙居村附近。[30] 则"溪"即今武强溪,源出白际山脉,东南流经中洲镇、仙居村,折而东北流,过汾口,入新安江。当即下文《贺齐传》之武强乡所在地,贺齐即以歙县武强乡为新定县。"杭"即"航",船渡之意。

> 浙江又左合绝溪。溪水出始新县西,东径县故城南,为东西长溪。溪有四十七濑,浚流惊急,奔波聒天。孙权使贺齐讨黟、歙山贼,贼固黟之林历山,山甚峻绝,又工禁五兵……遂用奇功平贼。于是立始新之府于歙之华乡,令齐守之。后移出新亭。晋太康元年,改曰新安郡。溪水东注浙江。

《三国志·吴主传第二》云:"是岁(建安十三年),(孙权)使贺齐讨黟、歙,分歙为始新、新定、犁阳、休阳县,以六县为新都郡。"[31]《三国志·贺齐传》云:"(建安)十三年迁威武中郎将,讨丹阳黟、歙。时武强、叶乡、东阳、丰浦四乡先降,齐表言以叶乡为始新县。而歙贼帅金奇万户屯安勒山,毛甘万户屯乌聊山,

---

29《宋书》卷三五《州郡一》,北京:中华书局,1974年,第1037页。
30 胡阿祥编著:《宋书州郡志汇释》,第23页。
31《三国志》卷四七《吴书·吴主传第二》,北京:中华书局,1982年,第1117页。

黟帅陈仆、祖山等二万户屯林历山。……齐复表分歙为新定、黎阳、休阳。并黟、歙凡六县，权遂割为新都郡。"³² "黎阳"即《吴主传》之"犁阳"。《注》文提到的"华乡"，《贺齐传》作"叶乡"，两字相近易讹。是则始新县乃贺齐讨伐黟、歙山贼后以叶乡（华乡）所立。安勒、乌聊山，《魏氏春秋》作安勒、乌邪山。³³ 安勒山，即布射山。《元和郡县图志》云："布射山，一名勤山，在县北二十里。"³⁴ 今布射溪出布射山，东南流入练江。乌聊山即乌邪山，《元和郡县图志》谓在歙县东南二百六步，《太平寰宇记》谓在县东五步，³⁵ 即今歙县徽城镇之斗山、长青山。林历山在黟县南。

始新县故城，据《注》文理解，当在原歙县之华乡（叶乡），与新亭所在的始新县城相对照。绝溪，熊会贞云："今有云源溪，出淳安县西北，南流入新安江，疑即绝溪。但所出所径，与《注》形势异，当是《注》误。又下流只一溪，盖有湮塞也。"陈桥驿提出异议，谓"今云源溪已在始新县以东，与《注》文不合，故未必是《注》误"。他以为街源溪比云源溪更有可能符合绝溪的

---

32 《三国志》卷六〇《吴书·贺齐传》，第1378页。安勒山，百衲本《三国志·吴书》作"安勤山"，下文《元和郡县图志》作"勤山"。
33 《续汉书·郡国四》丹阳郡"歙"县条刘昭注引《魏氏春秋》，参见范晔《后汉书》，第3486页。
34 李吉甫著，贺次君点校：《元和郡县图志》卷二八《江南道四·歙州》，北京：中华书局，1983年，第686页。
35 李吉甫著，贺次君点校：《元和郡县图志》卷二八《江南道四·歙州》，第686页；乐史著，王文楚等点校：《太平寰宇记》卷一〇四《江南西道二·歙州》歙县"乌聊山"条，第2060页。

流向与地理位置。[36]按，街源溪虽出始新县西，然与《注》文"左合""东径县故城南"无一吻合。云源溪，民国《重修浙江通志稿·地理考》云："源出皖省歙县之枫岭。南流入淳安县境，西受毕家源之水，东北受长春源之水，东南流约十八里，至后坞庄，折南流，曲曲二十四里余，至管家村，折东南，曲曲十九里余，至双溪村，转西南约三十里，入新安江。"[37]今毕家源、管家村等地名尚在。然正如熊会贞所言，其所出所径，与《注》文大异。

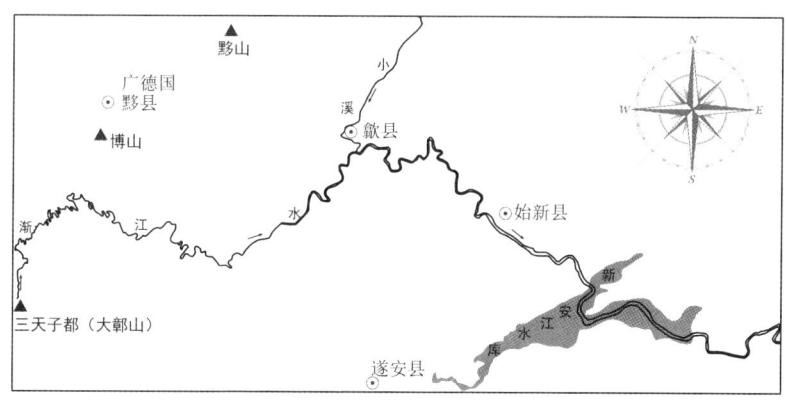

图1 《水经注·渐江水注》渐江水建德县以上河段示意图

浙江又东北径建德县南。县北有乌山，山下有庙，庙在县东七里。庙渚有大石，高十丈，围五尺，水濑浚激而能致云雨。

---

36 陈桥驿:《水经注校证》卷四〇《渐江水》，第961页。
37 民国浙江省通志馆编、浙江省地方志编纂委员会整理:《重修浙江通志稿》第1册，北京：方志出版社，2010年，第434页。

建德县,《宋书·州郡一》扬州吴郡太守"建德令"条谓孙吴分富春立。《元和郡县图志·江南道一》睦州"建德县"条云:"本汉富春县地,吴黄武四年分置建德县。"[38] 建德县治在今建德市梅城镇。其北有乌龙山,当即乌山。[39]《读史方舆纪要》建德县"乌龙山"条注引《图经》云:"山高六百丈,周百六十里,郡之镇山也。"[40] 浙江过梅城镇后东北流,兰江由兰溪市北流来汇。

> 浙江又东径寿昌县南。自建德至此,八十里中有十二濑,濑皆峻险,行旅所难。县南有孝子夏先墓,先少丧二亲,负土成墓,数年不胜哀,卒。[41]

寿昌县,《宋书·州郡一》扬州吴郡太守"寿昌令"条曰:"吴分富春立新昌县,晋武帝太康元年更名。"[42] 熊会贞案语云:"'东'下当有'北'字。古寿昌在今县西,在建德之西南。浙江东北流,不得先径建德而后径寿昌,明有讹文。据孝子夏先,桐庐人,则下言县南有夏先墓谓桐庐县也。此寿昌为桐庐之误无疑。"桐庐县,"本汉富春县之桐溪乡,黄武四年分置桐庐县,以居桐溪地,

---

38 李吉甫著,贺次君点校:《元和郡县图志》卷二五《江南道一·睦州》,第607页。
39 陈桥驿:《水经注校证》卷四〇《浙江水》"陈桥驿补注",第961页。
40 顾祖禹著,贺次君、施和金点校:《读史方舆纪要》卷九〇《浙江二·严州府》,北京:中华书局,2005年,第4153页。
41 孝子夏先,晋人,《太平寰宇记》卷九五《江南东道七·睦州》"人物"栏云:"夏孝先,桐庐人。父亡,负土成坟,庐其侧。"(第1910页)
42《宋书》卷三五《州郡一》,第1032页。

因名"。⁴³ 东吴两晋南朝之桐庐县，当在今桐庐县西分水江右岸旧县街道一带，浙江东北流经县南。因而，《注》文当改作"浙江又［北］（东）径［桐庐］（寿昌）县南"。自建德至桐庐，距离约33公里，较符合"八十里"之数。

  浙江又北径新城县，桐溪水注之。水出吴兴郡於潜县北天目山。山极高峻，崖岭竦叠，西临峻涧。山上有霜木，皆是数百年树，谓之翔凤林。⁴⁴ 东面有瀑布，下注数亩深沼，名曰浣龙池。⁴⁵

  新城县，《宋书·州郡一》扬州吴郡太守"新城令"条云："浙江西南名为桐溪，吴立为新城县，后并桐庐。《晋太康地志》无。张勃云：'晋末立。'疑是太康末立，寻复省也。晋成帝咸和九年又立。"⁴⁶ 上引顾野王《舆地志》东吴分富［春］（阳）桐庐溪置桐庐县，《宋书·州郡一》又谓东吴以桐溪立新城县。正如《宋书·州郡一》所说，东吴立新城县后，可能很快就并入桐庐县。晋太康

---

43 李吉甫著，贺次君点校：《元和郡县图志》卷二五《江南道·睦州》"桐庐县"条，第607页。又《六臣注文选》卷二六任彦升《赠郭桐庐出溪口见候余既未至郭仍进村维舟久之郭生方至》题注李善引顾野王《舆地志》曰："桐庐县，吴分富阳之桐庐溪也。"（北京：中华书局，2012年，第488页下栏—489页上栏）

44 《太平御览》卷五七《地部二十二·林》引山谦之《吴兴记》曰："於潜县北有天目山，山上众木甚美非常，因名翔凤林。"（北京：中华书局，1960年，第276页下栏）

45 《水经注疏》作"蛟龙池"。杨守敬据缪荃孙辑《吴兴记》改，其云："天目山有蛟龙池，耆老相传，入山之人，常见山边一美人，蛟所化也。"又《太平寰宇记》卷九四《江南东道六·湖州》安吉县"天目山"条引《吴兴记》云："天目山极高峻，岭上有水甚美。东面有瀑布，下注数亩。"（第1890页）

46 《宋书》卷三五《州郡一》，第1032页。

末又复置。桐溪水，民国《重修浙江通志稿·地理考》云："天目溪折东南流，入桐庐县境，俗名分水港，实郦氏所谓桐溪也。"[47] 分水港即今分水江，其上流为天目溪，江水流至桐君山南侧注入浙江。《南齐书·沈文季传》云富阳人唐㝢之"于新城水断商旅，党与分布近县。新城令陆赤奋、桐庐令王天愍弃县走"。[48] 吴晋南朝之新城县，当在今新登镇一带，因而注入浙江的是流经新登镇南岸再曲曲东南流的鼍江（渌渚江），其上游为松溪与葛溪，而非桐溪水。

> 池水南流径县西，为县之西溪。溪水又东南与紫溪合，水出县西百丈山，即潜山也。山水东南流，名为紫溪。中道夹水，有紫色磐石。石长百余丈，望之如朝霞。又名此水为赤濑，盖以倒影在水故也。

於潜，汉旧县，《吴录·地理志》云："县西暨山，盖因山以立名。"[49] 即今於潜镇。西溪在於潜镇西，发源于西天目山，西南径交口、绍鲁、畔山等村，至后渚村南流径於潜镇西。又曲曲南径潜川镇，至今紫溪村东汇入紫溪。《太平寰宇记·江南东道五》杭州昌化县"紫溪"条引《吴兴记》云："邑有文山水，东南流为紫

---

47 民国浙江省通志馆编、浙江省地方志编纂委员会整理：《重修浙江通志稿》第1册，第469页。
48 《南齐书》卷四四《沈文季传》，北京：中华书局，1972年，第776—777页。
49 乐史著，王文楚等点校：《太平寰宇记》卷九三《江南东道五·杭州》"於潜县"栏引《吴录·地理志》，第1866页。

溪。"又引《舆地志》云:"紫溪中夹水有赤色磐石,长百余丈,望之如霞,名曰赤濑水。"[50]《注》文有关紫溪和赤濑的记载,看来应来自当地的地记资料。

> 紫溪又东南流,径白石山之阴。[51]山甚峻极,北临紫溪。又东南,连山夹水,两峰交峙。反项对石,往往相捍。十余里中,积石磊砢,相挟而上。涧下白沙细石,状若霜雪。水木相映,泉石争晖,名曰楼林。

熊会贞云:"至此当叙紫溪入桐溪,而《注》不明言者。"盖桐溪即紫溪下流,《注》文未刻意区别记载。《太平寰宇记·江南东道七》睦州桐庐县"桐溪"条云:"一名紫溪,水木泉石相映,名'楼林'。"[52]白石山,《吴兴记》云:"於潜县东七十里,有印渚,渚傍有白石山,峻壁四十丈。印渚盖众溪之下流也。印渚以上至县,悉石濑恶道,不可行船;印渚已下,水道无险,故行旅集焉。"[53]印渚即今印渚镇的岩岭湖(分水江水库)。湖之南崇山峻岭,当为白石山。

---

50 乐史著,王文楚等点校:《太平寰宇记》卷九三《江南东道五·杭州》,第1870—1871页。对照《注》文可知,"文山水"之"文"字,可能为"丈"字之误。若这一推测不误,则"文山水"似可改为"[百]丈山水"。
51 《水经注疏》无"石"字。
52 乐史著,王文楚等点校:《太平寰宇记》卷九五《江南东道七·睦州》,第1912页。
53 刘义庆著,刘孝标注,余嘉锡笺疏,周祖谟等整理:《世说新语笺疏》卷上之上《言语第二》"王司州"条引《吴兴记》,北京:中华书局,2007年,第164页。相似佚文,参见《太平御览》卷四六《地部十一·江东诸山》"印渚山"条引《吴兴记》,第225页上栏。

> 紫溪东南流，径桐庐县东为桐溪。孙权借溪之名以为县目，割富春之地立桐庐县。自县至於潜，凡十有六濑，第二是严陵濑。濑带山，山下有一石室，汉光武帝时，严子陵之所居也。[54] 故山及濑，皆即人姓名之。山下有磐石，周回十数丈，交枕潭际，盖陵所游也。桐（庐）溪又东北径新城县入浙江。县故富春地，孙权置，后省并桐庐，咸和九年，复立为县。

顾野王《舆地志》曰："七里濑在东阳江下，与严陵濑相接，有严山。桐庐县南有严子陵渔钓处，今山边有石，上平，可坐十人，临水，名为严陵钓坛。"[55] 七里濑即七里滩，唐骆宾王《钓矶应诏文》云："余以三伏辰行，至七里滩。此地即新安之江口也，有严子陵钓矶焉。"[56]《太平寰宇记·江南东道七》建德县"七里濑"条曰："即富春渚是也。"[57] 则十六濑中，第一是七里濑，第二是严陵濑，此外还有赤濑等。文末"桐溪"二字，《水经注疏》作"桐庐溪"。杨守敬云："桐溪水自今於潜县南流径分水县，又东南径桐庐县，屈从县北东入富春江。尚未至新城也。"所云甚是。

> 浙江又东北入富阳县。故富春也，晋后名春，改曰富阳

---

[54]《后汉书》卷八三《逸民列传·严光》云："严光字子陵，一名遵，会稽余姚人也。少有高名，与光武同游学。……除为谏议大夫，不屈，乃耕于富春山，后人名其钓处为严陵濑焉。"（第2763—2764页）

[55]《后汉书》卷八三《逸民列传·严光》李贤注引顾野王《舆地志》，第2764页。

[56] 徐坚等著：《初学记》卷二二《武部·渔第十一》，北京：中华书局，1962年，第546页。

[57] 乐史著，王文楚等点校：《太平寰宇记》卷九五《江南东道七·睦州》建德县"七里濑"条，第1911页。

也。东分为湖浦。浙江又东北径富春县南。县故王莽之诛岁也。江南有山，孙武皇之先所葬也。汉末，墓上有光，如云气属天。[58] 黄武［五］（四）年，孙权以富春为东安郡，分置诸［县］（郡），以讨士宗。浙江又东北径亭山西，山上有孙［权］（坚）父冢。

此段《注》文，"富阳""富春"二县名值得注意。《宋书·州郡一》扬州吴郡太守"富阳令"条曰："晋简文郑太后讳'春'，孝武改曰富阳。"可知在郦氏撰写《注》文时，"富春县"已经被改为"富阳县"了。然而下文的《注》文又作"富春县"，仍用汉县名。

浙江自建德县至富阳县的河段，今谓富春江。湖浦，杨守敬谓在富阳县西南。浙江入富阳县后即向东分流为湖浦，可能在今场口镇一带。"以讨士宗"，全祖望云当作"以讨山越，命全琮"，于文义方合。亭山，一名阳平山，[59] 即今大源镇亭山。

东安郡，《吴录》云郡治富春。《三国志·吴主传第二》黄武五年（226年）下云："分三郡恶地十县置东安郡，以全琮为太守，平讨山越。"[60] 三郡，当即吴、会稽与丹杨。《三国志·全琮传》黄武七年（228年）下云："是时丹杨、吴、会山民复为寇贼，攻没属县，权分三郡险地为东安郡，琮领太守。"[61] 案，由《全琮传》下

---

58 《三国志》卷四六《吴书·孙破虏讨逆传第一》裴注引《吴书》曰："坚世仕吴，家于富春，葬于城东。冢上数有光怪，云气五色，上属于天，曼延数里。"（第1093页）
59 乐史著，王文楚等点校：《太平寰宇记》卷九三《江南东道五·杭州》，第1869页。
60 《三国志》卷四七《吴书·吴主传第二》，第1133页。
61 《三国志》卷六〇《吴书·全琮传》，第1382页。

文"数年中,得万余人。权召琮还牛渚,罢东安郡"来看,"黄武七年"必误,当从《吴主传》,系于黄武五年。与贺齐讨伐皖南山区所立的新都郡性质相似,东安郡的析置,在于征伐山越,重新将山民纳入编户系统。

> 北过余杭,东入于海。浙江径县,左合余[杭](干)大溪。江北即临安县界。水北对郭文宅,宅傍山面溪,宅东有郭文墓。晋建武元年,骠骑王导迎文,置之西园,文逃此而终,临安令改葬之。建[安](武)十六年,县民郎稚作乱,贺齐讨之。孙权分余杭立临水县,晋改曰临安县。因冈为城,南门尤高。谢安莅郡游县,径此门,以为难为亭长。

余杭大溪当即东苕溪,源出东天目山,北流入太湖,并不汇入浙江。这一点,杨守敬早已指出。郭文一事,见于《晋书·郭文传》。[62]《注》文与《晋书》的记载,大体来源于相同的文本。郎稚作乱,《贺齐传》建安十六年(211年)下云:"吴郡余杭民郎稚合宗起贼,复数千人,齐出讨之,即复破稚,表言分余杭为临水县。"[63]郎稚等人虽被平定,但想必有更多的属县民成为山贼,故孙权命全琮继续讨伐三郡恶地。临安县,《宋书·州郡一》扬州吴兴太守"临安令"条云:"吴分余杭为临水县,晋武帝太康元年更名。"[64]临水(临安)县的分置,和孙吴平叛这一带的山民有直接关系。

62《晋书》卷九四《郭文传》,北京:中华书局,1974年,第2440—2441页。
63《三国志》卷六〇《吴书·贺齐传》,第1379页。
64《宋书》卷三五《州郡一》,第1033页。

> 浙江又东径余杭故县南，新县北。秦始皇南游会稽，途出是地，因立为县，王莽之淮睦也。汉末陈浑移筑南城，县后溪南大塘，即浑立以防水也。县南有三碑，是顾飏、范宁等碑。县南有大壁山，郭文自陆浑迁居也。

余杭县治，即今余杭镇。南苕溪由西向东穿过余杭镇，而非浙江。溪北即《注》文所说之故县，而溪南则陈浑所筑之南城。咸淳《临安志》云："《祥符志》云旧县城在溪南，周回六里二百步。东汉熹平二年，县令陈浑徙于溪北，后复治于溪南。"[65] 与《注》文所说恰好相反。《注》文中有关余杭县的说法，还可见于以下的地记史料。《吴兴记》云："秦始皇三十七年，将上会稽，[途]（涂）出此地，因立为县。"[66]《续汉书·郡国四》吴郡"余杭"条刘昭注引顾夷《吴郡记》曰："秦始皇至会稽经此，立为县。"[67]

"县后溪南大塘"，《新唐书·地理五》杭州"余杭"县条云："南五里有上湖，西二里有下湖。宝历中，令归珧因汉令陈浑故迹置。北三里有北湖，亦珧所开，溉田千余顷。"[68] 咸淳《临安志·山川十三》"余杭"下云："南上湖，在溪南五里，塘高一丈四尺，上下各广二丈五尺，周回三十二里十八步，与下湖相接。"又

---

[65] 咸淳《临安志》卷一八《疆域三》，《宋元方志丛刊》第4册，北京：中华书局，1990年，第3536页下栏。

[66] 李吉甫著，贺次君点校：《元和郡县图志》卷二五杭州"余杭县"栏引《吴兴记》，第603页。

[67] 参见范晔：《后汉书》，第3490页。《隋书》卷三三《经籍二》著录顾夷《吴郡记》，第982—984页。

[68] 《新唐书》卷四一《地理五》，北京：中华书局，1975年，第1059页。

"南下湖，在溪南旧县西二里六十五步。塘高一丈四尺，上广一丈五尺，下广二丈五尺，周回三十四里一百八十一步。《旧志》云：按《舆地志》，后汉熹平二年县令陈浑修堤防，开湖灌溉县境公私田一千余顷，所利七千余户"。[69] 是则陈浑所开的大塘，有所谓南上湖与南下湖。两湖相接，灌溉余杭县农田。又据《临安志》所载南宋庆元年间徐安国撰写的《水利记》，南上湖近山，南下湖并溪。今余杭镇西南苕溪南岸有两处水面，当是南上湖与南下湖的旧址。

大壁山，又作大辟山，即今余杭县西南的大涤山，郭文所居之处。山谦之《吴兴记》云："晋隐士郭文字文举，初从陆浑山来居之。王敦作乱，因逃归入此山。"[70] 顾飏，吴郡吴人，在余杭令任上曾与葛洪造访郭文；范宁，范汪子，亦出任过余杭令，在余杭六年。余杭县南的三块碑，文虽不存，但无疑与郭文隐居县南大辟山一事相关。

    浙江又东径乌伤县北。王莽改曰乌孝，《郡国志》谓之乌伤。

《注》文接着征引《异苑》，与今存佚文稍异。[71]《注》文此段记

---

69 咸淳《临安志》卷三四《山川十三》，第3668页上栏。
70 乐史著，王文楚等点校：《太平寰宇记》卷九三《江南东道五·杭州》余杭县"由拳山"条引山谦之《吴兴记》，第1868页。
71 刘敬叔著，范宁校点：《异苑》卷一〇，《古小说丛刊》，北京：中华书局，1996年，第95页。

载甚突兀，与上下文皆不相合。乌伤县即今义乌市，去浙江水甚远，因而熊会贞认定此段《注》文有误。关于乌伤县，《水经注》下文叙浙江水的支流谷水时，颇有涉及。故此段《注》文当移于"谷水又东径乌伤县之云黄山"前，这样才不至于扦格不通。

  浙江又东北流至钱塘县，榖水入焉。水源西出太末县，县是越之西鄙姑蔑之地也。秦以为县，王莽之末［治］（理）也。吴宝鼎中，分会稽立，隶东阳郡。榖水东径独松故冢下。冢为水毁，其砖文："筮言吉，龟言凶，百年堕水中。"今则同龟鲧矣。[72]

  自此段开始，郦《注》叙述榖水所出所径情况。榖水，《汉书·地理志第八上》会稽郡"大末"县下云："榖水东北至钱唐入江。"[73] 这当是《注》文叙述榖水和浙江水、钱塘县的方位关系的直接来源。"榖"，有作"穀"者。《元和郡县图志·江南道二》衢州"盈川县"下有榖水江，谓在县东南一里。[74]《太平寰宇记·江南东道九》则记作"穀江"，并引《舆地志》云："其水波濑交错，状如罗榖之文，因以为名。"[75] "榖""穀"二字相近，或是传抄讹误所致。《舆地志》的释名，似可反映"穀江"在南朝的使用情况。"越之西

---

[72]《太平御览》卷七六七《杂物部二》引郑缉之《东阳记》曰："独公［山］（冢）在县东八十里，有冢临溪，其砖文曰：'筮言吉，龟言凶，三百年堕水中。'义熙中，冢尤半在，自后稍崩尽。"（第3404页上栏）
[73]《汉书》卷二八上《地理志第八上》，第1591页。
[74] 李吉甫著，贺次君点校：《元和郡县图志》卷二六《江南道二·衢州》，第623页。
[75] 乐史著，王文楚等点校：《太平寰宇记》卷九七《江南东道九·衢州》，第1947页。

23

鄙姑蔑之地"语，熊会贞谓来自《国语·越语》及韦昭注文。[76]"末理"，《汉书·地理志》作"末治"。据周寿昌《汉书注校补》，"治"作"理"，由唐代避讳承写沿讹。[77]故"理"当作"治"。

对于穀水源头的具体情况，《注》文亦不能确知，只以"水源西出太末县"一句作简单的交代。与上文记载浙江北源出三天子都相比，《注》文对浙江的南源穀水更是生疏，记载亦语焉不详。至于穀水的流向及其如何由太末县流至钱塘入浙江，郦氏所记，错漏百出，张冠李戴。在当时南北朝对峙的社会环境下，东阳郡又并非地处重要的交通线上，郦氏仅凭《汉书·地理志》《东阳记》与《异苑》等几种史料，试图理清穀水的具体流向，确实不易。

> 穀水又东径长山县南，与永康溪水合。县即东阳郡治也。县，汉献帝分乌伤立；郡，吴宝鼎中分会稽置。城居山之阳，或谓之长仙县也。言赤松采药此山，因而居之，故以为名。后传呼乖谬，字亦因改。溪水南出永康县。县，赤乌中分乌伤上浦立。……其水飞湍北注，至县南门入穀水。

此段叙穀水支流永康溪水所出所径情况。《续汉书·郡国四》会稽郡"乌伤县"条刘昭注引《越绝书》曰："有常山，古圣所采

---

[76] 关于"姑蔑"进一步的梳理，参见钟翀：《释"姑妹"》，《浙江学刊》2001年第2期；钟翀：《姑末考——兼论江南河谷平原地带中历史人文地域之形成》，《杭州师范学院学报》2005年第1期。
[77] 周寿昌：《汉书注校补》卷二三，《丛书集成初编》本，北京：中华书局，1985年，第364页。

药,高且神。"又引《英雄交争记》曰:"初平三年,分县南乡为长山县。"[78] 常山当即长山,亦名金华山。长山县,《宋书·州郡一》称汉献帝初平二年(191年),分乌伤立。《元和郡县图志·江南道二》婺州"金华县"下云:"献帝初平三年,分乌伤置长山县,属会稽郡。"[79] 其所记分立长山县的时间,与上文《续汉书·郡国四》刘昭注引《英雄交争记》相合。《太平寰宇记·江南东道》婺州"金华县"栏亦作"初平三年",并云"吴宝鼎元年置东阳郡,理乌伤"。其下又引《名山略记》,云有长山,在县东北。[80] 东阳郡由会稽分置之时间,《三国志·三嗣主传第三》宝鼎元年(268年)下云:"分会稽为东阳郡。"[81] 则上文所谓"宝鼎中分立会稽置",稍有疏漏。

永康溪,即今武义江。其发源自武义县山区,流经新川乡、新建、新碧、石柱等镇至永康市区。溪水又西流至武义县,过武义县北注入金华江。武义县以东的溪流称永康江,武义县至金华金东区则称武义江。永康县于孙吴赤乌八年(245年)由乌伤县之上浦分立。上浦,可能即乡名,与分乌伤南乡置长山县类似。

    縠水又东,定阳溪水注之。水上承信安县之苏姥布。县,本新安县,晋武帝太康三年改曰信安。水悬百余丈,濑势飞注,状如瀑布。濑边有石如床,床上有石牒,长三尺许,有似

---

78 参见范晔:《后汉书》,第3489页。
79 李吉甫著,贺次君点校:《元和郡县图志》卷二六《江南道二·婺州》,第621页。
80 乐史著,王文楚等点校:《太平寰宇记》卷九七《江南东道二·婺州》,第1950页。
81 《三国志》卷四八《吴书·三嗣主传第三》,第1166页。

> 杂采帖也。《东阳记》云：信安县有悬室坂，晋中朝时，有民王质伐木，至石室中，见童子四人弹琴而歌，质因留，倚柯听之。……其水分纳众流，混波东逝，径定阳县。夹岸缘溪，悉生支竹。及芳枳木连，杂以霜菊金橙。白沙细石，狀如凝雪。石溜湍波，浮响无辍。山水之趣，尤深人情。县，汉献帝分信安立，溪亦取名焉。

此段所叙縠水即今衢江。《隋书·地理下》东阳郡"信安"县下有定阳溪。[82] 定阳溪水，嘉靖《浙江通志·地里志第一之七》云："鸡鸣山在县东一十五里，定阳溪流其下，一名东溪，其源出处州遂昌之周公源，东北流入本县境，历此山与信安溪合，其分派自石室横溪筑堰导流迤北，溉田五万六千余亩。"[83] 康熙《衢州府志·山川》云："东溪源出紫微山，沿周公源过相思源口，循县南九龙山下，又缘响谷、石室诸山麓而东北，出为石室堰，又东北径鸡鸣山下，入于信安溪。"[84] 则《通志》《府志》所谓定阳溪为东溪，即今乌溪。然东溪所出所径，大异于《注》文所记。案，新安县，《宋书·州郡一》扬州东阳太守"信安令"条云："汉献帝初平三年，分太末立曰新安。晋武帝太康元年更名。"[85] 其治所即今

---

[82]《隋书》卷三一《地理下》，北京：中华书局，1973年，第878页。
[83] 嘉靖《浙江通志》卷七，《天一阁藏明代方志选刊续编》本，上海：上海书店出版社，1990年，第349页。
[84] 康熙《衢州府志》卷三《山川》，《中国方志丛书》据清康熙五十年（1711年）修、光绪八年（1882年）重刊本影印，台北：成文出版社有限公司，1975年，第129—130页。
[85]《宋书》卷三五《州郡一》，第1036页。

衢州市区。熊会贞云《注》文"太康三年"当改为"太康元年"，可从。定阳县，据《宋书·州郡一》，乃建安二十三年（218年），孙权分信安立。阮元《揅经室集》"浙江图考中"谓定阳故城在清代常山县东南三十里。[86] 杨守敬亦持此说。谭其骧《中国历史地图集·三国西晋》亦依阮元、杨守敬的说法，将定阳县治定位在今常山县东南、江山市西北的丘陵中。再据《注》文，定阳溪因定阳县而名。揆之常理，定阳县治必毗邻定阳溪水。因而，《中国历史地图集》想必同时将江山港作为榖水的源头。倘若如此，这就意味着江山港即古定阳溪水。然而仔细揣度，《中国历史地图集》有关定阳县治和定阳溪水的地望判定令人疑窦丛生。其一，常山县东南方向三十里的范围内皆为丘陵地带，地形崎岖，并不适合设立治所。其二，将江山港作为定阳溪，不符合《注》文"混波东逝、径定阳县"的描述。因此，定阳溪水和定阳县治的地望须重新加以判断。

据《注》文，永康溪水是先于定阳溪水而汇入榖水。在今天看来，这种认识当然是错谬的。但从《注》文的上下文意来看，郦氏所勾勒的定阳溪水，并非某一小溪流，而是整个衢江流域。因而，无论将定阳溪水当作是东溪还是江山港，都有悖当时郦氏对榖水及其支流的认识。从衢江流域县级政区析置的角度来看，太末、新安二县都是置于衢江及其支流的交汇处。由新安县而析置的定阳县，至少有一点可以肯定的是，位于新安县西而又濒临衢

---

[86] 阮元著，邓经元点校：《揅经室集·一集》卷一三，北京：中华书局，1993年，第301页。

江（定阳溪水）。

溪水又东径长山县北。北对高山，山下水际是赤松羽化之处也。炎帝少女追之，亦俱仙矣。后人立庙于山下。溪水又东入于谷水。

《吴录·地理志》云："常山，仙人采药处，谓之长山。山南有春草岩、折竹岩，岩间不生蔓草，尽出龙须，云赤松羽化处。"[87]郑缉之《东阳记》云："北山去郡三十余里，有赤松庙，故老相传，云其下居民曰徐公者，尝登岭至此处见湖水。"[88] 湖即徐公湖，《郡国志》云："在长山上，周回四百八十六步。"[89]

谷水又东径乌伤县之云黄山，山下临溪水，水际石壁杰立，高百许丈。又与吴宁溪水合，水出吴宁县，下径乌伤县入谷，谓之乌伤溪水。闽中有徐登者，女子化为丈夫，与东阳赵昞并善越方。时遭兵乱，相遇于溪，各示所能。……章安令恶而杀之，民立祠于永［康］（宁）而蚊蚋不能入。……谷水又东入钱唐县而左入浙江，故《地理志》曰谷水自太末东北至钱

---

[87] 李昉等编纂：《太平御览》卷四七《地部十二·会稽东越诸山》"长山"条引《吴录·地理志》，第229页下栏。

[88] 李昉等编纂：《太平御览》卷六六《地部三十一·湖》引郑缉之《东阳记》，第314页上栏。

[89] 乐史著，王文楚等点校：《太平寰宇记》卷九七《江南东道九·婺州》金华县"徐公湖"条引《郡国志》，第1951页。

唐入浙江是也。[90]

云黄山，位于今义乌市东南，东阳江西南流过其山西麓。《太平寰宇记·江南东道九》婺州义乌县"云黄山"条云："在县南三十五里。山多玄猿、赤豹。"[91] 万历《金华府志》云："云黄山，县南二十五里，一名松山。周三十里二百步。梁傅翕大士于此行道，黄云盘旋其上，状如车盖，故名。"[92]《注》文谓云黄山下临溪水，当是山南的画溪。画溪过画水镇，西南径云黄山南麓，中有石壁村。

上述"浙江又东径乌伤县北"一段当移于此处，即《注》文当改作"縠水又东径乌伤县北"。然而随之而来的问题是，縠水处于乌伤县南，不会流经乌山县北。阮元指出《注》文可能误浦阳江为浙江，但也没有进一步解释浦阳江与乌伤县之间存在的方位矛盾。[93] 若古乌伤县治所确凿无疑地在今义乌市区的话，则"乌伤县北"当作"乌伤县南"，这样于地理方位方合。

吴宁县，《续汉书·郡国四》会稽郡"诸暨"县下刘昭注引《越绝书》曰："兴平二年分立吴宁县。"[94]《宋书·州郡一》扬州东阳太守"吴宁令"条云："汉献帝兴平二年，孙氏分诸暨立。"其治

---

90 徐登、赵晒，见《后汉书》卷八二下《方术传·徐登》，第2741—2742页。《注》文本此《传》，然"炳"作"晒"，"永康"作"永宁"。
91 乐史著，王文楚等点校：《太平寰宇记》卷九七《江南东道九·婺州》，第1951页。
92 万历《金华府志》卷三《山川·义乌县山》，四库全书存目丛书编纂委员会编：《四库全书存目丛书·史部》第176册，济南：齐鲁书社，1996年，第504页下栏。
93 阮元著，邓经元点校：《揅经室集·一集》卷一三，第300页。
94 参见范晔：《后汉书》，第3489页。

所在今东阳市东。吴宁溪水,《水经注疏》云:"今东阳江自东阳县西流,经义乌县,即吴宁溪水也。"东阳江径义乌市,西南流至金华市,合金华江汇入兰江。乌伤溪水即东阳江,郦氏《注》文将东阳江义乌至金华段也当作縠水。受到《汉书·地理志》对縠水记载的影响,郦氏认为縠水自西向东流径定阳、新安、长山和乌伤等县域,最后至钱唐县注入浙江。虽然郦氏在班固的基础上试图对縠水的具体流向做出更详细的描述,然而以今人的眼光来看,实是谬误倍出。

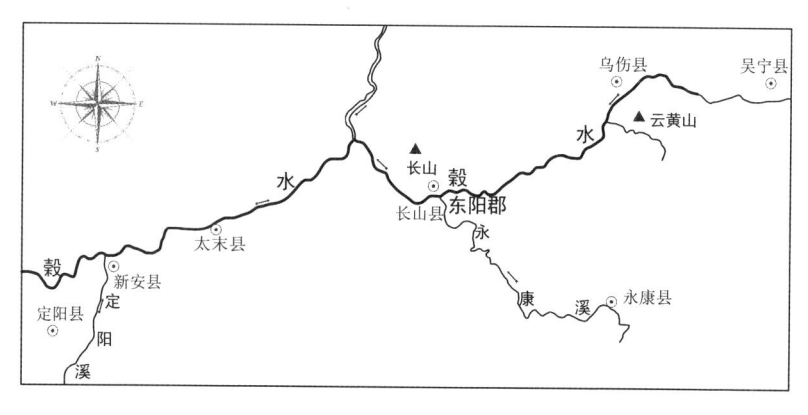

图2 《水经注·浙江水注》縠水段示意图

浙江又东径灵隐山。山在四山之中,有高崖洞穴,左右有石室三所,又有孤石壁立,大三十围,其上开散,状如莲花。昔有道士长往不归,或因以稽留为山号。山下有钱唐故县,浙江径其南。王莽更名之曰泉亭。《地理志》曰:会稽西部都尉治。《钱唐记》曰:防海大塘在县东一里许。郡议曹华信家议立此塘，以防海水。始开募，有能致一斛土者，与钱一千。旬月之间，来者云集。塘未成而不复取，于是载土石者皆弃而去，塘以之成，故改名钱塘焉。

灵隐山，《元和郡县图志·江南道一》杭州钱塘县"灵隐山"条谓在杭州西北十七里。[95]《太平寰宇记·江南东道五》杭州钱塘县"灵隐山"条云："在县西十五里。许由、葛洪皆隐此山，入去忘归，本号稽留山。今立寺焉。"[96] 万历《杭州府志·山川一》"灵隐山"条云："灵隐山，去城西十二里，亦曰灵苑，曰仙居，曰武林，俗称西山。其山起歙，出陆，跨富春，控余杭，蜿蜒数百里，结局于钱塘。"[97] 是则灵隐山或武林山，乃钱塘县西南山脉的泛称。然《注》文谓山在四山之中，似又特指某山。陈桥驿以为西湖群山，唯有飞来峰比较切近"四山之中"的描述。[98] 刘［真道］（道员）《钱塘记》云："灵隐山北有石穴，傍入行数十步，有水广丈余。昔有人采钟乳，见龙迹。"[99]《钱塘记》又云："灵隐山四布似莲花，中央生榖树，甚高大。"[100] 两则《钱塘记》佚文虽描述

---

95 李吉甫著，贺次君点校：《元和郡县图志》卷二五《江南道一·杭州》，第603页。
96 乐史著，王文楚等点校：《太平寰宇记》卷九三《江南东道五·杭州》，第1864页。
97 万历《杭州府志》卷二〇，《中国方志丛书》据明万历七年（1579年）刊本影印，台北：成文出版社有限公司，1983年，第1468页。
98 陈桥驿：《水经注校证》卷四〇《渐江水》，第969页。
99 虞世南：《北堂书钞》卷一五八《地部二·穴篇十三》，天津：天津古籍出版社，1988年，第729页下栏。关于《钱塘记》的作者，学者已指出乃刘怀肃子刘真道，可从。参阅王云路、许菊芳：《关于〈钱塘记〉的几个问题》，《文献》2007年第3期。
100 李昉等编纂：《太平御览》卷九六〇《木部九·榖》引《钱塘记》，第4260页上栏。

了灵隐山的石穴和山形，但和郦《注》"山在四山之中"一句出入较大。

另外，《注》文中所引《钱塘记》，其他文献中尚有相似的佚文，[101]但有差异。钱塘故县，《钱塘记》云："昔州境逼近海，县理灵隐山下，今余址犹存。"[102]《注》文有关钱塘故县的说法，可能参考了刘真道《钱塘记》的此条佚文。学者倾向于认为此处的"钱塘故县"，指的是秦西汉时期的钱塘故县。[103]据考证，它的位置在鸡笼山下至灵隐寺，再沿灵峰山下顺东北方向由白乐桥至玉泉和浙大，然后沿浙大路南折入曙光路、西山路至西湖宾馆一带范围之内。[104]

> 县南江侧有明圣湖。父老传言，湖有金牛，古见之，神化不测，湖取名焉。县有武林山，武林水所出也。阚骃云："山出钱水，东入海。"《吴地记》言："县惟浙江，今无此水。"县东有定、包诸山，皆西临浙江，水流于两山之间，江川急浚，兼涛水昼夜再来，来应时刻，常以月晦及望尤大，至二月、八月最高，峨峨二丈有余。《吴越春秋》以为子胥文

---

[101] 乐史著，王文楚等点校：《太平寰宇记》卷九三《江南东道五·杭州》"钱塘县"下引刘真道《钱塘记》，第1864页；李昉等编纂：《太平御览》七四《地部三十九·塘》引刘真道《钱塘记》，第346页上栏。

[102] 李吉甫著，贺次君点校：《元和郡县图志》卷二五《江南道一·杭州》"钱塘县"下引《钱塘记》，第603页。

[103] 林华东：《钱唐故址考辨》，《浙江学刊》1987年第3期；林华东：《钱唐故址位置新考——兼论西部都尉和西湖的形成》，《东南文化》1990年第4期；陈志坚：《杭州初史论稿》，杭州：杭州出版社，2010年，第163页。

[104] 林华东：《钱唐故址考辨》，《浙江学刊》1987年第3期。

种之神也。

明圣湖,一般认为即今西湖。刘真道《钱塘记》曰:"明圣湖在县南,父老相传,湖中有金牛,古尝有见其映宝云泉,照耀流精,神化莫测,遂以明圣为名。"[105] 武林水,赵一清云:"武林水即钱水,今杭人所谓西湖者是。"[106] 案,《永乐大典》录《杭州府志》"钱塘江湖辨证"曰:"所谓明圣湖者,既在江侧,盖西湖之滥觞耳。厥后江既隔于平陆,则武林诸水自四山而下者,皆合于明圣湖,遂为今之西湖。"[107] 则明圣湖确切地说是西湖的一部分。[108] 武林水出武林山,本直接汇入浙江。后灵隐山东麓渐成平陆,武林水入江口遂淤,而汇入西湖。根据明圣湖和钱唐县的方位关系,东汉六朝的钱唐县址,位于今杭州市区宝石山东麓一带。[109]

包、定二山,淳祐《临安志》"城南诸山"栏"浮山"条云:"《旧图经》云,在钱塘县旧治东南四十里。苏轼《开河奏》云,潮水自海门来,势若雷霆,而浮山峙于江中,与渔浦诸山相望。犬牙错入,以乱潮水。"[110] 杨守敬云,浮山即包山也。《吴地

---

105 徐坚等著:《初学记》卷七《地部下·湖第一》引刘真道《钱塘记》,第140页。
106 转引自王先谦校:《合校水经注》卷四〇《浙江水注》,第567页下栏。
107 马蓉等点校:《永乐大典方志辑佚》,北京:中华书局,2004年,第611—612页。
108 有学者认为明圣湖和西湖很有可能原先是一个湖,而后成为西湖以东、靠近钱塘江边的湖,隋唐开始逐渐湮废,再其后而成为平陆。参阅陈志坚:《杭州初史论稿》,第177—190页。
109 陈志坚:《杭州初史论稿》,第188—189页。
110 淳祐《临安志》卷八《山川》,《宋元方志丛刊》第4册,第3295页上栏。

志》云:"定山突出浙江中,波涛所冲,行旅为阻。"[111] 谢灵运《富春渚》云:"宵济渔浦潭,旦及富春郭。定山缅云雾,赤亭无淹薄。"[112] 这是灵运由渔浦溯江逆流而上所见之光景。《文选》李善注引《吴郡缘海四县记》云:"钱塘西南五十里有定山,去富春又七十里,横出江中。"[113] 渔浦,在今杭州萧山区西南义桥镇境内。《太平寰宇记·江南东道五》杭州钱塘县"定山"条云:"在县西四十七里,突出浙江数百丈。又按《郡国志》云,涛至此辄抑声,过此便雷吼霆怒。上有可避涛处,行者赖之,云是海神妇家。"[114] 淳祐《临安志·山川》"城南诸山"栏下云:"定山,《旧图经》云,在钱塘旧治之西南四十七里一百四十步。高七十五丈,周回七里一百二步。"[115] 据上可知,包山在今西湖区西南转塘街道浮山村一带,而定山则在萧山区闻堰镇定山村附近。两山隔江相峙,浙江水流于两山之间。杨守敬谓"定山在今钱塘县东南四十里,浮山在县东南四十五里",并无确指。

> 浙江北合诏息湖。湖本名阼湖,因秦始皇帝巡狩所憩,故有诏息之名也。浙江又东合临平湖……湖水上通浦阳江,下注浙江,名曰东江,行旅所从,以出浙江也。

---

111 李昉等编纂:《太平御览》卷四六《地部十一·江东诸山》"定山"条引《吴地志》,第224页下栏。
112 谢灵运著,顾绍柏校注:《谢灵运集校注》,台北:里仁书局,2004年,第68页。
113 萧统编,李善等注:《六臣注文选》卷二六《诗·行旅上》,第497页上栏。
114 乐史著,王文楚等点校:《太平寰宇记》卷九三《江南东道五·杭州》,第1864页。
115 淳祐《临安志》卷八《山川》,《宋元方志丛刊》第4册,第3294页下栏。

《初学记》云钱塘有承湖，一名诏息湖，并于"秦憩"条下引《钱塘记》曰："去邑十里有诏息湖，古老相传，昔秦始皇巡狩，经［途］（涂）暂憩，因以诏息为名。"[116] 承湖、阼湖，皆为诏息湖的别称。《祥符图经》曰："在仁和县东北一十八里，周回三里。故老相传，秦始皇东游，暂憩于此，因以为名。"[117] 临平湖，《元和郡县图志·江南道一》杭州盐官县"临平湖"条谓"在县西五十五里，溉田三百余顷"。[118]《太平寰宇记·江南东道五》杭州盐官县"临平湖"条云："在县西五十里，湖在临平山南。"[119]《水经注疏》杨守敬案语云诏息湖在仁和县东北十八里，临平湖在临平山东南五里。今皆已湮塞不存。

　　"浙江东合临平湖"句，为历来研究《水经注》者所置疑。临平湖与浦阳江相距甚远，《注》文必误。全祖望云"浦阳江"当为"南江"，毛奇龄谓"临平湖"乃"临湖"之误，进而揣测"临湖"即萧山之"临浦"。诸说皆有待进一步论证，未可遽断。顾夷《吴地记》云："松江东北行七十里，得三江口。东北入海为娄江，东南入海为东江，并松江为三江。"[120] 这样的说法是视东江为"三江"之一。钱穆指出《禹贡》"三江"说并不能确指，而后世关于"三

---

116 徐坚等著：《初学记》卷七《地部下·湖第一》，第140—141页。
117 淳祐《临安志》卷一〇《山川·湖》"御息湖"条引《祥符图经》，《宋元方志丛刊》第4册，第3324页下栏。
118 李吉甫著，贺次君点校：《元和郡县图志》卷二五《江南道一·杭州》，第604页。
119 乐史著，王文楚等点校：《太平寰宇记》卷九三《江南东道五·杭州》，第1870页。
120 《史记》卷二《夏本纪第二》"震泽致定"下《史记正义》引顾夷《吴地记》，北京：中华书局，1959年，第59页。

江"的记载,乃是种种臆测,失之甚远。[121]

  浙江又径固陵城北。昔范蠡筑城于浙江之滨,言可以固守,谓之固陵。今之西陵也。浙江又东径柤塘,谓之柤渎。昔太守王朗拒孙策,数战不利。孙静果说策曰:"朗负阻城守,难可卒拔。柤渎去此数十里,是要道也。若从此出,攻其无备,破之必矣。"策从之,破朗于固陵。有西陵湖,亦谓之西城湖。湖西有湖城山,东有夏架山。湖水上承妖皋溪而下注浙江。

  固陵城,《越绝书·越绝外传记地传第十》云:"浙江南路西城者,范蠡敦兵城也。其陵固可守,故谓之固陵。所以然者,以其大船军所置也。"[122] 杨守敬云:"《晋书·王舒》《宋书·孔凯》《齐书·沈文季》《梁书·孔胤》等《传》,并称西陵。"《资治通鉴·齐纪二》永明六年(488年)"西陵戍主杜元懿建言"条下胡三省注曰:"西陵在今越州萧山县西十二里西兴渡是也。吴越王钱镠以西陵非吉语,改曰西兴。"[123] 西陵,正如顾祖禹所论,"在平时为行旅辏集之地,有事则为战争之冲,故是时戍主与税官并设也"。[124] 其地处于钱塘江渡口,隔岸与杭州相对,为军事、交通要

---

121 钱穆:《〈禹贡〉山水杂说》,氏著:《古史地理论丛》,北京:生活·读书·新知三联书店,2005年,第277—278页。
122 李步嘉校释:《越绝书校释》卷八《越绝外传记地传第十》,北京:中华书局,2013年,第228页。
123 《资治通鉴》卷一三六《齐纪二》,北京:中华书局,2011年,第4356页。
124 顾祖禹著,贺次君、施和金点校:《读史方舆纪要》卷九二《浙江四·绍兴府》萧山县"西陵城"条,第4217页。

冲。学者根据考古遗址和实地勘察，认为固陵城并非在西兴渡口，而是今萧山区城西的越王城，[125] 可从。租塘（租渎），《三国志·孙静传》作"查渎"，其云："是时太守王朗拒策于固陵，策数度水战，不能克。静说策曰：'朗负阻城守，难可卒拔。查渎南去此数十里，而道之要径也，宜从彼据其内，所谓攻其无备、出其不意者也。'"[126]《注》文"王朗"一句，当采自《三国志·孙静传》。

西陵湖、湖城山、夏架山和妖皋溪，杨守敬云据《舆地纪胜》《名胜志》等记载，谓并在萧山县西。今萧山区城西有越王城山，即上述学者所说的固陵城所在地，湘湖在其南。城山西北麓有白马湖，临近西陵，可能即西陵湖。

> 又径会稽山阴县。有苦竹里，里有旧城，言句践封范蠡子之邑也。

山阴在浙江南岸。苦竹里，《越绝书》载有苦竹城，其云："苦竹城者，句践伐吴还，封范蠡子也。其僻居，径六十步。因为民治田，塘长千五百三十三步。其冢名土山。范蠡苦勤功笃，故封其子于是，去县十八里。"[127] 杨守敬据嘉泰《会稽志》所引《旧经》，谓苦竹城在山阴县西南二十九里。[128] 苦竹城、苦竹里，盖因

---

125 林华东：《越国固陵城考》，《东南文化》1986年第2期；林华东：《越国固陵城再辨》，《浙江学刊》1993年第3期。
126 《三国志》卷五一《吴书·孙静传》，第1205页。
127 李步嘉校释：《越绝书校释》卷八《越绝外传记地传第十》，第227页。
128 嘉泰《会稽志》卷一《古城》，《宋元方志丛刊》第7册，第6731页上栏。

苦竹而名。谢灵运《山居赋》"其竹则二箭殊叶，四苦齐味"下自注曰："四苦，青苦、白苦、紫苦、黄苦。水竹，依水生，甚细密，吴中以为宅援。"[129] 想必范蠡的苦竹城四周栽种不少的苦竹。

《越绝书》记载了不少的"里"，大多"里"皆有城。如北壇利里丘土城、阳城里、北阳里城、富阳里、安城里等。其"阳城里"下云："范蠡城也。西至水路。水门一，陆门二。"北阳里城，"大夫种城也，取土西山以济之。径百九十四步。或为南安"。富阳里，"外越赐义也。处里门，美以练塘田"。安城里高库，"句践伐吴，擒夫差，以为胜兵，筑库高阁之。周二百三十步，今安城里"。[130] 部分"里城"，有墙垣和里门的记载，且毗邻田地。

> 浙江又东与兰溪合。湖南有天柱山，湖口有亭，号曰兰亭，亦曰兰上里。太守王羲之、谢安兄弟，数往造焉。吴郡太守谢勖封兰亭侯，盖取此亭以为封号也。太守王廙之移亭在水中。晋司空何无忌之临郡也，起亭于山椒，极高尽眺矣。亭宇虽坏，基陛尚存。

兰溪，杨守敬谓在山阴县西，即今兰亭溪。兰亭溪由今兰亭镇北流，径亭山西而注入鉴湖。浙江并不直接与兰溪相接。兰上里，可能在今兰亭景区一带，至宋时山阴县仍旧使用此里名。[131] "湖"

---

129 《宋书》卷六七《谢灵运传》，第1762页。
130 李步嘉校释：《越绝书校释》卷八《越绝外传记地传第十》，第225页。
131 嘉泰《会稽志》卷一二《八县·山阴县》"迎恩乡"，《宋元方志丛刊》第7册，第6925页上栏。除了兰上里，该乡还辖苦竹里。这一里名，亦见于郦《注》。

当指鉴湖，即下文提到的长湖，但《注》文"湖南有天柱山"前没有先指明此湖即长湖，使得上下文之间显得较为突兀。天柱山，杨守敬云即石匮山。王羲之、谢安等人修禊兰亭事，详见《晋书》王羲之、谢安等传。谢勗，谢承子，山阴人。王廙之，当即王廙，父王正，弟王彬，见《晋书·王廙传》。又孔晔《会稽记》云："晋司空何无忌临郡，起亭山椒，极望岩阜，基址犹存，因号亭山。"[132] 至少可以确定，此段《注》文"晋司空"一句，来自孔晔《会稽记》。

> 浙江又径越王允常冢北。冢在木客村。耆彦云：句践使工人伐荣楠，欲以献吴，久不得归，工人忧思，作《木客吟》。后人因以名地……浙江又东北得长湖口，湖广五里，东西百三十里。沿湖开水门六十九所，下溉田万顷，北泻长江。湖南有覆斗山，周五百里，北连鼓吹山，山西枕长溪，溪水下注长湖。

关于木客，《越绝书》给出以下解释："木客大冢者，句践父允常冢也。初徙琅琊，使楼船卒二千八百人伐松柏以为桴，故曰木客。去县十五里。一曰句践伐善材，文刻献于吴，故曰木客。"[133] 这一记载没有提到《木客吟》。而《吴越春秋·句践阴谋外传》曰："越王乃使木工三千余人，入山伐木。一年，师无所幸，作士

---

132 李昉等编纂：《太平御览》卷四七《地部十二·会稽东越诸山》，第227页下栏。
133 李步嘉校释：《越绝书校释》卷八《越绝外传记地传第十》，第226—227页。

思归,皆有怨望之心,而歌《木客之吟》。"[134] 这种说法就和《注》文极为相似了。

　　长湖,当即镜湖,一名鉴湖。[135]《会稽记》云:"汉顺帝永和五年,会稽太守马臻创立镜湖,在会稽、山阴两县界。筑塘蓄水,高丈余,田又高海丈余。若水少则泄湖灌田,如水多则开湖泄田中水入海,所以无凶年。堤塘周回三百一十里,溉田九千余顷。"[136]《会稽郡记》曰:"会稽境特多名山水,峰崿隆峻,吐纳云雾。松栝枫柏,擢干竦条。潭壑镜彻,清流泻注。王子敬见之曰:'山水之美,使人应接不暇。'"[137] 王羲之云:"每行山阴道上,如镜中游。"[138] 王子敬(献之)又有帖云:"镜湖澄澈,清流泻注。山川之美,使人应接不暇。"[139] 覆斗山、鼓吹山,皆为山阴县南之会稽山脉的诸峰。覆斗山,即《吴越春秋》所称之覆釜山,[140] 今称覆釜岭,位于秦望山以东,云门、若耶山以北。覆釜山上有禹冢,山下有禹庙和圣姑像;山东有禹井,山侧存秦始皇登会稽山刻石。

---

134 徐天祜音注,苗麓校点:《吴越春秋》卷九《句践阴谋外传》,南京:江苏古籍出版社,1986年,第140页。
135 有关鉴湖的详细论说,参见陈桥驿:《古代鉴湖兴废与山会平原农田水利》,《地理学报》1962年第3期。另请参阅盛鸿郎主编:《鉴湖与绍兴水利》,北京:中国书店,1991年。
136 李昉等编纂:《太平御览》卷六六《地部三十一·湖》引《会稽记》,第315页上栏。
137 刘义庆著,刘孝标注,余嘉锡笺疏,周祖谟等整理:《世说新语笺疏》卷上之上《言语第二》引《会稽郡记》,第172页。
138 李昉等编纂:《太平御览》卷一七一《州郡部十七·江南道下》"越州"下引《宋略》,第832页上栏。按,《宋略》先说会稽山阴编户繁剧,接着引录王羲之、王献之矜夸会稽山水的语句。上下文内容不衔接,颇疑此处有脱文。
139 董其昌编:《戏鸿堂法帖》,北京:中国书店,1989年,无页码。
140 徐天祜音注,苗麓校点:《吴越春秋》卷六《越王无余外传》,第95页。

在覆釜山周围,因夏禹祭祀而形成了多处宗教、人文景观。[141]

《注》文自"溪水下注长湖"以下,分述会稽山脉的秦望、会稽、石匮和射的等诸山相关的轶闻传说、耆彦野语。所据史料,大体采撷《史记》《吴越春秋》《越绝书》和六朝会稽地记而成。叙山之后便是叙水,其云:

> 西连会稽山,皆一山也,东带若邪溪。《吴越春秋》所谓欧冶涸而出铜,以成五剑。溪水上承嶕岘麻溪,溪之下,孤潭周数亩,甚清深……麻潭下注若邪溪,水至清照,众山倒影,窥之如画。汉世刘宠作郡,有政绩,将解任去治。此溪父老,人持百钱出送,宠各受一文。……溪水下注大湖。邪溪之东,又有寒溪。溪之北有郑公泉,泉方数丈,冬温夏凉,汉太尉郑弘宿居潭侧,因以名泉。

越王作五剑,《吴越春秋》曰:"越王允常聘区冶子作名剑五枚:一曰纯钩,二曰湛卢,三曰豪曹,或曰盘郢,四曰鱼肠,五曰巨阙……臣(薛烛——引者注)闻王之造此剑,赤堇之山破而出锡,若耶之溪涸而出铜。"[142] 若邪(耶)溪,即今平水江,由平水镇北流汇入鉴湖。嶕岘,《注》文云在秦望山南,亦是山名。麻溪出嶕岘山,下注若邪。又《后汉书·刘宠传》云:"刘宠,字祖

---

141 关于秦汉会稽山祭祀的简略叙述,参见田天:《秦汉国家祭祀史稿》,北京:生活·读书·新知三联书店,2015年,第279—280页。
142 欧阳询著,汪绍楹校:《艺文类聚》卷六〇《军器部·剑》引《吴越春秋》,上海:上海古籍出版社,1999年,第1078—1079页。

荣……三迁拜会稽太守。山民愿朴，乃有白首不入市井者，颇为官吏所扰。宠简除烦苛，禁察非法，郡中大化。征为将作大匠。山阴县有五六老叟，庞眉皓发，自若邪山谷间出，人赍百钱以送宠。"[143]《注》文当据《刘宠传》删改而成。

  湖水自东，亦注江通海。水侧有白鹿山，山北湖塘上旧有亭。吴黄门郎杨哀明居于弘训里，太守张景数往造焉，使开渎作埭，埭之西作亭，亭、埭皆以杨为名。孙恩作贼，从海来，杨亭被烧，后复修立，厥名犹在。东有铜牛山，山有铜穴三十许丈，穴中有大树、神庙。山上有冶官，山北湖下有练塘里。《吴越春秋》云：句践练冶铜锡之处。采炭于南山，故其间有炭渎。句践臣吴，吴王封句践于越百里之地，东至炭渎是也。

  县南九里有侯山，山孤立长湖中。晋车骑将军孔敬康少时遁世，栖迹此山。湖北有三小山，谓之鹿野山，在县南六里。……县南湖北有陈音山。……今陈音山乃在国南五里。湖北有射堂及诸邸舍，连衍相属，又于湖中筑塘，直指南山。北即大越之国，秦改为山阴县，会稽郡治也。……山阴康乐里有地名邑中者，是越事吴处。……又有句践所立宗庙，在城东明里中甘滂南。又有玉笥、竹林、云门、天柱精舍，并疏山创基，架林栽宇，割涧延流，尽泉石之好，水流径通。

---

[143]《后汉书》卷七六《循吏列传·刘宠》，第2477—2478页。

此段《注》文,郦氏着重叙述镜湖周遭的山水景观及越国古迹。所据史实,大体源自《越绝书》与《吴越春秋》等文献。白鹿山,《越绝书》云:"在犬山之南,去县二十九里。"[144] 万历《绍兴府志·山川志一》"鹿池山"条云:"在府城东南八里会稽山东北镜湖中,尝有白鹿。"[145] 其山位于今绍兴市文澜中学北,不过四周早已成陆。铜牛山,孔晔《会稽记》云:"旧传常有一黄牛,出山岩食草。采伐人始见,犹谓是人所养。或有共驱蹙之,垂及辄失,然后知为神异。"[146] 又夏侯曾先《地志》(《会稽地志》)曰:"射的山西南铜牛,是越王铸冶之处。昔有铜牛走入山,因名之。"[147] 则铜牛山位于射的山西南方向。孔晔《会稽记》曰:"(山阴)县东南十八里有射的山,远望的的如射侯,谓之射的。"[148] 铜牛山上的铜穴大树和神庙,杨守敬据《异苑》云即大枫树,神庙即蛆父庙。射的、铜牛二山,大体在今同心、桐梧和九缸村一带。练塘里,《越绝书》记有"练塘",其云:"练塘者,句践时采锡山为炭,称'炭聚',载从炭渎至练塘,各因事名之。去县五十里。"[149] 可见练塘里因练塘而得名。又据上引"富阳里旁有练塘田"一说,练塘

---

144 李步嘉校释:《越绝书校释》卷八《越绝外传记地传第十》,第226页。
145 万历《绍兴府志》卷四《山川志一》,《中国方志丛书》据明万历十五年(1587年)刊本影印,台北:成文出版社有限公司,1983年,第349页。
146 李昉等编纂:《太平御览》卷四七《地部十二·会稽东越诸山》引孔晔《会稽记》,第227页下栏。
147 乐史著,王文楚等点校:《太平寰宇记》卷九六《江南东道八·越州》会稽县"铜牛山"条引夏侯曾先《地志》,第1928页。
148 欧阳询著,汪绍楹校:《艺文类聚》卷八《山部下·会稽诸山》引孔晔《会稽记》,第145页。此外,可参阅《太平寰宇记》卷九六《江南东道八·越州》会稽县"射的山"条引孔晔《会稽记》,第1928页。
149 李步嘉校释:《越绝书校释》卷八《越绝外传记地传第十》,第226页。

里可能紧挨着富阳里。"练塘"亦作"炼塘",《舆地纪胜·两浙东路》绍兴府"景物上"栏"炼塘"条曰:"在会稽县东五十里。"[150]今上虞市关东街道有炼塘村,村南存在不少的湖面,南则有保驾山、银山、义峰山与担山等山丘,可能属于练塘里的地理范围。

侯山,嘉泰《会稽志》"古第宅"栏"孔车骑宅"条云:"山初无名,以愉来居,故名侯山,在县西南四里,今为小隐山园。"同卷"园池"栏"小隐山园"条曰:"在郡城西南镜湖中,四面皆水,旧名侯山,孔愉尝居焉。"[151] 小隐山在今亭山西北,鹅境村南,四面环水。有关陈音山的得名,《越绝书》曰:"射浦者,句践教习兵处也。今射浦去县五里。射卒陈音死,葬民西,故曰陈音山。""民西",应是越国的一处葬地,"民西大冢者,句践客秦伊善炤龟者冢也,因名冢为秦伊山"。[152] 陈音和秦伊皆葬于民西,因二人所在的冢墓而名其山为陈音、秦伊。

  浙江又北径山阴县西。西门外百余步有怪山,本琅邪郡之东武县山也。飞来徙此,压杀数百家。《吴越春秋》称怪山者,东武海中山也。一名自来山,百姓怪之,号曰怪山。亦云,越王无疆为楚所伐,去琅邪,止东武,人随居山下。远望此山,其形似龟,故亦有龟山之称也。越起灵台于山上,又作三层楼以望云物。川土明秀,亦为胜地。故王逸少云从山阴道上,犹

---

150 王象之:《舆地纪胜》卷一〇《两浙东路·绍兴府》,北京:中华书局,1992年,第539页。
151 嘉泰《会稽志》卷一三,《宋元方志丛刊》第7册,第6953页下栏、6954页下栏。
152 李步嘉校释:《越绝书校释》卷八《越绝外传记地传第十》,第227页。

如镜中行也。浙江之上又有大吴王、小吴王村,并是阖闾、夫差伐越所舍处也。今悉民居,然犹存故目。昔越王为吴所败,以五千余众栖于稽山。卑身待士,施必及下。《吕氏春秋》曰:"越王之栖于会稽也,有酒投江,民饮其流而战,气自倍。"所投即浙江也。许慎、晋灼并言江水至山阴为浙江。江之西岸有朱室坞,句践百里之封,西至朱室,谓此也。

《说文·水部》"浙"字下曰:"江水东至会稽山阴为浙江。"[153] 山阴县治,位于今绍兴府山南、环城河以内。怪山,赵晔《吴越春秋》云:"范蠡起游台于怪山,以为灵台。仰观天文,候日月之变怪。"[154] 干宝《搜神记》曰:"故会稽山阴郭中有怪山,世传本琅琊东武海中山也。时天夜,风雨晦冥,旦而见武山在焉。百姓怪之,因名曰怪山。时东武县山,亦一夕自亡去。识其形者,乃知其移来。今怪山下见有东武里,盖记山所自来,以为名也。"[155] 孔晔《会稽记》云:"城西门外百余步有怪山,越时起灵台于山上,又作三层楼以望云。"可知怪山位于山阴城西门外,山下有东武里。此山又称龟山,《吴越春秋》曰:"怪山者,琅邪东武海中山也。一夕自来,百姓怪之,故曰怪山。山形似龟体,故谓龟山。"《会稽志》曰:"龟山之下有东武里,即琅邪东武县。山一夕移于

---

153 许慎著,徐铉校定:《说文解字》卷一一上《水部》,第224页下栏。
154 徐坚等著:《初学记》卷二四《居处部·台第六》"候日"下引赵晔《吴越春秋》,第574页。
155 干宝著,陶潜著,李剑国辑校:《新辑搜神记 新辑搜神后记》卷一〇,北京:中华书局,2007年,第166页。

此,东武人因徙此,故里不动。"[156] 嘉泰《会稽志》亦云:"龟山在府东南二里二百七十二步,隶山阴,一名飞来,一名宝林,一名怪山。"[157] 杨守敬谓在"今山阴县治后,卧龙山南"。卧龙山即今府山,在绍兴府山街道。而怪山(龟山)当即今绍兴市西南的塔山,在卧龙山东南,海拔30米左右。

大、小吴王村,雍正《浙江通志·古迹六》"会稽山北城"条注引《华氏考古》云:"有大吴王村、小吴王村,并是阖闾、夫差伐越所舍处也。今吴王里尚沿其名。"[158] 句践为吴所败、栖于会稽之事,《史记·越王句践世家第十一》云:"句践之困会稽也……身自耕作,夫人自织,食不加肉,衣不重采,折节下贤人,厚遇宾客,振贫吊死,与百姓同其劳。"[159]《注》文所引《吕氏春秋》,与今本异,故熊会贞疑郦道元误记。

"有酒投江"之"江",非浙江,乃投醪河。《太平寰宇记·江南东道八》越州会稽县"投醪河"条云:"在县西三里。句践投醪之所也。唐太和六年,廉使陆亘重开。今州南门河是也。"[160] 朱室坞,万历《绍兴府志·山川志三》云:"萧山朱室坞……今县《新志》有朱家坞,在洛思山麓,云汉末朱俊之后俱葬于此。"[161] 关于

---

156 李昉等编纂:《太平御览》卷四七《地部十二·会稽东越诸山》"龟山"条引孔晔《会稽记》《吴越春秋》《会稽志》,第226页下栏。
157 嘉泰《会稽志》卷九《山》,《宋元方志丛刊》第7册,第6857页上栏。
158 雍正《浙江通志》卷四四《古迹六·绍兴府上》,乾隆元年(1736年)刻本,第2页B面。
159《史记》卷四一《越王句践世家第十一》,第1742页。
160 乐史著,王文楚等点校:《太平寰宇记》卷九六《江南东道八·越州》,第1930页。
161 万历《绍兴府志》卷六《山川志三》,第561页。

洛思山，孔晔《会稽记》曰："永兴县东五十里有洛思山，汉太尉朱伟为光禄大夫时，遭母哀，欲卜墓此山，将洛下冢师归，登山相地。冢师去乡既远，归思常深，忽极目千里，北望京洛，遂紫咽而死，葬山顶。故以为名。"[162] 朱伟当即朱俊之讹。[163] 洛思山，位于今萧山区航坞山南。二山山麓一带，今有陈家坞、盛家坞和庞家坞等村落。朱室坞很有可能位于此处。

> 浙江又东北径重山西，大夫文种之所葬也，山上有白楼亭，亭本在山下，县令殷朗移置今处。沛国桓俨，避地会稽，闻陈业履行高洁，往候不见。俨后浮海，南入交州。临去，遗书与业，不因行李，系白楼亭柱而去。升陟远望，山湖满目也。永建中，阳羡周嘉上书，以县远，赴会至难，求得分置，遂以浙江西为吴，以东为会稽。汉高帝十二年，一吴也，后分为三，世号三吴。吴兴、吴郡、会稽，其一焉。

白楼亭位于重山，孔晔《会稽记》曰："重山，大夫种墓，语讹成重。汉江夏太守宋辅于山南立学教授，今白楼亭处是也。"[164]《世说新语·赏誉第八下》"孙兴公、许玄度共在白楼亭"条刘孝标注引《会稽记》曰："亭在山阴，临流映壑也。"[165] 重山即今绍

---

162 李昉等编纂：《太平御览》卷四七《地部十二·会稽东越诸山》"洛思山"条引孔晔《会稽记》，第227页下栏—228页上栏。
163 参见《后汉书》卷七一《朱俊传》，第2308—2313页。
164 李昉等编纂：《太平御览》卷四七《地部十二》引孔晔《会稽记》，第227页上栏。
165 刘义庆著，刘孝标注，余家锡笺疏，周祖谟等整理：《世说新语笺疏》卷中之下《赏誉第八下》，第572页。

兴府山，白楼亭应在此山。"沛国桓俨"一句，亦见于《太平寰宇记》引《郡国志》。[166] 陈业，即上文所见曾任会稽太守的上虞陈业。吴郡、会稽分置一事，《后汉书》谓在顺帝永建四年（129年）。《元和郡县图志·江南道一》"苏州"栏云："阳羡令周［嘉］（喜）、山阴令殷重上书，求分为二郡，遂割浙江以东为会稽，浙江以西为吴郡。"又《江南道二》"越州"栏下同记此事曰："阳羡令周［嘉］（喜）上书，以吴、越二国，周旋一万一千里，以浙江山川险绝，求得分置。"[167] 唐陆广微《吴地记》云："有山阴县人殷重，献策于帝，请分江置两浙，诏司空王袭封，从钱唐江中分，向东为会稽郡，向西为吴郡。"[168]《舆地志》云："顺帝时阳羡人周嘉上书，请分浙江以西为吴郡，东为会稽郡。"[169] 杨守敬谓《元和志》"令"乃"人"之误，可从。三吴，《通典·州郡十二》吴郡"苏州"栏云："汉亦为会稽郡，后顺帝分置吴郡。晋宋亦为吴郡，与吴兴、丹阳为三吴。"[170] 与《注》文所说的"三吴"有所差别。

浙江又东径御儿乡。《万善历》曰："吴黄武六年正月，获彭绮。是岁，由拳西乡有产儿，堕地便能语，云：'天方明，

---

166 乐史著，王文楚等点校：《太平寰宇记》卷九六《江南东道八·越州》，第1926页。
167 李吉甫著，贺次君点校：《元和郡县图志》卷二五、二六，第600、617页。
168 陆广微著，曹林娣校注：《吴地记》，南京：江苏古籍出版社，1999年，第1页。
169 李昉等编纂：《太平御览》卷一七一《州郡部十七·江南道下》"越州"栏引《舆地志》，第832页上栏。
170 杜佑著，王文锦等点校：《通典》卷一八二《州郡十二·吴郡》，北京：中华书局，1988年，第4827页。

河欲清，鼎脚折，金乃生。'因是诏为语儿乡。"非也。御儿之名远矣，盖无智之徒，因借地名，生情穿凿耳。《国语》曰："句践之地，北至御儿。"是也，安得引黄武证地哉？韦昭曰："越北鄙在嘉兴。"

杨守敬据《太平御览》，谓《万善历》一书当作《万岁历》。[171] 御儿乡，又作"语儿乡"。《史记·东越列传》曰："楼船将军率钱唐辕终古斩徇北将军，为御儿侯。"楼船将军即杨仆。《史记集解》引《汉书音义》曰："今吴南亭是也。"张守节《史记正义》云："'御'字今作'语'。语儿乡在苏州嘉兴县南七十里，盐官道也。"[172]《太平寰宇记·江南东道七》秀州嘉兴县"御儿"条曰："按吴、越分境，越国西北置御儿，与吴分为界。《通典》注云：'在嘉兴县南，有地名御儿也。'《国语》曰：'吾用御儿临之。'今俗作'语'字。"[173] 至元《嘉禾志》载崇德县有语儿中泾（语儿溪），自"县东五十里达嘉兴南谷湖"。[174] 崇德县治位于今桐乡市崇福镇，语儿乡当在这一带。

由拳，秦长水县，吴末改为嘉兴。《汉书·地理志》会稽郡"由拳"县条曰："柴辟，故就李乡，吴、越战地。"[175]《续汉书·郡

---

171 马念祖《水经注引书考》卷四列有书目，但无考。（蟫吟社，1932年。）郑德坤《水经注引书考》卷三谓《旧唐志》著录赵弘礼《王业历》二卷，可能即《万善历》。（第125—126页）今案《艺文类聚》《太平御览》皆引作《万岁历》，无《万善历》。
172《史记》卷一一四《东越列传》，第2983页。
173 乐史著，王文楚等点校：《太平寰宇记》卷九五《江南东道七·秀州》，第1914页。
174 至元《嘉禾志》卷五《泾沟》，《宋元方志丛刊》第5册，第4449页上栏。
175《汉书》卷二八上《地理志第八上》，第1591页。

国四》吴郡"由拳"条刘昭注引干宝《搜神记》曰:"秦始皇东巡,望气者云:'五百年后,江东有天子气。'始皇至,令囚徒十万人掘污其地,表以恶名,故改之曰由拳县。"[176]

> 浙江又东径柴辟南,旧吴楚之战地矣。备候于此,故谓之辟塞。是以《越绝》称吴故从由拳辟塞渡会夷(稽)、溱山阴是也。又径永兴县北,县在会稽东北百二十里,故余暨县也。应劭曰:"阖闾弟夫概之所邑。"王莽之余衍也。汉末童谣云"天子当兴东南三余之间",故孙权改曰永兴。县滨浙江。

案《越绝书·越绝外传记吴地传第三》云:"吴(古)故从由拳辟塞,度会夷,[溱](奏)山阴。辟塞者,吴备候塞也。"又云:"柴辟亭到语儿就李,吴侵以为战地。"[177] 又《越绝外传记地传第十》云:"语儿乡,故越界,名曰就李。吴疆越地以为战地,至于柴辟亭。"[178] 熊会贞谓吴楚战地不至于柴辟之地,故"吴楚"当作"吴越"方妥。柴辟,张宗祥认为在崇德县(治崇福镇)界。[179] "就李",《史记·吴太伯世家》作"檇李",《史记集解》引杜预曰:"吴郡嘉兴县南有檇李城也。"[180] 据上述所引,可知语儿乡

---

[176]《续汉书·郡国四》,参见范晔:《后汉书》,第3490页。
[177] 李步嘉校释:《越绝书校释》卷二《越绝外传记吴地传第三》,第32—33页。
[178] 李步嘉校释:《越绝书校释》卷八《越绝外传记地传第十》,第229页。
[179] 张宗祥校注:《越绝书》卷八,上海:商务印书馆,1956年,第10页A面。
[180]《史记》卷三一《吴太伯世家第一》,第1468页。

有就李（檇李）城。

永兴县，《宋书·州郡一》扬州会稽太守"永兴令"条云："汉旧余暨县，吴更名。"[181]《元和郡县图志·江南道二》越州"萧山县"下云："本曰余暨，吴王弟夫槩邑。"[182] 这一说法就是来自应劭《汉书音义》。《太平寰宇记·江南东道八》"萧山县"栏引《汉书》应劭注云："汉分诸暨、山阴地为下诸暨，后易名余暨。"[183] 永兴即今杭州萧山区与滨江区一带，钱塘江东北径此，曲折而入海。《注》文云永兴在会稽东北百二十里，"东北"当作"西北"，里数亦不合。故熊会贞提出一种猜测，认为"古永兴当在今海盐县之东南，盖后移于今萧山也"。不过孙吴改余暨为永兴时，是否还有迁治情况，于史无征。至南朝，永兴县就已治今萧山。《注》文所说的永兴县，所指的也只能是今萧山一带。

> 又东合浦阳江。江水导源乌伤县，东径诸暨县与泄溪合。溪广数丈，中道有两高山夹溪，造云壁立，凡有五泄。下泄悬三十余丈，广十丈。中三泄不可得至，登山远望，乃得见之，悬百余丈，水势高急，声震水外。上泄悬二百余丈，望若云垂。此是瀑布，土人号为泄也。

今浦阳江源出浦江县西部的天灵岩南麓，东南经花桥乡，折

---

181 《宋书》卷三五《州郡一》，第1030页。
182 李吉甫著，贺次君点校：《元和郡县图志》卷二六《江南道二·越州》，第619页。
183 乐史著，王文楚等点校：《太平寰宇记》卷九六《江南东道八·越州》，第1936页。案，此注不见于今《汉书》应劭注。

而西北入通济桥水库，又径浦江县城南，至黄宅镇。又东北行至白马镇入安华水库，在安华镇右纳大陈江。江水屈曲北流，过牌头镇、王家井镇，至红桥、浣南村一带与璜山江合。江水继续北流，至诸暨城区的茅渚埠村，分为东西二江。西江径沙埭蒋、王家堰至郦家村，五泄江自西来汇。泄溪当即五泄江，今有五泄风景区。[184] 嘉泰《会稽志》诸暨县"五泄溪"条引《舆地志》云："山峻而有五级，故以为名。下泄垂三十丈，广十丈，中三泄不可踚度，登他山望，始见之。上泄垂百余丈，声如震霆。"[185] 可见《注》文所述五泄溪，与《舆地志》有相近的史料来源。

> 江水又东径诸暨县南。县临对江流，江南有射堂，县北带乌山，故越地也。先名上诸暨，亦曰句无矣。故《国语》曰："句践之地，南至句无。"王莽之疏虏也。夹水多浦，浦中有大湖，春夏多水，秋冬涸浅。

诸暨县，会稽郡属县。带乌山，孔灵符《会稽记》作"乌带山"，其曰："诸暨县[东]（西）北有乌带山，其山上多紫石，世人莫知之。居士谢敷少时经始诸山，往往迁易，功费千计，生业将尽。后游此境，梦山神语之曰：当以五十万相助。觉甚怪之，旦见主人床下有异色，甚明澈，试取莹拭，乃紫石。因问所从来，

---

184 关于泄溪的考证，参见陈桥驿：《水经注校证》卷四〇《渐江水》，第982页。
185 嘉泰《会稽志》卷一〇《水》，《宋元方志丛刊》第7册，第6884页上栏。

云出此山，遂往掘，果得。其利不訾。"[186]《元和郡县图志·江南道二》诸暨县"乌带山"条云："在县北五十里，出紫石英。"[187] 乌带山即今采仙山，位于诸暨市枫桥镇南，其山出紫石英。[188] 谢敷，出自山阴谢氏。《晋书·隐逸传》云："谢敷字庆绪，会稽人也。性澄靖寡欲，入太平山十余年。镇军郗愔召为主簿，台征博士，皆不就。"[189] 谢敷经营会稽山区，殖产兴利。

诸暨县治附近夹水多浦这一景观，今日依旧随处可见。《隋书·地理下》会稽郡"诸暨"县下载有泄溪和大农湖。[190] 杨守敬谓《注》文中的"大湖"即"大农湖"，当可从。大农湖，后世称作"大侣湖"，在浦阳东江北岸。

> 江水又东南径剡县，与白石山水会。山上有瀑布，悬水三十丈，下注浦阳江。浦阳江水又东流南屈，又东回北转，径剡县东。王莽之尽忠也。县开东门向江，江广二百余步，自昔耆旧传县不得开南门，开南门则有贼盗。江水翼县转注，故有东渡、西渡焉。东南二渡通临海，并泛单船为浮航，西渡通东阳，并二十五船为桥航。江边有查浦，浦东行二百余里，与句章接界。浦里有六里，有五百家，并夹浦居，列门向水，甚有良田。有青溪、余洪溪、大发溪、小发溪，江上有溪，六溪列

---

[186] 李昉等编纂：《太平御览》卷四七《地部十二·会稽东越诸山》引孔灵符《会稽记》，第228页上栏。
[187] 李吉甫著，贺次君点校：《元和郡县图志》卷二六《江南道二·越州》，第619页。
[188] 陈炳荣编著：《枫桥史志》，北京：方志出版社，1998年，第93—94页。
[189]《晋书》卷九四《隐逸传·谢敷》，第2456—2457页。
[190]《隋书》卷三一《地理下》，第878页。

溉，散入江。夹溪上下，崩崖若倾。东有箪山，南有黄山，与白石三山为县之秀峰。山下众流泉导，湍石激波，浮险四注。

剡县治所，位于今嵊州市剡湖街道。白石山，孔晔《会稽记》曰："剡县西七十里有白石山，上有瀑布，水悬下三十丈，岩际有蜜房，采蜜者以葛藤连结，然后得至。"[191] 白石山又称太白山。夏侯曾先《会稽地志》曰："(剡) 县西六十里有太白山，连岩崔嵬，吐云合景。又有小白山相连，即赵广信炼九华丹登仙之所也。"[192]《水经注疏》杨守敬案语云："浦阳江经诸暨县北流，东与剡县隔山。郦氏叙江水与白石山水会，是以浦阳江自诸暨东逆行落马港之道，逾山由赵溪合剡溪矣，误。白石山水乃古剡溪之西源也，今谓之西港。"[193] 白石山有褚伯玉太平馆。[194] 该山即今东白山，处于会稽山脉南麓，主峰海拔1 194米，在长乐镇西、虎鹿镇北。今西港由东白山东南麓发源，经长乐镇、甘霖镇，东流入剡溪。正如杨守敬所云，浦阳江不得径剡县，此处当是剡溪，即曹娥江上流。郦氏可能混淆了浦阳、曹娥二江。

查浦，《异苑》曰："乌伤黄蔡义熙初于查溪岸照射，见水际有物。"[195] 杨守敬谓查溪当即查浦。查浦这一地块划分成六里，有

---

191 李昉等编纂：《太平御览》卷四七《地部十二·会稽东越诸山》引孔晔《会稽记》，第228页上栏。
192 乐史著，王文楚等点校：《太平寰宇记》卷九六《江南东道八·越州》引夏侯曾先《会稽地志》，第1933页。
193 杨守敬、熊会贞注疏：《水经注疏》卷四〇《渐江水》，第3327页。
194 《南齐书》卷五四《高逸传·褚伯玉》，第927页。
195 李昉等编纂：《太平御览》卷三五〇《兵部八十一·箭下》引《异苑》，第1610页上栏。

居民五百家，与其地处行旅孔道有关。其位置，大体位于浦口镇所在的盆地，北为簟山，南为簟溪。六溪发源于簟山，流入簟溪。值得注意的是，文中仅胪列四溪，疑"江上有溪"处有脱漏、讹误。此六溪具体无考，不过当为查浦周围的山溪性河流，灌溉查浦良田。六里、六溪，暗示这六里可能基于六条溪流为划分依据。全祖望校《水经注》曰："六溪即簟溪之支流，簟溪入浦阳而此六溪者潴而为渠。"[196] 簟溪在簟山南麓，当即今黄泽江。《注》文叙述查浦盆地（剡中盆地）农田水利开发和聚落里居甚详，亦当本之六朝会稽士人编纂的各类地记。

> 浦阳江又东径石桥。广八丈，高四丈，下有石井，口径七尺。桥上有方石，长七尺，广一丈二尺。桥头有盘石，可容二十人坐。溪水两旁悉高山，山有石壁二十许丈，溪中相攻，赑响外发，未至桥数里，便闻其声。江水北径嵊山。山下有亭，亭带山临江，松岭森蔚，沙渚平静。浦阳江又东北径始宁县嵊山之成功峤。峤壁立临江，欹路峻狭，不得并行。行者牵木稍进，不敢俯视。峤西有山，孤峰特上，飞禽罕至。尝有采药者，沿山见通溪，寻上，于山顶树下有十二方石，地甚光洁。还复更寻，遂迷前路，言诸仙之所憩宴，故以坛宴名山。峤北有嵊浦。浦口有庙，庙甚灵验。行人及樵伐者皆先敬焉。若相侵窃，必为蛇虎所伤。北则嵊山，与嵊山接。二山虽曰异县而峰岭相连，其间倾涧怀烟，泉溪引雾，

---

[196] 郦道元著，全祖望校：《水经注》卷三五《浙江水注》，第27页A面。

吹畦风馨，触岫延赏，是以王元琳谓之神明境。事备谢康乐《山居记》。

浦阳江自崿山东北径太康湖。车骑将军谢玄田居所在，右滨长江，左傍连山。平陵修通，澄湖远镜。于江曲起楼，楼侧悉是桐梓，森耸可爱，居民号为桐亭楼。楼两面临江，尽升眺之趣，芦人、渔子泛滥满焉。湖中筑路，东出趋山，路甚平直。山中有三精舍，高薨凌虚，垂檐带空，俯眺平林，烟香在下，水陆宁晏，足为避地之乡矣。江有琵琶圻，圻有古冢堕水，冢有隐起，字云："筮吉龟凶，八百年落江中。"谢灵运取甓诣京，咸传观焉。乃如龟繇，故知冢已八百年矣。浦阳江又东北径始宁县西，本上虞之南乡也。汉顺帝永建四年，阳羡周嘉上书，始分之。旧治水西，常有波潮之患。晋中兴之初，治今处。

此节叙述剡县北至始宁县一带的山水景观和谢玄庄园的情况。嵊山与崿山，并在今上虞市南、嵊州市北。《舆地志》云："自上虞七十里至溪口，从溪口随江上数十里□□，两岸峻壁，乘高临水，深林茂竹，表里辉映，名为崿嵊。奔濑迅湍，以至剡也。"[197]成功峤，即在崿山山麓。崿浦，位于成功峤北，浦口有庙。宋人楼钥撰有《嵊县崿浦庙记》，其云："邑城（剡县）之北山围平野，溪行其中，至四十里许，两山相向愈迫，剡之水易于暴涨者以

---

[197] 嘉泰《会稽志》卷九《山》嵊县"崿山"条下载《旧经》引《舆地志》，《宋元方志丛刊》第7册，第6868页上栏。

此。……西曰崿山，巨石突踞水上，其下曰崿浦，岩壑奇耸，尤为胜绝。"[198] 崿浦，位于今嵊州市三界镇崿浦村。村南临江左岸处则是崿山，山体绵延狭长，山势险峻。坛宴山，据《注》文所述，位于崿山和成功峤之间。孔晔《会稽记》云："始宁县有坛宴山，相传云仙灵所宴集处。山顶有十二方石，石悉如坐席许大，皆作行列。"[199] 王元琳即王珣，称嵊崿二山为神明境，足见他曾游览过此地。

太康湖，"右滨长江，左傍连山"，"长江"当是剡溪（曹娥江）。根据这一叙述，太康湖的位置当位于剡溪左岸。然而有学者认为此湖在剡溪右岸动石溪的清潭、大金村一带，[200] 不过今皆湮废不存。《注》文"琵琶圻"句，《舆地志》中有极为相似的记载。[201] 而诸如"平陵修通""澄湖远境"和"高薨凌虚"等内容，应出自谢灵运《山居记》。太康湖和谢玄田居，是谢灵运《山居赋》描述的南山居止所在。桐亭楼，即江楼。《山居赋》谢灵运自注曰："南山是开创卜居之处也。从江楼步路，跨越山岭，绵亘田野，或升或降，当三里许。"[202] 始宁旧治，位于曹娥江西岸。《水经注疏》杨守敬案语云："在今上虞县三界镇，后东徙，在今县西南五十里。"

---

198 楼钥：《攻媿集》卷五五，《四部丛刊初编》本，上海：上海书店出版社，1989年，第12页B面。
199 李昉等编纂：《太平御览》卷四七《地部十二》引孔晔《会稽记》，第228页上栏。
200 丁谦：《水经注正误举例》卷一，第15页B面—16页A面。
201 李昉等编纂：《太平御览》卷五五九《礼仪部三十八·冢墓三》引《舆地志》，第2529页上栏。
202 《宋书》卷六七《谢灵运传》，第1767页。

丁谦疑下管镇一带即东晋所移置的始宁县治。[203]

> 县下有小江，源出姚山，谓之姚浦，径县下，西流注于浦阳。茯山下注此浦，浦西通山阴浦而达于江。江广百丈，狭处二百步。高山带江，重荫被水。江阅渔商，川交樵隐。故桂棹兰栧，望景争途。江南有故城，太尉刘牢之讨孙恩所筑也。

此段各家句读不一，疑有脱文。茯山，熊会贞谓即谢灵运《山居赋》"休、周分表"的休山，可从。小江上游谓之姚浦，导源于姚山。若依丁谦所谓"县治在下管镇"一说，则此小江即黑龙潭溪，姚山为龙堂山。[204] 黑龙潭溪由黑龙潭村西北流，径徐林、旧宅和虹溪等村至陈溪乡，再屈曲西北至石门村，径下管镇西，蜿蜒西北流注于曹娥江，与《注》文所述小江流向较相符合。姚浦通过山阴浦与小江相连接，山阴浦当在茯山北、姚浦西。此二浦潴蓄小江之水，灌溉陈溪、石门与下管一带的农田。小江南岸的故城，可能为刘牢之军队屯戍上虞所筑。《晋书·刘牢之传》云："及孙恩攻陷会稽……牢之进号镇北将军、都督会稽五郡，率众东征，屯上虞，分军戍诸县。"[205] 此段《注》文描述的地方，当即《山居

---

203 参见民国《嵊县志》卷二四《艺文志·赋》"谢灵运《山居赋》丁谦补注"，《中国方志丛书》据民国三十三年（1944年）刊本影印，台北：成文出版社有限公司，1975年，第1706页。
204 丁谦：《水经注正误举例》卷一，第16页A面。
205 《晋书》卷八四《刘牢之传》，第2190页。

赋》的北山。

> 江水东径上虞县南。王莽之会稽也，本司盐都尉治，地名虞宾。《晋太康地记》曰："舜避丹朱于此，故以名县，百官从之，故县北有百官桥。"亦云："禹与诸侯会事讫，因相虞乐，故曰上虞。"二说不同，未详孰是。

此段江水又称作上虞江、曹娥江。上虞县得名，熊会贞引钱坫案语曰："周处以余姚为舜支庶所封，上虞当亦因此而涉其称耳，则又一说也。"虞宾，又作虞滨。司盐都尉，当是专管海盐的地方机构。《晋书·王允之传》谓允之讨伐苏峻有功，除建武将军、钱唐令，领司盐都尉。[206] 不过，上虞县由司盐都尉改治，不见于《汉书·地理志》和《续汉书·郡国志》。《注》文接着叙述上虞县的大小山川：

> 县南有兰风山，山少木多石。驿路带山傍江，路边皆作栏干。山有三岭，枕带长江，苕苕孤危，望之若倾。缘山之路，下临大川，皆作飞阁栏干，乘之而渡，谓此三岭为三石头，丹阳葛洪遁世居之，基井存焉。琅邪王方平性好山水，又爱宅兰风，垂钓于此。……亦谓是水为上虞江。县之东郭外有渔浦湖，中有大独、小独二山。又有覆舟山，覆舟山下有渔浦王庙，庙今移入里山。此三山孤立水中。湖外有青山、黄

---

[206]《晋书》卷七六《王允之传》，第2002页。

山、泽兰山，重岫叠岭，参差入云。泽兰山头有深潭，山影临水，水色青绿。山中有诸坞，有石楗一所，右临白马潭，潭之深无底。传云创湖之始，边塘屡崩，百姓以白马祭之，因以名水。

六朝时期上虞县治在今百官街道，故《注》文曰"县南"。《太平寰宇记·江南东道八》越州上虞县"兰风山"条云："在县西北二十五里。《郡国志》云：'兰风山，琅邪王弘之每钓于此。人或遇得鱼，问卖不？答曰：钓得亦不卖。'"[207] 兰风山，即兰芎山，在今上虞市（百官街道）东南。其支脉有龙山（龙头山），濒临曹娥江。孔灵符《会稽记》曰："上虞县有龙头山，上有兰峰，峰顶盘石广丈余，葛洪学坐其上。"[208] 龙头山紧邻兰芎山，故《会稽记》有"上有兰峰"之称。王方平，即王弘之。《宋书·王弘之传》曰："性好钓，上虞江有一处名三石头，弘之常垂纶于此。"[209]

渔浦湖，在上虞县东。《舆地志》曰："舜渔处。"[210] 嘉泰《会稽志》余姚县"渔浦湖"条云："在县西北六十里，一名白马湖。《旧经》引夏侯曾先《志》云：驿亭埭南有渔浦湖，深处可二丈。

---

[207] 乐史著，王文楚等点校：《太平寰宇记》卷九六《江南东道八·越州》，第1936页。
[208] 李昉等编纂：《太平御览》卷四七《地部十二·会稽东越诸山》引孔灵符《会稽记》，第228页上栏。
[209]《宋书》卷九三《隐逸·王弘之传》，第2281—2282页。
[210] 乐史著，王文楚等点校：《太平寰宇记》卷九六《江南东道八·越州》余姚县"渔浦湖"条引《舆地志》，第1934页。

汉周举乘白马游而不出，时人以为地仙。白马湖之名由此。"[211] 今上虞市驿亭镇西南有驿亭村，当与驿亭埭相距不远。村西南，即白马湖（渔浦湖）。宝庆《会稽续志》"余姚"栏引唐《利济庙记》，称"晋周鹏举初宰上虞"云云，"是湖以周鹏举乘白马没水遂得名，恐夏侯曾先得于传闻而未详，故误以周鹏举为周举也"。[212] 杨守敬谓渔浦湖，即上陂湖，详见下文。

  湖之南即江津也。江南有上塘、阳中二里，隔在湖南，常有水患。太守孔灵符遏蜂山前湖以为埭，埭下开渎，直指南津。又作水楗二所，以舍此江，得无淹溃之害。县东有龙头山，山崖之间有石井，冬夏常冽清泉，南带长江，东连上陂。江之道南有曹娥碑。……县令度尚使外甥邯郸子礼为碑文，以彰孝烈。江滨有马目山，洪涛一上，波隐是山，势沧嵊亭，间历数县，行者难之。县东北上亦有孝子杨威母墓。威少失父，事母至孝。……又有吴渎，破山导源，注于胥江。

  上陂，即上妃湖。万历《绍兴府志·山川志四》云："在夏盖湖南，白马湖西，与白马同创于东汉，周三十五里，中有三山，曰弓家山、印禄山、佛迹山。《水经》谓之上陂。今名上妃者，相传之讹也。"[213] 此处所谓三山，杨守敬云即渔浦湖之大独、小独与

---

211 嘉泰《会稽志》卷一〇《水》，《宋元方志丛刊》第7册，第6891页上栏—下栏。
212 宝庆《会稽续志》卷四《水》，《宋元方志丛刊》第7册，第7135页上栏。
213 万历《绍兴府志》卷七《山川志四》，第640页。

覆舟三山。白马湖、上陂湖当时应相距不远，湖面可能相互联结，二湖间分布着几座孤山。丁谦认为，"今运河北、牛山泊以西田陇，当日皆为湖地，不但龙山东界一衣带水而已"。[214] 则创湖之初，湖域甚广。

关于曹娥碑，《世说新语·捷悟第十一》"魏武尝过曹娥碑下"刘孝标注引《会稽典录》曰："县长度尚悲怜其义，为之改葬，命其弟子邯郸子礼为之作碑。"[215] "弟子"，《注》文作"外甥"。邯郸子礼，据《后汉书·列女传》李贤注引《会稽典录》，即邯郸淳。[216]《宝刻丛编》引《诸道石刻录》谓"汉度尚所立，邯郸淳文"。[217] 碑石位置，《太平寰宇记》谓在上虞县水滨，[218]《注》文说在曹娥江南岸，应是承袭《后汉书·列女传》"至元嘉元年，县长度尚改葬娥于江南道旁，为立碑焉"的说法。由此亦可知，曹娥碑当立于曹娥墓旁。后世又在其墓右侧立庙。嘉泰《会稽志》曰："墓今在庙之左。碑有晋右将军王逸少所书小字，新安吴茂先师中尝刻于庙中，今为好事者持去。"[219] 曹娥庙今在曹娥江滨孝女路旁，正符合上述"江南道旁"的记载。王羲之所书小字的具体内容，已不可考。王修（字敬仁）书曹娥碑，在东晋升平二年八月。[220] 此

---

214 丁谦：《水经注正误举例》卷一，第17页B面。
215 刘义庆著，刘孝标注，余嘉锡笺疏，周祖谟等整理：《世说新语笺疏》卷中之下《捷悟第十一》，第684页。
216《后汉书》卷八四《列女传》，第2794—2795页。
217 陈思编著：《宝刻丛编》卷一三，杭州：浙江古籍出版社，2012年，第787页。
218 乐史著，王文楚等点校：《太平寰宇记》卷九六《江南东道八·越州》上虞县"曹娥碑"条，第1935页。
219 嘉泰《会稽志》卷六《陵寝》，《宋元方志丛刊》第7册，第6805页上栏。
220 嘉泰《会稽志》卷一六《翰墨》，《宋元方志丛刊》第7册，第7013页下栏。

外又有两碑,一是宋元祐八年(1093年)蔡卞书曹娥碑,一是明嘉靖元年(1522年)李北海书曹娥碑。[221]

吴浕、胥江,并在钱塘江北。故全祖望校《水经注》将此句移于"浙江北合诏息湖"上。

> 上虞江东径周市而注永兴。《地理志》云:县有仇亭,柯水东入海。仇亭在县之东北十里江北。柯水,疑即江也。又东北径永兴县东,与浙江合,谓之浦阳江。《地理志》又云:"县有萧山,潘水所出,东入海。"又疑是浦阳江之别名也,自外无水以应之。浙江又东注于海。故《山海经》曰:"浙江在闽西北入海。"韦昭以松江、浙江、浦阳江为三江。

丁谦曰:"周市当即崧厦镇地,今镇旁尚有周家村。盖江水当时由百官镇西直向东北行,故经崧厦,又东北至萧山县东界,始入浙江。"[222] 全祖望校《水经注》曰:"浦阳江水发源义乌,分于诸暨,是为曹娥、钱清二口。其自义乌山南出者,道由蒿坝,所谓东小江也,下流斯为曹娥。其自山北出者,道由义桥,所谓西小江也,下流斯为钱清。考浦阳之名,汉时所未有,故班固不录。然《志》于浦阳东道之水则曰柯水而系之上虞,即曹娥也;西道之水则有潘水而系之余暨,即钱清也。"[223] 柯水、潘水

---

221 乾隆《绍兴府志》卷七六《金石志二》,《中国方志丛书》据乾隆五十七年(1792年)刊本影印,台北:成文出版社有限公司,1983年,第1872页上栏—下栏。
222 丁谦:《水经注正误举例》卷一,第17页B面—18页A面。
223 郦道元著,全祖望校:《水经注》卷三五《浙江水注》,第25页A面。

和曹娥，应是浦阳江的组成部分，只不过柯水、曹娥江都是经潘水入海。明天顺、成化间，浦阳江下游改道，经临浦、义桥汇入钱塘江。[224]

今本《水经注·浙江水注》关于浙江水的记载，仅叙至上虞县境内，于其入海之路与入海口，则语焉不详。上引《注》文谓永兴县境内之柯水疑即江，又谓柯水在永兴县东与浙江水合，谓之浦阳江。显然，《注》文并未弄清柯水、江（三江之南江）、浙江水（浙江）、浦阳江之间究竟是什么关系，至于浙江水（浙江）究于何处入海，更是不能确指。而在今本《水经注·沔水下注》中，郦氏又将今苏南、浙北地区的水系并入沔水（实为江水）下游，其所记大抵可归入浙江下游流域。

黄宗羲《今水经·序》讥郦《注》泛滥讹误曰："余越人也。以越水证之，以曹娥江为浦阳江，以姚江为大江之奇分。筥水出山阴县，具区在余姚县，沔水至余姚入海，皆错误之大者。"[225] 贺次君《水经注经流支流目·序例》云："郦《注》四十卷，唐以后无已完书，《崇文总目》著录已佚五卷而已。今存四十卷者，乃后人分析以足之也。"[226] 具体来说，今本《水经注·沔水下注》将经文"沔水与江合流，又东过彭蠡泽"系于经文"又南至江夏沙羡县北"后、"潜水出巴郡宕渠县"前。而学者所分

---

224 朱海滨：《浦阳江下游河道改道新考》，《历史地理》第27辑，上海：上海人民出版社，2013年，第106—122页。
225 黄宗羲：《今水经·序》，《知不足斋丛书》第12集，清乾隆、道光间长塘鲍氏刊本。
226 贺次君：《水经注经流支流目》，《禹贡半月刊》第2卷第8期，1934年。

类的古本《水经注》系统（包括大典本和诸种明钞本），将此部分内容系于经文"又南至江夏沙羡县北"后、"又东过堵阳县"前。[227] 在篇幅上，主要涉及卷二十八、二十九。今本和古本系统在卷二十八、二十九两卷间的差异，应是在流传过程中产生的问题（"后人分析"之所致），而以经过校正的今本《水经注》的编排顺序为佳。下面据今本《水经注·沔水下注》篇，梳理南北朝后期时人观念中所认识的浙江下游地区的地理景观。《水经注·沔水下注》云：

> 《吴记》曰：一江东南行七十里入小湖，为次溪，自湖东南出谓之谷水。谷水出吴小湖，径由卷县故城下。《神异传》曰：由卷县，秦时长水县也。始皇时，县有童谣曰：城门当有血，城陷没为湖。……忽有大水，长欲没县……遂乃沦陷为谷矣。因目长水、城水曰谷水也。《吴记》曰：谷中有城，故由卷县治也，即吴之柴辟亭，故就李乡槜李之地。秦始皇恶其势王，令囚徒十余万人污其土，表以污恶，改曰囚卷，亦曰由卷也。吴黄龙三年，有嘉禾生卷县，改曰禾兴，后太子讳和，改为嘉兴，《春秋》之槜李城也。

《吴记》，除《注》文外，还见于《宋书·州郡一》"海盐令"和"盐官令"条所征引。从现存的若干条文推测，它或是有关吴

---

[227] 关于《水经注》的古本和今本系统，参见李晓杰、杨长玉等著：《古本与今本：现存〈水经注〉版本汇考》，上海：复旦大学出版社，2021年。

郡的地记。[228] 由卷即由拳县，上文已提及。《宋书·州郡一》扬州吴郡太守"嘉兴令"条云："此地本名长水，秦改曰由拳。吴孙权黄龙四年，由拳县生嘉禾，改曰禾兴。孙皓父名和，又改名曰嘉兴。"[229]《注》文所引《神异传》"由拳县城陷没为湖"事，与《搜神记》所载略同。其事虽荒诞不经，然其县城遭遇洪灾可能属实。《续汉书·郡国四》"海盐"条刘昭注曰："案今《计偕簿》，县之故治，顺帝时陷而为湖，今谓为当湖。大旱湖竭，城郭之处可识。"[230] 海盐县城陷而为湖，与由拳县城极为类似。

> 谷水又东南径嘉兴县城西，谷水又东南径盐官县故城南。旧吴海昌都尉治，晋太康中分嘉兴立。《太康地道记》："吴有盐官县。"乐资《九州志》曰："县有秦延山，秦始皇径此，美人死葬于山上，山下有美人庙。"谷水之右有马皋城，故司盐都尉城。……东出五十里有武原乡，故越地也。秦于其地置海盐县，《地理志》曰："县故武原乡也。"后县沦为柘湖，又徙治武原乡，改曰武原县。……汉安帝时，武原之地又沦为湖，今之当湖也。后乃移此。县南有秦望山，秦始皇所登以望东海，故山得其名焉。谷水于县出为澉浦，以通巨海。

---

228 熊茂洽、曹诗图《〈水经注疏·江水〉校注补》认为《吴记》是山谦之《吴兴记》（武汉：武汉水利电力大学出版社，1999年，第388页）。这一判断没有任何依据。刘纬毅："疑为张勃《吴地记》，或顾夷《吴郡记》之省称。"参见氏著：《汉唐方志辑佚》，北京：北京图书馆出版社，1997年，第98页。
229 《宋书》卷三五《州郡一》，第1031页。
230 《续汉书·郡国四》，参见范晔：《后汉书》，第3490页。

嘉兴县城，在今嘉兴市南。澉浦，当在今澉浦镇一带。谷水径嘉兴后，至澉浦入海，大体西南流。《太平御览》引乐资《九州志》云："渡之盐官，有奉禅山，昔始皇过此而美之，死因葬焉。有庙在平地，于今民祠之。"[231] 和《注》文征引《九州志》相比，此则佚文"奉禅"或是"秦延"之形误，"之"当是"人"之讹误。又嘉靖《续澉水志·地理纪》曰："秦驻山，在沿海官道十八里中。……今有始皇庙，古有秦溪馆，今废。又有秦驻坞，村落聚焉。"[232]《注》文又提及海盐县南有秦望山（非山阴县南秦望山）。上述诸山，可能存在一地多名的情况，然大体皆在今秦山街道、澉浦镇滨海一带。海盐县，《宋书·州郡一》引《吴记》曰："本名武原乡，秦以为海盐县。"这和《汉书·地理志》的说法一致。海盐县治沦为柘湖，还见于《初学记》引《吴越春秋》，不过"柘湖"作"招湖"。[233] 其后，海盐县迁治武原乡。上文提到《续汉书·郡国四》刘昭注引《计偕簿》，谓顺帝时武原乡沦为湖，而此作"安帝时"。武原乡陷为湖后，海盐县再次迁治。郦氏谓"后乃移此"，却没有明确指出移治何地。

[江水] 又东至会稽余姚县东入于海。谢灵运云具区在余暨，然则余暨是余姚之别名也。今余暨之南、余姚西北，浙江

---

231 李昉等编纂：《太平御览》卷五五六《礼仪部三十五》引乐资《九州志》，第2516页上栏。
232 嘉靖《续澉水志》卷一，《中国地方志集成·乡镇志专辑》第20册，上海：上海书店出版社，1992年，第538页上栏。
233 徐坚等著：《初学记》卷七《地部下·湖第一》"县沦"条引赵晔《吴越春秋》，第140页。

> 与浦阳江同会归海，但水名已殊，非班固所谓南江也。……作者述志，多言江水至山阴为浙江。今［南江］（江南）枝分，历乌程县，南通余杭县，则与浙江合。故阚骃《十三州志》曰："江水至会稽与浙江合。"浙江自临平湖南通浦阳江，又于余暨东，合浦阳江，自秦望分派，东至余姚县，又为江也。东与车箱水合，水出车箱山，乘高瀑布，四十余丈，虽有水旱而澍无增减。

此段叙南江与浙江的关系。《经》文"又东至会稽余姚县东入于海"，本于《汉书·地理志》丹扬郡"石城"县条"分江水首受江，东至余姚入海"之说。[234]"具区在余暨"，《水经注疏》作"具区在余姚"，并引《沔水注下》郦氏引谢灵运"具区今在余姚鸟道山西北"文以驳此处"具区在余暨"之讹。不过郦氏接着阐明"余暨是余姚之别名也"。这一说法虽不知有何依据，但应是就前文"具区在余暨"而论。则郦氏作注时，似已将"具区在余姚"误写作"具区在余暨"了。再者，《注》文既然认为余暨、余姚同地异名，又有"余暨之南、余姚西北"之说，显系自相抵牾。临平湖详上。车箱山、车箱水，杨守敬、熊会贞等学者皆无考。其位置，应在当时的余姚县西北。

> 江水又东径黄桥下。临江有汉蜀郡太守黄昌宅，桥本昌创

---

[234] 有关分江水的讨论，参见陈怀荃：《〈汉志〉分江水考释》，《历史地理》第3辑，上海：上海人民出版社，1983年，第160—165页。

建也。昌为州书佐,妻遇贼相失,后会于蜀,复修旧好。江水又东径[绪](赭)山南,虞翻尝登此山四望,诫子孙可居江北,世有禄位,居江南则不昌也。……江水又经官仓。仓即日南太守虞国旧宅,号曰西虞,以其兄光居县东故也。是地即其双雁送故处。

黄桥,或谓即黄山桥。黄昌与妻分而复合之事,详见《后汉书·酷吏列传》。[235] 赭山,杨守敬谓当作绪山,可从,即今余姚市区西的灵绪山(龙泉山)。虞翻登绪山诫子孙语,见嘉泰《会稽志》引孔晔《会稽记》。[236] "双雁送故",《会稽典录》曰:"虞国少有孝行,为日南太守,常有双雁,宿止厅上,每出行县,辄飞逐车,既卒于官,雁逐丧还至余姚,住墓前,历三年乃去。"[237] 另外,朱谋㙔《水经注笺》引孔晔《会稽记》,谓"虞国为日南太守,有惠政,出则双雁随轩。及还会稽,雁亦随焉。其卒也,犹栖于墓不去"。[238]

江水又东径余姚县故城南。县城是吴将朱然所筑,南临江津,北背巨海,夫子所谓沧海浩浩,万里之渊也。县西去会稽

---

235 《后汉书》卷七七《酷吏列传·黄昌》,第2497页。
236 嘉泰《会稽志》卷九《山》"灵绪山"条引孔晔《会稽记》,《宋元方志丛刊》第7册,第6872页上栏。
237 欧阳询著,汪绍楹校:《艺文类聚》卷九一《鸟部中·雁》引《会稽典录》,第1579页。
238 参见郦道元著,王先谦校:《合校水经注》卷二九《沔水注下》,第437页上栏。不过此则《会稽记》佚文,今无法查核出处。

> 百四十里，因句余山以名县，山在余姚之南、句章之北也。江水又东径穴湖塘，湖水沃其一县，并为良畴矣。

《三国志·朱然传》云："然尝与权同学书，结恩爱。至权统事，以然为余姚长，时年十九。"[239] 则余姚城可能为朱然任余姚长时所筑。句余山，当即今四明山，在余姚市南。穴湖塘，嘉泰《会稽志》称"湖塘浦"。[240] 今余姚凤山街道有穴湖村，其旁有穴湖水库，下平畴良田。此处当为穴湖塘所在。

> 江水又东注于海，是所谓三江者也。故子胥曰：吴越之国，三江环之，民无所移矣。但东南地卑，万流所凑，涛湖泛决，触地成川，枝津交渠，世家分伙，故川旧渎，难以取悉。虽粗依县地，缉综所［躔］（缠），亦未必一得其实也。

子胥语，见《国语·越语上》，[241] 郦氏此处乃是节引。此段总括三江的地理环境，流露出郦氏对东南河川密布交织的水系有"难以取悉"之感。《汉书·地理志上》会稽郡"吴"县下曰："南江在南，东入海，扬州川。"[242] 杨守敬谓郦氏以径余姚县、穴湖塘

---

[239]《三国志》卷五六《吴书·朱然传》，第1305页。
[240] 嘉泰《会稽志》卷一〇《水》，《宋元方志丛刊》第7册，第6886页下栏。
[241] 参见徐元诰著，王树民、沈长云点校：《国语集解》，北京：中华书局，2002年，第568页。
[242]《汉书》卷二八上《地理志第八上》，第1590页。

入海的江水为《地理志》"南江"。结合《注》文可知,郦氏先叙南江至余杭县与浙江合流,再叙浙江合浦阳江后至山阴县南秦望分派,浙江、浦阳"同会归海",另一支为江水干流,东至余姚入海。这便是郦氏对南江流向的勾勒。在《浙江水注》文末,郦氏举韦昭三江之说而无详论,而在《沔水下注》,郦氏以《汉书·地理志》和《经》文为纲,阐明松江、南江和浙江、浦阳江等河流的关系。

二、《水经注·浙江水注》的史源

通过对《水经注·浙江水注》和《水经注·沔水注下》有关浙江山川、城邑的文本梳理,形成了以下若干认识:(1)《浙江水注》篇在具体内容上由以下五部分组成:浙江自三天子都至余杭大溪,穀水及其支流,钱塘江以下,浦阳江(《注》文称作"浙江")所径永兴、会稽、山阴和浦阳江所径诸暨、上虞。三天子都至余杭大溪这一段,其流向、所出所径,大体不误。而关于其他河流,如穀水流向和浦阳江在宁绍平原的流向,《注》文则参差乖错、谬漏百出。(2)《浙江水》篇郦《注》,在篇幅上远超于《经》文。据上文考述和已有研究,可知《浙江水注》的经文,就是"浙江水出三天子都,北过余杭,东入于海"。[243] 这样一句提纲挈领式的《经》文,前半句内容还出自《山海经》。(3)郦《注》

---

243 黄学超:《〈水经〉文本研究与地理考释》,第65页。

图3 《水经注·浙江水注》建德以下至杭州湾段示意图

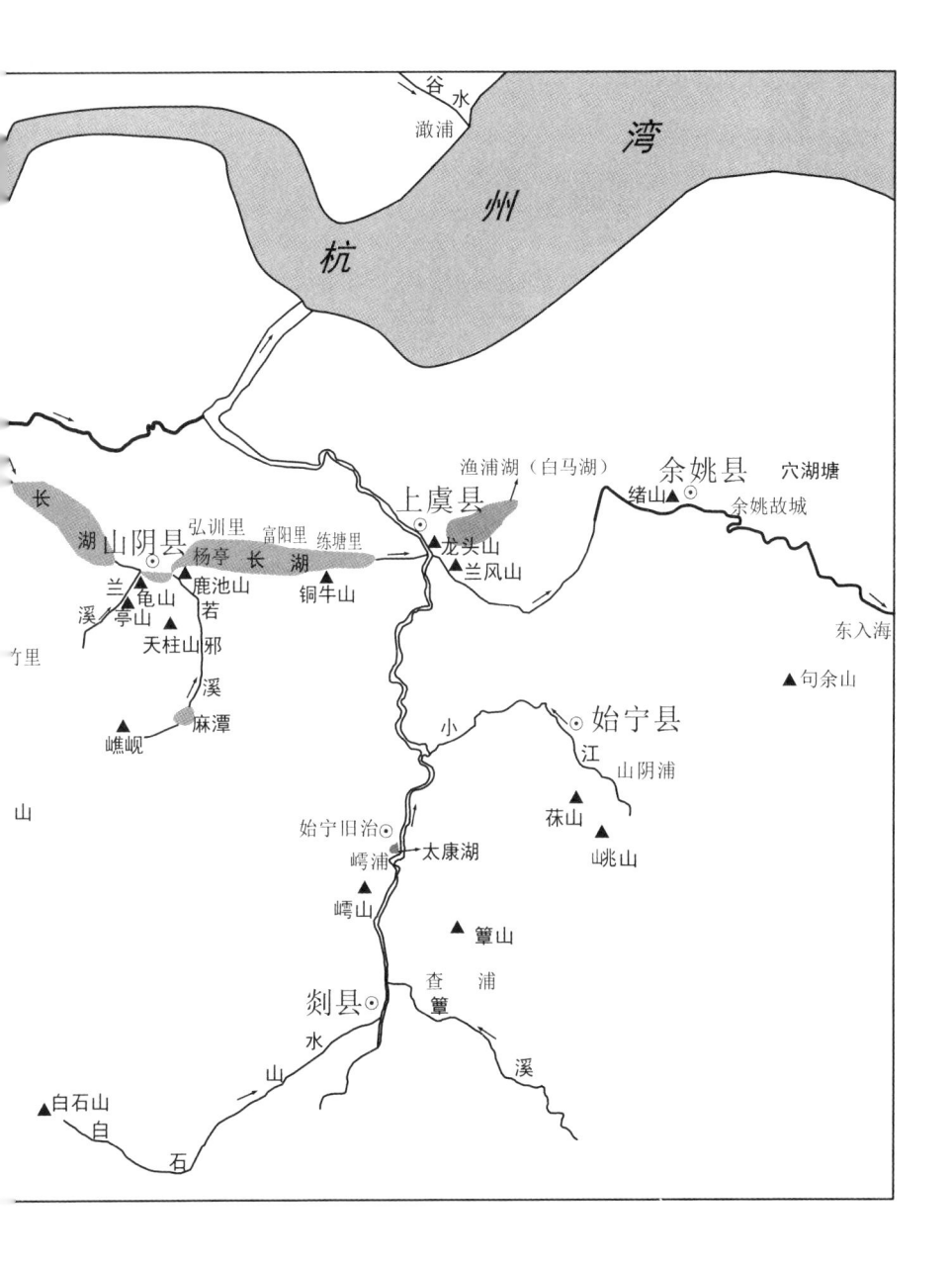

第一章 《水经注·渐江水注》的山川世界

在《经》文所叙过于简略的情况下，河道的发源和流向往往参照、照搬《汉书·地理志》《说文》和《十三州志》等典籍中的相关记载，如"浙江水出南蛮夷中，东入海"；"柯水东入海"；"县有萧山，潘水所出，东入海"；"山出钱水，东入海"和"江水至会稽与浙江合"等。在一些河流的汇合和归宿上，郦氏则更倾向于取信《汉书·地理志》。清人就认为郦氏曲附班《志》，以致《注》文乖错谬漏。

不得不说，能够支撑起《注》文的庞大篇幅，正是得益于郦氏广征博引、博采众文。据上节疏证可知，有关浙江的河川环境、人文景观，《注》文采撷自先秦以来的多种史书、地记文献而成。《注》文文本可溯源或有关联者有：《山海经》、《史记》、《汉书》（《地理志》为多）、《续汉书·郡国志》、《会稽典录》、《吴越春秋》、《越绝书》、《三国志》、葛洪《抱朴子内篇》、《晋书》、《后汉书》、《异苑》、《国语·越语》及韦昭注文与山谦之《吴兴记》、郑缉之《东阳记》、刘真道《钱塘记》、谢灵运《山居记》、顾夷《吴地记》（《吴郡记》）、《万岁历》、《太康地记》（《太康地志》）、《太康地道记》、《神异传》、《搜神记》、《吴记》、乐资《九州志》和阚骃《十三州志》等载籍。不过，一些《注》文和现存地记佚文间有着相似的内容，但《注》文没有标明出处。经过仔细比勘，《注》文或是暗引地记材料，或是抄变地记材料而成。[244]

进一步而言，有关山川、城邑和祠庙的轶事，《注》文明显地

---

[244] 有关《水经注》暗引、抄变地记材料的更多情况，参见鲍远航：《〈水经注〉与魏晋南北朝地理文学文献研究》，第157—196页。

使用了《异苑》《搜神记》及会稽、吴郡、东阳和吴兴等郡的地记文献;对政区沿革和地名的得名,除了地记文献,《注》文还征引《汉书·地理志》、《续汉书·郡国志》、《太康地记》(《太康地志》)、《太康地道记》等地理总志。因此,不少郡县沿革,《注》文往往以"太康中"作为时间下限。此外,《注》文中涉及浙江干流和支流的所出、所径和所汇等有关水道的大量信息。它们和《经》文构成了有关浙江水系的"水道提纲"。这些河道及其支流的发源、所出所径信息,除了上文提及的《汉书·地理志》《说文》和《十三州志》外,是不是也是来自地记文献呢?

郴州苏仙桥遗址所出的西晋上计简牍就记载了水道的发源地,如"和溪,原出县和山""桐梁溪,原出县翁原山""浦溪,原出县阳山"等。[245] 当然,郦氏应该很难接触上计簿这类档案资料。退而求其次,郦氏相对较容易使用地记材料。地记文献中确实也保留了相应的水道信息。试举两则,王僧虔《吴地记》曰:"桐庐县东有大溪,九里注[桐]庐溪口,南通新安,东出富阳,青山绿波,连霄亘壑。"《永嘉记》曰:"[瓯]水出永宁山,行三十余里,去郡城五里入江。昔有东瓯王都城,有亭,积石为道,今犹在也。"[246] 仔细观察《注》文和地记佚文可知,《注》文中的一些水道信息可能确实参考了地记材料。如以下《注》文和相关地记

---

245 湖南省文物考古研究所、郴州市文物处:《湖南郴州苏仙桥遗址发掘简报》,湖南省文物考古研究所编:《湖南考古辑刊》第8集,长沙:岳麓书社,2009年,第101页。
246 分别参见李昉等编纂:《太平御览》卷五一〇《逸民部十·逸民十》引王僧虔《吴地记》,第2323页下栏;《史记》卷一一四《东越列传》司马贞《史记索隐》引《永嘉记》,第2980页。

佚文：

> 《注》文：溪水又东南与紫溪合。水出县西百丈山，即潜山也。山水东南流，名为紫溪。中道夹水，有紫色磐石。石长百余丈，望之如朝霞。又名此水为赤濑，盖以倒影在水故也。
>
> 《吴兴记》："邑有文山水，东南流为紫溪。"《舆地志》："紫溪中夹水有赤色磐石，长百余丈，望之如霞，名曰赤濑水。"

此例中的河流名称、所径和相关描述，皆本于地记材料。另外一些水道信息，可能是郦氏据文献记载而进行照搬、改写和提取的。如，《注》文"县有武林山，武林水所出也"。《汉书·地理志上》会稽郡"钱唐"县下曰："武林山，武林水所出，东入海，行八百三十里。"郦氏则照搬《汉书·地理志》；《注》文"浙江又东北流至钱塘县，穀水入焉"。《汉书·地理志上》会稽郡"大末"县下云："穀水东北至钱唐入江。"显然，郦氏据《汉书·地理志》水道记载改写；又如《注》文"浙江又径固陵城北"。《越绝书·越绝外传记地传第十》云："浙江南路西城者，范蠡敦兵城也。其陵固可守，故谓之固陵。"郦氏据"浙江南路西城"以及"故谓之固陵"的描述，应可推导出"浙江又径固陵城北"。此外，当多种文献中的山、川名称有出入时，郦氏还并举诸种记载。如《注》文曰："'（钱塘）县有武林山，武林水所出也。'阚骃云：'山出钱水，东入海。'《吴地记》言：'县惟浙江，今无此水。'""今无此水"应是指武林水。由此例可见，对于河道名称及其发源、流向，

第一章 《水经注·渐江水注》的山川世界

《注》文往往以《汉书·地理志》作为纲目加以引述，再汇集地记中的相关记载。这当是郦《注》涉及水道发源、流向的一种文例。

受到《渐江水》经文粗疏简略的束缚，郦注在水道信息上往往以《汉书·地理志》为纲目，辅以相关的地记材料，因而就很难避免在一些河流汇合、流向上犯错误。《渐江水》注文在縠水和浦阳江的流向上，看起来乖错谬漏，就是郦氏使用此种方法试图将"躔络枝烦"的水系条贯化的典型。在具体的操作上，郦氏"脉其枝流之吐纳，诊其沿路之所躔，访渎搜渠，缉而缀之"，又"粗依县地，缉综所［躔］（缠）"。即依县地访渎搜渠，再将水道加以串联、勾勒。一些流经多县的水道，倘若相关记载较少，郦氏也很容易将流向、河流汇合等信息张冠李戴。不仅如此，郦氏在访查文献进而"缉而缀之"时，又试图对水道的所出所径加入不少的方位。如《注》文曰："浙江又北径歙县东，与一小溪合。水出县东北翁山，西径故城南，又西南入浙江。"郦氏若只在参考地记材料的情况下，把握支流所出所径、支流和干流以及城邑的方位关系，着实不易。因此，一些学者认为郦《注》亦有倚赖当时的舆图。《水经注疏》熊会贞就说过，"郦氏因据当时舆图为说，全书皆然"。除了《渐江水》的这一注文，此外如"浦阳江水又东流南屈，又东回北转，径剡县东"。很难想象，地记若没有这么细致的水道描述，郦氏又如何能加以剪裁文本、勾勒水道。从目前所掌握的地记佚文来看，地记虽有详细的水道（包括支流）记载，但郦氏需在其基础上对河流的流向、具体方位做出如此细微的叙述，不排除参考部分舆图的可能性。

总而言之，以《渐江水》注文为例，可知郦注的文献来源绝大多数是当地的地记材料。在勾勒水道时，郦氏则倾向于以《汉书·地理志》所载为本，辅以地记中的水道信息。相关地记佚文的缺失，导致不少《注》文内容很难做进一步的文献疏证。不过在南方诸水中，郦《注》和六朝地记的密切关系，已经是不争的事实。[247] 这为后续关注《水经注》中保存的六朝地记佚文、开展南方其他水道的史源梳理工作，做出了重要启示。

---

247 夏婧：《〈水经注〉援引文献溯源研究》，博士后出站报告，复旦大学历史地理研究中心，2015年，第50—58页。周振鹤：《不可无一　不容有二——〈水经注校笺图释　渭水流域诸篇〉序》，李晓杰主编：《水经注校笺图释　渭水流域诸篇》，第6页。

第二章

汉魏六朝"滩濑"景观地名的演变史

《汉书·武帝纪》载元鼎五年（前112年）武帝出兵南越，其中"甲为下濑将军，下苍梧"。西晋臣瓒注曰："濑，湍也，吴越谓之濑，中国谓之碛。《伍子胥书》有下濑船。"[1]《说文解字》曰："濑，水流沙上也，从水，'赖'声"；"湍"字下云："疾濑也。"段玉裁注曰："疾濑，濑之急者也。"又"碛"字下曰："水陼有石者，从石，'责'声。"[2] 则"湍"即疾濑，"碛"即水渚有石者。"濑"和"碛"二字，前者强调的是沙质浅滩，后者侧重于沙石环境，在本义上都是指水滩。释慧琳《一切经音义》"滩碛"条就说："碛即沙滩之大者，兼有石也。"[3] 但有趣的是，臣瓒却说"吴越谓之濑，中国谓之碛"。杨守敬据《水经注》"江水""资水"篇记载

---

[1] 《汉书》卷六《武帝纪》，第187页。
[2] 段玉裁注：《说文解字注》第九篇下、第十一篇上，上海：上海古籍出版社，1981年，第450页上栏、549页下栏、552页下栏。
[3] 徐时仪校注：《一切经音义三种校本合刊·慧琳音义》卷六一，上海：上海古籍出版社，2008年，第1589页。

的"黄金濑"和"关羽濑",认为"楚地亦以濑名",对臣瓒的说法进行补充。⁴《华阳国志·蜀志》江阳郡"符县"下曰:"永建元年十二月,县长赵祉遣吏先尼和(先尼叔和),拜檄巴郡守,过成湍滩,死。"⁵ 则蜀地似以"滩"而非"濑"来给水滩景观命名。还有一例证。《后汉书·光武帝纪下》建武十一年(35年)八月,"岑彭破公孙述将侯丹于黄石",唐人李贤注曰:"即黄石滩也。"⁶《水经注·江水注》谓江水"左自涪陵东出百余里而届于黄石,东为桐柱滩"。⁷ 黄石滩位于巴郡涪陵县,其东为桐柱滩。李贤认为黄石即黄石滩,而不是黄石濑,因受巴蜀一带地名多以"滩"字结尾影响的缘故。可以说,"濑"大致上是南方地区吴越和楚等地用以描述山川中的浅滩景观,后沿用成地名。

再来看"碛"字。《史记·司马相如列传》引《子虚赋》曰:"陵三嵏之危,下碛历之坻。"唐人张守节《史记正义》曰:"碛历,浅水中沙石也。"⁸《汉书·司马相如传》颜师古注曰:"碛历,沙石之貌也。坻,水中高处也。"⁹ 则"碛历"合称,描绘水中沙石。又如《水经注·谷水》记载千金竭"石人西胁下记"曰:"若沟渠久疏深,引水者当于河南城北石碛西,更开渠北出。"¹⁰ 此处的表述,将石碛和沟渠相联系起来,仍是使用了"碛"的本义。不

---

4 杨守敬、熊会贞注疏:《水经注疏》卷三五《江水三》,第2881—2882页。
5 常璩著,任乃强校注:《华阳国志校补图注》卷三《蜀志》,上海:上海古籍出版社,1987年,第180页。
6 《后汉书》卷一下《光武帝纪第一下》,第58页。
7 郦道元著,王先谦校:《合校水经注》卷三三《江水注》,第488页上栏。
8 《史记》卷一一七《司马相如列传》,第3034—3035页。
9 《汉书》卷五七上《司马相如传》,第2565页。
10 郦道元著,王先谦校:《合校水经注》卷一六《谷水注》,第251页下栏。

过，值得注意的是"厉"字，史书中又有作"厉"者。《史记·南越列传》称"故归义越侯二人为戈船、下厉将军"。[11]"下厉"，《史记·东越列传》和上引《汉书·武帝纪》则作"下濑"。《尔雅·释水》云："济有深涉，深则厉，浅则揭。"[12]段玉裁《说文解字注》曰："厉者，石也。从水厉犹从水石也，引伸之为凡渡水之称。"[13]这样来看，"厉""濑"不仅因声近常假借通用，而且词义也较相似。[14]司马相如将"碛""厉"二字相合，正是杂糅了南北地区有关沙滩、浅滩的不同名称。

正如上文所见，和"濑""碛"密切相关的尚有"滩"字，"碛厉""湍濑"也逐渐被"滩濑"的组合所取代。《说文》"滩"字，作"瀬"，本义是"水濡而干也"。[15]元释希麟《续一切经音义》"滩渚"条引《方言》曰："江东呼水中沙堆为潬，河北呼滩。"[16]此则佚文不见于今本《方言》。《尔雅·释水第十二》"潬，沙出"下晋人郭璞注曰："今江东呼水中沙堆为潬。"[17]和《续一切经音义》引《方言》相比，此处没有"河北呼滩"的内容。不过，有一点应当可以确定，就是希麟将郭璞注误作为《方言》了。《说文》不见有"潬"字，自汉至晋，此字反而在江东地区得以沿袭使用。

---

11 《史记》卷一一三《南越列传》，第2975页。
12 郭璞注，邢昺疏，王世伟整理：《尔雅注疏》卷七《释水第十二》，上海：上海古籍出版社，2010年，第370页。
13 段玉裁注：《说文解字注》第十一篇上，第556页下栏。
14 有关"厉""濑"的具体情况，参见赵祎缺：《老子出生地厉乡与赖（濑）乡关系考》，《长江大学学报（社会科学版）》2015年第2期。
15 段玉裁注：《说文解字注》第十一篇上，第555页上栏。
16 徐时仪校注：《一切经音义三种校本合刊·续一切经音义》卷八，第2311页。
17 郭璞注，邢昺疏，王世伟整理：《尔雅注疏》卷七《释水第十二》，第365页。

在东汉时期，中原地区使用"碛历""湍"或"滩"等字词来描述河滩景观。然而从现有材料来看，"滩"作为地名使用，却要晚至东汉末。《三国志·董卓传》裴注引《献帝纪》曰："初，议者欲令天子浮河东下，太尉杨彪曰：'臣弘农人，从此已东，有三十六滩，非万乘所当从也。'"[18] 则黄河弘农郡以东河段有三十六滩之说。管辂《管氏指蒙》卷上曰："不闻滩濑之惊天。"[19] 管氏，《三国志》有传，为平原郡人，此郡亦濒临黄河。或可推测，"滩"字作为地名，主要分布在黄河流域。这也和上文"河北呼滩"的叙述相合。此处"滩""濑"合称，和上引西晋臣瓒将"濑"和"碛"相对应不同。由此也可看出"滩"字用于地名，可能迟至东汉末。至于其渐趋流行，而后取代"濑"作为习称，则需到两晋南北朝了。陈桥驿《〈水经注〉地名汇编》"滩濑"节认为：

> 滩、濑是同一类地名，一般是指的河床浅涩、水流湍急、航行困难之处。滩是习见的称谓，而濑和滩实际上并无多大分别。[20]

在今人看来，"滩""濑"在本义上毫无区别。然而，"濑""滩"二字，分别发源于南、北，在使用和传播过程中此消彼长。不仅如

---

18 《三国志》卷六《魏书·董卓传》，第186页。
19 管辂：《管氏指蒙》卷上《得六第二十二》，《续修四库全书·子部》第1052册，上海：上海古籍出版社，2002年，第395页下栏。
20 陈桥驿编著：《〈水经注〉地名汇编》上册，北京：中华书局，2012年，第405页。

第二章　汉魏六朝"滩濑"景观地名的演变史

此，这一过程的诸多细节仍不清楚。如，来自南方地区的"濑"，它的具体使用情况及作为地名的分布状况是如何的呢？由此可进一步追问，南方地区的哪一类水域景观会被描绘成"濑"？与之相关的是，"滩"作为地名的分布区域又是怎样的？"濑""滩"之争的历史过程又呈现出什么样的具体面貌呢？

一、"濑"在南方及其退场

战国秦汉时期，文献所见"濑"字，多以"湍濑""涛濑"的组合出现，为泛指。《淮南子·原道》谓舜"钓于河滨，期年而渔者争处湍濑，以曲隈深潭相予"。又《俶真》曰："湍濑旋渊，吕梁之深不能留也。"[21] 查核《淮南子》一书，多处地方使用"湍濑"一词，这和刘安的宾客多来自江淮地区有关。《焦氏易林》云："江河淮济，盈溢为害，邑被其濑，年困无岁。"[22] 王充《论衡》曰："江起岷山，流为涛濑。"[23] 应劭《风俗通义》"宋均令虎渡江"下曰："凌涛濑而横厉哉？"[24] 邯郸淳《孝女曹娥碑》谓孝女"或趋

---

21 刘文典集解，冯逸、乔华点校：《淮南鸿烈集解》卷一《原道训》、卷二《俶真训》，《新编诸子集成》，北京：中华书局，2013年，第28、63页。
22 焦延寿著，刘黎明校注：《焦氏易林校注》卷二《颐之第二十七》，成都：巴蜀书社，2011年，第489页。
23 黄晖校释：《论衡校释》卷一八《感类篇》，《新编诸子集成》，北京：中华书局，1990年，第795页。
24 应劭著，王利器校注：《风俗通义校注》卷二《正失》，北京：中华书局，1981年，第124页。

湍濑,或还波涛"。[25] 不过,"濑"字较早开始亦有实指。《战国策·楚一》"楚王问于范环",范环曰:"越乱,故楚南察濑胡(濑湖),而野江东。"[26] "濑湖"地望,乃是越地濑水。《越绝书》谓伍子胥至溧阳界中,"见一女子击絮于濑水之中"。[27] "濑水"又作"濑溪"。《琴操》曰:"伍员奔吴,过溧阳濑溪,见一女击漂于水中。"[28] 由此可知"濑水""濑湖"已专指河泊名。郭宪《别国洞冥记》记东方朔拜于武帝前曰:"臣东游万林之野,获九色凤雏,涔源丹濑之水赤色。"[29] 郭宪为两汉之际的术士,师事东海王仲子,王莽时期逃于东海之滨。[30] 此处东方朔之言,虚诞无稽,但郭宪籍属汝南郡,又长期活跃于汉帝国东部地区。"丹濑水",或出于江淮人士的表达习惯。

有关"濑"作为地名的相对集中记载,主要来自《水经注》

---

[25] 严可均辑:《全上古三代秦汉三国六朝文·全三国文》卷二六,北京:中华书局,1958年,第1196页下栏。

[26] 诸祖耿编撰:《战国策集注汇考》(增补本),南京:凤凰出版社,2008年,第738—742页。"察濑湖",《史记·甘茂列传》作"塞厉门","厉""濑"相通。其他考证,参见杨宽:《楚怀王灭越设郡江东考》,收录《杨宽著作集·古史探微》,上海:上海人民出版社,2016年,第303页。

[27] 李步嘉校释:《越绝书校释》卷一《越绝荆平王内传第二》,第18页。《明史》卷四〇《地理一》南京"溧阳"条就直接说道:"西北有溧水,一名濑水,上承丹阳湖。"(北京:中华书局,1974年,第911页)"溧"因同"厉",是对"濑"的转写。又南京所出西晋永宁元年(299年)砖,有"居丹杨江宁赖乡齐平里"的铭文,其中"赖乡"当即"濑乡",因濑溪为名。参见南京市文物保管委员会:《南京板桥镇石闸湖晋墓清理简报》,《文物》1965年第6期。

[28] 李昉等编纂:《太平御览》卷七六一《器物部六·壶》引《琴操》,第3380页下栏。

[29] 郭宪:《别国洞冥记》卷一,程荣纂辑:《汉魏丛书·子籍》,长春:吉林大学出版社,1992年,第692页中栏。

[30]《后汉书》卷八二上《方术列传·郭宪》,第2708页。

和魏晋南朝的州郡地记。《水经注·淮水注》"又东过淮阴湖"下引曹魏蒋济《三州论》曰:"淮湖纡远,水陆异路,山阳不通,陈[登](敏)穿沟,更凿马濑,百里渡湖者也。"[31]清人赵一清曰:"本诗人淮有三洲之义,言水浅也。"[32]则"三州"当作"三洲","马濑"正是处于淮湖三洲的地理环境中。《水经注·肥水注》肥水"又北过寿春县东"下曰:"肥水自黎浆北径寿春县故城东,为长濑津。"[33]"长濑津"即"长濑"。《南史·梁本纪上》"武帝纪上"云:"豫州刺史崔慧景既亢武旧臣,不自安,齐明忧之,乃起帝镇寿阳,外声备魏,实防慧景。师次长濑,慧景惧罪,白服来迎,帝抚而宥之。"[34]长濑津乃交通要道,为南来北往、迎送之地。

南康、建安二郡亦有"濑"的记载。雷次宗《豫章记》曰:"(雷)孔章临亡,戒其子,恒以剑自随。后其子为建安从事,经浅濑,剑忽于腰间跃出,遂视见二龙相随焉。"[35]"浅濑",《水经注·沔水注》作"践濑溪",当以《太平寰宇记》引作"浅濑溪"为是。[36]"浅濑"即"浅濑溪",描述的是建安郡一带的水域景观。邓德明《南康记》曰:"赣水奔流二百余里,横波险濑二十四

---

31 郦道元著,王先谦校:《合校水经注》卷三〇《淮水注》引蒋济《三州论》,第453页下栏。
32 杨守敬、熊会贞注疏:《水经注疏》卷三〇《淮水》引赵一清案语,第2588页。
33 郦道元著,王先谦校:《合校水经注》卷三二《肥水注》,第471页下栏。
34 《南史》卷六《梁本纪上》,北京:中华书局,1975年,第169页。
35 欧阳询著,汪绍楹校:《艺文类聚》卷六〇《军器部·剑》引雷次宗《豫章记》,第1081页。
36 郦道元著,王先谦校:《合校水经注》卷二八《沔水注》,第422页下栏;乐史著,王文楚等点校:《太平寰宇记》卷一〇六《江南西道四·洪州》丰城县"故丰城"条引《豫章记》,第2109页。

处。"³⁷《水经注·赣水注》曰:"赣川石阻,水急行难,倾波委注六十余里。"³⁸ 位于南野县和赣县间的赣水河段,多滩石急流。《晋书·卢循传》谓"赣石水急,出船甚难"。³⁹《陈书·高祖纪上》大宝二年(551年)六月,"高祖发自南康。南康灉石旧有二十四滩,滩多巨石,行旅者以为难"。⁴⁰ 此处的"二十四滩"即《南康记》所载的二十四险濑。

如前所述,魏晋时期巴蜀一带的河滩景观,已出现使用"滩"字来命名。不过,在以"滩"为地名占据优势的情况下,这一带仍可寻觅"濑"作为地名的踪迹。盛弘之《荆州记》曰:"东有博望滩,张骞使外国,经此船没,因以名滩。滩下接鱼复县界,有羊肠虎臂濑,[杨](阳)亮为益州,至此覆没,人至今犹名为使君滩。"⁴¹《水经注·江水注》曰:"江水又东径瞿巫滩,即下瞿滩也,又谓之博望滩。"《水经注》记载,博望滩的上游是羊肠虎臂滩,"杨亮为益州,至此舟覆,惩其波澜,蜀人至今犹名之为使君滩"。⁴² 稍稍梳理两者的记载可知,《荆州记》所称的"羊肠虎臂濑",蜀人将其命名为"羊肠虎臂滩"。同样地,蜀人命名的博望

---

37 李昉等编纂:《太平御览》卷六九《地部三十四·湍》引[邓](刘)德明《南康记》,第329页上栏。
38 郦道元著,王先谦校:《合校水经注》卷三九《赣水注》,第557页下栏。
39《晋书》卷一〇〇《卢循传》,第2635页。
40《陈书》卷一《高祖纪上》,北京:中华书局,1972年,第5页。
41 李昉等编纂:《太平御览》卷六九《地部三十四·湍》引盛弘之《荆州记》,第329页上栏。此则佚文,今本《太平御览》系于盛弘之《荆州记》有关"桂阳耒阳县"的另一则佚文下,且没有另起一行。这里推测仍属于盛氏《荆州记》佚文。
42 郦道元著,王先谦校:《合校水经注》卷三三《江水注》,第489页上栏—下栏。杨亮为益州刺史,杨守敬认为当是梁州刺史,具体参见《水经注疏》卷三三《江水》,第2806页。

滩，则和张骞出使西域而经此地建立联系。"博望滩"则取代了原来很有可能被称作"某某濑"的地名。进一步言之，在三峡地区，"濑"的说法自楚地传播于此，而"滩"字地名则来自蜀地。较之于"濑"，"滩"属于魏晋以后南方地区渐趋流行的用语。

相似的例子仍旧来自《水经注》的记载。《水经注·夷水注》曰："夷水又东径虎滩，岸石有虎像，故因以名滩也。夷水又东径釜濑，其石大者如釜，小者如刁斗。"[43] 虎滩与釜濑处于同一河段，相距不远，但竟有二名。宋人姚宽《西溪丛语》引《宜都山水记》曰："佷山溪有釜滩，其石大者如釜，小者如钴镆。"[44]《宜都山水记》疑即《宜都山川记》，郦道元此注很有可能本于《宜都山水记》。但《宜都山水记》将"釜濑"写成了"釜滩"。加上"虎""釜"二字音近，颇疑"虎滩"或即"釜濑"。即使不是同一处地名，也可见在三峡地区，"滩""濑"二字地名混用的现象，这也正可反映"滩"字在这一带传播、使用的历史实景。

长江中游仍见有"濑"名，此处属于旧楚地的核心地带。《水经注·江水注》"湘水从南来注之"下曰："江之南畔名黄金濑，濑东有黄金浦。"[45]《幽明录》曰："巴丘县自金冈以上二十里，名黄金潭，莫测其深，上有濑，亦名黄金濑。"[46] 据《水经注》，黄金濑位于湘水、江水交汇处一带，巴丘位于庐陵郡，颇疑此处"巴丘县"

---

43 郦道元著，王先谦校：《合校水经注》卷三七《夷水注》，第531页上栏。
44 姚宽辑，孔凡礼点校：《西溪丛语》卷下，北京：中华书局，1993年，第91页。
45 郦道元著，王先谦校：《合校水经注》卷三五《江水注》，第501页下栏。
46 欧阳询著，汪绍楹校：《艺文类聚》卷八三《宝玉部上·金》引《幽明录》，第1425页。

当为洞庭湖东侧的"巴陵县"。在更南边的湘中南一带,亦见有"濑"的踪影以及"滩""濑"地名并存的现象。盛弘之《荆州记》云:"耒阳县有雨濑,此县时旱,百姓共壅塞之,则甘雨普降。"[47] 所谓"雨濑",即"水濑浚激而能致云雨"。[48] 耒水多险濑。《水经注·耒水注》曰:"耒水发源出汝城县东乌龙白骑山,西北流径其县北,西流三十里,中有十四濑,各数百步,浚流奔急,竹节相次,亦为行旅溯涉之艰难也。"[49] 不仅如此,《水经注》还有"滩""濑"并存的记载。《水经注·资水注》谓益阳县有"关羽濑,所谓关侯滩也"。[50]《三国志·甘宁传》载鲁肃、甘宁和关羽对峙于益阳,"羽闻之,住不渡,而结柴营,今遂名此处为关羽濑"。[51] 可知三国西晋时,此处尚称"关羽濑",后又名"关侯滩"。以"关侯滩"来取代"关羽濑",暗示了"滩"字地名逐渐进入荆南的历史轨迹。至东晋南朝时期,史书中几乎很少再出现带"濑"字的地名,往往以"滩"字命名。如《梁书·元帝纪》谓,承圣元年(552年)营州刺史李洪雅"自零陵率众出空灵滩"。[52] 空灵滩旁有空灵城。

不过至魏晋时期,南方的偏远地区,仍在使用"濑"字。漓水、溱水流域就仅见有"濑"名。《水经注·漓水注》曰:"漓水

---

47 李昉等编纂:《太平御览》卷一一一《天部十一·祈雨》引盛弘之《荆州记》,第56页下栏;《太平御览》卷六九《地部三十四·湍》引盛弘之《荆州记》,第329页上栏。
48 郦道元著,王先谦校:《合校水经注》卷四〇《浙江水注》,第565页上栏。
49 郦道元著,王先谦校:《合校水经注》卷三九《耒水注》,第554页上栏。
50 郦道元著,王先谦校:《合校水经注》卷三八《资水注》,第539页下栏。
51 《三国志》卷五五《吴书·甘宁传》,第1294页。
52 《梁书》卷五《元帝纪》,北京:中华书局,1973年,第132页;《梁书》卷四五《王僧辩传》,第629页。

又东南流入熙平县，径羊濑山，山临漓水，石涧有色类羊。又东南径鸡濑山，山带漓水，石色状鸡。"[53] 羊濑山、鸡濑山，皆本之于水名，即漓水河段羊濑和鸡濑旁的两座山。《舆地纪胜·广南西路》静江府"景物下"栏谓马鞍山、羊头山，"二山皆以滩名"。[54]《水经注疏》杨守敬案语曰"'头'当'濑'之误"，可从。漓水有支流濑水。《水经注·漓水注》曰："濑水出县西北鲁山之东，径其县西，与濡水合。水出永丰县西北濡山，东南径其县西，又东南流入荔浦县，注于濑溪。"[55] 荔浦县位于苍梧郡，"濑水"即"濑溪"。溱水流域的情况，如东汉熹平三年（174年）《桂阳太守周憬功勋铭》云："六泷作难，湍濑潇潇。"[56] "六泷"乃溱水的险要河段，此处以"湍濑"形容"六泷"。又《水经注·溱水注》曰："因名逃石。以其有灵运徙，又曰灵石。其杰处，临江壁立，霞驳有若缋焉。水石惊濑，传响不绝，商舟淹留，聆玩不已。"[57] "水石惊濑"和"湍濑潇潇"表达之意相同。在岭南的西南部和东汉益州南部益州郡一带，文献中亦可见到"濑"字在当地的使用情况。《汉书·地理志第八上》记益州郡有同劳、铜濑县，其下曰："谈虏山，迷水所出，东至谈稿入温。"[58] "同劳""铜濑"和"谈虏"三者声近，"谈虏"应是最接近于当地方言的音译，而"同劳"和

---

53 郦道元著，王先谦校：《合校水经注》卷三八《漓水注》，第547页下栏。
54 王象之：《舆地纪胜》卷一〇三《广南西路·静江府》，第3167页。
55 郦道元著，王先谦校：《合校水经注》卷三八《漓水注》，第548页上栏。
56 洪适：《隶释》卷四"桂阳太守周憬功勋铭"，见《隶释 隶续》，北京：中华书局，1986年，第54—55页。
57 郦道元著，王先谦校：《合校水经注》卷三八《溱水注》，第551页上栏。
58《汉书》卷二八上《地理志第八上》，第1601页。

"铜濑"则是在"谈庞"的基础上扩展而来的另外两种写法。值得一提的是,益州北部巴蜀地区以"滩"字结尾的地名命名习惯,竟没有影响至此地。这或许是因秦汉时"濑"字经岭南西南部辗转传播至此,有例为证。《水经注·侵离水注》载郁林、晋兴郡一带有重濑水。[59] "重濑"和"铜濑",声、韵接近,二者或有一些联系。

回到臣瓒所说的"濑"字最为流行的吴越地区。《水经注·浙江水注》中保留了不少该地区和"濑"相关的地名。具体来说,《浙江水注》中记载的"濑",有绝溪四十七濑,"浙江左合绝溪,溪水出始新县西,东径县故城南,为东西长溪。溪有四十七濑,浚流惊急,奔波聒天";新安江建德至寿昌的十二濑,"浙江又东径寿昌县南,自建德至此,八十里中有十二濑,濑皆峻崄,行旅所难";紫溪赤濑,"山水东南流,名为紫溪,中道夹水,有紫色盘石,石长百余丈,望之如朝霞,又名此水为赤濑,盖以倒影在水故也"。相似的记载见于顾野王《舆地志》,"紫溪中夹水有赤色磐石,长百余丈,望之如霞,名曰赤濑水";桐庐至於潜的十六濑,"自县至於潜,凡十有六濑,第二是严陵濑。濑带山,山下有石室。武帝时,严子陵之所居也。故山及濑,皆即人姓名之"。则十六濑中,仅知第二濑是"严陵濑",其他十五濑中,有一濑可能是"七里濑"。谢灵运有《七里濑》诗云:"石浅水潺湲,日落山照耀。……目睹严子濑,想属任公钓。"顾绍柏谓:"距离吴郡桐庐县城二十里左右。两山夹峙,江流湍急,连亘七里,故名。"[60] 此濑

---

59 郦道元著,王先谦校:《合校水经注》卷四〇《侵离水注》,第574页下栏。
60 谢灵运著,顾绍柏校注:《谢灵运集校注》,第78页。

较之其他诸濑，水势可能较为平缓，故灵运有"石浅水潺湲"的描述。东阳郡信安县定阳溪上亦有"濑"。《水经注》曰："水悬百余丈，濑势飞注，状如瀑布。濑边有石如床，上有石牒，长三尺许，有似杂采帖也。"定阳溪水位于今衢江流域。此条记载和《北堂书钞》《太平御览》所引郑缉之《东阳记》非常相似。郑缉之《东阳记》曰："信安县去石门四十里，濑边悉有石牒，长三尺许，似罗列杂缯，如店肆也。"[61]《水经注》此条记载当本之《东阳记》。这也就进一步表明《浙江水注》中"濑"的说法取自吴越地区，只不过是这些地名经由文人的记载而得以流传。此外，永嘉郡有百簿濑，郡人"锉以为脍，顿获百簿，故因以百簿名濑"。[62]

综上所考可知，至迟在秦汉时期，"濑"字已地名化，其使用和分布，主要位于淮水流域及其以南的广大南方地区。"濑"字应是以吴越、楚地为核心，在更广阔的南方地区扩散、传播。不过，巴蜀地区尚未见到带"濑"字的地名。"滩"字作为地名使用，似晚于"濑"字。受到北方地区主要是黄河流域"滩"字地名使用的影响，一方面是"湍濑""滩濑"等富有南北地名特征的组合语词形成；另一方面，至东晋南朝时期，在官方文献中，"滩"字有逐渐取代"濑"字的趋势，这和"滩"字进入南方地区从而使用、传播密不可分。见诸史籍记载的零散史料，虽不足以清晰地展现"滩"字在长江上、中游乃至南方地区的传播过程，但也表

---

61 李昉等编纂：《太平御览》卷六九《地部三十四·湍》引郑缉之《东阳记》，第329页上栏。此外可参阅虞世南：《北堂书钞》卷一三三《服饰部二·床十五》"石床"条引《东阳记》，第570页上栏。
62 刘敬叔著，范宁校点：《异苑》卷一，第3—4页。

明"滩"字在南方地区的传播、使用的若干场景。透过这些场景，我们似可以勾勒"滩"字的大致历程，即由一开始的"濑""滩"并存，逐渐过渡到以"某某滩"替代"某某濑"，最后是"濑"地名的逐渐消失。至魏晋南朝时期，"濑"字地名主要保留和使用于南方地区的偏远地方。值得一提的是，上文征引郭璞注所称的"潬"，在"滩"字进入江东地区前，应是和"濑"字并存使用，但其作为地名，则很少见到。

二、"濑"的意象化

魏晋以来，"濑"字用于水域景观的地名渐趋减少。但另一方面，和"濑"字有关的地名仅见于南方地区不同的是，作为虚指的"濑"在文士群体中得到了较为普遍的使用。进一步言之，不少诗辞、铭赋中使用"濑"字，突出表现的是"濑"这一意象。为便于讨论，兹将汉魏六朝铭赋中有关"濑"字的情况列表如次（见表1）：

表1 诗辞、铭赋中的"濑"

作　者	与"濑"有关的内容	出　　处
屈　原	石濑兮浅浅；顺长濑之浊流；下石濑而登洲。	《楚辞》卷二《九歌》
司马相如	《哀秦二世赋》："东驰土山兮，北揭石濑。" 《上林赋》："逾波趋浥，莅莅下濑"。	《史记》卷一一七《司马相如传》 《六臣注文选》卷八

续　表

作　者	与"濑"有关的内容	出　　处
东方朔	《自悲》:"戏疾濑之素水兮,望高山之寨产。"	《全上古三代秦汉三国六朝文·全汉文》卷二五
刘　向	《逢纷》:"波澧澧而扬浇兮,顺长濑之浊流。"	《全上古三代秦汉三国六朝文·全汉文》卷三五
扬　雄	《反离骚》:"终回复于旧都兮,何必相渊与涛濑。" 《蜀都赋》:"博岸敌呷,崪濑磴岩。"	《汉书》卷八七上《扬雄传上》 《扬雄集校注》
王　褒	《昭世》:"蛟龙兮导引,文鱼兮上濑。"	《全上古三代秦汉三国六朝文·全汉文》卷四二
梁　竦	《悼骚赋》:"服荔裳如朱绂兮,骋鸾路于犇濑。"	《全上古三代秦汉三国六朝文·全后汉文》卷二二
班　固	《终南山赋》:"傍吐飞濑,上挺修林(竹)。"	《初学记》卷五《地部上》;《全上古三代秦汉三国六朝文·全后汉文》卷二四
傅　毅	《洛都赋》:"通谷岘岵,石濑寒泉。"又曰:"垂芳饵于清流,出漩濑之潜鳞。"	《艺文类聚》卷六一《居处部一》
蔡　邕	《述行赋》:"实熊耳之泉液兮,总伊瀍与涧濑。"	《全上古三代秦汉三国六朝文·全后汉文》卷六九
王　粲	《浮淮赋》:"于是迅风兴,涛波动,长濑潭泯,滂沛汹溶。"	《艺文类聚》卷八《水部上》
曹　植	《洛神赋》:"采湍濑之玄芝。"	《艺文类聚》卷八《水部上》
何　晏	《景福殿赋》:"陆设殿馆,水方轻舟。篁栖鹍鹭,濑戏鲲鲉。"	《六臣注文选》卷一一

93

续 表

作 者	与"濑"有关的内容	出 处
应 贞	《临丹赋》:"漱玄濑而漾汩,顺黄崖而荡博。"	《艺文类聚》卷八《水部上》
左 思	《蜀都赋》:"跃涛戏濑,中流相忘。" 《吴都赋》:"控清引浊,混涛并濑。" 又曰:"直冲涛而上濑,常沛沛以悠悠。" 《魏都赋》:"兰渚莓莓,石濑汤汤。"	《六臣注文选》卷四、五; 《艺文类聚》卷六一《居处部一》
庾 阐	《涉江赋》:"排岩拒濑,触石兴涛。" 《扬都赋》:"彭蠡吞江,荆牙吐濑。"	《艺文类聚》卷八《水部上》; 《艺文类聚》卷六一《居处部一》
张 华	《归田赋》:"瞻高鸟之陵风,临儵鱼于清濑。"	《艺文类聚》卷三六《人部二十》
稽 含	《瓜赋》:"振采濯茎,玄濑葩映。"	《艺文类聚》卷八七《果部下》
夏侯湛	《抵疑》:"归志乎涡濑,从容乎农夫。"	《晋书》卷五五《夏侯湛传》
挚 虞	《观鱼赋》:"观鳞族于彪池兮,眄羽群于濑涯。"	《艺文类聚》卷九六《鳞介部上》
张 载	《濛汜池赋》:"挹洪流之汪泞,包素濑之寒泉。"	《艺文类聚》卷九《水部下》
曹 摅	《答赵景猷诗三首》:"俯玩琁濑,仰看琼华。"	《文馆词林》卷一五七
潘 岳	《哀永逝文》:"鸟俯翼兮忘林,鱼仰沫兮失濑。"	《六臣注文选》卷五七
陆 云	《讲武赋》:"礼既毕,归旅将振,寻荣员转,因濑盖旋。"	《陆云集》

续　表

作　者	与"濑"有关的内容	出　　处
郭　璞	《江赋》:"或挥轮于悬碕,或中濑而横旋。"	《六臣注文选》卷一二
王胡之	《赠安西庾翼一首》:"譬诸龙鱼,陵云潜濑。"	《文馆词林》卷一五七
曹　毗	《伐蜀颂》:"岩干紫霞,泉吐万濑。"	《文馆词林》卷三四七
殷仲堪	《水赞》:"清澜可濑,明激弗渝。"	《艺文类聚》卷八《水部上》
孙　绰	《庾司空冰碑》:"君喻嵩岩之玄精,挹清濑之洁流。" 《太平山铭》:"被以青松,洒以素濑。"	《艺文类聚》卷四七《职官部三》; 《艺文类聚》卷八《山部下》
习凿齿	《南征赋》:"停美人之名濑,眺越女之奇石。"	《编珠》卷一
谢灵运	《长溪赋》:"潭结绿而澄清,濑扬白而戴华。" 《撰征赋》:"水激濑而骏奔,日映石而知旭。" 《山居赋》:"山巇下而回泽,濑石上而开道。"自注曰:"里掣漫石数里,水从上过,故曰濑石上而开道。"又曰:"鲈鲚乘时以入浦,鳡鲩沿濑以出泉";"濑排沙以积丘,峰倚渚以起阜。"	《宋书》卷六七《谢灵运传》; 《艺文类聚》卷九《水部下》
谢　庄	《月赋》:"菊散芳于山椒,雁流哀于江濑。"	《六臣注文选》卷一三
张　融	《海赋》:"港涟浣濑,辗转纵横。"又曰:"游风秋濑,泳景登春。"又曰:"筳秋月于源潮,帐春霞于秀濑。"	《南齐书》卷四一《张融传》

续 表

作　者	与"濑"有关的内容	出　　处
孔稚圭	《北山移文》:"闻凤吹于洛浦,值薪歌于延濑。"	《六臣注文选》卷四三
江　淹	《草木颂十五首(并序)》:"石濑戋戋,庭中有故池。"	《江文通集汇注》卷五
陶弘景	《水仙赋》:"绝壁飞流,万丈悬濑。"	《华阳陶隐居集》
沈　炯	《归魂赋(并序)》:"击万濑而相奔,聚千流而同出。"	《艺文类聚》卷七九《灵异部下》
沈　约	《梁武帝北伐诏》:"卷甲风驱,径趣长濑。"	《文馆词林》卷六六二
何　逊	《渡连圻》:"此山多灵异,峻阻实非恒。泬流自洄纠,激濑视奔腾。"	《何逊集校注》卷二
刘　峻	"每思濯清濑,息椒丘,寤寐永怀,其来尚矣。"	《东阳金华山栖志》
刘孝仪	《平等刹下铭》:"孕吐仙雾,涌濑灵泉。"	《艺文类聚》卷七七《内典下》
任　昉	《齐竟陵文宣王行状》:"清猿与壶人争旦,缇幕与素濑交辉。"	《六臣注文选》卷六〇
徐　陵	《册陈公九锡文》:"浮江下濑,一朝翦扑。"	《徐陵集·校笺》卷一二
挚　虞	《赠李叔龙以尚书郎迁建平太守一首》曰:"惟彼建平,居江之濑。"	《文馆词林》卷一五六
/	《中岳嵩阳寺碑》:"微波碧澈,潺流濆濑。"	《全上古三代秦汉三国六朝文·全后魏文》卷五八

第二章　汉魏六朝"滩濑"景观地名的演变史

表1中，除习凿齿《南征赋》"美人濑"和孔稚圭《北山移文》"延濑"为实指外，其他均为虚指。"濑"字入辞赋，屈原乃首创者。《楚辞》中使用的相关意象是"石濑"和"长濑"。二者成为后世辞赋的经典意象。辞赋作者群诸如两汉的司马相如、刘向和傅毅，三国的王粲，晋左思，南朝的谢灵运、江淹和沈约等人，皆使用过这两种意象。

承袭自《楚辞》语言风格的汉赋，在描绘山川名物上，更是创造出众多富丽的辞藻。[63] 除了"石濑"和"长濑"两种意象外，汉赋的文士们又组合出一些新的意象。司马相如《上林赋》中的"下濑"，可能是简化《楚辞》的"下石濑"而成，成为后世铭赋中的常用意象，如徐陵使用的"浮江下濑"；陆琼《下符讨陈宝应》文中的"定秦望之西部，戈船下濑"；庾信《周柱国大将军纥于弘神道碑》中的"公受命中军，迅流下濑"；等等。[64] 东方朔《自悲》中有关"疾濑之素水"的描绘，被后世辞赋作者概括成"素濑"的意象，在张载《蒙汜池赋》、孙绰《太平山铭》和任昉《齐竟陵文宣王行状》中皆可见到。扬雄《反离骚》文中使用的"涛濑"组合，也在左思《吴都赋》和庾阐《涉江赋》出现。其他如"飞濑""清濑""玄濑""漩濑""江濑"和"沙濑"等组合意象，屡屡被文士们加以使用，来描绘可能未曾亲历过的景观和想象的场景。

简而言之，和屈原《楚辞》中使用的意象取材自楚地山川景观

63　万光治：《汉赋通论》，成都：巴蜀书社，1989年，第303—307页。
64　《陈书》卷三五《陈宝应传》，第488页；李昉等编纂：《文苑英华》卷九○五《碑》，北京：中华书局，1966年，第4762页上栏。

不同的是，后来创作诗辞、铭赋的文士们，更将倾向于吸收前人辞赋中的意象加以组合、改造。观察实地景观而获得的感染和灵感，便不是他们的重点。因而表1这些被写入辞赋中的"濑"的意象，也就脱离了实景，谈不上是对具体场景和地名的描绘。有趣的是，在东晋南朝时期，渡江南来的文人们，通过山川之旅，纷纷将目光聚焦于吴楚山川中的"濑"的景观，也开始接触和使用一些南方地区仍旧使用的"濑"的地名，不过在描绘这些景观时，他们并非使用上述这些相对空虚的"濑"的意象。

三、"石濑"和"恶道"

王充《论衡·书虚篇》云："溪谷之深，流者安详；浅多沙石，激扬为濑。"[65] 则濑原意为浅滩。但河道中水势有缓急之差，沙石有大小、多少之别，因而又有疾濑、缓濑的区分。《广雅》谓"湍，濑也"，强调的正是"疾濑"。疾濑则因水流湍急，阻碍交通，甚为行旅所不便。《管氏指蒙》就说道："瀑潦浊濑滩，五凶也。"[66] "濑滩"二词，一南一北，名列五凶，成为水道交通的重大隐患。

在"濑"地名分布的地方，往往也是重要的津关要道。东晋以来，随着文士们在南方地区的山川旅行、跨区域流动，这些水道的情况才逐渐见于文献记载，浮出历史的水面。《世说新语·言

---

65 黄晖校释：《论衡校释》卷四《书虚篇》，第186页。
66 管辂：《管氏指蒙》卷下《三吉五凶第八十六》，《续修四库全书·子部》，第437页下栏。

语第二》"王司州"条曰:"王司州至吴兴印渚中看,叹曰:'非惟使人情开涤,亦觉日月清朗。'"王司州,即王胡之,曾任吴兴郡守,游历至印渚。印渚位于於潜县白石山,"王司州"条下刘孝标引《吴兴记》云:"於潜县东七十里,有印渚,渚傍有白石山,峻壁四十丈。印渚盖众溪之下流也。印渚以上至县,悉石濑恶道,不可行船;印渚已下,水道无险,故行旅集焉。"[67]则於潜县的石濑恶道,主要位于印渚以上水道。这一水道,《太平御览》引《吴兴记》,作"浮溪水"。[68]袁淑《恶道记》曰:"恶道两边连山临溪,高巘壁立,相重属,莫测其源。其孤岩绝崖,百丈千寻,钟乳石穴,幽邃潜洞。"[69]《太平寰宇记·江南东道十一》处州丽水县"突星濑"条引作"袁漱《道记》",并曰:"从石壁去江三十里,中有突星濑。"[70]"淑""漱"字形相近易讹;《道记》即《恶道记》。杨守敬《增订丛书举要·续群书拾补》作"袁升《恶道记》"。[71]袁升仅见于《魏书》,为太学博士,[72]此处当是杨守敬张冠李戴。据《太平寰宇记》所引《恶道记》佚文可知,袁淑描述的是永嘉郡内名为"突星濑"的恶道。然而《宋书·袁淑传》《袁阳源集》皆没有

---

67 刘义庆著,刘孝标注,余家锡笺疏,周祖谟等整理:《世说新语笺疏》卷上之上《言语第二》,第164页。
68 李昉等编纂:《太平御览》卷四六《地部十一·江东诸山》"印渚山"条引《吴兴记》,第225页上栏。
69 虞世南:《北堂书钞》卷一五八《地部二·穴篇十三》引袁淑《恶道记》,第730页上栏。
70 《宋本太平寰宇记》,北京:中华书局,1999年,第115页;乐史著,王文楚等点校:《太平寰宇记》卷九九《江南东道十一·处州》,第1983页。
71 谢承仁编:《杨守敬集》第7册,武汉:湖北人民出版社、湖北教育出版社,1988年,第144页。
72 《魏书》卷一〇八之四《礼志四》,北京:中华书局,1974年,第2793页。

涉及他曾前往浙东的任官和游历的记载。[73] 除了袁淑，王羲之、谢灵运也曾游历至此恶道。《永嘉记》曰："昔王右军游恶溪道，叹其奇绝，遂书'突星濑'于石。"[74] "突星濑"又作"凸星濑"。《处州图经》曰："丽水县有恶道，恶道有凸星濑。谢灵运与弟书曰：'闻恶道溪中，九十九里有五十九滩。'"[75] "突星濑"可能由王羲之书于石侧，但其得名，应来自当地，正如上文所述永嘉郡的百簿濑。谢灵运所说的"五十九滩"，即《舆地志》记载的恶溪"五十九濑"："恶溪道间九十里，而有五十九濑，两岸连云，高岩壁立。"[76] "高岩壁立"正是《恶道记》中描绘的"高巘壁立"。由此可知，突星濑只不过是恶溪水道中"五十九濑"之一。

对"恶道"的关注和描绘，自西晋以来就有传统，如潘尼作《恶道赋》，有"道深地狭，坂峭轨长"一句，描绘由洛阳道出荥阳成皋的陆路交通状况。[77] 王胡之、王羲之、袁淑和谢灵运等文人在会稽、吴兴和永嘉的游历，描述这一带山川中的"恶道"，多少也算是这一传统的延续。不过引起文人们对"恶道"的关注，更多的是因为南方地区的交通道路被逐渐认识。在文士的关注下，

---

[73]《宋书》卷七〇《袁淑传》，第1835—1841页；《袁阳源集》，张溥编：《汉魏六朝百三家集》，光绪五年（1979年）刻本。

[74] 乐史著，王文楚等点校：《太平寰宇记》卷九九《江南东道十一·处州》丽水县"突星濑"条引《永嘉记》，第1983页。

[75] 李昉等编纂：《太平御览》卷一七一《州郡部十七·处州》引"图经"，第833页上栏。

[76] 乐史著，王文楚等点校：《太平寰宇记》卷九九《江南东道十一·处州》丽水县"恶溪"条引《舆地志》，第1984页。

[77] 徐坚等著：《初学记》卷二四《居处部·道路第十四》引潘尼《恶道赋》，第590页；虞世南：《北堂书钞》卷一四一《车部下·轴十四》引潘尼《恶道赋》，第629页下栏。

不仅更多的交通道路被得以记载，而且有关道路情况的描述更为细致。正因如此，仅仅以"濑"或"滩"字来记述交通状况，早已无法突出其细节。《舆地志》曰："自上虞七十里至溪口，从溪口随江上数十里，两岸峻壁极险，乘高临水，深林茂竹，表里辉映，名为嵪嵊，奔濑迅湍，以至剡也。"[78] 这是上虞至嵊县的水路。"嵪嵊"是对这一带江岸险势的当地说法，地记的编纂者还用"奔濑迅湍"四字来加以描绘。《庐山诸道人游石门诗序》叙述庐山石门道，"将由悬濑险峻，人兽迹绝，径回曲阜，路阻行难，故罕经焉"。[79]"庐山诸道人"在"悬濑"词汇的基础上，加上"径回曲阜，路阻行难"，描绘石门路途之险。更多对山川水道的描绘，不再止于"濑""滩"等简单的字眼。如傅亮《光世音应验记》曰："始丰南溪中，流急岸峭，回曲如萦，又多大石。白日行者，犹怀危惧。吕竦字茂高，兖州人也，寓居始丰。"始丰溪位于临海郡始丰县。文中描述始丰南溪的"流急岸峭，回曲如萦"和"又多大石"，其实就是一种"疾濑"的景观。《光世音应验记》又曰："徐荣者，琅琊人。常至东阳，还经定山。舟人不贯，误堕回复（洄洑）中，旋舞涛波之间，垂欲沉没。"[80] 定山位于富春江畔，是钱塘县至东阳郡的必经水路，谢灵运《富春渚》云："宵济渔浦潭，旦及富春郭。定山缅云雾，赤亭无淹薄。"这是谢灵运由渔浦溯江

---

78 顾野王著，顾恒一等辑注：《舆地志辑注》，上海：上海古籍出版社，2011年，第301页。
79 严可均：《全上古三代秦汉三国六朝文·全晋文》卷一六七，第2437页上栏。
80 董志翘：《〈观世音应验记三种〉译注·〈光世音应验记〉》，南京：江苏古籍出版社，2002年，第19、21页。

逆流而上所见之光景。李善注引《吴郡缘海四县记》云："钱塘西南五十里有定山，去富春又七十里，横出江中。"[81]"洄洑"是富春江中滩濑急流带来的水势。《光世音应验记》的作者傅亮，家于会稽，陆杲《系观世音应验记》交代傅氏此书的成书过程：

> 昔晋高士谢敷，字庆绪，记光世音应验事十有余条，以与安成太守傅瑗，字叔玉。傅家在会稽，经孙恩乱，失之。其子宋尚书令亮，字季友，犹忆其七条，更追撰为记。[82]

傅瑗为傅亮父。他所谓的"追撰为记"，大概已经不是会稽谢敷的原话了。因而《光世音应验记》中有关水道的描述，只能说出自傅亮自己的表达习惯。同样居住于会稽、生活于浙东，谢灵运在诗赋中却多处提及、使用"濑"字。除了《长溪赋》《撰征赋》外，在《山居赋》中，谢灵运自注曰："里磐漫石数里，水从上过，故曰濑石上而开道。""里磐"当是会稽一带的叫法，而谢灵运用"濑石"来概括水从石上过的景观。"磐""濑"音近，想必是谢灵运根据土人的发音而转写。此外，谢灵运有诗《七里濑》《发归濑三瀑布望两溪》和《石门新营所住四面高山回溪石濑茂林修竹诗》，诗题中也都使用了"濑"字。有学者指出谢灵运的诗赋在语言风格和表现形式上，极力地模仿《楚辞》。[83] 如此说来，和

---

81 萧统编，李善等注：《六臣注文选》卷二六《诗·行旅上》，第497页上栏。
82 董志翘：《〈观世音应验记三种〉译注·〈系观世音应验记〉》，第59页。
83 鈴木敏雄：《謝靈運の詩表現の一特色——『楚辞』との関連を中心に》，《中国中世文学研究》15，广岛大学文学部中国中世文学研究会，1981年，第1—24页。

第二章 汉魏六朝"滩濑"景观地名的演变史

傅亮的文章、诗赋相比,谢灵运更加频繁地在诗赋中使用"濑"字,当是受到了《楚辞》的影响。不仅如此,其他如谢庄、江淹、何逊、任昉等文士,也和谢灵运相似,在辞赋中会使用"濑"字(见表1)。不过,在其他的文本语境下,谢灵运似乎也习惯使用"滩"字来代替"濑",如上引的"谢灵运与弟书"。这也说明在日常的交流中,"滩"字已成为习见语了。简言之,除辞赋外,东晋南朝时期,文士们倾向于使用更加细腻的辞藻来描绘"滩濑"景观,而"恶道",即是对水路交通中存在"疾濑"路段的简要概括。

六朝时期,会稽郡南部的建安、晋安、永嘉与东阳等地,一般都有水、陆路通往建康。《宋书·州郡二》记建安郡去京都水三千四十,并无陆;晋安郡去京都水三千五百八十。《宋书·州郡一》记永嘉郡去京都水二千八百,陆二千六百四十;东阳郡去京都水一千七百,陆同。[84]盖当时建安与晋安并无陆路通往京师,只能利用自然河道断续行进。[85]浙江境内的交通状况,在谢灵运赴任永嘉郡守的行程中,反映得尤为清楚。顾绍柏通过梳理、排列《谢灵运集》中著录的诗文,大致勾勒谢灵运从建康至永嘉的交通路线。其云:"永初三年,宋武帝刘裕病死,灵运被排挤出京,任永嘉太守。赴郡前,枉道回始宁故居逗留数日,然后转回会稽郡永兴县西陵,折向西乘船走浙江,盖至今浙江建德县梅城镇,再折向南至东阳郡长山县,然后陆行抵青田溪(今大溪),再乘船走青田溪、永嘉江至永嘉郡。"[86]谢灵运的这段行程主要以水路为主,

---

[84]《宋书》卷三五、三六,第1035、1037、1092页。
[85] 何德章:《魏晋南北朝史丛稿》,北京:商务印书馆,2010年,第164页。
[86] 谢灵运著,顾绍柏校注:《谢灵运集校注》,第73页。

溯富春江而上，取道兰江、金华江至金华，最后是在丽水莲都区顺大溪、瓯江而下至温州。金华至大溪这一段，顾绍柏谓灵运谓是陆行，实则不然。《太平寰宇记》引谢灵运《答从弟书》云："出恶江至大溪，水清如镜。"[87] 恶江即上文的恶溪、恶道，今丽水好溪。这封寄给从弟谢惠连的家书，当是谢灵运赴永嘉任上途经恶溪所写。因而，谢灵运至长山县后，在县东武义江溯流而上，经武义、永康，在今新建镇一带上岸陆行，越岭至恶江，载舟顺流至大溪。此条交通线连接永嘉、东阳至三吴地区，成为浙江境内南来北往的重要通道。南朝后期，这一带的陆路交通亦有所发展。侯安都率官军讨伐东阳留异，"异本谓官军自钱塘江而上，安都乃由会稽、诸暨步道袭之。异闻兵至，大恐，弃郡奔于桃支岭，于岭口立栅自固。明年春，安都大破其栅，异与第二子忠臣奔于陈宝应，于是虏其余党男女数千人"。[88] 可见当时由三吴往来东阳等地，一般取道钱塘江，步道会稽、诸暨至东阳，迂回漫长，故非常用的交通道路，因而留异对侯安都取道会稽、诸暨，甚感惊恐。再者，留异等人奔于闽中陈宝应，说明东阳与建安等地已有孔道相互来往。[89]

无论如何，由于会稽丘陵绵延、山脉众多的地理条件的限制，水路而非陆路成为重要的交通线。[90] 广大的南方地区亦是如此。

---

87 乐史著，王文楚等点校：《太平寰宇记》卷九九《江南东道十一·处州》，第1984页。
88 《陈书》卷三五《留异传》，第486页。
89 其时，东阳、建安边界有安泉岭，《陈书》卷二〇《韩子高传》曰："异平，除假节、贞毅将军、东阳太守。（天嘉）五年，章昭达等自临川征晋安，子高自安泉岭会于建安，诸将中人马最为强盛。"（第270页）更详细的考证，参见林昌丈、韩轲轲：《六朝入闽陆路交通考补》，《中国社会经济史研究》2022年第4期。
90 如《晋书》卷八八《孝友·孙晷传》曰："富春车道既少，动经江川，父难于风波。"（第2284页）

《华阳国志》"南广郡"下云:"自僰道至朱提,有水、步道,水道有黑水及羊官水,至险难行。"[91] 任豫《益州记》曰:"江曲由左担道,按图在阴平县北,于成都为西注,其道至险。"[92] 可见"左担道"是水路。舟行虽较便捷,然大小河川中密布的"濑"成为行旅往来的重大隐患。《水经注》及六朝地志记载各溪流中的濑及其数量,当是经过行旅口耳相传、宦游士人的经历,最后形诸笔墨的。这犹如后世的路程书,记载着重要的行旅资讯。在南方地区的游山玩水中,宦游士人特别是渡江的北人如王、谢子弟对"濑"这一景观产生浓厚的兴趣,《水经注》中翔实的记载当得益于他们的文字资料。但与以往不同的是,这些文字不再仅仅是诗辞、铭赋中的意象组合,而是更加细腻丰富、有着非常具体的描述。不仅如此,正是这些南来的文士群体,将南方山川中的"石濑"景观和"恶道"联系起来,并进行细致的描绘。而对于南方土著之民而言,这些景观可能再平常也不过了。

四、小结

在今日来看,"濑""滩"作为地名用字,本义毫无差别,但它们背后却经历了由起源、扩散乃至传播和消退的漫长历史过程。对这一演变过程的研究,不仅涉及地名和地名学的直接问题,而

---

[91] 常璩著,任乃强校注:《华阳国志校补图注》卷四《南中志》,第279页。
[92] 徐坚等著:《初学记》卷二四《居处部·道路第十四》"束马覆轮"条引任豫《益州记》,第590页。

且还属于文化交流史的课题。[93] 地名研究不再是简单的地名解释和分类归纳，而应通过对某一或某些具有特定内涵的字词进行长时段考察，将其置入社会文化史的演变脉络中，从而揭示其背后丰富而复杂的历史场景和历史瞬间。[94] 不仅如此，对地名的研究还涉及区域差异和文化接触、交流、音韵流变和人群移动等诸多复杂的问题。本章的研究或是对上述若干学术旨趣的尝试之作。稍稍转换视角即可发现，若在这些学术脉络的基础上进一步观察六朝地记，它们本身就是地名史综合研究的史料宝库，值得引起学术研究上的重视。

通过对"濑"字的梳理可知，作为地名的"濑"字在战国秦汉时期主要分布于吴越和楚地，其中以楚地为核心。南方地区的巴蜀一带较为特殊，没有发现"濑"字的踪迹。从地名使用的角度而言，无论是"濑"还是音同或音近的"赖""历"和"犁"等字，也主要分布于淮泗流域及其以南的南方地区。除了上文所举的例子，《续汉书·郡国志》还保存了几处关于"赖亭"的地名。如汝南郡襃信县有赖亭，济南郡营县、南阳郡厉乡县亦有赖亭。这里的"赖"音同"历"（"厉"），本意可能和"濑"字没有关系。但《史记》《汉书》等文献中提及老子籍贯赖（厉）乡，《晋

---

93 有关中国地名学的梳理，参见华林甫：《中国地名学源流》，长沙：湖南人民出版社，1999年。以地名的传播为切入点，研究文化交流方面的论文，参见胡鸿：《江到东北：古代东亚世界文化交流之一例》，北京大学中国古代史研究中心编：《田余庆先生九十华诞颂寿论文集》，北京：中华书局，2014年，第670—683页。

94 考察字词具有重要的学术意义，可参阅侯旭东：《字词观史——从陈寅恪"凡解释一字即是作一部文化史"说起》，《北京大学学报（哲学社会科学版）》2020年第4期。

书·戴洋传》却谓戴洋"及吴平,还乡里。后行至濑乡,经老子祠"。[95] 这里又将"赖"写作"濑"字了。无论如何,至两汉时期,"濑"字成为南方河川中浅滩景观的统一表记地名。

和"濑"字一样,"滩"字被收录在《说文》中。不过据现有史料而言,"滩"用于地名,则要晚至东汉末,主要出现于黄河流域。它逐渐向南传播,至迟在西晋时期就已经流行于巴蜀一带了。紧接着的传播路线大致是顺江而下,进入湘江流域和赣水流域。永嘉乱后,大规模南迁的北人,也将北方的这一日常地名用语带到南方地区。"濑"字除了在南方僻远、边缘地区仍旧使用外,主要借楚辞和汉赋的文学传统开始意象化,成为多种辞赋中的组合词汇,在文士群体中使用和流传。这一传统自两汉以来一直得以延续,甚至在唐诗中亦可发现不少有关"濑"的组合意象。唐诗使用"濑"的意象,基本承袭自汉魏六朝的辞赋。不过,随着文士群体宦游、旅居于南方大小河川,以往称为"濑"的地名和景观,经文人的笔墨也逐渐被"深描",呈现出水道交通中的"恶道"这样的面貌。较之于辞赋中的虚幻的意象,这些认识更为具体。对于南方土著之民习以为常的水路景观,却在渡江的侨人那里得以记载和传播开来。就这一点而言,"恶道"可谓是南渡士人的一种特有景观建构。

当然,"濑"字作为地名的退场并非在六朝时期。这一过程的最终完成需晚至唐代。唐诗中仍可见到诸如石头濑、栾家濑、浮石濑等专有地名。不过,《六臣注文选》谢灵运《七里濑》诗唐人

---

[95]《晋书》卷九五《艺术·戴洋传》,第2469页。

张铣注曰:"濑,滩名。"[96] 对于张铣而言,"濑"字已经需要使用"滩"字来加以解释了。可见至唐代,作为河滩景观的地名,"滩"字早已深入人心。透过"濑""滩"之争来理解南北间的文化接触、碰撞和融合的漫长历史过程,于此可见一斑。

---

[96] 萧统编,李善等注:《六臣注文选》卷二六《诗·行旅上》,第498页上栏。

第三章

六朝时期江东大族的城居与乡居

自两汉以迄于魏晋南北朝时期,南、北方地区出现了一些新的聚落,载籍中称之为坞堡(坞壁)、村或其他聚落名。这是中国中古前期有关聚落和社会变迁的重要面向,受到学者的广泛关注。其中,关于坞堡(坞壁)的地域分布及其周遭环境,已有学者给予了描述和概括。陈寅恪对坞壁有过概述:"凡聚众据险者因欲久支岁月及给养能自足之故,必择险阻而又可以耕种及有水泉之地。其具备此二者之地必为山顶平原,及溪涧水源之地,此又自然之理也。"[1] 金发根认为:"坞堡的所在,多为形势险要、冈峦起伏、河流环绕和易于扼守之处,随着地形而建筑,以阻遏盗贼

---

[1] 陈寅恪:《桃花源记旁证》,收入氏著:《金明馆丛稿初编》,北京:生活·读书·新知三联书店,2011年,第192页。另可参阅陈寅恪著,万绳楠整理:《陈寅恪魏晋南北朝史讲演录》,合肥:黄山书社,1987年,第137页。关于陈寅恪先生认为"真实之桃花源在北方弘农或上洛,不在南方武陵一说",唐长孺先生已有进一步的探讨,详请参阅氏著:《读〈桃花源记旁证〉质疑》,载于《魏晋南北朝史论丛续编》,《唐长孺文集》,北京:中华书局,2011年,第185—198页。

和胡马。"² 谷川道雄对坞壁亦有关注，他认为："坞多数都考虑到建造于天险之地，以便在那里过闭锁的生活，为此又必须储备武器、粮食等，特别是可以利用山间土地的耕作，以求自给自足。"³ 和坞堡密切相关的便是魏晋南北朝时期的村。为此，宫川尚志从城市与农村的分化这一视角，详细探究村的起源、地域分布、村居生活与村的相关制度。⁴ 宫崎市定则从长时段的观察角度剖析汉代乡制的崩坏及其村制的产生。⁵ 其在研究魏晋南北朝时期华北的城市时，进一步形成这样的看法："成为行政官厅治所并拥有较大数量人口的城郭都市，和脱离城市而散布于田野的村落相对立的六朝社会，乃是此前的汉代所看不到的新现象。"⁶ 即将城市与农村置于对立的立场加以考量。谷川道雄在宫川尚志、宫崎市定已有研究的基础上，从城市与乡村的分化、对立以及名望家对农村的领导支配

---

2 详请参阅金发根：《永嘉乱后北方的豪族》，台北：台湾"中国学术著作奖助委员会"，1964年，第83页。关于坞壁的具体研究，另外可参阅那波利贞：《坞主考》，日本《東亞人文學報》1943年第2—4期；赵克尧：《论魏晋南北朝的坞壁》，《历史研究》1980年第6期；刘华祝：《试论两汉豪强地主坞壁》，《历史研究》1985年第5期；具圣姬：《两汉魏晋南北朝的坞壁》，北京：民族出版社，2004年。
3 谷川道雄著，马彪译：《中国中世社会与共同体》，北京：中华书局，2002年，第87页。
4 宫川尚志：《六朝史研究·政治社会篇》第7章《六朝時代の村について》，東京：日本学術振興会，1956年。此文翻译见夏日新译，载刘俊文主编：《日本学者研究中国史论著选译》第4卷《六朝隋唐》，北京：中华书局，1992年，第67—108页。
5 宫崎市定著，黄金山译：《关于中国聚落形体的变迁》，收入刘俊文主编：《日本学者研究中国史论著选译》第3卷《上古秦汉》，中华书局，1993年，第1—29页；宫崎市定：《中国村制的成立——古代帝国崩坏的一面》，载中国科学院历史研究所编译组编译：《宫崎市定论文选集》上卷，北京：商务印书馆，1963年，第33—54页。
6 宫崎市定：《六朝時代華北の都市》，收入《宫崎市定全集》7《六朝》，東京：岩波書店，1992年，第61—86页。此句引文的翻译，参考谷川道雄《中国中世社会与共同体》，第288页。

作用考证山东贵族的村居。[7] 毛汉光根据地方志中有关墓葬位置的记载，追寻河东地区裴、柳与薛三姓大族的居住情形及其势力范围。[8]

关于广大南方地区的情形，宫崎市定亦有相关的论述，他说道，江南地方"自古以来城居生活好像还没有怎么普遍。……土地逐渐干燥起来，广大的耕地出现以后，城郭生活方式就从北方传到这里。……东晋时代从北方流到江南的中国人，和我们的设想不同，好像进入城里居住的不多，多半独自营造聚落居住。这种聚落就叫做村"。[9] 宫崎市定指出南方的城居是与耕地开发、北人的南渡分不开的。他同时认为东晋时期的侨人，往往倾向于村居。具圣姬认为魏晋坞堡多属于山城形式，但以为南方的"庄园别业"不能简单地与坞堡相等同。[10] 关于宫川尚志、宫崎市定等日本学者提出的相关观点，学界仍未有一致的看法。[11] 这些观点并非本章所

---

[7] 谷川道雄：《六朝時代における都市と農村の対立の関係について——山東貴族の居住地問題からの接近》，原载日本唐代史研究会编《中国の都市と農村》，東京：汲古書院，1992年，后收入氏著：《中国中世社会与共同体》，北京：中华书局，2002年。此文的翻译另见牟发松译：《六朝时代城市与农村的对立关系——从山东贵族的居住地问题入手》，《魏晋南北朝隋唐史资料》第15辑，1997年。另外请参阅谷川道雄著，李济沧译：《北魏末的内乱与城民》，收入氏著：《隋唐帝国形成史论》，上海：上海古籍出版社，2004年，第132—159页。

[8] 详请参阅毛汉光：《晋隋之际河东地区与河东大族》，氏著：《中国中古政治史论》第3篇，上海：上海书店出版社，2002年，第105—136页。

[9] 宫崎市定：《中国村制的成立——古代帝国崩坏的一面》，第44—45页。

[10] 具圣姬：《两汉魏晋南北朝的坞壁》，第40—41页。

[11] 最近的研究详见侯旭东：《北朝村民的世界——朝廷、州县与村里》，北京：商务印书馆，2005年，第1—25页；侯旭东：《汉魏六朝的自然聚落——兼论"邨"、"村"关系与"村"的通称化》，收入黄宽重主编：《中国史新论·基层社会分册》，台北：联经出版事业股份有限公司，2009年，第127—182页；鲁西奇：《城墙内外：古代汉水流域城市的形态与空间结构》之"《水经注》所见汉水流域的城邑聚落及其形态"一文，北京：中华书局，2011年，第1—148页。

能回答，但是将这些聚落与南北地区所共同存在的地方大族、豪族联系起来看待时，南方地区的地方大族究竟是城居、村居抑或更加倾向于城居或乡居，目前尚未有比较清晰的认识。在上述诸家研究成果的基础上，本章梳理六朝时期江东土著大族的具体居住地，试图还原当时大族生活的地域场所，并尝试探究土著大族的经济根源。

一、吴郡"四姓"的居住地

汉末三国的割据纷争造成了吴、会稽地方社会的重大转变。历经孙吴之征伐、诛戮，当地的部分大姓沉沦甚至匿迹。如上虞孟氏、魏氏，乌程邹他、钱铜与嘉兴王晟等。《三国志·孙破虏讨逆传第一》裴注引《吴录》曰："时有乌程邹他、钱铜及前合浦太守嘉兴王晟等，各聚众万余或数千，引兵扑讨，皆攻破之。策母吴氏曰：'晟与汝父有升堂见妻之分，今其诸子兄弟皆枭夷，独余一老翁，何足复惮乎！'乃舍之，余咸族诛。"[12] 可见王晟家族在嘉兴势力之强，连孙策都心存忌惮，欲除之而后快。[13] 但同时也为另外一批土著大姓成长为一县、一郡或数郡的豪族并进入东吴政权提供机遇。

---

12 《三国志》卷四六《吴书·孙破虏讨逆传第一》，第1105页。
13 参阅田余庆：《孙吴建国的道路——论孙吴政权的江东化》，原载《历史研究》1992年第1期，后收入氏著：《秦汉魏晋史探微（重订本）》，北京：中华书局，2011年，第277页。

第三章 六朝时期江东大族的城居与乡居

日本学者大川富士夫援引《世说新语·赏誉第八》、《新唐书·柳冲传》、张勃《吴录》等文献探究吴郡"四姓"的形成过程。[14] 其中《世说新语·赏誉第八下》"吴四姓"条云:"吴四姓旧目云:张文、朱武、陆忠、顾厚。"其下注引《吴录·士林》曰:"吴郡有顾、陆、朱、张,为四姓。三国之间,四姓盛焉。"[15] 田余庆考辨指出"旧目"当为吴国流传的人物题目汇集,旧目所说四姓各有特点,必舆论认为四姓代表人物中有足当此所谓文、武、忠、厚的特点者。据今见吴国人物资料论之,以张温为文,朱桓为武,陆逊为忠,顾雍为厚,完全合辙。旧目无疑是以题目此四人者概括此四族,而且其说当形成于黄武之时或者略后。[16] 所论甚是。又《新唐书·柳冲传》引柳芳"氏族论"云:

> 过江则为"侨姓",王、谢、袁、萧为大;东南则为"吴姓",朱、张、顾、陆为大。……"郡姓"者,以中国士人差第阀阅为之制,凡三世有三公者曰"膏粱",有令、仆者曰"华腴",尚书、领、护而上者为"甲姓",九卿若方伯者为"乙姓",散骑常侍、太中大夫者为"丙姓",吏部正员郎为

---

14 大川富士夫:《吴の四姓について》,《歴史における民衆と文化——酒井忠夫先生古稀祝賀記念論集》,東京:国書刊行会,1982年,第117—132页。另外可参看宫川尚志《六朝史研究·政治社会篇》第3章,第241—244页。
15 刘义庆著,刘孝标注,余家锡笺疏,周祖谟等整理:《世说新语笺疏》卷中之下《赏誉第八下》,第582页。张承宗《三国"吴四姓"考释》认为文献中的"吴四姓"与"吴郡四姓"不是同一概念,前者是以孙吴的统治全境而言(《江苏社会科学》1998年第3期)。
16 田余庆:《秦汉魏晋史探微(重订本)》,第306—307页。

"丁姓"。凡得入者,谓之"四姓"。[17]

《六臣注文选·诗》于陆机《吴趋行》"属城咸有士,吴邑最为多。八族未足侈,四姓实名家"条下李善注引《吴录》曰:"八族,陈、桓、吕、窦、公孙、司马、徐、傅也。四姓,朱、张、顾、陆也。"刘良注曰:"机,吴人,以重吴也。"[18]守屋美都雄论"四姓",赞同《新唐书·柳冲传》所云"凡得入者谓之四姓"之说。[19]大川富士夫在其基础上征引《三国志·魏书·魏朗传》裴注引《魏略》记载的天水郡四姓,以为这是著姓士族的评定在边疆地域实施的反映。[20]其实,《太平寰宇记·江南东道一》"润州"下有丹阳郡许、左、甘、纪四姓之说,又《江南东道六·湖州》有吴兴郡姚、沈、丘、纽四姓和长城郡钱、胥二姓之谱。[21]"四姓"抑或"二姓",虽有实指,然指代"地方大族"的意义可能更为浓厚,是一种地方长期积聚的观念。[22]吴"四姓"之称,始自三国。《三国志·朱治传》有"公族子弟及吴四姓多仕郡"之说。[23]四姓八族的对举,表明陆机有意突出吴"四姓"的

---

[17] 《新唐书》卷一九九《儒学中·柳冲传》,第5677—5678页。
[18] 萧统编,李善等注:《六臣注文选》卷二八《诗·乐府下》,第525页下栏。
[19] 守屋美都雄著,梁辰雪译:《六朝门阀:太原王氏家系考》第1章《序言》,上海:中西书局,2020年,第5—7页。
[20] 大川富士夫:《吴の四姓について》,第118—119页。
[21] 乐史著,王文楚等点校:《太平寰宇记》卷八九、九四,第1758、1879页。
[22] 关于"四姓"说的各家观点,见邱建智:《中国中古"四姓"说之回顾与检讨》,《早期中国史研究》第2卷第1期。
[23] 田余庆以为吴四姓并称,起于三国。见氏著:《秦汉魏晋史探微(重订本)》,第304页。

地位。[24]《世说新语·赏誉第八上》"有问秀才"条蔡洪所举东吴时期的名士吴展、朱诞、严隐、顾荣、张畅等人物中,唯有吴展为下邳人,其余皆为吴郡人。[25] 这可能与蔡洪本身即为吴郡人有着很大的关系,然吴郡大姓的社会地位与声名由此可见一斑。通过《柳冲传》及上述的考论,"四姓"即是"郡姓",其影响力涵盖一郡之范围。吴郡"四姓"的确立过程,也即"四姓"的地方影响力由县扩张到郡的过程。

(一) 吴县顾氏

吴县顾氏,林宝《元和姓纂·十一暮》"顾"氏条云:

> 顾伯,夏、殷侯国也,子孙以国氏焉。《顾氏谱》云:越王句践七代孙闽君摇,汉封东瓯,摇别封其子为顾余侯,因氏焉。汉初居会稽。[26]

又《新唐书·宰相世系四下》云:

> 顾氏出自己姓。顾伯,夏商侯国也,子孙以国为氏,初居

---

[24] 冻国栋认为,"陆机之所以将'八族'与'四姓'对举,或许是标榜吴四姓之声名、地位足以与北方第一流高门相比拟"。(《六朝至唐吴郡大姓的演变》,《魏晋南北朝隋唐史资料》第15辑,1997年,第19页。)
[25] 刘义庆著,刘孝标注,余家锡笺疏,周祖谟等整理:《世说新语笺疏》卷中之下《赏誉第八上》,第512页。
[26] 林宝著,岑仲勉校记,郁贤皓、陶敏整理:《元和姓纂(附四校记)》卷八《十一暮·顾》,北京:中华书局,1994年,第1226页。

会稽。吴丞相雍孙荣，晋司空。雍弟徽，侍中，又居盐官。徽十世孙越，陈黄门侍郎，孙胤。[27]

岑仲勉《元和姓纂四校记》曰："此是露姓之文而传误为顾姓者。"[28] 同卷"露"姓条下云：

吴丞相［顾］（露）雍；弟徽，侍中，又居盐官。徽十代孙越，陈黄门侍郎；生允，唐著作郎。[29]

关于顾氏先世，上引诸书中有两个说法：一是出自夏商侯国之顾伯，后世子孙以国名为氏；二是出自西汉前期闽君摇之别子受封为顾余侯，后世因以顾为姓。前者将吴郡顾氏之祖源推至夏商，很可能系后起之说；后者谓顾氏源自越王句践之裔，也当是顾氏兴起后对祖先的追溯，虽未必可信，但其说则可能早于前一说，反映出顾氏本为南方土著的某些真相。

顾雍曾祖父顾奉，后汉会稽名士，颍川太守。[30] 雍起家合肥长，"后转在娄、曲阿、上虞，皆有治迹"。在会稽任上，"讨除寇贼，郡界宁静，吏民归服"。后入为左司马，领尚书令。黄武四年（225年），改为太常，进封醴陵侯，代孙邵为丞相，平尚书事。为

---

27 《新唐书》卷七四下《宰相世系四下》，第3185页。
28 林宝著，岑仲勉校记，郁贤皓、陶敏整理：《元和姓纂（附四校记）》卷八《十一暮·顾》，第1227页。
29 林宝著，岑仲勉校记，郁贤皓、陶敏整理：《元和姓纂（附四校记）》卷八《十一暮·顾》，第1223页。
30 《后汉书》卷三六《张霸传》，第1241页。

相十九年。[31]

顾雍所居之地,《太平御览·人事部四十六》引《苏州志》曰:"通贤桥东有吴丞相顾雍宅,自雍至孟,名著四代,常居此宅。门无杂宾,投刺摄齐者,不过一时英俊。"[32]卢弼《三国志集解》云,"《苏州志》自雍至孟,或系自雍至禺之误",[33]当可从。通贤桥无考。重修《琴川志》云:"纪瞻之居乌衣巷,顾雍之居黄鹂巷,皆因图乘而传。"[34]朱长文《吴郡图经续记》"坊市"栏曰:"黄鹂市之名,见白公诗,所谓黄鹂巷口莺欲语,乌鹊桥头冰未销是也。"[35]白居易《正月三日闲行》诗云:"黄鹂巷口莺欲语,乌鹊河头冰欲销。绿浪东西南北水,红栏三百九十桥。"[36]王謇《宋平江城坊考》附录"里巷"栏"黄鹂巷"条云:"后人犹知有黄鹂市之名,惟北宋时已不知其所在。然汉、唐、宋,吴中太守刺史公署均在今王府基,则白公即景生情,巷亦当在署南附近,与乌鹊正复相俪。后人疏于考古,遂以黄牛坊桥改为黄鹂坊桥,以桥巷为黄鹂市,失其旨矣。"[37]不知"通贤桥东"是否即黄鹂巷?若是,或可谓顾雍一族聚居吴城黄鹂巷。

《世说新语·政事第三》云:

---

31 《三国志》卷五二《吴书·顾雍传》,第1225—1227页。
32 李昉等编纂:《太平御览》卷四〇五《人事部四十六·宾客》,第1875页下栏。
33 卢弼著,钱剑夫整理:《三国志集解》卷五二《吴书·顾雍传》,上海:上海古籍出版社,2009年,第3184页。
34 《重修琴川志》卷一《巷》,《宋元方志丛刊》第2册,第1155页下栏。
35 朱长文:《吴郡图经续记》卷上《坊市》,《宋元方志丛刊》第1册,第643页上栏。
36 彭定求等编:《全唐诗》卷四四七,北京:中华书局,1960年,第5026页。
37 王謇撰,张维明整理:《宋平江城坊考》,南京:江苏古籍出版社,1999年,第296页。

> 贺太傅作吴郡,初不出门。吴中诸强族轻之,乃题府门云:"会稽鸡,不能啼。"贺闻故出行,至门反顾,索笔足之曰:"不可啼,杀吴儿!"于是至诸屯、邸,检校诸顾、陆役使官兵及藏逋亡,悉以事言上,罪者甚众。陆抗时为江陵都督,故下请孙皓,然后得释。[38]

唐长孺曾经指出:"这一条提出了孙吴时期屯邸组织的特殊意义,它是以官兵及逋亡为其组织基础的……而诸顾陆之所以与屯邸发生关系,即因孙吴大族都拥有部曲之故。"[39] 那么"诸顾"的屯、邸位于吴郡何处呢?重修《琴川志》谓,"汉会稽郡吴县有虞乡,乃县地也。吴孙权时尝置虞农都尉于此"。[40] 琴川乃常熟县之别称。常熟本吴县地,晋太康四年(283年)分吴县置海虞县。孙吴为开发江南、储备军资而在各地设立大小不一的屯田。其位置,"大体上是罗列长江沿岸和分布在新建立的郡县地区"。[41] 据《三国志·吴书》及《宋书·州郡志》所载,孙吴在长江下游与钱塘江两岸的溧阳、湖熟、毗陵、于湖、江乘、海昌、上虞等地立有屯田,其中溧阳、湖熟、上虞、海昌置屯田都尉,毗陵置典农校尉,

---

38 刘义庆著,刘孝标注,余家锡笺疏,周祖谟等整理:《世说新语笺疏》卷上之下《政事第三》,第196—197页。
39 唐长孺:《南朝的屯、邸、别墅及山泽占领》,原载《历史研究》1954年第3期,收入氏著:《山居存稿》,《唐长孺文集》,北京:中华书局,2011年,第1页。
40 《重修琴川志》卷一《叙县》,《宋元方志丛刊》第2册,第1152页下栏。
41 陈连庆:《孙吴的屯田制》,《社会科学辑刊》1982年第6期。又参见藤家禮之助:《漢三國兩晉南朝の田制と税制》第2章第4节,東京:東海大学出版会,1989年,第211—226页。

于湖置督农校尉，江乘则为典农都尉。⁴² 虞农都尉，《三国志·吴书》未见，可能即典农都尉，为孙吴在县一级政区设置的屯田机构。吴郡辖境有两处屯田，即东北濒临长江的虞农都尉与东南濒临杭州湾的海昌屯田都尉。这两处可能皆有顾氏的屯、邸。

顾雍弟顾徽，《元和姓纂》与《新唐书·宰相世系表》谓其居于盐官。按盐官县，《宋书·州郡一》扬州"盐官令"条引《吴记》云："盐官本属嘉兴，吴立为海昌都尉治，此后改为县。"⁴³《宋书州郡志汇释》谓治今浙江海宁市市西南盐官镇南，⁴⁴ 可从。孙吴时期盐官亦为屯田之地，陆逊曾为海昌都尉。由上引《世说新语》贺邵一事来看，顾徽很有可能亦率有部曲屯田于盐官。

《三国志·顾雍传》谓雍有三子：邵（孝则）、裕与济。同卷裴注引韦昭《吴书》云顾徽子裕，字季则，少知名，位至镇东将军。⁴⁵ 顾裕同为二人之子，明显抵牾。《三国志集解》卢弼案语考辨此事云：

> 下文（即永安元年所下之诏书——引者注）裕后袭爵，注引《吴录》云裕一名穆，终宜都太守，似与位至镇东将军者为两人。《晋书·顾荣传》"荣父穆，宜都太守"，与《吴录》合。然注引《吴书》云裕字季则，与顾邵之字孝则，似为昆仲也。周寿昌曰："裕或因徽子名裕，遂改名穆，而史仍书其初

---

42 《宋书》卷三五《州郡一》，第1030—1032页。
43 《宋书》卷三五《州郡一》，第1032页。
44 胡阿祥编著：《宋书州郡志汇释》，第16页。
45 《三国志》卷五二《吴书·顾雍传》，第1228页。

名也。"[46]

案，周寿昌之解释亦牵强附会。《三国志·顾雍传》云："长子邵早卒，次子裕有笃疾，少子济嗣，无后，绝。永安元年，诏曰：'故丞相雍，至德忠贤，辅国以礼，而侯统废绝，朕甚愍之。其以雍次子裕袭爵为醴陵侯，以明著旧勋。'"[47] 按顾邵早卒于雍，雍以赤乌六年（243年）卒。以少子济为嗣而不以次子裕为嗣，表面上看是因为顾裕罹病的事实，然不排除顾徽无子，早已将顾裕过继给顾徽的可能性。[48]

顾裕子顾荣，显名于两晋。顾荣参与平定陈敏之乱，又为晋元帝军司，南州望士，在乡里颇有号召力，与陆机兄弟号有江东三俊的美誉。[49]《晋书》本传谓顾荣封爵嘉兴公，暗示其与孙吴时期顾徽居于盐官并很有可能拥有屯田与部曲的事实密切相关。另外，顾雍族人顾悌之孙顾众，有文武才干，纠合乡党、家兵，阻踞苏峻。晋穆帝时，何充执掌朝炳，因顾众"州里宿望，每优遇之"。[50] 可见顾氏在吴郡拥有强大的地方势力。

盐官顾徽一支，至南朝后期有顾越，《陈书·儒林传》云：

---

46 卢弼著，钱剑夫整理：《三国志集解》卷五二《吴书·顾雍传》，第3183页。
47 《三国志》卷五二《吴书·顾雍传》，第1228页。
48 王伊同《五朝门第》附录"吴郡吴人陆氏"世系表推测顾秘乃顾徽子，故将秘系于徽下（北京：中华书局，2006年），显为讹误。据《三国志》卷五二裴注引韦昭《吴书》，顾秘为顾悌子，顾向孙。
49 《晋书》卷六八《顾荣传》，第1811—1815页。
50 《晋书》卷七六《顾众传》，第2016—2017页。

第三章　六朝时期江东大族的城居与乡居

顾越字思南，吴郡盐官人也。所居新坡黄冈，世有乡校，由是顾氏多儒学焉。[51]

新坡黄冈，《南史·儒林传》载为"新坂黄冈"。[52]"坡""坂"两字相近易讹。新坡（坂）黄冈无考，可能为新坡乡黄冈里（村）的简称，此处可能是顾徽一支的族居地。此外，《唐故朝散郎贝州宗城县令顾府君墓志铭》云：

公讳谦，字自修，其先吴郡人，季历丞相肃公之后也。汉魏以降，蔚为茂族。史谱详载，此得略而述焉。……先府君讳行大，宣州宁国县丞。先太夫人，吴郡陆氏。公即先府君冢子也。……以咸通十三年岁次壬辰六月二十有八日丁卯启手足于苏州华亭县北平乡崧子里之私第。[53]

据此墓志铭文可知，顾谦乃孙吴顾雍之后。其居北平乡崧子里，《云间志》卷上"乡里"栏曰，"以道里考之，北平，今之北亭也"，且北亭乡下记有崧子里。[54]北亭乡，光绪《青浦县志·疆域上》"乡保"栏"海中乡"条云："旧名北亭乡，一云北平。唐天宝十载隶华亭，元至元二十七年隶上海，明嘉靖二十一年隶青浦，寻废。万历元年仍隶青浦。国朝雍正二年隶福泉，乾隆八年仍隶青浦，改今

51　《陈书》卷三三《儒林传·顾越》，第445页。
52　《南史》卷七一《儒林传·顾越》，第1752页。
53　绍熙《云间志》卷下，《宋元方志丛刊》第1册，第53页。
54　绍熙《云间志》卷上，《宋元方志丛刊》第1册，第9页上栏。

名。"⁵⁵ 绍熙《云间志》卷中有崧子浦,⁵⁶ 光绪《青浦县志》海中乡三十三保下有崧子庙村,⁵⁷ 当与崧子里有一定联系。根据《上海地名志》与上述材料,⁵⁸ 崧子里当在今上海青浦区新通波塘附近。

诗人顾况曾经撰有"庙庭碑铭"。《吴郡图经续记·冢墓》"顾三老墓"条云:"顾三老坟在娄门外塘北,盖顾综坟也。综字文纬,吴人,辟有道,历御史大夫、尚书令、殿上三老。……吴丞相雍,其裔孙也。综于东汉书无传,事见顾况所撰《庙庭碑铭》,云刊石娄门,德辉不灭。碑亡。"⁵⁹ 顾综为顾雍先世,其他载籍未见。朱长文此说,当本之顾况"庙庭碑铭"。顾况可能属于顾雍、顾徽一族。他一生转折迁徙多处,但有故居在海盐县横山之说。⁶⁰

另外,东晋吴人顾辟疆,在吴郡有名园。《世说新语·简傲第二十四》"王子敬自会稽经吴"条云:"王子敬自会稽经吴,闻顾辟疆有名园。"刘孝标注引《顾氏谱》曰:"辟疆,吴郡人。历郡功曹、平北参军。"⁶¹《吴郡图经续记·园第》"顾辟疆园"条云:"辟

---

55 光绪《青浦县志》卷一《疆域上》,《中国地方志集成·上海府县志辑》第6册据光绪五年(1879年)尊经阁刻本影印,上海:上海书店出版社,1991年,第52页。
56 绍熙《云间志》卷中,《宋元方志丛刊》第1册,第33页上栏。
57 光绪《青浦县志》卷二《疆域下》,第60页下栏。
58 陈征琳、邹逸麟等主编:《上海地名志》"地图部分",上海:上海社会科学院出版社,1998年。
59 朱长文:《吴郡图经续记》卷下《冢墓》,《宋元方志丛刊》第1册,第677页上栏。
60 傅璇琮:《唐代诗人丛考·顾况考》,北京:中华书局,1980年,第386—387页;赵昌平:《关于顾况生平的几个问题——与傅璇琮先生商榷》,《苏州大学学报(哲学社会科学版)》1984年第1期。
61 刘义庆著,刘孝标注,余家锡笺疏,周祖谟等整理:《世说新语笺疏》卷下之上《简傲第二十四》,第912页。

第三章 六朝时期江东大族的城居与乡居

疆园唐时犹在,顾况尝假以居。郡守赠诗云:'辟疆东晋日,竹树有名园。年代更多主。池塘复裔孙,今莫知其所。'"[62] 范成大《吴郡志·园亭》云:"晋辟疆园,自[东](西)晋以来传之,池馆林泉之胜,号吴中第一。辟疆姓顾氏,晋唐人题咏甚多。……今莫知遗迹所在。考龟蒙之诗,则在唐为任晦园亭,今任园亦不可考矣。"[63] 辟疆先世,亦不可考,今录此聊备一说。《吴郡图经续记》同时载有顾氏居住地的其他说法。其一,在吴县西南永定寺。《吴郡图经续记·寺院》"永定寺"条云:"在吴县西南,梁天监中,吴郡顾氏施宅为寺。"[64] 其二,在长洲县东(苏城内)百口桥,乃东汉顾训五世同居之地。[65]

与上述记载顾氏居地相应的是,文献和考古资料还提供了顾氏卒葬地的一些情况。《木渎小志·冢墓》引《顾氏谱》谓顾雍墓在穹窿山坞。[66] 穹窿山位于吴县西部。《太平寰宇记·江南东道三》苏州"顾彦先墓"条云:"在京门外九里,有晋骠骑将军嘉兴公顾彦先墓。"[67] 顾彦先即顾荣。校勘记谓京门,宋版作"示门",中大本作"苟门",傅校改作"赤门"。[68] 按,范成大《吴郡志》无京门。苟门、赤门,据民国《吴县志》"苏城全图",在苏城东南隅,

---

62 朱长文:《吴郡图经续记》卷下《园第》,《宋元方志丛刊》第1册,第673页上栏。
63 范成大:《吴郡志》卷一四《园亭》,《宋元方志丛刊》第1册,第790页上栏。
64 朱长文:《吴郡图经续记》卷中《寺院》,《宋元方志丛刊》第1册,第657页上栏。
65 朱长文:《吴郡图经续记》卷中《桥梁》,《宋元方志丛刊》第1册,第651页上栏。
66 民国《木渎小志》卷五《冢墓》,《中国地方志集成·乡镇志专辑》第7册,南京:江苏古籍出版社,1992年,第517页下栏。
67 乐史著,王文楚等点校:《太平寰宇记》卷九一《江南东道三·苏州》,第1824页。
68 乐史著,王文楚等点校:《太平寰宇记》卷九一《江南东道三·苏州》"校勘记",第1835页。

两门相邻。⁶⁹ 而《吴郡志·冢墓》引唐陆广微《吴地记》谓顾荣墓在吴县东南一十七里。⁷⁰ 在苏州虎丘区东渚街道宝山村一带发掘出土的东晋墓中，一方五面铜印上刻有"顾楮"字样。⁷¹ 顾楮于史无征。梁陈之际的顾野王，其墓，《吴郡志·冢墓》谓"在吴县楞伽山下，近越来溪。绍兴间，其碑石虽皴剥断裂，尚巍然植立"。⁷² 《中国文物地图集·江苏分册》谓顾野王墓在苏州虎丘区前下舟村，⁷³ 即上方山吴山岭以东，⁷⁴ 与《吴郡志》所记的楞伽山基本吻合。此外，至元《嘉禾志》记载海盐县有顾安饶墓，并云："顾安饶，陈人也。仕至鸿胪卿。"⁷⁵ 顾安饶于史传无载。除了海盐县外，这些葬地围绕吴县治所，分散于东南、西南的山丘一带。

综上所考，我们对顾氏的居地形成以下几点认识：第一，孙吴时期顾雍、顾徽等顾氏家族在吴郡的虞农都尉与海昌都尉皆占有屯、邸，役使部曲私兵劳作。此后，顾徽一支世代定居、活动于盐官。第二，顾雍一支长期定居于吴城东部，这可能与顾雍在吴郡东北部拥有田地密切相关。第三，史传中所见顾训、顾综、顾辟疆等顾姓人物，无法确切将其与顾雍、徽谱系挂钩。而曾经编

---

69 民国《吴县志》卷一《图》"苏城全图"，《中国地方志集成·江苏府县志辑》第11册，南京：江苏古籍出版社，1991年，第9页。
70 范成大：《吴郡志》卷三九《冢墓》，《宋元方志丛刊》第1册，第971页上栏。
71 叶玉奇：《东晋顾楮墓在吴县出土》，《东南文化》1991年第6期。
72 范成大：《吴郡志》卷三九《冢墓》，《宋元方志丛刊》第1册，第971页下栏。
73 国家文物局主编：《中国文物地图集·江苏分册》下册，北京：中国地图出版社，2008年，第358页。
74 《江苏文物综录》编辑委员会编：《江苏文物综录》，南京：南京博物院，1988年，第46页。
75 至元《嘉禾志》卷一三《冢墓·嘉兴县》，《宋元方志丛刊》第5册，第4500页下栏。

撰《顾氏谱传》十卷的顾野王，其祖父顾子乔先世亦无考。[76] 由此而见，吴郡顾氏自汉末以来，支系分散复杂。吴县顾雍与盐官顾徽属于世系相对明晰的两支。

（二）吴县陆氏

吴县陆氏，孙吴时期在吴郡四姓中可跻身前列，自东汉以来世为江东巨族。[77] 陆逊、陆抗父子与陆凯，为陆氏一族在孙吴时的核心人物。陆氏族人多领有部曲，如陆逊在平定会稽山贼大帅潘临后，部曲已有两千余人。后又讨伐丹杨贼帅费栈，"强者为兵，羸者补户，得精卒数万人"。[78] 逊卒后，其子陆抗领有逊一部分兵力。[79] 待陆抗病卒，其子晏、景、玄、机、云，又分领抗兵。[80] 这一世袭领兵制为人所熟知。若联系上引贺邵所揭发的诸陆屯、邸来看，陆逊一族领兵在吴郡开荒，也是不争的事实。

关于陆逊一族所居吴郡，有昆山华亭谷之说。《文选·赠答二》录陆士衡《赠从兄车骑一首》云："孤兽思故薮，离鸟悲旧林。

---

[76]《陈书》卷三〇《顾野王传》，第399—400页。
[77]《后汉书》卷八一《独行传·陆续传》云："陆续字智初，会稽吴人也。世为族姓。"（第2682页）《三国志》卷五八《吴书·陆逊传》谓陆逊"世江东大族"。（第1343页）《世说新语笺疏》卷中之下《规箴第十》"孙皓问丞相陆凯"条云："卿一宗在朝有几人？"陆曰："二相、五侯、将军十余人。"皓曰："盛哉！"陆曰："君贤臣忠，国之盛也。父慈子孝，家之盛也。今政荒民弊，覆亡是惧，臣何敢言盛！"刘孝标注引《吴录》曰："凯字敬风，吴人，丞相逊族子。忠鲠有大节，笃志好学。初为建忠校尉，虽有军事，手不释卷。累迁左丞相。时后主暴虐，凯正直强谏，以其宗族强盛，不敢加诛也。"（第652页）
[78]《三国志》卷五八《吴书·陆逊传》，第1343—1344页。
[79]《三国志》卷五八《吴书·陆抗传》，第1354页。
[80]《三国志》卷五八《吴书·陆抗传》，第1360页。

翩翩游宦子，辛苦谁为心。仿佛谷水阳，婉娈崐山阴。"李善注引陆道瞻《吴地记》曰："海盐县东北二百里有长谷，昔陆逊、陆凯居此。谷东二十里崐山，父祖葬焉。"吕延济注云："谷水、崐山，并吴地山水，思之仿佛若见其在于目前也。"[81] 陆机于吴平后居乡十有余年，晋太康末入洛。此诗当写于居洛后。[82]《晋书·陆机传》云："年二十而吴灭，退居旧里，闭门勤学，积有十年。"[83] 旧里，乃吴郡华亭谷也。敦煌石室残本《修文殿御览》引《晋八王故事》曰："陆机为成都王所诛，顾左右而叹曰：'今日欲闻华亭鹤唳，不可复得。'华亭，吴由卷县郊外野也，有清泉茂林。吴平后，机兄弟素游于此，十有余年耳。"[84] 是为证。《太平御览·州郡部十六》引《舆地志》曰："吴大帝以陆逊为华亭侯，以其所居为封也。华亭谷出佳鱼、莼菜，故陆机云：'千里莼羹，未下盐豉。'"[85] 确指陆逊乃居华亭谷。《元和郡县图志·江南道一》苏州华亭县"华亭谷"条云："在县西三十五里。陆逊、陆抗宅在其侧，逊封华亭侯。"[86] 又《太平寰宇记·江南东道七》秀州华亭县"二陆宅"条曰：

《吴地志》云："宅在长谷，谷在吴县东北二百里。谷周回

---

[81] 萧统编，李善等注：《六臣注文选》卷二三《赠答二》，第455页下栏。
[82] 刘运好校注《陆士衡文集校注》卷五辨此诗题当作《思乡诗》，可从。（南京：凤凰出版社，2007年，第390—391页）
[83]《晋书》卷五四《陆机传》，第1467页。
[84]《续修四库全书》编纂委员会编：《续修四库全书·子部》第1212册，据法国国家图书馆藏敦煌唐写本伯2526影印，第11页。
[85] 李昉等编纂：《太平御览》卷一七〇《州郡部十六·江南道上》，第828页上栏。
[86] 李吉甫著，贺次君点校：《元和郡县图志》卷二五《江南道一·苏州》，第602页。

二百余里，谷名华亭，陆机叹鹤唳处。谷水下通松江。昔陆逊、陆凯居此谷。"《吴志》云："汉庐江太守陆康与袁术有隙，使侄逊与其子绩率宗族避难于是谷。谷东二十里有崑山，父祖墓焉。"……崑山有吴相江陵昭侯陆逊墓。[87]

《后汉书·陆康传》云："时袁术屯兵寿春，部曲饥饿，遣使求委输兵甲。康以其叛逆，闭门不通，内修战备，将以御之。术大怒，遣其将孙策攻康，围城数重。康固守，吏士有先受休假者，皆遁伏还赴，暮夜缘城而入。受敌二年，城陷。月余，发病卒，年七十。宗族百余人，遭离饥厄，死者将半。"[88] 言及宗族百余人。《三国志·陆逊传》谓逊"少孤，随从祖庐江太守康在官。袁术与康有隙，将攻康，康遣逊及亲戚还吴。逊年长于康子绩数岁，为之纲纪门户"。[89] 此处仅提及"康遣逊及亲戚还吴"，并未记载陆逊及其亲戚返回吴郡后避难于华亭谷一事。

华亭谷所在地，上引诸书记载不一。《水经注·沔水注下》曰：

> 今太湖东注为松江，下七十里有水口，分流：东北入海为娄江，东南入海为东江，与松江而三也。《吴记》曰：一江东南行七十里，入小湖，为次溪，自湖东南出，谓之谷水。谷水出吴小湖，径由卷县故城下。……谷水又东南径嘉兴县城西。

---

[87] 乐史著，王文楚等点校：《太平寰宇记》卷九五《江南东道七·秀州》，第1916页。据李善注引陆道瞻《吴地记》可知，长谷在海盐县东北，而非吴县东北。
[88] 《后汉书》卷三一《陆康传》，第1114页。
[89] 《三国志》卷五八《吴书·陆逊传》，第1343页。

> 谷水又东南径盐官县故城南,旧吴海昌都尉治。……谷水于县出为澉浦,以通巨海。[90]

《吴郡图经续记》"谷水"条在《水经注》的基础上申说道:

> 盖此渠足以分震泽、松江之水,南入于海也。后世谷水堙废,人不复知其名。故吴中多水,尝质于老儒长者,谓松江东流聚为小湖,西北接白蚬、马腾、谷、璃珺四湖。盖所谓谷湖者,即谷水之旧迹也。又南接三泖,泖有上、中、下之名。故传陆士衡对晋武帝云三泖冬温夏凉,盖此地也。泖之狭者,犹且八十丈,又下接海盐之芦沥浦。海盐即武原也。行二百余里,南至于浙江。疑此即谷水故道。[91]

三泖,绍熙《云间志》引"祥符图经"曰:"谷泖,县西三十五里,周回一顷三十九亩半。古泖,县西四十里,周回四顷三十九亩。今泖西北抵山泾,南自泖桥出,东南至广陈,又东至当湖,又东至[旱](瀚)海塘而止。"[92]《广韵·上声卷第三》"巧第三十一"下"泖"字注曰:"泖,水名,在吴华亭县。"[93] 今上海松江区西10公里左右有山曰小昆山,当为诸书提及之昆山。小昆山西南有泖河,上连拦路港,下接斜塘。此段河流可能即三泖的

---

90 郦道元著,王先谦校:《合校水经注》卷二九《沔水注下》,第435页。
91 朱长文:《吴郡图经续记》卷中,《宋元方志丛刊》第1册,第666页上栏。
92 绍熙《云间志》卷中,《宋元方志丛刊》第1册,第31页下栏。
93 《宋本广韵》卷三,北京:中国书店,1982年,第280页。

一部分。泖河当即华亭谷所在处。泖河与小昆山的方位、距离和华亭谷与昆山的相一致。[94] 此外，绍熙《云间志·冢墓》下有陆康、陆逊、陆抗、陆瑁、陆凯、陆宏、陆晔、陆监、陆景文墓，大致都在华亭县西北20~40里间。尤其是陆凯之子陆祎墓，"在县西北二十七里崑山之绝顶。旧有征北将军陆祎墓碑。今虽断毁不全，而龟趺尚存焉"。[95] 昆山及其周边当是陆氏的家族葬地。文献中提及的三泖，当是黄浦江上游的主要集水地，浦荡相连，支脉互通。而三泖一带很有可能是陆氏的诸邸所在地。陆逊领海昌屯田都尉时，因水运畅通，陆氏家族沿着三泖至盐官开荒，交通至为便利，亦方便谷粮运输。[96]

除了华亭谷，建康有陆机宅。李白《题金陵王处士水亭》谓此亭盖齐朝南苑，又是陆机故宅。其诗略云："王子耽玄言，贤豪多在门。好鹅寻道士，爱竹啸名园。树色老荒苑，池光荡华轩。此堂见明月，更忆陆平原。"[97] 景定《建康志·城阙志一》"古越城"条曰："城东南角近故城望国门桥西北即吴牙门将军陆机宅。"[98] 绍熙《云间志·古迹》"陆机宅"条云："吴主孙皓徙都建康。机、云尝分领父兵卫牙门将，得非机仕于朝则居建业而华亭乃其里第

---

94 嘉庆《大清一统志》卷八三松江府"古迹"栏下有陆机宅，谓在娄县平原村，即华亭谷。（上海：上海古籍出版社影印《四部丛刊续编》第2册，2008年，第393页）
95 绍熙《云间志》卷中，《宋元方志丛刊》第1册，第36页下栏—37页上栏。
96 《三国志》卷五八《吴书·陆逊传》云："出为海昌屯田都尉，并领县事。县连年亢旱，逊开仓谷以振贫民，劝督农桑，百姓蒙赖。"（第1343页）
97 彭定求等编：《全唐诗》卷一八四，第1874页。
98 景定《建康志》卷二〇《城阙志一》，《宋元方志丛刊》第2册，第1622页上栏。

耶？"⁹⁹则建康乃陆机居官之宅地，而华亭则为其旧里故居与陆氏家族的聚居处。

（三）吴县朱氏

与顾、陆相比，吴县朱氏无论在其家庭成员居官任职之官品、载之史传的人数抑或地方影响力、家族长久绵延的持续性上，都要逊色很多。朱氏成员无一人入《晋书》本传，南朝诸史几乎看不到吴县朱氏的踪影。《元和姓纂·朱》"吴郡"条云："汉功臣有都昌侯朱［轸］（畛）。至买臣，会稽太守。吴有将军朱桓，生异。唐谏议大夫朱子奢，云异之后。"¹⁰⁰记载也相当简略。或吴郡朱氏谱系至唐时，已不可见；或朱氏未像顾、陆编纂《顾氏谱》《陆氏谱》。

都昌侯朱轸，为沛人。《史记·酷吏列传》谓朱买臣会稽人，并未言及先世情况。¹⁰¹《汉书·朱买臣传》谓买臣吴人，当指汉顺帝由会稽郡析出之吴郡。¹⁰²《三国志·吴书》朱桓、朱据等吴人也无法找寻他们先世的蛛丝马迹。《元和姓纂》所言朱轸与朱买臣间以及买臣与朱桓等人的血缘关系，并不能确信。吴郡四姓的"朱武"，以武力显名于东吴。两晋以降，这一大姓便淡出政治舞台，无闻于史传。"吴郡四姓"的称誉，对朱氏而言，似乎名不副实。

关于朱氏先世以及寓居吴郡的情况，《吴郡图经续记·碑碣》

---

99 绍熙《云间志》卷上，《宋元方志丛刊》第1册，第19页上栏。
100 林宝著，岑仲勉校记，郁贤皓、陶敏整理：《元和姓纂（附四校记）》卷二《十虞·朱》，第253页。
101 《史记》卷一二二《酷吏列传》，第3143页。
102 《汉书》卷六四上《朱买臣传》，第2791页。

"朱氏墓碣"条或可提供一些线索。其云：

> 在吴县西穹窿山傍，俗传云买臣之墓，非也。按《旧经》云，买臣冢在嘉兴界，不在此也。墓旁有碑，已漫灭。其字可读者云：……一十六世，（凡）四百一十九年，居下邳。自平始三年避地至会昌壬戌，凡八百四十二年，籍于吴。故邳村之名，由下邳之来也。请序朱氏过江之祖。（文阙）孝廉、除郎中、举有道、茂才，辟大将军府、除长水校尉（文阙）。当汉纲既坏，天下大紊。公侧足虺蜴，径逾江（文阙）。其后大盖叙子孙官爵。此盖唐人追叙朱氏过江之祖。石字堙泐，谱系不传，惜哉！又按《唐志》载朱氏世系，汉司隶校尉禹，坐党锢诛，子孙避难丹阳，丹阳朱氏之祖也。盖丹阳亦有朱氏云。[103]

碑文残泐甚多，无法通读。但据之可作以下几点认识：一、墓主始祖至第十六世，居下邳。唐会昌壬戌年，即公元842年。因而"平始三年"应作"汉平帝元始三年"，然年数不合，定有舛误。二、从朱氏过江之祖避地吴郡的时间与其任官来看，这一支系绝非朱买臣一支。《新唐书·宰相世系四下》有下邳太守朱永，"永九世孙吏部尚书尚，尚生质，司徒。质二子：禹、卓"。[104] 不知朱永与墓主是否有关系。三、吴县邳村，范成大《吴郡志》载有毗

---

[103] 朱长文：《吴郡图经续记》卷下《碑碣》，《宋元方志丛刊》第1册，第677页下栏—688页上栏。
[104] 《新唐书》卷七四下《宰相世系四下》，第3186页。

村。¹⁰⁵ 今苏州太湖东岸穹窿山麓有三毗村，与墓碑所记地点吻合。三毗村或即毗（邳）村。

此外，吴末晋初有名士朱诞，《晋书》无传。《世说新语·赏誉第八上》"有问秀才"条刘孝标注曰："朱诞字永长，吴郡人。体履清和，黄中通理。吴朝举贤良，累迁议郎，今归在家。诚理物之至德，清选之高望也。"¹⁰⁶《太平寰宇记·江南东道三》苏州"朱诞墓"条云："在娄门外一里。晋光禄大夫朱诞，字永长，父恩，本国中正。少有奇名，藏迹吴中。《晋阳秋》云：'陈敏乱，三吴知名之士皆受爵禄，贺循、朱诞不辱其身。'"¹⁰⁷ 朱诞父朱恩，为东吴后期散骑常侍。¹⁰⁸ 其任吴国（吴郡）中正，当在西晋平吴后。朱诞藏迹吴中，想必并非居于吴县县城。简而言之，吴郡四姓的朱氏，谱系不传，加上其家庭成员甚少见诸史传，因而，如朱桓、朱异父子、朱据与朱恩、诞父子究竟是否有血缘或同宗关系，实难知晓。¹⁰⁹

东吴时期，朱桓手下握有不少部曲。《三国志·朱桓传》谓朱桓"迁荡寇校尉，授兵二千人，使部伍吴、会二郡，鸠合遗散，期年之间，得万余人"。¹¹⁰ 与魏将曹仁在濡须的交锋中，朱桓大战而胜，孙权因嘉桓功，封嘉兴侯。《朱桓传》说桓"轻财贵义，兼

---

105 范成大：《吴郡志》卷一四，《宋元方志丛刊》第1册，第796页上栏。
106 刘义庆著，刘孝标注，余家锡笺疏，周祖谟等整理：《世说新语笺疏》卷中之下《赏誉第八上》，第512页。
107 乐史著，王文楚等点校：《太平寰宇记》卷九一《江南东道三·苏州》，第1824页。
108 《三国志》卷六四《吴书·诸葛恪传》，第1439页。
109 田余庆先生曾推测朱诞乃朱桓弟，但没有给出具体的史料。参见氏著：《秦汉魏晋史探微（重订本）》，第304页。
110 《三国志》卷五六《吴书·朱桓传》，第1312—1315页。

以强识，与人一面，数十年不忘，部曲万口，妻子尽识之。爱养吏士，赡护六亲，俸禄、产业，皆与共分"。可知朱桓拥有产业。与朱桓相似，朱据亦率有部曲，但领兵屯于建康东南的湖孰。[111]

（四）吴县张氏

因暨艳案见废的张温，属于吴郡四姓中以"文"见称的张氏。[112] 论名望，孙吴时期的吴县张氏在四姓中仅次于顾、陆，远胜于武将朱氏。然两晋以降，在吴县三姓家族实力渐趋式微的态势下，张氏一族却贤良辈出。张氏的根基依旧在于地方，他们并不因其家庭成员中的某一人或某一支遭遇不测而受到强烈的打击。《南史》史臣论曰："有晋自宅淮海，张氏无乏贤良。及宋齐之间，雅道弥盛。其前则云敷、演、镜、畅，盖其尤著者也。"[113] 张姓一族不仅通晓音律、熟稔清谈，亦沾有豪气、握有私兵。

张温父张允，为孙权东曹掾，高岱八友之一。温二弟张祗、张白，亦有才名。[114] 这一支系，在遭到孙权的弹压后，子孙竟湮没无闻。《新唐书·宰相世系二下》无张温一系。由王伊同所列"吴郡吴人张氏"表看来，我们亦很难将张温与张氏后世贤达冠族联系起来。晋宋以来的吴县张氏，很有可能是张温的族人。

张氏居吴县，《宋书·张茂度传》云："茂度内足于财，自绝

---

111 《三国志》卷五七《吴书·朱据传》，第1340页。
112 关于暨艳案的来龙去脉及其实质问题，详见田余庆：《暨艳案及相关问题——再论孙吴政权的江东化》，原刊香港《中国文化》1991年第4期，收入氏著：《秦汉魏晋史探微（重订本）》，第298—329页。
113 《南史》卷三二"史臣论"，第841页。
114 《三国志》卷四六、五七，第1109、1333页。

人事，经始本县之华山以为居止，优游野泽，如此者七年。"¹¹⁵ 华山，《吴地记》《太平寰宇记》并作"花山"。《吴地记》云："花山，在吴县西三十里。其山蓊郁幽邃。晋太康二年生千叶石莲花，因名。"¹¹⁶《太平寰宇记·江南东道三》苏州"宋张裕墓"条云："在吴县西二十七里花山，裕为会稽内史。"¹¹⁷ 张裕即张茂度。今苏州市西北虎丘区太湖东侧通安镇有华山村，毗邻运河。村旁有海拔约30米的土丘，当即华山。华山为张茂度所始经营，可见张氏家庭及张茂度本人之前并非居于此地。又张茂度侄张敷所居孝张里，乃刘宋孝武帝旌其孝道而改。¹¹⁸ 孝张里无考，但很可能是张茂度、邵兄弟一家聚居之地。

不过，通过考古发掘出土的张镇家族葬地，可进一步把握张氏在吴县的其他聚居地。1979年，苏州吴中区甪直镇张陵（林）村张陵山西山山坡出土了五座砖室墓，其中M4为东晋张镇夫妇合葬墓。其他四座砖室墓，发掘报告推测属于张镇的家族墓葬。张镇墓出土志墓碑石一方，两面刻文。¹¹⁹ 志文曰：

> 晋故散骑常侍，建/威将军，苍梧、吴二/郡太守，奉车都尉，兴道县德侯，吴国吴张镇字羲远之/郭。夫人晋始安太/

115《宋书》卷五三《张茂度传》，第1510页。
116 陆广微著，曹林娣校注：《吴地记》，薛正兴主编：《江苏地方文献丛书》，第66—67页。
117 乐史著，王文楚等点校：《太平寰宇记》卷九一《江南东道三·苏州》，第1824页。
118《宋书》卷六二《张敷传》，第1664页。
119 碑石青石质，由碑和底座组成。榫槽相接，座作盝顶形式，碑圆首，额正反均有穿孔，但未穿透。碑石两面刻字，有界格，每面49字，楷隶7行，满行7字。参见南京博物院：《江苏吴县张陵山张氏墓群发掘简报》，《南方文物》2005年第4期。

第三章 六朝时期江东大族的城居与乡居

守嘉兴徐庸之姊。/

太宁三年太岁在/乙酉,侯年八十薨。/世为冠族,仁德隆/茂,仕晋元、明,朝野/宗重。夫人贞贤,亦/时良媛,千世邂逅。/有见此者,幸愍焉。/[120]

张镇,史传无载,其孙为张凭,《晋书》有传。《世说新语·排调第二十五》"张苍梧"条刘孝标注引《张苍梧碑》曰:"君讳镇,字义远,吴国吴人。忠恕宽明,简正贞粹。泰安中,除苍梧太守。讨王含有功,封兴道县侯。"[121]这样来看,除了墓中出土的志墓碑石外,当时墓前或宗庙等场所可能还立有《张苍梧碑》。[122]铭文称张镇"世为冠族,仁德隆茂仕晋元、明,朝野宗重",为吴郡张氏重要的一支。另外,西山M3出土的墓砖有模印隶书"元康九年七月一日造作,工怀弘"和刻画草书"吴郡张君造补壁□□□□张□""□康元年七月廿八日作甓"铭文。[123]该墓形制为多室墓,墓

---

[120] 碑石录文请参阅邹厚本:《东晋张镇墓碑志考释》,南京博物院:《文博通讯》1979年第10期;南京博物院:《江苏吴县张陵山张氏墓群发掘简报》,《南方文物》2005年第4期;赵超:《汉魏南北朝墓志汇编》,天津:天津古籍出版社,2008年,第18页;毛远明编著:《汉魏六朝碑刻校注》第2册,北京:线装书局,2008年,第357—358页。

[121] 刘义庆著,刘孝标注,余家锡笺疏,周祖谟等整理:《世说新语笺疏》卷下之下《排调第二十五》,第950页。"义远"当为"羲远"之误。

[122] 志墓碑石原放置于墓葬甬道之中,参见南京博物院:《江苏吴县张陵山张氏墓群发掘简报》,《南方文物》2005年第4期。

[123] 南京博物院:《江苏吴县张陵山张氏墓群发掘简报》,《南方文物》2005年第4期。"□康元年",王新、叶玉琪《吴县张陵山发现晋代铭文砖》(《东南文化》1985年)识读为"咸康元年"。根据《张氏墓群发掘简报》所附的墓砖拓片图影看,此字形近"咸"。

室可能营建于不同时期。部分墓室早于张镇墓,或为张镇父祖辈的墓葬。早于张镇墓的还有"永兴三年七月八日造"砖室墓。[124]

张陵山东、西山为张氏支系的家族墓地这一事实,我们还可从东山出土长方形单室券顶砖室墓(M5)中的一块墓志里找到佐证。墓志残缺,考古简报据"乡贡明经""甲午岁四月廿日""苏州长洲县"等关键词考证为唐朝元和九年(814年)或咸通十五年(乾符元年,874年)的墓葬。墓主为女性,有三子:仲岩、仲谕与幼直。[125] 志文称"张氏先茔在苏州长洲县吴宫乡楚关里",当即墓葬出土地甪直镇南张陵村张陵山一带。吴宫乡,《吴郡图经续记·往迹》曰:"陆鲁望以谓在长洲苑东南五十里,盖夫差所幸之别观,故得名焉。"[126] 正德《姑苏志》有吴宫乡宝座里,在长洲县东。[127] 简而言之,与聚居于吴县西北运河周边的张茂度一支不同,张镇家族墓地附近可能聚居着吴县张氏的其他支系。

二、会稽郡大姓的居住地

杭州湾南岸的会稽郡大姓名士(指东汉顺帝永建四年以后的会稽郡)于汉末颇盛,其地位与吴郡大族并无明显的差别。而六

---

124 该墓砖铭文未见于发掘简报,仅载于王新、叶玉琪《吴县张陵山发现晋代铭文砖》(《东南文化》1985年),但具体不清楚它归属于五座砖室墓的哪一座。
125 吴荣清:《吴县张陵山东山出土砖刻墓志》,《文物》1987年第11期。
126 朱长文:《吴郡图经续记》卷下《往迹》,《宋元方志丛刊》第1册,第670页上栏。
127 正德《姑苏志》卷一八《乡都》,《天一阁藏明代方志选刊续编》第12册,上海:上海书店出版社,1990年,第89页。

朝时期，会稽士族虽然不是第一等大族，但他们是仅次于吴郡士族的大姓，其重要性直追朱、张、顾、陆。关于会稽郡士族究竟包括哪些大姓，刘淑芬曾指出，"一般提及会稽士族的学者大都比照'吴郡四姓'，提出'会稽四姓'之说，而'会稽四姓'包含哪些家族也无定说。……会稽士族的资料都称'四族'，而不称'四姓'"。[128] 有关"四族"的文献见于《世说新语·赏誉第八下》"会稽孔沈"条："会稽孔沈、魏颉、虞球、虞存、谢奉，并是四族之俊，于时之桀。"[129] 下面展开考述会稽大姓在会稽郡的居住地。

（一）山阴孔氏

山阴孔氏，自汉迄唐，世系绵延不辍。《晋书·孔愉传》记载孔愉的曾祖孔潜、祖父孔竺及其父孔恬，皆不见于史传。[130] 自东汉末孔潜避地会稽至晋时的孔愉这一时期，可谓孔氏家族发展的第一阶段。相较于魏、谢与郑、孟诸姓而言，孔氏起步较晚，但较迅速地取代郑、孟等大姓。吴平后，孔愉迁洛。晋惠帝末年，重归会稽。孔愉在会稽内史任上，《晋书》本传谓：

> 句章县有汉时旧陂，毁废数百年。愉自巡行，修复故堰，溉田二百余顷，皆成良业。在郡三年，乃营山阴湖南侯山下数

---

[128] 刘淑芬：《六朝会稽士族》，原载《"中研院"历史语言研究所集刊》第56本第2分，1985年，收入氏著：《六朝的城市与社会》，台北：台湾学生书局，1992年，第256页。
[129] 刘义庆著，刘孝标注，余家锡笺疏，周祖谟等整理：《世说新语笺疏》卷中之下《赏誉第八下》，第556页。
[130]《晋书》卷七八《孔愉传》，第2051页。

亩地为宅，草屋数间，便弃官居之。送资数百万，悉无所取。

侯山，《太平寰宇记·江南东道八》越州会稽县"侯山"条谓"在县西南四里"。[131] 嘉泰《会稽志·古第宅》"孔车骑宅"条云："初无名，以愉来居，故名侯山，在县西南四里，今为小隐山园。"同卷"园池"栏"小隐山园"条曰："在郡城西南镜湖中，四面皆水，旧名侯山，孔愉尝居焉。"[132] 孔愉营宅于镜（鉴）湖侯山，今已无考，然可能在今绍兴市西壶觞、海山与徐山一带。孔愉所营宅于侯山下，乃是新造，当非其原来的居所。这与陆玩、张茂度在吴郡华山皆有宅地一样。孔愉孙孔灵符，《宋书·孔季恭传》附"孔灵符传"云："灵符家本丰，产业甚广，又于永兴立墅，周回三十三里，水陆地二百六十五顷，含带二山，又有果园九处。"[133] 句章、永兴二县，并在会稽。句章县在今余姚市东南，永兴县在今萧山市。孔灵符家财雄厚，产业甚广，当非其一人一代经营即可有如此积蓄。联系上述孔愉修复句章县故堰并溉田二百余顷的事实来看，灵符祖上可能早已开始置办田业。[134] 此外，孔氏另一支南朝有孔稚珪，《太平寰宇记·江南东道八》越州会稽县"尚书坞"条云："在县东南三十三里，宋尚书孔稚［珪］（圭）之山

---

131 乐史著，王文楚等点校：《太平寰宇记》卷九六《江南东道八·越州》，第1928页。
132 嘉泰《会稽志》卷一三，《宋元方志丛刊》第7册，第6953页下栏、6954页下栏。
133 《宋书》卷五四《孔季恭传》附"孔灵符传"，第1533页。
134 在会稽修复水利设施开创良田者，除了孔愉外，还有孔灵符。《水经注》卷四〇《渐江水注》云："湖（即上虞县白马湖——引者）之南，即江（曹娥江——引者）津也。江南有上塘、阳中二里。隔在湖南，常有水患。太守孔灵符遏蜂山前湖以为埭。埭下开渎，直指南津。又作水栅二所，以舍此江，得无淹溃之害。"（参见郦道元著，王先谦校：《合校水经注》卷四〇，第573页下栏。）

园也。"[135]《南齐书·孔稚珪传》谓稚珪"不乐世务,居宅盛营山水,凭机独酌,傍无杂事"。[136] 又《南史·齐宗室传》附"萧钧传"云:"会稽孔珪家起园,列植桐柳,多构山泉,殆穷真趣,钧往游之。"[137] 嘉泰《会稽志》谓今园已不可见而尚书坞仍存,[138] 当是指尚书坞这一地名至南宋时犹存。显然,孔稚珪所居之尚书坞已在城外。

孔氏家族分布于会稽各地的产业已不能确知。上述的材料虽然无法揭示孔氏在会稽的具体聚居地,但他们在山阴城内当有自己的宅第。而孔愉、孔稚珪等人的居宅并在郡、县治所城外,很可能是诸多家庭成员置办产业经营宅地的共同现象。

(二)上虞魏氏

上虞魏姓,会稽高门之一。《世说新语·赏誉第八下》"魏隐"条云:

> 魏隐兄弟,少有学义,总角诣谢奉。奉与语,大说之,曰:"大宗虽衰,魏氏已复有人。"

刘孝标注引《魏氏谱》曰:"隐字安时,会稽上虞人。历义兴

---

135 乐史著,王文楚等点校:《太平寰宇记》卷九六《江南东道八·越州》,第1930页。
136 《南齐书》卷四八《孔稚珪传》,第840页。
137 《南史》卷四一《齐宗室传·衡阳元王道度》附"萧钧传",第1038页。
138 嘉泰《会稽志》卷一三,《宋元方志丛刊》第7册,第6953页上栏。

太守、御史中丞。弟邈，黄门郎。"¹³⁹《晋书·安帝纪》隆安三年（399年）十一月甲寅，"妖贼孙恩陷会稽，内史王凝之死之，吴国内史桓谦、临海太守新蔡王崇、义兴太守魏隐并委官而遁，吴兴太守谢邈、永嘉太守司马逸皆遇害"。¹⁴⁰由此来看，魏隐当两晋时人。上引《世说新语》提及"四族"之俊中的魏顗，当与谢奉同时。又《世说新语·排调第二十五》"魏长齐"条注引《魏氏谱》云："顗字长齐，会稽人。祖胤，处士。父说，大鸿胪卿。顗仕至山阴令。"¹⁴¹魏隐兄弟可能为魏顗的晚辈族人。谢奉谓魏氏大宗衰落，说明魏姓曾经兴盛。魏姓，后汉有魏朗、魏徽，东吴有魏朗子魏滕，¹⁴²皆当时名士。《会稽典录》卷下云：

> 滕字周林，祖父河内太守朗，字少英，列在八俊。滕性刚直，行不苟合，虽遭困逼，终不回扰。初为孙策功曹，以迕意见谴，将杀之。……吴太夫人倚大井而谓策曰："汝新造江南，其事未集。方当优贤礼士，舍过录功。魏功曹在公尽规，汝今日杀之，则明日人皆叛汝。吾不忍见祸之及，当先投此井中耳。"

---

139 刘义庆著，刘孝标注，余家锡笺疏，周祖谟等整理：《世说新语笺疏》卷中之下《赏誉第八下》，第569页。
140 《晋书》卷一〇《安帝纪》，第252页。
141 刘义庆著，刘孝标注，余家锡笺疏，周祖谟等整理：《世说新语笺疏》卷下之下《排调第二十五》，第955页。又同书卷下之上《任诞第二十三》"苏峻乱"条谓庾冰出吴郡逃亡会稽，寄山阴魏家。（第875页）魏家无考，但从魏顗担任山阴令来看，可能与魏顗有关。
142 《会稽典录》记魏滕为魏朗孙，田余庆先生考证谓魏滕当为魏朗子。参阅田余庆：《孙吴建国的道路——论孙吴政权的江东化》，收入氏著：《秦汉魏晋史探微（重订本）》，第289页。

策大惊,遽释滕。历历山、鄱阳、山阴三县令,鄱阳太守。[143]

孙策过江后,江东大族对其态度不同。部分土著大族如乌程邹他、钱铜与嘉兴王晟则聚众反乱,皆遭到孙策的镇压甚至夷族。而吴郡四姓、会稽高门与孙氏政权态度暧昧不清。但这些大族基本采取与孙吴合作的立场,入仕出镇,平叛山越,镇压乡豪。其中,吴郡四姓尤其是陆、顾、朱因拥有为数不少的部曲和私兵,地方势力雄厚。孙氏兄弟在定鼎江东的过程中,一般拉拢并利用这股势力。而杭州湾南湾的会稽高门,世传儒学,文风甚重,有经世致用之才华而无带兵上战之武略。在孙策看来,他们属于合则用、不合则废的一群士人。而魏滕、虞翻表面上皆因性格刚直触怒孙氏兄弟而惹祸上身,贻害家族。其背后恰恰是因为会稽大族既无吴郡四姓那样的武力与地方影响力,又不具备割据一方对抗孙氏的实力。会稽魏姓的高门地位,也只不过维持了三代而已。两晋以降,大宗衰败,魏姓一蹶不振。我们对魏氏在会稽的定居状况,很难作进一步的考察。

(三)山阴谢氏与余姚虞氏

与上虞魏氏相似,史传所载可考的山阴谢氏成员稀少,支系阙散。东汉有谢夷吾与谢㬆、谢贞兄弟。谢㬆子谢承,为谢氏一族的儒士,撰《后汉书》。谢㬆女为孙权谢夫人,与皇室结为姻娅。

---

143 鲁迅辑:《会稽郡故书杂集·虞预会稽典录》,《鲁迅全集》第8卷,北京:人民文学出版社,1973年,第51页。此外,亦可参阅熊明辑校:《汉魏六朝杂传集》第4册,北京:中华书局,2017年,第1999页。

谢承两子，并知名。谢夷吾一支在东吴有谢渊、谢咨兄弟，从官衔来看皆为武将。[144] 魏氏、谢氏居地、产业，皆无考。[145] 嘉泰《会稽志·冢墓》云："魏朗墓在上虞县西北四十二里。"同卷"谢夷吾墓，在种山南。《华镇览古》云：今府宅仪门下。"[146] 聊备一说。又会稽山阴东晋时有谢敷，《晋书·隐逸传》"谢敷传"曰："谢敷字庆绪，会稽人也。性澄靖寡欲，入太平山十余年。镇军郗愔召为主簿，台征博士，皆不就。"[147]《法苑珠林·感应录》"居士谢敷"条曰："镇军将军辅兄子也。少有高操，隐于东山。"[148] 谢輶，历会稽内史、中领军。《宋书·裴松之传》曰："晋孝武太元中，革选名家以参顾问，始用琅邪王茂之、会稽谢輶，皆南北之望。"[149] 则谢輶、谢敷当出自山阴谢氏无疑。谢輶墓，嘉泰《会稽志》谓在山阴县西三十三里。[150]

谢敷在会稽山川间游历多年，经始诸山。《太平御览·地部十二》引孔灵符《会稽记》曰："诸暨县西北有乌带山，其山上多

---

144 《后汉书》卷八二上《方术上·谢夷吾传》，第2173页；《三国志》卷五〇《吴书·妃嫔传》，第1196—1197页；《三国志》卷五八《吴书·陆逊传》，第1352—1353页；李昉等编纂：《太平御览》卷五一六《宗亲部六》引《会稽典录》，第2348页上栏。

145 1985年绍兴孙瑞镇西北碧波潭村发现东晋永和八年（352年）砖室墓一座，其中墓砖侧面模印"晋永和八年九月廿日太岁在壬子、谢"铭文。参见符杏华：《浙江绍兴碧波潭发现纪年墓》，《南方文物》1992年第4期。碧波潭村位于曹娥江下游西岸。"谢"，当为墓主姓氏，或是山阴谢氏成员。

146 嘉泰《会稽志》卷六《冢墓》，《宋元方志丛刊》第7册，第6813页上栏。

147 《晋书》卷九四《隐逸传·谢敷传》，第2456—2457页。

148 释道世著，周叔迦、苏晋仁校注：《法苑珠林校注》卷一八，北京：中华书局，2003年，第592页。

149 《宋书》卷六四《裴松之传》，第1698页。

150 嘉泰《会稽志》卷六，《宋元方志丛刊》第7册，第6814页上栏。

紫石，世人莫知之。居士谢敷少时经始诸山，往往迁易，功费千计，生业将尽。后游此境，梦山神语之曰：当以五十万相助。觉甚怪之，旦见主人床下有异色，甚明澈，试取莹拭，乃紫石。因问所从来，云出此山，遂往掘，果得。其利不訾。"[151] 乌带山，《水经注·浙江水注》"江水有东径诸暨县南"下作"带乌山"。[152]《元和郡县图志·江南道二》诸暨县"乌带山"条云："在县北五十里，出紫石英。"[153] 谢敷早年经营会稽各山区，后居于在山阴南部的若邪一带。《世说新语·栖逸第十八》"郗尚书与谢居士善"条引《续晋阳秋》曰："初入太平山中十余年，以长斋供养为业，招引同事，化纳不倦。以母老还南山若邪中。内史郗愔表荐之，征博士，不就。"[154] 唐人释道宣《关中创立戒坛图经·戒坛高下广狭第四》云："晋支法存（领）于若耶谢敷隐处立坛。"[155] 又《会稽云门湛然澄禅师语录·咏大参朱云峥居士玉照楼》曰："耶溪绕砌傍楼出。古迹人传谢敷家。"则谢敷居于若耶溪滨。山阴谢敷在会稽山区的活动无疑与其崇信释道有着密切的关系。

余姚虞氏，自虞光、虞国兄弟后，支系繁衍，在会稽大族中算是谱系较为完整的一姓。虞光一支汉末孙吴时期有名士虞翻，以经学修身，著书立说。孙策征会稽，不计虞翻为会稽太守王朗

---

151 李昉等编纂：《太平御览》卷四七《地部十二·会稽东越诸山》，第228页上栏。
152 参阅郦道元著，王先谦校：《合校水经注》卷四〇《浙江水注》，第3326页。
153 李吉甫著，贺次君点校：《元和郡县图志》卷二六《江南道二·越州》，第619页。
154 刘义庆著，刘孝标注，余家锡笺疏，周祖谟等整理：《世说新语笺疏》卷中之下《栖逸第十八》，第778—779页。
155 《大正新修大藏经·诸宗部》第45卷1892号，台北：财团法人佛陀教育基金会印赠，1990年，第814页A面。

效力的前嫌,"复命为功曹。待以交友之礼,身诣翻第"。裴注引《江表传》曰:"策书谓翻曰:'今日之事当与卿共之。勿谓孙策作郡吏相待也。'"[156] 孙策如此礼贤下士,拉拢虞翻,必与他图谋会稽有着莫大的关系。虞氏乃会稽著姓,应有不小的地方势力。

虞光、虞国兄弟各居余姚县东、西。《水经注·沔水注》云:

> 江水又东径赭山南,虞翻尝登此山四望,诫子孙可居江北,世有禄位,居江南则不昌也。然住江北者,相继代兴,时在江南者,辄多沦替。仲翔之言为有征矣。江水又径官仓,仓即日南太守虞国旧宅,号曰西虞,以其兄光居县东故也。是地即其双雁送故处。[157]

前文已考述,赭山当为绪山,即今灵绪山(龙泉山),濒临姚江。虞国一支居于姚江北,离灵绪山亦不远,可能即余姚县城西,虞光一支则居于县城东。余姚虞氏的聚居地就围绕着余姚治所呈现东西分布的特征。不仅如此,借助在余姚境内出土的虞氏墓砖,可进一步印证东虞、西虞的聚居地。学者已指出,虞氏墓砖集中出土于余姚城东的穴湖和城西南肖东一带。这两处墓区恰对应于东虞、西虞的居处。[158]

虞氏雄张于乡里,乡党势力强大,门下拥有逃户私属者亦不

---

156 《三国志》卷五七《吴书·虞翻传》,第1317页。
157 郦道元著,王先谦校:《合校水经注》卷二九《沔水注》,第436页下栏—437页上栏。
158 商略、孙勤忠:《有虞故物——会稽余姚虞氏汉唐出土文献汇释》,上海:上海古籍出版社,2016年,第4—6页。

少。如虞翻孙虞潭,东晋明帝时,"会王含、沈充等攻逼京都,潭遂于本县招合宗人,及郡中大姓,共起义军,众以万数,自假明威将军。乃进赴国难,至上虞。明帝手诏潭为冠军将军,领会稽内史。潭即受命,义众云集"。[159] 可见虞潭在地方甚有号召力。《晋书·虞预传》云:"余姚风俗,各有朋党,宗人共荐预为县功曹,欲使沙汰秽浊。"[160] 余姚朋党结营,想必多数以宗族为纽带。虞预兄虞喜,可谓隐士有高风,然而《晋书·山涛传》附其孙"山遐传"云:"遐字彦林,为余姚令。时江左初基,法禁宽弛,豪族多挟藏户口,以为私附。遐绳以峻法,到县八旬,出口万余。县人虞喜以藏户当弃市,遐欲绳喜。诸豪强莫不切齿于遐,言于执事,以喜有高节,不宜屈辱。"[161] 虞喜借着出世恬淡、高风亮节的"素望",挟藏户口,雄横于乡里。又虞氏成员虞悰,《南齐书》本传谓悰治家富殖,奴婢无游手,虽在南土,而会稽海味无不毕致焉。[162] 上举文献虽然没有直接说明虞氏在会稽及其余姚田产的状况,但虞潭的起义军及其号召力、虞喜的私藏户口以及虞悰的富有,足以说明虞氏在余姚县乃至会稽郡的地方影响力。

(四)山阴贺氏

山阴贺氏,学者一般将其归为逊于会稽孔、虞、魏、谢等高门

---

[159]《晋书》卷七六《虞潭传》,第2013页。
[160]《晋书》卷八二《虞预传》,第2143页。
[161]《晋书》卷四三《山涛传》,第1230页。
[162]《南齐书》卷三七《虞悰传》,第654—655页。《南史》卷四七《虞悰传》的记载相似,其云悰家富于财而善为滋味。(第1175页)

的次级士族。刘淑芬在《六朝会稽士族》一文中评述贺氏家族的地位："山阴贺氏自东汉以来，即为经学名家，但一直到南朝末年为止，贺氏的门第始终不高，仅能算是下级士人而已。两晋南朝，贺氏累世仕宦不辍，然其所任之官多非高品清职；东晋南朝贺氏任官少有超出六品以上者，惟东晋贺循、梁朝贺琛是例外。"[163] 贺氏家族自东汉庆（贺）普以来世传礼学，家业代继，文风颇盛。然就东吴名将贺齐至贺循四代而言，贺氏并不能算作"下级士人"。孙策东征会稽时，会稽太守王朗泛海南下与候官长商升起兵。贺齐代韩晏领会稽南部都尉平定候官之乱。后南征北战，定建安、豫章、丹阳各郡反乱，为孙氏定鼎江东立下赫赫之功。进安东将军，封爵山阴侯。[164] 贺齐二子：达、景。《贺齐传》谓其皆有令名。《贺齐传》裴注引《会稽典录》曰：

> 景为灭贼校尉，御众严而有恩，兵器精饰，为当时冠绝，早卒。达颇任气，多所犯迕，故虽有征战之劳，而爵位不至，然轻财贵义，胆烈过人。子质，位至虎牙将军。[165]

可见东吴时期贺氏乃一门武将，为军功之家。这与其先世世习礼学的门风格格不入。贺景子贺邵，因强谏直言触犯孙皓被杀，

---

163 刘淑芬：《六朝会稽士族》，原载《"中研院"历史语言研究所集刊》第56本第2分，1985年，收入氏著：《六朝的城市与社会》，第268页。
164 《三国志》卷六〇《吴书·贺齐传》，第1377—1380页。
165 《三国志》卷六〇《吴书·贺齐传》，第1381页。

家属徙于临海，似乎说明孙皓有意弹压贺氏一族的势力。[166] 经历这一家门之祸后，贺循便重新拾起祖业，经学修身，为一时儒宗。《三国志·贺邵传》裴注引虞预《晋书》曰："循丁家祸，流放海滨，吴平，还乡里。节操高厉，童龀不群，言行举动，必以礼让。好学博闻，尤善三礼。"[167]

此外，山阴丁氏，亦是会稽大姓。丁览一家，吴以前无闻。《三国志·虞翻传》"山阴丁览"注引《会稽典录》谓丁览八岁而孤，家又单微。云览子丁固家贫守约，族弟孤弱。看来丁氏是会稽崛起于东吴时期的新兴名士。然家寒族微，算不得高门。[168] 至两晋之际，丁固孙丁潭（字世康），仕至左光禄大夫，名望稍显。"王导尝谓孔敬康有公才而无公望，丁世康有公望而无公才。"[169] 会稽孔、丁二姓并提，可见丁氏家族在会稽崛起速度之快。

（五）山阴钟离氏

山阴钟离氏，后汉前期有钟离意。汉末有钟离绪、钟离牧父子，云钟离意之后。《三国志·钟离牧传》裴注引《会稽典录》云："牧父绪，楼船都尉。兄骃，上计吏，少与同郡谢赞、吴郡顾谭齐名。"[170] 谢赞、顾谭，皆无考。然吴郡顾氏东吴有顾谦，"谦""谭"二名，暗示二者可能为顾氏同辈或同族兄弟。谢赞，

---

166 《三国志》卷六五《吴书·贺邵传》，第1459页。
167 《三国志》卷六五《吴书·贺邵传》，第1459页。
168 《三国志》卷五七《吴书·虞翻传》，第1323—1324页。
169 《晋书》卷七八《丁潭传》，第2064页。
170 《三国志》卷六〇《吴书·钟离牧传》，第1392页。

当出自山阴谢氏。钟离骃与吴郡望族顾氏、山阴高门谢氏齐名,说明钟离氏也非一般的家族。

有关钟离牧一族在会稽的情况,《钟离牧传》续云:

> 少爱居永兴,躬自垦田,种稻二十余亩。临熟,县民有识认之,牧曰:"本以田荒,故垦之耳。"遂以稻与县人。县长闻之,召民系狱,欲绳以法,牧为之请。长曰:"君慕承宫,自行义事,仆为民主,当以法率下,何得寝公宪而从君邪?"牧曰:"此是郡界,缘君意顾,故来暂住。今以少稻而杀此民,何心复留?"遂出装,还山阴,长自往止之,为释系民。民惭惧,率妻子春所取稻得六十斛米,送还牧,牧闭门不受。民输置道旁,莫有取者。牧由此发名。

永兴即今萧山,毗邻山阴。前述山阴孔氏在此地亦有不少产业。钟离牧在山阴、永兴交界处开荒垦田而引发与当地平民的冲突。钟离牧所垦二十多亩田,规模很小,不像一般大族所置的私屯或别墅。然而钟离牧居于永兴辟田说明会稽大姓积极经营产业,不惜占据为一般平民所有而常年抛荒之田。此外,嘉泰《会稽志·桥梁》下有钟离桥,谓在城东,钟离意所居之地。[171] 钟离牧亦领有不少部曲。《钟离牧传》"封都乡侯,徙濡须督"条裴注引《会稽典录》载钟离牧与朱育二人谈话曰:"大皇帝时,陆丞相讨鄱阳,以二千人授吾。潘太常讨武陵,吾又有三千人,而朝廷下议,弃吾于彼,使江渚诸督,不复

---

171 嘉泰《会稽志》卷一一,《宋元方志丛刊》第7册,第6914页上栏。

发兵相继。"[172] 待钟离牧卒后,其子祎、徇皆代父领兵。

三、江东其他地区大姓之居住地

(一) 武康沈氏

武康沈氏,是吴、会稽大族之外江南的著姓,是学者所论说的与阳羡周氏相仿的武力强宗或地方豪霸。[173] 自汉迄唐,代有人出。世系绵延,成员众多。武康县在汉为乌程,隶属会稽郡。《宋书·州郡一》扬州"吴兴太守"栏云:"孙皓宝鼎元年,分吴、丹杨立。"又"武康令"条云:"吴分乌程、余杭立永安县,晋武帝太康元年更名。"[174]《宋书·自序》云:

> 靖子戎字威卿,仕州为从事,说降剧贼尹良,汉光武嘉其功,封为海昏县侯,辞不受。因避地徙居会稽乌程县之余不乡,遂世家焉。顺帝永建元年,分会稽为吴郡,复为吴郡人。

---

172 《三国志》卷六〇《吴书·钟离牧传》,第1395页。
173 万绳楠整理:《陈寅恪魏晋南北朝史讲演录》,第156页;大川富士夫:《六朝前期の吴兴郡の豪族——とくに武康のをめぐつて》,原载立正大学史学会编:《宗教社会史研究:立正大学史学会创立五十周年记念》,东京:雄山阁,1977年,后收入氏著:《六朝江南の豪族社会》,东京:雄山阁,1987年;川胜义雄著,徐谷芃、李济沧译:《六朝贵族制社会研究》,上海:上海古籍出版社,2007年,第165—171页。川胜义雄将吴兴沈氏、钱氏与阳羡周氏称之为与王、谢之流等建康贵族相异的田野豪族;唐燮军:《六朝吴兴沈氏及其宗族文化研究》,台北:文津出版社,2006年,第250—254页。
174 《宋书》卷三五《州郡一》,第1032—1033页。

灵帝初平五年，分乌程、余杭为永安县。吴孙皓宝鼎二年，分吴郡为吴兴郡，复为郡人。虽邦邑屡改，而筑室不迁。晋武帝平吴后，太康二年，改永安为武康县，史臣七世祖延始居县东乡之博陆里余乌村。王父从官京师，义熙十一年，高祖赐馆于建康都亭里之运巷。[175]

沈约所述其先祖沈戎定居"乌程县余不乡"，史传皆无载。[176] 余不乡，在晋属武康县，其地有余不溪。《太平寰宇记·江南东道六》湖州乌程县"霅溪"条云："在县东南一里。凡四水合为一溪，自浮玉山曰苕溪，自铜岘山曰前溪，自天目山曰余不溪，自德清县前北流至州南兴国寺前曰霅溪。东北流四十里合太湖。"[177] 则余不溪发源于天目山。[178] 余不溪即今东苕溪，发源天目山东南麓，南

---

[175] 《宋书》卷一〇〇《自序》，第2443—2444页。永安县之分立时间，《宋书·州郡志》与沈约《自序》有出入。汉灵帝无"初平"年号，献帝初平亦止四年，因此"初平"可能为"熹平"之误。不过，《续汉书·郡国四》吴郡"乌程"条刘昭注引《吴兴记》云："县西北［卞］（其）山有项籍庙。兴平二年，太守许贡奏分县为永县。"（参见范晔《后汉书》，第3490页。）"永县"当作"永安县"。是则永安县之分立又有"兴平二年"一说。又吴郡之分立时间，《后汉书·顺帝纪》与《宋书·州郡一》皆作顺帝永建四年（129年），沈约《自序》误。晋武帝太康二年（281年）改永安为武康县，《宋书·州郡一》作太康元年。

[176] 嘉泰《吴兴志》卷一二"古迹"栏德清县"后汉述善侯沈戎墓"条记为余不乡永仁里（《宋元方志丛刊》第5册，第4736页下栏）。

[177] 乐史著，王文楚等点校：《太平寰宇记》卷九四《江南东道六·湖州》，第1884页。王象之《舆地纪胜》卷四《两浙西路·安吉州》"景物上"栏"霅溪"条引《寰宇记》此条云："凡四水合为一溪，自安吉浮玉山曰苕溪，自武康铜岘山曰前溪，自临安天目山曰余不溪，自德清县前北流至州曰霅溪。"（第223页）二者稍有差异。

[178] 王象之《舆地纪胜》卷四《两浙西路·安吉州》"景物上"栏"霅溪"条引范子长《皇朝郡县志》曰："《图经》谓自铜岘山出曰前溪，自天目山出曰余不溪，误矣。盖自清源门入曰苕溪，其流浊；自定安门入曰霅溪，其流清。（转下页）

流折东流，至余杭瓶窑镇东北流，穿过德清县中部，至湖州与西苕溪合。其间接纳安溪、埭溪等山溪性河流。[179]

沈约《自序》又言及其七世祖沈延迁居武康县东乡博陆里之余乌村。东乡当不出原来余不乡之范围。博陆里之余乌村，嘉泰《吴兴志·坊巷》"德清县"栏云："其余乌村，县有乌山，即其地也。所谓博陆里，今不详何所云。"[180] 咸淳《临安志·疆域二》仁和县"东北至安吉州德清县，以博陆村为界"，又仁和县"丰年乡"下有博陆里。[181] 崔富章以为余杭县博陆公社（今余杭区博陆镇一带）即为东乡博陆里所在，[182] 大体可从。乌山，嘉泰《吴兴志·山》德清县"德清山"条曰："在县东四里，一名乌山。《山墟名》云：昔有乌巾者，其家善酿美酒，居此山。……至唐天宝六年，改为德清山。"[183] 德清县本武康县东部地，武周天授二年（691

（接上页）不过二溪耳。且余不溪与苕溪皆出天目山。前溪虽出铜岘山，然至德清县东已与余不溪合而北流，至定安门外通谓之霅溪，不待与苕溪合然后名之也。"（第223页）嘉泰《吴兴志》卷五《乌程县》"余不溪"条云："余不溪在湖州府，出天目山之阳。经临安县，又经余杭，又东至安溪，又东至奉口，经德清县，折而东北，至苎溪漾、敢山（即澈山——引者注）、牛坟、戈亭，又后林邺，又东北为菱湖，又东北至湖跌漾（即孚漾——引者注），经获冈寺东，直北折而西为大湾，又西北会前溪水入岘山漾，入定安门至江子汇为霅溪。"（第4709页下栏）

179 参阅朱道清编纂：《中国水系辞典·长江水系》"东苕溪"条，青岛：青岛出版社，2007年，第227页。
180 嘉泰《吴兴志》卷二《坊巷》，《宋元方志丛刊》第5册，第4690页下栏。
181 咸淳《临安志》卷一七、二〇，《宋元方志丛刊》第4册，第3530页下栏、3552页下栏。
182 崔富章：《沈约籍贯考》，《杭州大学学报（哲学社会科学版）》1980年第1期。
183 嘉泰《吴兴志》卷四《山》，《宋元方志丛刊》第5册，第4702页下栏。

年)析置,天宝元年(742年)改为德清。[184] 今德清县东12公里左右乾元镇即为原德清县治所在,背山面溪。县西经东苕溪与金鹅山相隔,下有金鹅村,相传为沈戎葬地。[185] 金鹅山同时是沈戎孙沈景、沈景子沈彦等沈氏族人的家族墓地。[186] 乌山又别称乌巾山,在今乾元镇明星村西南,南临东塘河。[187] 若《吴兴志》余乌村与乌山基本上为同一处地方的说法不误的话,则乌山一带当为武康沈氏沈延、沈约一族的聚居地。

除此而外,文献还涉及沈氏族人在吴兴郡的其他聚居地。如沈充居于前溪,《太平寰宇记·江南东道六》湖州武康县"前溪"条云:"在县西一百步。前溪者,古永安县前之溪也。今德清县有后溪也。邑人晋沈充家于此溪。乐府有《前溪曲》,则充之所制。"[188] 古永安县即武康县,则前溪当在武康县城(即今德清县武康镇)周边,注入余不溪。又如沈恒居于荻塘,《太平寰宇记·江南东道六》湖州乌程县"荻塘"条引杨偘《隋录》云:"乌程沈恒居荻塘,家贫好学,每烧荻自照,因名。其塘西引雪溪,东达平望官河,北入松江。"[189] 荻塘当即今荻港,在和孚镇南。沈恒无考,应为隋

---

184 《旧唐书》卷四〇《地理三》,北京:中华书局,1975年,第1588页。
185 乐史著,王文楚等点校:《太平寰宇记》卷九四《江南东道六·湖州》武康县"金鹅山"条引《山墟名》,第1887页。
186 嘉泰《吴兴志》卷一二,《宋元方志丛刊》第4册,第4736页下栏。
187 乌山(乌巾山)的位置,参考《浙江全省舆图并水陆道里记》"德清县五里方图",《中国方志丛书》影印民国四年(1915年)石印本,台北:成文出版社有限公司,1970年。
188 《太平寰宇记》卷九四《江南东道六·湖州》,第1888页。案《前溪曲》,当即《宋书·乐一》所谓《前溪哥》。(第549页)
189 乐史著,王文楚等点校:《太平寰宇记》卷九四《江南东道六·湖州》,第1885页。

第三章　六朝时期江东大族的城居与乡居

人。又沈约宗人儒士沈驎士，隐居于余不溪吴羌山，"讲经教授，从学者数十百人，各营屋宇，依止其侧"。[190] 吴羌山，嘉泰《吴兴志》作吴羌山，并云山下有沈驎士墓，[191] 在德清县南，当即今市亭山西东苕溪沿岸之吴憾山，西北紧挨金鹅山。

综上所述，今德清县东部杭嘉湖平原西侧乃武康沈氏族居之处。沈氏大体以金鹅山一带为中心向东向西分散在余不溪、前溪及各四通八达的水网沿岸，但主要聚集在武康县及其后的德清县县治周边。德清县东部乌山一带聚居着沈延、沈约一族，而沈充、沈恪、沈洙、沈不害等沈氏另外几支则聚集在武康县城周边，他们的葬地就分布在县城北部的连绵山丘中。[192] 此外，出仕建康的沈氏族人，如沈怀文、沈庆之、沈勃和沈林子等人在京师皆有宅第，并相应地拥有不少田产。《宋书·沈庆之传》谓庆之"居在清明门外，有宅四所，室宇甚丽。又有园舍在娄湖，庆之一夜携子孙徙居之，以宅还官。悉移亲戚中表于娄湖，列门同闬焉。广开田园之业，每指地示人曰：'钱尽在此中。'身享大国，家素富厚，产业累万金，奴僮千计。再献钱千万，谷万斛"。[193] 沈庆之在娄湖占田置业，身边同时聚集着不少的沈氏宗人。娄湖成为庆之在武康之

---

190 《南齐书》卷五四《高逸传·沈驎士》，第943页。
191 嘉泰《吴兴志》卷一二，《宋元方志丛刊》第4册，第4736页下栏。
192 嘉泰《吴兴志》卷一二，《宋元方志丛刊》第4册，第4736页。清人陆心源《千甓亭古砖图释》卷一七著录"沈参军冢墼"。陆氏案语曰："吴兴沈氏以参军终者，晋则沈警是也，然则此或沈警墓砖欤？"此砖出吴兴乌程。（杭州：浙江古籍出版社，2011年，第631页）据《宋书》卷一〇〇沈约《自序》，沈警为沈贺子，"家世富殖，财产累千金，仕郡主簿，后将军谢安命为参军，甚相敬重"。（第2245页）
193 《宋书》卷七七《沈庆之传》，第2003页。

外又一财富与经济据点。又如沈约祖父沈林子，居于建康都亭里之运巷。建康成为沈氏不少族人的第二"家"。

（二）阳羡周氏

濒临太湖的另一武力强宗阳羡周氏，自东吴周鲂至周处、周玘父子三代，迅速崛起，成为傲视扬土的地方豪霸。武将周鲂，在鄱阳太守任上，因伪降魏大司马扬州牧曹休而功封关内侯。[194] 周鲂子周处，吴平后，位至建威将军，命丧齐万年之乱。[195] 周处子周玘，参与平叛石冰、陈敏、钱璯之乱，三定江南，宗族强盛，义兵众多，晋元帝割阳羡及长城之西乡、丹杨之永世别为义兴郡，以彰其功。[196] 周玘弟周札，积极进取于产业，以豪右自处。[197] 然其强大的地方势力深受建康政权及王敦的忌惮。后周氏遭王敦灭族，一蹶不振，以甚过于崛起时的速度退出历史舞台，成为东晋政权利益相争的牺牲品。

周鲂一族聚居于太湖西岸的阳羡县，在地理环境上而言，亦是水网密布、交通便利的地方。其南面、西南方向有连绵的低山丘陵，并与吴兴郡的长城县相邻。周氏具体定居于阳羡县何处，史传无载，然从新中国成立后相继发掘的宜兴周氏家族墓可略知一二。在宜兴县城内东南周墓墩发掘出土的六座墓葬中，报告者

---

194 《三国志》卷六〇《吴书·周鲂传》，第1387—1391页。
195 《晋书》卷四《惠帝纪》元康六年（296年）十一月，"遣安西将军夏侯骏、建威将军周处等讨万年，梁王肜屯好畤"，元康七年正月，"周处及齐万年战于六陌，王师败绩，处死之"，第94页；《晋书》卷五八《周处传》，第1570—1571页。
196 《晋书》卷五八《周处传》附"周玘传"，第1572—1574页。
197 《晋书》卷五八《周处传》附"周札传"，第1574—1577页。

认为明确可知墓主的为M1周处墓，M4墓主可能为周鲂，M5可能是周圮墓，其附两侧室，可能是圮子周勰、周彝墓。规模最小的M3可能为周靖之墓，M2可能为周札墓，M6可能为周鲂之父周宾墓。M1周处墓内出土的文字砖一侧铭文曰："元康七年九月廿日阳羡所作周前将军砖。"M4的文字砖铭文为"永宁二年七月戊寅朔、十三日庚寅、江宁周令关内侯之砖"。M5内出土有建兴四年（316年）、大兴四年（321年）与太宁元年（323年）的纪年砖。[198]

综合上述的发掘简报与史传的相关记载，周氏家族墓的墓主人推测仍有几点问题：

第一，周鲂乃周处之父，黄武中即已为鄱阳太守，当是其青壮年之时。周鲂卒年不确，但从《周处传》谓处少孤、家中有老母的记载来看，周鲂最晚在公元250年左右即已离世。而至晋永宁二年（302年）才下葬，似乎有悖常理。发掘报告对史书的误读尚不能对这一现象进行合理的解释。此外，从M4出土的几件金饰如金簪头、金珠等女子装饰物来看，此墓当为夫妇合葬墓。文字砖中提及的江宁县，析置于西晋太康元年（280年），二年改为江宁。[199]周鲂即使当时仍旧在世，也不太可能胜任江宁县令。因而，M4墓主乃周鲂一说疑窦丛丛，须重新进行考察。报告者以为关内侯即周鲂，殊不知爵位可以承袭。M4墓主为周鲂的长子或者是承嗣关内侯爵位、周处的兄长的可能性更大。

第二，报告者推测周宾为M6的墓主。周宾，《后汉书》《三

---

198 罗宗真：《江苏宜兴晋墓发掘报告——兼论出土的青瓷器》，《考古学报》1957年第4期；南京博物院：《江苏义兴晋墓的第二次发掘》，《考古》1977年第2期。
199《宋书》卷三五《州郡一》，第1030页。

国志》等史书均无载，真伪交错的陆机《晋平西将军孝侯周处碑》云周魴之父周宾，"少折节，早亡。吴初，召咨议参军，举郡上计，转为州辟从事别驾、步兵校尉、光禄大夫、广平太守"。[200] 广平郡在汉为广平国，后汉光武省入巨鹿郡，后为魏郡之西部，曹魏改为广平郡，[201] 在今河北鸡泽县东。则广平郡在曹魏境内，东吴无广平郡，《三国志·吴书》亦无广平郡的相关记载。周宾汉末吴初人，当时出任郡守，当无广平郡的说法。此条记载必有误，不可信靠。简言之，周宾的官职履历乖谬甚多，且碑文叙述周宾、周魴与周处三代官衔时，交错相杂，莫衷一是。然从墓中出土的随葬品等来看，此墓的形制以及建造时间属于六朝早期，当无太大异议。此墓墓主是周魴之父周宾或父辈的可能性也较大。

第三，M5内出土的纪年砖与"义兴郡"等文字确定墓主为周玘当无太大问题，关键是侧室及后室出土的纪年砖说明此墓修建于三个不同的时期。报告者认为此墓所附的两侧室为周勰、周彝墓。周彝早卒，周勰当遭王敦灭族，时间在太宁元年（323年）左右。[202] 侧室及后室的修建时间皆与"周彝早卒"的表达不相符合，而后室则更有可能是周勰墓。再者，两侧室出土的铜镜盒及铜镜

---

200 陆机著，金涛声点校：《陆机集》卷一〇，北京：中华书局，1982年，第141页；《陆士衡文集校注》卷一〇，第1078页。关于此碑的真伪问题，详见《陆机集》（第144—145页）与《陆士衡文集校注》（第1106—1111页）。
201 杜佑著，王文锦、王永兴等点校：《通典》卷一七八《州郡八》，北京：中华书局，1998年，第4698页。
202 《三国志》卷六〇《吴书·周魴传》裴注引虞预《晋书》曰："其诸子侄，悉处列位，为扬土豪右。而札凶淫放恣，为百姓所苦。泰宁中，王敦诛之，灭其族。"（第1392页）再由《晋书·周处传》附其子"周札传"可知札兄弟诸子先于札亡。

似乎说明墓内亦葬有妇女,当是两侧室墓主的夫人。可惜考古报告未提供墓内人骨的相关说明。

无论如何,周墓墩乃周氏家族墓地,确切无疑。它位于荆溪下游连接西氿与东氿的沙洲上,即宜兴县城内东南角。墓地的东北向为周侯家庙,原来可能即墓旁的祠堂。卒葬地及周氏家庙说明周氏当聚居于周墓墩附近,即在宜兴县城内。[203]

(三)乌伤杨氏

乌伤杨扶与杨乔、杨琁兄弟,在东汉即已显名。《后汉书·杨琁传》曰:

> 杨琁字机平,会稽乌伤人也。高祖父茂,本河东人,从光武征伐,为威寇将军,封乌伤新阳乡侯。建武中就国,传封三世,有罪国除,因而家焉。父扶,交阯刺史,有理能名。兄乔,为尚书,容仪伟丽,数上言政事,桓帝爱其才貌,诏妻以公主,乔固辞不听,遂闭口不食,七日而死。[204]

杨茂功封乌伤新阳乡侯,并由河东至乌伤就国,透露出杨茂、杨扶很可能即居住于乌伤新阳乡。东晋初有会稽杨彦明者,受到

---

203 陆心源《千甓亭古砖图释》收录了一些周氏的墓砖。如卷五"西晋永熙元年八月……周氏"墓砖,无出土地记载(第196页);卷一二"泰宁三年泰岁在辛酉周氏作"墓砖,出长兴县(第431页);卷一七"三年八月周所作"墓砖,出乌程县(第681页)。这些周氏墓主当然不一定都与阳羡周氏有关系,仅列此以伺后考。
204《后汉书》卷三八《杨琁传》,第1287页。

吴县顾荣的举荐。[205]《陆云集》录陆云与杨彦明来往书信七首，首封云："钦明去书不悉。彦先来，得书以为慰。"[206] 钦明，刘运好无考，[207] 当是彦明兄弟辈。同一时期又有会稽杨方，受贺循举荐，显名于世。[208]《晋书·贺循传》附"杨方"传云：

> 杨方字公回。少好学，有异才。初为郡铃下威仪，公事之暇，辄读五经，乡邑未之知。内史诸葛恢见而奇之，待以门人之礼，由是始得周旋贵人间。时虞喜兄弟以儒学立名，雅爱方，为之延誉。恢尝遣方为文，荐郡功曹、主簿。虞预称美之，送以示循。……循遂称方于京师。司徒王导辟为掾，转东安太守，迁司徒参军事。方在都邑，搢绅之士咸厚遇之，自以地寒，不愿久留京华，求补远郡，欲闲居著述。导从之，上补高梁太守……以年老，弃郡归。导将进之台阁，固辞还乡里，终于家。

《贺循传》称贺循与杨方同郡，当指会稽郡。杨方颇有儒士之风，然是寒门之士，因而以京师地寒自譬，不愿久留于"贵人"之间。杨彦明、杨方家世不详，杨方虽与杨彦明同乡，然杨彦明与顾荣、陆云交往颇多，彦明一家的名望要高出杨方很多。顾荣谓"会稽

---

[205]《晋书》卷六八《顾荣传》，第1814页。
[206] 陆云著，黄葵点校：《陆云集》卷一〇，北京：中华书局，1988年，第167页。
[207] 陆云著，刘运好校注：《陆士龙文集校注》卷一〇，南京：凤凰出版社，2010年，第1241页。
[208]《晋书》卷六八《贺循传》，第1830—1831页。

杨彦明、谢行言皆服膺儒教，足为公望"，下文并说"凡此诸人，皆南金也"。

20世纪80年代，金华地区文管会在浙江金华市婺城区白龙桥镇的金华陶器厂清理了十三座墓，其中五座三国墓、四座西晋墓、三座东晋墓与一座南朝墓。三国墓M12全长9.1米，且其余墓葬均出土较多的随葬品，当不是一般平民大众的葬地。发掘简报未对这十三座墓的分布情况做出介绍，但很有可能是一处家族墓地。其中三国墓M28出土一面神兽镜，边缘有"永安七年六月三日将军杨勋所作镜，百连精细，服者万岁，宜侯王公卿"二十八字铭文。与M28相距仅4米的M27出土铭文砖有"甘露二年""甘露卿相"与"将军□功二千石"等铭文。[209] 两座墓修建时间仅隔两年，墓主又同为将军，当是三国时期当地的武将世家。这与乌伤杨茂、杨扶等人拥有出色的军事才干是较相符合的。从墓葬的出土地以及砖铭来看，杨勋、杨□很有可能为乌伤杨氏之后。墓地所在的金华古方村，位于长山县治西。据前文可知，长山县在汉末由乌伤县南乡析置。然而杨茂、杨扶所居的新阳乡，和乌伤县南乡的位置关系，不得而知。

（四）吴兴施氏

吴兴施姓主要集中于故鄣、武康、广德和乌程四县。其中武康施姓最初以"山贼"的形象登场。《三国志·三嗣主传》宝鼎元年（266年）十月，"永安山贼施但等聚众数千人，劫皓庶弟永安侯谦

---

[209] 金华地区文管会：《浙江金华古方六朝墓》，《考古》1984年第9期。

出乌程，取孙和陵上鼓吹曲盖。比至建业，众万余人。丁固、诸葛靓逆之于牛屯，大战，但等败走"。[210] 孙皓便分吴、丹杨九县为吴兴郡，治乌程。其诏曰："今吴郡阳羡、永安、余杭、临水及丹杨故鄣、安吉、原乡、於潜诸县，地势水流之便，悉注乌程，既宜立郡以镇山越，且以藩卫明陵，奉承大祭。"[211] 山贼施但被称为"山越"。我们注意到，丹杨（吴兴）故鄣县的朱然本姓施氏，故鄣与永安二县毗邻，施姓很有可能是这一带山区"山越"的姓氏。朱然因朱治的关系进入了东吴政权，后朱然、朱绩父子努力恢复施姓。《三国志·朱然传》谓朱然为朱治"行丧竟，乞复本姓，权不许。绩以五凤中表还为施氏"。[212] 在今安徽省马鞍山市区南部的雨山，发掘了朱然夫妇合葬墓。[213] 1996年，在朱然墓前方左右两侧，近乎一条平行线上发现四座砖室墓。报告者认为，M1墓总长10.59米，推测为朱绩墓葬，M2—M4三座小墓毁坏严重，属西晋时期。[214] 与大多数江东土著大族卒后归葬故土不同的是，朱然父子将墓葬选择在丹杨郡濒临长江之处，原因何在呢？

无独有偶，会稽孟赟也是如此。在马鞍山市南当涂县龙山桥镇双梅村发掘了东吴凤凰三年（274年）孟赟墓葬。据出土的铅质

---

210 《三国志》卷四八《吴书·三嗣主传》，第1166页。

211 《三国志》卷四八《吴书·三嗣主传》裴注引孙皓诏书，第1166页。

212 《三国志》卷五六《吴书·朱然传》附"朱绩传"，第1309页。

213 安徽省文物考古研究所、马鞍山市文化局：《安徽马鞍山东吴朱然墓发掘简报》，原载《文物》1986年第3期，收入王俊主编：《马鞍山六朝墓葬发掘与研究》，北京：科学出版社，2008年，第16页。

214 马鞍山市文物管理所：《安徽省马鞍山市朱然家族墓发掘简报》，原载《东南文化》2007年第6期，收入王俊主编：《马鞍山六朝墓葬发掘与研究》，第27、34—37页。

买地券可知,孟赟会稽人,官爵为夷道督、奋威将军、诸暨都乡侯,子孟壹。[215] 会稽孟姓,后汉时有上虞孟英、孟尝与孟质等人。孟赟父子具体家世不详。与故鄣朱然一样,会稽孟赟就地葬于长江边上。朱然、孟赟所葬之地,可能与其生前军营驻扎之所不远。《三国志·朱然传》曰:"曹公出濡须,然备大坞及三关屯,拜偏将军。"[216] 赵一清曰:"大坞即濡须坞也,三关屯即东兴关也。关当三面之险,故吴人置屯于此。"[217] 东关当即东兴关。三关屯,则未必仅指东兴关。《资治通鉴》太和二年(即吴黄武七年,228年)五月"吴王使鄱阳太守周鲂"下胡三省注曰:"东关,即濡须口,亦谓之栅江口,有东、西关;东关之南岸,吴筑城,西关之北岸,魏置栅。后诸葛恪于东关作大堤以遏巢湖,谓之东兴堤,即其地也。"[218] 在朱然墓附近的M1中出土的墓砖中,铭文有"南关"二字。则三关屯,或有可能即东关、西关与南关之屯营。倘若报告者认为M1墓主人为朱绩这一推测成立的话,则南关是朱然、朱绩父子备成曹魏的军屯营地。孟赟葬地,则处于于湖督农校尉境内。

除故鄣施姓一支外,东吴时期的武康施姓只见于上引之施但。《三国志》有典军施正,[219] 想必仍出自朱(施)绩一支。吴兴施氏入晋以后已不见于正史记载。幸运的是,通过墓砖铭文仍可追寻

---

215 当涂县文物管理所:《当涂县发现东吴晚期地券》,《文物》1987年第4期。
216 《三国志》卷五六《吴书·朱然传》,第1305页。
217 卢弼著,钱剑夫整理:《三国志集解》卷五六《吴书·朱然传》引赵一清案语,第3360页。
218 《资治通鉴》卷七一《魏纪三》,第2290页。
219 《三国志》卷六四《吴书·孙綝传》,第1449页。

有关吴兴施氏的踪迹。南京栖霞区出土的东晋升平二年（358年）《晋故男子琅耶临沂都乡南仁里王闽之墓志》,[220] 墓主王闽之，王彬之孙，王兴之之子，琅琊王导之族。[221]《王闽之墓志》记王闽之妻吴兴施氏，字女式。王兴之官至赣令，闽之仕宦不详。这不仅是侨、土联姻的事例，而且也可看出仕宦不显的王兴之一支，选择与江东土著吴兴施姓结为姻娅。另外，在清人陆心源《千甓亭古砖图释》一书中，著录不少与吴兴施氏相关的墓砖铭文（见表2）。

表2 《千甓亭古砖图释》中有关吴兴施姓的墓砖铭文

序号	铭文内容	陆心源著录的出土地	所在今地
1	凤［凰］（皇）三年施氏作甓	乌程	湖州市吴兴区
2	（侧面）太康二年岁在辛丑；（端面）施家甓	乌程道场山	湖州市吴兴区道场山
3	宣城广德施家作	无	
4	元康五年九月七日施在基所作甓	武康	湖州市德清县武康镇
5	元康六年施家	长兴	湖州市长兴县
6	（侧面）……李瑞立冢；（侧面）……李瑞作□冢；（砖面）元康六年八月施家立功	无	

---

220 墓志砖质，高42.3厘米，宽19.8厘米，厚6.5厘米，两面刻文。志阳5行，行12字，志阴3行，行7至9字不等，隶书。参阅南京市博物馆：《南京象山5号、6号、7号墓清理简报》,《文物》1972年第11期。

221 参见《晋书》卷七六《王廙传》附"王彬传"，第2005—2006页。

续 表

序号	铭 文 内 容	陆心源著录的出土地	所在今地
7	（侧面）元康六年太岁丙辰扬州吴兴长城湖陵乡真定里施晞年世先君之家，八月十日制作壁垿；（下端）施晞先君□冢男；（上端）元康六年太岁丙辰施晞年世制作先君□。八月十日	无	
8	宣城广德施冢（左右侧铭文与上砖同，惟砖面有此六字）	无	
9	元康七年八月丁丑茅山里施傅作	乌程茅山	湖州市吴兴区茅山
10	元康七年八月丁丑茅山里施傅所作	乌程菁山（与茅山相连）	湖州市吴兴区菁山
11	元康九年九月六日施黄作	武康	德清县武康镇
12	晋太安二年岁在癸亥，施氏贵寿，宜孙子	乌程	湖州市吴兴区
13	永昌元年八月十五日施令远作功	乌程	湖州市吴兴区
14	宁康三年八月二日施狼作	乌程	湖州市吴兴区
15	晋故太中大夫施氏神室	乌程	湖州市吴兴区
16	八月甲子施氏造	无	
17	……在辛丑；施甓万岁	乌程	湖州市吴兴区
18	七月太岁在丙戌，施	无	

资料来源：陆心源：《千甓亭古砖图释》，杭州：浙江古籍出版社，2011年。

墓砖铭文中所谓"施家""施冢""施冢甓""施氏神室"与

"施甓",当可断定墓主人即为施氏。上表中,明确为施姓墓葬的是墓砖3、5-8、12、15与17。至于墓砖1、9-11、13-14、16、18,则需仔细辨析。20世纪30年代,徐中舒曾为安徽省图书馆在当涂县永宁乡薛家村出土的考古遗物撰写《当涂出现晋代遗物考》一文,对墓砖铭文"□佐所以作壁"进行断代时,梳理《千甓亭古砖考释》铭文砖中关于"造作壁""所作壁"等表达出现的时间后概述说:"其称'造作壁'者三次,为永安六年至太康三年之物,其称'所作壁'者五次,为天纪二年至永康元年之物,其称'制作壁'者三次,为元康六年至永和三年之物。据此统计,可见甓文'造''所''制'三字,实有时代之限制。"他最后的看法是,"甓文先有'造作壁'而后有'所作''所作壁''所造作''所造壁',先有'制'而后有'制作''制作壁'。"[222] 这一论说颇有见识,可作为对六朝墓砖铭文进行文本分析的重要基础。

然而,仅仅根据徐中舒的结论尚不能解决上述墓砖1、9-11等出现的姓氏究竟是否即墓主人这一问题。对墓砖6中同时出现的李和施氏,陆心源说道,"此当是李瑞之冢而为施氏所营葬者"。对于墓砖13"施令远作功",陆心源则断为施氏墓砖。"作功"当即"立功"。如果说墓砖6是施家为李瑞所营墓葬,则墓砖13的"施令远"不当是墓主。这是陆心源的解释前后矛盾之处。另外,对于墓砖铭文中出现的"某造""某作"或"某"的表达,陆氏则一律断为墓主。六朝墓砖铭文的一大特点是,强调营造墓葬者的

---

[222] 徐中舒:《当涂出现晋代遗物考》,原载《"中央研究院"历史语言研究所集刊》第3本第3分,1932年,后收入《徐中舒历史论文选辑》,北京:中华书局,1998年,第392—396页。

身份与姓氏。当出资营葬者即墓主本人、家庭成员或无意强调谁是营造墓葬者时,铭文内容一般不出现姓氏、身份,或以"某造""某作""某"或"某氏"来表达。当出资者与墓主不是同一人以及强调某人的特定身份时,有些铭文则出现孝子、孤子为父造冢,故吏为府主作冢,同僚造冢等情况,如晋大兴四年(321年)墓砖铭文"晋大兴四年大岁辛巳吴兴刘牙门",下端铭文"薛西曹墓",则刘牙门为薛西曹造墓。若要书写墓匠、冢师的姓氏时,一般连同墓主人的姓氏亦镌刻在内。如浙江嵊州大唐岭村东吴墓葬中的墓砖铭文曰:"太平二年岁在丁丑七月六日,建中校尉会稽剡番(潘)亿作此基,图冢师朱珧所处。"则潘亿是墓主,朱珧乃图冢师。[223] 又如余姚梁辉镇九顶山出土的晋太康墓,其墓砖铭文正面曰:"会稽孝廉、晋故郎中周君都船,君子也。"砖侧则曰:"太康八年八月己亥朔,工张士所作。"[224]

若上述推测不致大误的话,上表中除墓砖13尚可做进一步讨论外,其余墓砖当可认定出自施氏墓葬。其中,墓砖7-10所透露的信息尤为重要。据墓砖7、8可知,墓主为施晞之父。施晞著籍于吴兴郡长城县湖陵乡真定里,但其原籍为宣城郡广德县。长城县,太康三年(282年)分乌程立;宣城郡,太康元年分丹杨郡立;广德县,《宋书·州郡志》疑东吴所置。[225]《三国志·吕蒙传》

---

223 嵊县文管会:《浙江嵊县大塘岭东吴墓》,《考古》1991年第3期。
224 王莲瑛:《余姚西晋太康八年墓出土文物》,《文物》1995年第6期。
225 《宋书》卷三五《州郡一》,第1033—1035页。郦道元著,王先谦合校:《水经注》卷四〇《浙江水注》"浙江又北历黟山"下曰:"晋太康中,以为广德县,分隶宣城郡。"(第564页下栏)

谓吕蒙从孙权讨丹杨,所向有功,拜平北都尉,领广德长。[226]湖陵乡真定里,陆心源无考,亦无注明墓砖出土地。据墓砖9、10,则知墓主为茅山里施傅。陆心源谓砖出乌程茅山,即今湖州市吴兴区柴坞村西北之茅山。施傅所居茅山里,亦葬于茅山里附近。施氏将墓葬营造在乌程县南边的道场山、茅山等地,且可考的居住地唯有施晞居于长城县湖陵乡真定里与施傅居于茅山里。施氏分散于吴兴郡乌程、武康和长城各处。[227]

四、小结

在梳理江东土著大族居住地的基础上,形成以下几点认识:

一、吴郡"四姓"中,孙吴时期顾雍、顾徽等顾氏族人在吴郡的虞农都尉与海昌都尉皆占有屯、邸,役使部曲私兵劳作。此后,顾徽一支世代定居、活动于盐官。顾雍一支定居于吴县治所的东部,这可能与顾雍在吴郡东北部拥有田地密切相关。吴郡东南的昆山华亭谷,成为陆氏的聚居地。陆氏经营华亭谷,当始于陆逊。陆逊领海昌屯田都尉时,陆氏家族沿着三泖至盐官开荒,交通至为便利,亦方便谷粮运输。朱氏家族的具体聚居地不详,但从朱诞的活动来看,可能并非居于县城内。张氏家族中的张茂度一支,聚居于吴县西北运河周边,而张镇家族墓地附近可能聚居着吴县

---

[226]《三国志》卷五四《吴书·吕蒙传》,第1273页。
[227] 梁陈时期有乌程施文庆。参见《陈书》卷三一《任忠传》附"施文庆传",第415页。

张氏的其他支系。

二、会稽郡大姓中，山阴孔氏善于经营产业。限于资料的缺乏，孔氏在会稽的具体聚居地不得而知，但他们很可能在山阴城内有自己的宅第。而孔愉、孔稚珪等人的居宅并在郡、县城外，很可能是诸多家庭成员置办产业经营宅地的共同现象。在山阴谢氏中，东晋谢敷早年经营会稽各山区，后居处大概在山阴南部的若邪溪滨。余姚虞氏自虞光、虞国之后世代居于余姚县城东、西。与居住地相应的是，这两支分别在县城东部的穴湖和西南部的肖东一带选择葬地。

三、德清县东部杭嘉湖平原西侧乃武康沈氏族居之处。沈氏大体以金鹅山一带为中心向东向西分散在余不溪、前溪及各四通八达的水网沿岸，但主要聚集在武康县及其后的德清县县治周边。德清县东部乌山一带聚居着沈延、沈约一族，而沈充、沈恪、沈洙和沈不害等沈氏另外几支则聚集在武康县城周边，他们的葬地分布在县城北部的连绵丘陵中。居于太湖西侧的阳羡周氏，卒葬地及周氏家庙说明周氏当聚居于周墓墩附近，即在宜兴县城内。此外早在东汉时，杨茂、杨扶即已居于乌伤县新阳乡，而从金华市婺城区白龙桥镇古方村出土的杨姓墓葬可知，长山县西部可能也存在杨氏的聚居地。与"山越"颇有渊源的吴兴施姓，原本散居于故鄣、武康等地的丘陵地带，这一地理范围的西端故鄣县的朱（施）然、朱（施）绩父子较早地进入东吴政权当中，而东南端武康县的施但等人则以"山贼"的身份出现，并与东吴政权对抗。两晋时期施姓更多地在平原地区的乌程、长城等县出现，说明部分施姓已经迁居至这些地方。

艾博华（Wolfram Eberhard）曾对六朝的家族拥有"双家"的

现象进行一番论说。其大体看法是:"一个缙绅家族通常拥有一个乡村的家和一个城市的家。乡村之家即家族田产所在地,那里居住一部分族人,管理并经营其财产,乡村的家成为家族经济的支持骨干。如果在中央的城市支族在权力争夺时失利,则该家族的乡村部分仍旧能继续维持生存。政局的转移很少能够同时影响到城市及乡村两个地方的族人。"[228] 与艾博华关注乡村是六朝家族的族居地和经济根源不同的是,日本学者从汉六朝地域社会变迁的角度对城邑外所形成的聚居点以及出现新的聚落进行深入的研究。[229] 通过上述的考证可知,江东大族的居住地并没有更加倾向于城居或乡居。大族居于建康和郡县治所者,往往是出仕任官的需要;居于城外,则更多倾向居住于族居地及其附近或产业所在地的周边。多数大族的聚居范围,原先则是家族扩大后就近选择居住地的一个自然繁衍的结果,如武康沈氏与余姚虞氏。这当然不排除其周围存在着田产。这也是较多的研究成果在立论时较容易忽视的一个重要前提。

---

228 Wolfram Eberhard, *Conquerors and Rulers : Social Forces in Medieval China*, pp.44-46.这段话的译文参见林志伟《东晋南朝陈郡阳夏谢氏的兴衰——一个门阀士族的个案研究》,台湾东海大学硕士学位论文,2000年,第27页。
229 除前述宫川尚志、宫崎市定与谷川道雄等学者外,另可参阅越智重明:《漢魏晋南朝の郷・亭・里》,《東洋学報》53卷第1号,1970年;越智重明:《東晋南朝の村と豪族》,《史学雑誌》79卷第10号,1970年;越智重明:《里から村へ》,《九州大学東洋史論集》第1辑,1973年;堀敏一:《魏晋南北朝時代の村をめぐつて》,收入唐代史研究会编:《中国の都市と農村》,東京:汲古書院,1992年;兼田信一郎:《六朝期江南の村落についての一考察》,收入堀敏一先生古稀記念集编集委員会编:《中国古代の国家と民衆:堀敏一先生古稀記念》,東京:汲古書院,1995年,第315—322页。

·第二编·

政区、地志与地方

第四章

汉魏六朝"郡记"考论

《隋书·经籍二》"地理记"篇后叙曰:

> 齐时,陆澄聚一百六十家之说,依其前后远近,编而为部,谓之《地理书》。任昉又增陆澄之书八十四家,谓之《地记》。陈时,顾野王抄撰众家之言,作《舆地志》。[1]

姚振宗说道:"陆、任二家所集,但依其先后远近,编而为部,有如今之丛书,重复互见,时所恒有。后人钞节其书,省并复重,故有上三家书钞,而失注钞撰者姓名耳。"[2] 则早在齐梁时期,地记(地理书)经历了一个文献整理的过程。后世类书如《北堂书钞》《初学记》《艺文类聚》和《太平御览》等引用的

---

[1] 《隋书》卷三三《经籍二》,第988页。另见《梁书》卷一四《任昉传》,第258页。
[2] 姚振宗:《隋书经籍志考证》卷二一《史部十一·地理类》,二十五史刊行委员会编:《二十五史补编》第4册,北京:中华书局,1995年,第5401页上栏。

汉魏六朝地记，应以陆澄、任昉收录在《地理书》《地记》中的为主。然而也正是在重新整理和诸种类书节引条文的过程中，汉魏六朝地记的原貌很有可能已被打乱。加上地记的基本亡佚、名目繁多和存世佚文分散零乱，使得我们对其体例和内容，仍旧无以详知。

正因为此，首要的工作便是从文献学、目录学等方面对地记进行辑佚、考辨与整理。[3] 就研究层面而言，作为地理典籍、方志与古代地理知识的重要组成部分，汉魏六朝地记在历史地理学领域引起了广泛关注。[4] 而其他学者或考察汉魏六朝地记的前后演变过程，或分析地记兴盛的原因及地记书写方式的文学化色彩，或考

---

3 这方面的成果较多，主要有：文廷式《补晋书艺文志》、章宗源：《隋书经籍志考证》和姚振宗《隋书经籍志考证》，俱见于二十五史刊行委员会编：《二十五史补编》，北京：中华书局，1995年；王谟：《汉唐地理书钞》（附麓山精舍辑本），北京：中华书局，1961年；张国淦：《中国古方志考》，北京：中华书局，1962年；刘纬毅：《汉唐方志辑佚》，北京：北京图书馆出版社，1997年；顾野王撰，顾恒一、顾德明等辑注：《舆地志辑注》，上海：上海古籍出版社，2011年；刘纬毅、郑梅玲、刘鹰辑校：《汉唐地理总志钩沉》，北京：国家图书馆出版社，2016年。

4 王以中（王庸）：《地志与地图》，《禹贡半月刊》第2卷第2期，1934年；王以中：《汉隋间之地理总志》，《国闻周报》第14卷第28期，1937年；王庸：《汉唐间之异物志》，《史地杂志》第1卷第2期，1937年；王庸：《汉唐间之山水图志》，《文澜学报》第3卷第2期，1937年。以上文章皆收入赵中亚选编：《王庸文存》，南京：江苏人民出版社，2014年；王庸：《中国地理学史》第3章，长沙：商务印书馆，1938年；青山定雄：《六朝时代の地方誌について—撰者とその内容—（承前）》，《東方學報（東京）》第13册第1分册，1941年。中译本见颐安译《六朝之地记》（二、三、四），北平《中和月刊》第4卷第3—5期，1943年；中国科学院自然科学史研究所地学史组主编：《中国古代地理学史》，北京：科学出版社，1984年，第338—339页；史念海：《论班固以后迄于魏晋的地理学和历史地理学》，《中国历史地理论丛》1990年第1期；华林甫：《论两汉时期中国地名学的奠基》，《中国史研究》1996年第2期。

第四章　汉魏六朝"郡记"考论

订地记的断代与流传问题,[5] 深化了对汉魏六朝地记的研究。然而，受到史料缺乏的制约，有关汉魏六朝地记的研究长期处于停滞状态，不少问题至今仍悬而未决或尚未得到足够的重视，比如，地记的资料来源、编纂地记的目的、上计制度对地记编纂的影响等等。[6]

幸运的是，随着汉晋上计簿书的出土和刊布,[7] 上计制度的

---

[5] 胡宝国:《魏晋南北朝时期的州郡地志》,《中国史研究》2001年第4期，收入氏著:《汉唐间史学的发展（修订本）》,北京：北京大学出版社，2014年，第147—172页；王琳:《六朝地记：地理与文学的结合》,《文史哲》2012年第1期；顾江龙:《〈太康地记〉考》,首都师范大学历史学院:《"中古中国的政治与制度"学术研讨会论文集》,2014年5月，第205—227页。

[6] 有关上计制度的研究成果较多，主要有韩连琪:《汉代的户籍和上计制度》,《文史哲》1978年第3期；葛剑雄:《秦汉的上计和上计吏》,《中华文史论丛》1982年第2辑；高恒:《汉代上计制度论考——兼评尹湾汉墓木牍〈集簿〉》,《秦汉简牍中法制文书辑考》,北京：社会科学文献出版社，2008年，第320—340页；杨际平:《汉代的上计制度》,原载《厦大史学》第1辑，厦门：厦门大学出版社，2005年，收入氏著:《杨际平中国社会经济史论集》第1卷《先秦秦汉魏晋南北朝卷》,厦门：厦门大学出版社，2016年，第149—170页；魏斌:《五条诏书小史》,武汉大学中国三至九世纪研究所编:《魏晋南北朝隋唐史资料》第26辑，武汉：武汉大学人文社会科学报编辑部，2010年，第1—21页；戴卫红:《从湖南郴州苏仙桥遗址J10出土的晋简看西晋上计制度》,《中国社会科学院历史研究所学刊》第8集，北京：商务印书馆，2013年，第155—173页；侯旭东:《丞相、皇帝与郡国计吏：两汉上计制度变迁探微》,《中国史研究》2014年第4期。

[7] 汉晋上计簿书指的是沅陵虎溪山沅陵侯国计簿、尹湾西汉东海郡集簿和郴州西晋上计简文。请参阅湖南省文物考古研究所编著:《沅陵虎溪山一号汉墓》上册，北京：文物出版社，2020年，第116—122页；连云港市博物馆、东海县博物馆等编:《尹湾汉墓简牍》,北京：中华书局，1997年；湖南省文物考古研究所、郴州市文物处:《湖南郴州苏仙桥遗址发掘简报》,湖南省文物考古研究所编:《湖南考古辑刊》第8集，第93—117页；宋少华、张春龙、郑曙斌等编著:《湖南出土简牍选编》,长沙：岳麓书社，2013年。关于郴州晋简的复原研究，还可参见孔祥军:《西晋上计簿书复原与相关历史研究——以湖南郴州苏仙桥出土晋简为中心》,董劭伟主编:《中华历史与传统文化研究论丛》第1辑，北京：中国社会科学出版社，2015年，第139—177页。

相关研究推陈出新。与此同时,学界利用这批新出资料业已对上计簿书和地记、杂传的关系展开讨论。[8] 本章正是在已有研究的基础上,结合传世地记佚文和新出上计文书资料,从制度施行和"郡记"编纂的角度,梳理"郡记"的资料来源,阐述"郡记"编纂的行政功用。值得说明的是,本章分析的"郡记",指的是官方编纂的汉魏六朝地记,并不包括"异物志"和私人著述的地记。这一类型的地记,是为适应于汉魏六朝时期郡级政区而产生的官方行政文本。下面先从"郡守问士"这一问对环节开始谈起。

一、"郡守问士"

所谓"郡守问士",指的是太守向当地士人咨询有关郡内众事和一郡先贤名士。与一般名士间的谈论不同,这是太守了解一郡诸种事务的方式之一。那么,"郡守问士"的内容主要有哪些呢?

存世有关"郡守问士"的记载非常少见,典型的例子是孙吴时期会稽太守濮阳兴和山阴朱育的问对。晋人虞预《会稽典录》载

---

[8] 永田拓治:《上计制度与"耆旧传""先贤传"的编纂》,《武汉大学学报(人文科学版)》2012年第4期;魏斌:《汉晋上计簿的文书形态——木牍和简册》,复旦大学历史学系、《中国中古史研究》编委会编:《中国中古史研究》第8卷《"'文'与'物'的生成"专号》,上海:中西书局,2020年,第251—274页;孔祥军:《从新出土湖南郴州苏仙桥晋简看〈汉书·地理志〉之史源》,《南京晓庄学院学报》2014年第4期。

第四章 汉魏六朝"郡记"考论

孙吴太平三年（258年）会稽太守濮阳兴于正旦宴见掾吏（掾史），问士于门下书佐朱育曰："太守昔闻朱颍川问士于郑召公，韩吴郡问士于刘圣博，王景兴问士于虞仲翔。尝见郑、刘二答而未睹仲翔对也。钦闻国贤，思睹盛美有日矣，书佐宁识之乎？"[9]濮阳兴的提问涉及了"郡守问士"的三则例子。其中郑召公、刘圣博的对答今已无考，[10]然在当时应是名对，同时问对内容形成文字，想必应有文本可供流传，故濮阳兴才能见到这些问对。颇为幸运的是，正是濮阳兴与朱育在对谈中涉及会稽太守王朗（字景兴）与郡功曹虞翻（字仲翔）的问对，使得内容保存在《会稽典录》中而得以存世。接下来具体分析王、虞问对。

在王朗与虞翻的问对中，虞翻首先答道："夫会稽上应牵牛之宿，下当少阳之位。东渐巨海，西通五湖，南畅无垠，北渚浙江。南山攸居，实为州镇。昔禹会群臣，因以命之。山有金木鸟兽之殷，水有鱼盐珠蚌之饶，海岳精液，善生俊异。"[11]这是虞翻对会稽郡所处的天文、地理位置及其得名、物产的总概。类似虞翻这样的表达，还见于西晋陆云答复车永关于会稽郡鄮县"土地之宜"

9《三国志》卷五七《吴书·虞翻传》裴注引《会稽典录》，第1324—1325页。
10 "朱颍川"疑为颍川太守朱宠。《后汉书》卷六《孝顺帝纪》永建元年（126年）二月丙戌"大鸿胪朱宠为太尉"条下李贤注曰："朱宠字仲威，京兆杜陵人。"（北京：中华书局，1965年，第252页）《水经注》卷二二《颍水注》曰："又有许由庙，庙阙尚存，是汉颍川太守朱宠所立。"参见郦道元著，王先谦校：《合校水经注》卷二二，第328页下栏。"韩吴郡"疑为吴郡太守韩。唐天宝十年（751年）赵居贞撰《新修春申君庙记》云："昔韩整守吴，创吴伯之庙。"董诰等编：《全唐文》卷二九六，北京：中华书局，1983年，第2003页下栏—2004页下栏。案《庙记》，《宝刻丛编》卷一四作《唐春申君庙碑》。（第868页）
11《三国志》卷五七《吴书·虞翻传》裴注引《会稽典录》，第1324—1325页。

的书信中。陆云的答信，也是以对鄮县地理、交通位置的概说开始：

> 县去郡治，不出三日，直东而出，水陆并通。西有大湖，广纵千顷；北有名山，南有林泽；东临巨海，往往无涯，氾船长驱，一举千里。北接青、徐，东洞交、广。海物惟错，不可称名。[12]

陆云为吴郡士人，对邻郡会稽当然有不少的了解，但其书信中更多有关会稽鄮县的地理、土产与风俗等知识绝非死记硬背、熟烂于心就能做到。陆云在信中说道，"非徒浮言华艳而已，皆有实征也"。所谓"实征"，很有可能是会稽郡鄮县的一些文本材料。由此进一步揣测，虞翻、陆云二人在问对或者答信中应当参考了地方郡县的相关资料。这一点值得引起注意。

重新回到虞翻的答话上来。他接着重点回顾了会稽郡自越国以来的先贤士女。这也正是"郡守问士"的主旨。细致观察发现，虞翻所举的会稽人物，集中在会稽郡治山阴及其周边的县邑，稍及于乌伤、章安二县，这与当时会稽郡内各地文化发展的不均衡有着密切的关系。在引述完王朗与虞翻的问对后，朱育便开始补充汉末三国前期的会稽先贤，如骆统、贺齐与阚泽等人物。然而，濮阳兴与朱育的问对并未就此结束，濮阳兴进一步问道："吾闻秦始皇二十五年，以吴越地为会稽郡，治吴。汉封诸侯王，以何年

---

12 陆云著，黄葵点校：《陆云集》卷一〇，第174—175页。

复为郡,而分治于此?"[13]问对内容进一步延伸到会稽郡的建置与吴、会分治的问题。综上所述可知,"郡守问士"的内容以郡内先贤士女为重点,兼及一郡的地理位置、得名与改易、置废等情况。对于郡守关注一郡的得名及其政区沿革,武陵《先贤传》载武陵太守赵厥与郡主簿潘京的问对就非常典型:

> 晋代太守赵厥问主簿潘京曰:"贵郡何以名武陵?"京曰:"鄙郡本名义陵,在辰阳县界,与夷相接,为所攻破,光武时移东出,遂得见全,先识易号。《传》曰'止戈为武,高平曰陵',于是改名焉。"[14]

潘京对武陵郡得名的解释非凭空捏造,应是承袭乡邦先贤的说法。这背后涉及地理知识的传承过程以及地名所折射出的社会文化意义。

除上引王朗与虞翻、濮阳兴与朱育的问对外,广汉太守夏侯纂与功曹古朴、广汉秦宓亦有一番问答。谈论发生于刘备入据益州初期,地点在秦宓的宅舍,并非正旦郡守晏见掾史的正式场合。夏侯纂询问功曹古朴曰:"不知士人何如余州也?"古朴以益州严君平、扬雄与司马相如作答。然秦宓觉得古朴的回答不能尽意,便云:"民请为明府陈其本纪。蜀有汶阜之山,江出其腹,帝以会昌,神以建福,故能沃野千里。淮、济四渎,江为其首,此其一

---

[13]《三国志》卷五七《吴书·虞翻传》裴注引《会稽典录》,第1326页。
[14]《续汉书·郡国四》"武陵郡"下刘昭注引《先贤传》,参见范晔《后汉书》,第3484页。

也。禹生石纽，今之汶山郡是也。"¹⁵ 回答内容主要涉及大江的发源地、大禹及治水事迹和三皇在蜀地的活动，对蜀地颇有夸耀溢美的成分。倘若抛开此点不论，这些内容与《蜀王本纪》颇有关联。¹⁶ 恰巧的是，广汉功曹古朴所举三人皆有编撰《蜀王本纪》，可惜他未就蜀地掌故进行作答。这也是秦宓一定要为夏侯纂"陈其本纪"的原因。

"郡守问士"的内容大致如此。此外，尚有一些事例提及在正旦掾史集会于郡府之事。《后汉书·吴良传》说道："初为郡吏，岁旦与掾史入贺。门下掾王望举觞上寿，谄称太守功德。良于下坐勃然进曰：'望佞邪之人，欺谄无状。愿勿受其觞。'太守敛容而止。宴罢，转良为功曹。"¹⁷ 此条材料虽没有记载太守与掾史问对的内容，但透露出在这种场合郡守对掾史进行考核、升迁的可能性。因而，掾史极力表现自我的才能或德行。同样地，《三辅决录》记载右扶风郡郿县法真未弱冠时，"父在南郡，步往候父。已欲去，父留之待正旦，使观朝吏会。会者数百人，真于窗中窥其与父语。毕，问真孰贤？真曰：'曹掾胡广有公卿之量'"。¹⁸ 这是有

---

15 《三国志》卷三八《蜀书·秦宓传》，第974—975页。
16 如扬雄《蜀王本纪》云："禹本汶山郡广柔县人也，生于石纽。"参见《史记》卷二《夏本纪》张守节《史记正义》征引，第49页。徐中舒认为《蜀王本纪》（《蜀本纪》）的作者刘蜀时期的谯周而非扬雄，详请参阅徐中舒：《论〈蜀王本纪〉成书年代及其作者》，《论巴蜀文化》，成都：四川人民出版社，1982年，第138—149页。
17 《后汉书》卷二七《吴良传》，第942页。《东观汉记》载王望言于太守曰："'齐郡败乱，遭离盗贼，人民饥饿，不闻鸡鸣狗吠之音。明府视事五年，土地开辟，盗贼灭息，五谷丰熟，家给人足。今日岁首，诚上雅寿。'掾皆称万岁。"（《太平御览》卷四二七《人事部六十八·正直上》引《东观汉记》，第1966页下栏。）
18 《三国志》卷三七《蜀书·法正传》裴注引《三辅决录》，第957页。

关南郡太守与掾史在正旦聚会的记载。看来正旦郡廷的"朝吏会"不仅是郡守了解一郡政区沿革、先贤人物等郡内众事的绝佳机会，而且也是郡守品评、选拔郡内人才的重要场合。

综上所述可知，"郡守问士"这一问对仪式一般发生于正旦的郡廷"朝吏会"，但不局限于"朝吏会"。更为重要的是，正旦时的"朝吏会"及其问对很有可能受到朝廷在元会（即正旦）时期聚集各郡国上计吏并举行"皇帝问计"仪式的影响。因此，郡廷所举行的"朝吏会"与问对就应当纳入上计制度的行政体系中加以考虑。在问对的背后，颇为值得注意的问题是，当地士人如虞翻、朱育等是如何了解一郡的地理、政区沿革与先贤士女等众多内容的？他们对地方知识熟稔于心，显然有相关的文本可供参考，并非凭空想象、熟记硬背。那么，这一文本是什么呢？

从上述秦宓的例子可以看出这一文本是当地士人相继编纂的《蜀王本纪》。而西晋左思在《三都赋·序》中便直接说道："余既思摹二京而赋三都。其山川城邑，则稽之地图；鸟兽草木，则验之方志。"[19] 可见文人作赋，涉及地方的山川城邑、鸟兽草木时，往往取材于地图、方志。与其相仿，上引虞翻、朱育的问对和陆云的书信所参考的资料也非常可能即当地的地图与方志之类的文本。更为直接的例子是朱育在问对以外正好又编纂了《会稽记》。《隋书·经籍志》著录朱育《会稽土地记》一卷，[20]《旧唐

---

19 萧统编，李善等注：《六臣注文选》卷四《京都中》，第90页下栏。
20 《隋书》卷三三《经籍二》，第983页。

书·经籍志》《新唐书·艺文志》著录朱育《会稽记》四卷。[21] 姚振宗极为敏锐地意识到濮阳兴与朱育的问答对《会稽记》编纂所产生的影响。他在《三国艺文志》中说道:"孙亮太平三年,育为郡门下书佐,对太守濮阳兴访本郡人物及吴会分郡始末,凡千数百言,似即此书之缘起。隋志《土地记》一卷,《两唐志》似合人物土地为一书,故四卷。又以其书人物为多,故入传记类。"[22] 根据姚振宗的说法,朱育《会稽记》原为四卷,既有地理、郡县沿革,又包括会稽的先贤人物。这也正是二人问对所涉及的内容。[23] 事实上在朱育编纂《会稽记》前,会稽郡应已有类似会稽"郡记"稿本的存在,然而可以肯定的一点是问对内容和朱育《会稽记》间的强烈关联性。无独有偶,上述秦宓为夏侯纂"陈其本纪",说明当时《蜀本纪》已有相关稿本存在。简而言之,王朗与虞翻的问对和濮阳兴与朱育的问对间存在着间接的相关,而濮阳兴与朱育的问对和朱育《会稽记》有着直接的相关性。同样地,蜀地士人编纂的《蜀本纪》和夏侯纂与古朴、秦宓的问对间也存在着一定的间接相关性。

有关夏侯纂与古朴、秦宓问对的记载并不全面,因而除了围绕《蜀王本纪》的问答外,其问对想必还涉及其他问题。囿于资料

---

[21] 《旧唐书》卷四六《经籍上》,第2001页;《新唐书》卷五八《艺文二》,第1479页。

[22] 姚振宗:《三国艺文志》卷二"朱育会稽记四卷"条,二十五史刊行委员会编:《二十五史补编》第3册,第3244页上栏。亦可参见王承略、刘心明主编:《二十五史艺文经籍志考补萃编》第9卷姚振宗《三国艺文志》,北京:清华大学出版社,2012年,第233页。

[23] 现存《会稽土地记》佚文两则,参见鲁迅:《会稽郡故书杂集》,《鲁迅全集》第8卷,第87页。而关于其他三卷的内容,则似乎被后世编纂的会稽先贤人物列传所承袭。

的缺乏,本章无法勾勒"郡守问士"的更多场景与问对内容,[24]但我们相信"郡守问士"主要是当地士人与郡守的交锋,通过这一方式展示回答者的名士风采,同时矜夸郡内物产与先贤士女。因而很容易理解问对内容为何不涉及户口、财赋等关乎国计民生等事项。进一步说,虽然问对这一形式与"郡记"的产生并无必然的因果联系,同时并非每次问对都会形成相应的文本或者产生相关的"郡记",但问对内容与"郡记"间强烈的关联促使我们进一步发问:若说问对所涉及的内容与"郡记"皆来自更为原始的地方性资料,那么这些资料是什么?它们与"郡记"之间又呈现出什么样的关系呢?

显然,"郡守问士"这一仪式性的问对背后涉及两个实质性的问题:一是外来的郡守如何了解郡内各项事情并施行政务;二是郡府如何掌控地方物产、人才等资源进而上奏朝廷。前者有关地方行政运作,而后者则是上计制度的编排需要。与其相应的是,"郡记"是配合地方长官的施政而产生,犹如"参考手册",而上计制度的运行则形成了系列的上计文书(上计簿、计阶簿等)。那么,上述的问题便可直接转化为"郡记"与上计文书之间的关系。就郡县这一行政层级而言,"郡记"编纂的资料来源很有可能即这些系列的上计文书。下面将详细论述这一问题。

---

[24] 现有史料并没有记载郡守就山川内容进行问对,但是却有皇帝询问地方人士山川的记载。刘澄之《梁州记》载宋明帝与梁州范柏年的问对:"范柏年,汉中人,尝谒宋明帝,因言及南海贪泉。帝问柏年云:'卿乡中有此水名否?'柏年对曰:'臣汉中惟有文川、武乡、廉泉、让水,足以表名。'帝善其对。"见乐史著,王文楚等点校:《太平寰宇记》卷一三三《山南西道一·兴元府》南郑县"文川"条引刘澄之《梁州记》,第2613页。

二、郡、县集簿与"郡记"的资料来源

如所周知,上计制度是依托于郡县行政体制之上进行逐层上计的行政考课系统。在这一体系的运作中,县(道、侯国)向郡(国)的上计,形成县集簿;郡(国)上计于朝廷,编纂成郡集簿。集簿应当就是计簿,又称"上计簿"。县(道、侯国)向所在郡(国)上计,《续汉书·百官五》谓"秋冬集课,上计于所属郡国"。胡广注曰:"秋冬岁尽,各计县户口垦田,钱谷入出,盗贼多少,上其集簿。丞尉以下,岁诣郡,课校其功。"[25] 无独有偶,尹湾汉墓木牍五正面记载了西汉东海郡下辖三个属县上邑计的时间集中在九、十月,由县丞(县尉)负责。[26] 合此两则材料可知,在每年的九、十月份,各属县的县丞或县尉负责将集簿上计于所属郡国,这一环节便是所谓的"邑计"。另外,各属县丞尉以下的掾史于正旦聚集于郡府,由郡守"课校其功"。这其实就是上文所提及的"朝吏会"。两者合起来,便构成了完整的县级政区向郡府上计的图景。郡(国)上计于朝廷的程序,与上"邑计"类似,此处不赘。

上引《续汉书·百官五》提到了非常重要的上计文书,即县集簿。据胡广所言,其内容大致涵括了户口、垦田、钱谷入出与盗贼多少。恰巧的是,西汉墓葬中出土了郡、县"集簿",使得

---

25 参见范晔:《后汉书》,第3622—3623页。
26 连云港市博物馆、东海县博物馆等编:《尹湾汉墓简牍》,第96—97页。

我们对其内容有进一步的认识。比如，湖南沅陵县虎溪山汉墓出土的西汉简牍"黄簿"，被认为是"沅陵侯国计簿"。[27]其内容涵盖西汉沅陵侯国的行政建置、吏员人数、户口人民、田亩赋税、大型牲畜、经济林木、兵甲船只和道路交通里程。[28]另外，尹湾汉墓中出土了西汉东海郡的郡集簿，内容包括东海郡的行政建置、吏员设置、户口垦田与钱谷出入。报告者认为，这可能是东海郡上计所用集簿的底稿或副本。[29]相较而言，县集簿与郡集簿所涵盖的内容大体一致。那么，郡集簿是否是以县集簿为基础进行编制的呢？

已有学者在探讨郡县上计文书的编制过程中敏锐地指出县综合性集簿是在县单项统计集簿的基础上进行编制，而郡综合性集簿则是基于郡单项统计集簿而编制的。[30]如此看来，郡单项统计集簿是依托于县单项统计集簿制作而成的，而郡、县综合集簿则分别呈送到朝廷与郡署。郡综合性集簿不直接以县综合性集簿为基础进行编制，应是出于对属县进行考核的用意。因此，各郡郡府为配合上计考课而集合了属县甚至下到乡里系列的上计文书，包

---

[27] 宋少华、张春龙、郑曙斌等编著：《湖南出土简牍选编》第2册，长沙：岳麓书社，2013年，第393—394页；韩树峰：《汉晋时期的黄簿与黄籍》，《史学月刊》2016年第9期。

[28] 湖南省文物考古研究所编著：《沅陵虎溪山一号汉墓》上册，第117页。

[29] 连云港市博物馆、东海县博物馆等编：《尹湾汉墓简牍》，第1—2页。

[30] 魏斌：《汉晋上计簿的文书形态——木牍和简册》，复旦大学历史学系、《中国中古史研究》编委会编：《中国中古史研究》第8卷《"文"与"物"的生成"专号》，第251—274页。

括那些进行单项、专门统计的文书。[31] 相关统计文书名目、种类繁多，此不赘述。那么，郡县集簿除了登载那些关乎国计民生、行政考课的资料外，是否还包括别的内容呢？

答案显然是肯定的。史料表明汉代上计簿中可能还出现了山川的名目。东晋范汪《荆州记》记载阳岐山，"故老相承云，胡伯始以本县境无山，[以]此山上计阶簿"。[32] "计阶簿"即集簿、上计簿。"本县"当指东汉华容县。胡广当时应是南郡郡吏或孝廉。[33] 若故老相承之语尚可信靠的话，那么东汉时期的上计簿中即已出现山川的内容。进一步而言，阳岐山本不属于华容县，而胡广又为何将其条列在南郡华容县的上计簿中（开列在华容县下）呢？梁萧世诚《荆南地记》(《荆南记》)的说法就更值得玩味："石首县阳岐山，山无所出，不足可书，本属南平界。"[34] 石首县置于西晋，属南郡。揣测其义，阳岐山本属南平郡，后划归南郡石首县。《荆南地记》的这则材料很有可能依据当时的上计簿而写，因而在一定程度上保留了簿书的表达方式。由此两则史料说明，对于辖境无山丘的县邑来说，上计簿中一定要条列山名应当是朝廷对上计内容

---

31 杨际平：《从东海郡〈集簿〉看汉代的亩制、田产与汉魏田租额》，《中国经济史研究》1998年第2期；魏斌：《汉晋上计簿的文书形态——木牍和简册》，复旦大学历史学系、《中国中古史研究》编委会编：《中国中古史研究》第8卷《"'文'与'物'的生成"专号》，第251—274页。
32 李昉等编纂：《太平御览》卷四六《地部十四·西楚南越诸山》"阳岐山"条引范汪（字玄平）《荆州记》，第240页上栏。
33 《后汉书》卷四四《胡广传》，第1505页。
34 李昉等编纂：《太平御览》卷四六《地部十四·西楚南越诸山》"阳岐山"条引《荆南记》，第240页上栏。

的强制性规定。《宋书》记载汉制所谓"条列郡内众事",[35]应当是上计内容的每一条目必须做出相应的记载。这也是华容或石首县虽地处平原地区,没有山名可供胪列,但也必须借临郡的丘陵凑数,或者干脆将某一丘陵划归其管辖的原因。北魏阚骃《十三州土地志》的一条佚文则有更为直接的规定:

> 计偕次第岁入贡于天子,(国簿代)郡国封瑞、山川草木、万物有无,不得隐饰。先君荣主应问,无有疑滞也。[36]

此则佚文当有缺漏,但大意是在强调上计簿(计偕簿、计阶簿)要全面条列郡国封瑞(封禅祥瑞之事)、山川草木与万物有无,不得隐饰,较明确规定了上计文书的记载内容。此条材料应是阚骃转引自北魏或更早时期的诏书,也反映出汉晋时期上计文书内容所发生的变化。与沅陵侯国上计簿、东海郡郡集簿相比,湖南郴州西晋上计简牍中有关桂阳郡山川、土产的记载,已经显现出上计簿中这些内容似乎日渐增益,并成为重要的组成部分。这一变化应主要从上计制度本身的演变以及朝廷对地方的控制程度等方面加以把握。

既然有理由相信山川的名目在汉代已经纳入上计簿中的话,就可以进一步怀疑上述的郡县集簿内容只是上计文书的一部分。换言

---

[35]《宋书》卷四〇《百官下》云:"汉制:岁遣上计掾史各一人,条上郡内众事,谓之阶簿。至今行之。"(第1258页)
[36] 虞世南:《北堂书钞》卷七九《设官部三十一·上计一百七十九》"应机答问"条引阚骃《十三州土地志》,第326页上栏。

之，在《东海郡吏员簿》《东海郡下辖长吏名籍》与《东海郡属吏设置簿》之外，应还有其他相关的上计簿书。比如《会稽贡举簿》之类名目的簿书。《吴书·妃嫔传》"孙破虏吴夫人"下裴注引虞喜《志林》曰："按《会稽贡举簿》，建安十二年到十三年阙，无举者，云府君遭忧，此则吴后以十二年薨也。八年九年皆有贡举，斯甚分明。"[37] 由此可见，《会稽贡举簿》登载的应是会稽郡郡守每年向朝廷举荐的孝廉、秀才等人士的名籍。虞喜为东晋人士，所见东汉《会稽贡举簿》应保存于当时的会稽郡署。此外，各郡每年举荐的孝廉是随上计吏一起进京的。如扬雄《方言》附录"扬雄答刘歆书"有"天下上计孝廉及内郡卫卒会者"之说。[38]《古文苑·扬雄答刘歆书》章樵注曰："四方所举孝廉与上计者［偕］（借），及诸郡兵士来卫京师。"[39] 如此一来，可试做联想，《会稽贡举簿》应是随其他上计文书一起呈送至朝廷。只不过虞喜所见的《贡举簿》很有可能是在原先"贡举名籍"之类的基础上按年汇编而成。

另外又如《河南十二县境簿》（《河南郡县境界簿》）。张国淦《中国古方志考》认为"《晋书·地理志》河南郡统县十二。曰《十二县境簿》，当是晋时所纂"。[40] 从现存佚文看，它记载了晋代河南郡县山川、城邑与祠庙等内容，[41] 记述较为朴素，与当时地

---

[37]《三国志》卷五〇《吴书·妃嫔传》，第1196页。

[38] 扬雄著，华学诚汇证：《扬雄方言校释汇证》，北京：中华书局，2006年，第1037页。另可参看扬雄著，张震泽校注：《扬雄集校注》"答刘歆书"，上海：上海古籍出版社，1993年，第264页。

[39]《古文苑》卷一〇《扬雄答刘歆书》章樵注，《四部丛刊初编·集部》，上海：上海书店出版社，1989年（原书未标注页码）。

[40] 张国淦编著：《中国古方志考》，第455页。

[41] 佚文参见刘纬毅：《汉唐方志辑佚》，第68页。

记充满形象化的描述风格颇为不同。可想而知，此种境界簿应是河南郡为了明晰郡县界限而记载山川、城邑与祠庙等名目的原始档案文书。它虽然出自晋代，但《汉书·匡衡传》提供一条极为重要的线索，暗示早在汉代就已有这样的做法：

> 初，衡封僮之乐安乡，乡本田堤封三千一百顷，南以闽陌为界。初元元年，郡图误以闽陌为平陵陌。积十余岁，衡封临淮郡，遂封真平陵陌以为界，多四百顷。至建始元年，郡乃定国界，上计簿，更定图，言丞相府。[42]

临淮郡在勘定和匡衡乐安国间的界限后，须将这一变化登载于上计簿中。这也表明行政区划边界的改变和重新厘定这一名目，也属于汉晋上计簿的内容。

综而言之，在县级政区向郡（国）的上计和郡（国）上计于朝廷中，分别形成了县集簿和郡集簿。两者内容除了关乎国计民生、行政区划沿革等重要名目外，还涵盖诸如山川地理、土产、贡举人名和疆域界限等。这一内容丰赡的郡县统计文书，与"郡记"间有着异常密切的联系，业已引起学者的关注。[43] 典型的例证是汉《巴郡图经》的一则佚文和尹湾汉墓出土的东海郡"集簿"登载内

---

42 《汉书》卷八一《匡衡传》，第3346页。
43 胡宝国：《汉唐间史学的发展（修订本）》，第151—152页；永田拓治：《上计制度与"耆旧传"、"先贤传"的编纂》，《武汉大学学报（人文科学版）》2012年第4期；魏斌：《汉晋上计簿的文书形态——木牍和简册》，复旦大学历史学系、《中国中古史研究》编委会编：《中国中古史研究》第8卷《"'文'与'物'的生成"专号》，第251—274页。

容的相似性，学者已有所讨论。另外的例子是曹魏杨元凤《桂阳记》和郴州上计简文的密切关联。《梁书·刘杳传》记刘杳与任昉对谈：

> 昉又曰："酒有千日醉，当是虚言。"杳云："桂阳程乡有千里酒，饮之至家而醉，亦其例也。"昉大惊曰："吾自当遗忘，实不忆此。"杳云："出杨元凤所撰《置郡事》。元凤是魏代人，此书仍载其《赋》，云'三重五品，商溪搽里'。"时即检杨《记》，言皆不差。[44]

据此史料可知，任昉查核的杨《记》，即刘杳提到的《置郡事》，而杨《记》必《桂阳记》无疑。姚振宗说此《桂阳记》当为任昉所集的八十四家地记之一，[45] 所言甚是。杨元凤其人无考，想必担任过桂阳太守，并编撰《桂阳记》，但此书已基本亡佚。推测其内容，大体与"置郡事"有关。[46] 而刘杳提及的程乡千里酒的记

---

[44] 《梁书》卷五〇《文学下·刘杳传》，第716页。

[45] 姚振宗：《三国艺文志》卷二"杨元凤桂阳记"条，二十五史刊行委员会编：《二十五史补编》第3册，第3244页中栏。

[46] 问题是杨元凤是何时出任桂阳太守的呢？建安十三年（208年）七月，曹操南征刘表；八月，刘表卒，子刘琮举荆州降于曹操。建安十四年后，荆州三分，曹操退保江北，刘备据荆南四郡，曹操所署武陵太守金旋、长沙太守韩玄、桂阳太守赵范、零陵太守刘度，皆降于刘备。稍微梳理史料发现，桂阳郡为曹氏所控制只有可能在建安十三年八月至十四年之间。那么，杨元凤很有可能是桂阳太守赵范的前任，是曹操南征刘表后在荆南重新署置桂阳郡的首任太守。其原因不仅在于杨元凤编著有关"置郡事"的地记，还在于现存《桂阳记》的一则佚文。此则佚文的内容是："临贺山，有黑银。"（《太平御览》卷八一二《珍宝部十一·银》，第3609页下栏）《御览》在引用此条资料时只著录名目而无作者。（转下页）

载与杨元凤的《赋》即出自此书。所谓"三重五品，商溪捋里"，说的当是程乡千里酒的品质与产地。就产地而言，千里酒出自程乡捋里商溪岸边。幸运的是，郴州上计简中有一枚简与此相关：

1-22　县东界去县卅里，从界到郴县呈乡/酒官卅里/[47]

在桂阳郡属县中，南平县或临武县符合这一表述。但简1-9谓"县东界去县八十里，到临武县五十里"。此"县"必是南平县无疑。因此，简1-22中的"县"就是临武县了。简文记载临武县东界距郴县呈乡（程乡）酒官三十里，呈乡应当位于郴县的西南方向。政府在此设置酒官，恰恰印证了杨元凤《桂阳记》中的描述不虚。[48]只不过简文没有正面记载，而《桂阳记》则对千里酒做出非常形象的描述。此则例子在表明上计簿书和"郡记"间强烈关系的同时，也显示出二者间的差异。

（接上页）临贺山，当在临贺县境内。此县两汉时属苍梧郡。(《汉书·地理志》，第1629页;《续汉书·郡国五》，参见范晔《后汉书》，第3530—3531页) 东吴分苍梧立临贺郡，(《宋书》卷三七《州三》，第1134页) 至南朝末期仍有临贺郡（国）。临贺县在此期间亦未曾割属桂阳郡。那么，有关临贺山的记载为何又出现在《桂阳记》中？从杨元凤"置郡事"的线索出发，曹操很有可能在占领荆州后对荆南政区进行了一些调整。临贺县或临贺山很有可能在此时成为桂阳郡的辖域。若这一推测不致大误的话，《桂阳记》中出现临贺山的材料也就顺理成章了。

47　湖南省文物考古研究所、郴州市文物处：《湖南郴州苏仙桥遗址发掘简报》，《湖南考古辑刊》第8集，第101页。图版见宋少华、张春龙、郑曙斌等编著：《湖南出土简牍选编》，第534—535页。

48　关于程乡千里酒，《文选·七命》"乃有荆南乌程、豫北竹叶"下李善注引盛弘之《荆州记》亦有记载，其内容曰："渌水出豫章康乐县，其间乌程乡有酒官，取水为酒，酒极甘美，与湘东酃沽酒，年常献之。世称'酃渌酒'。"(萧统编，李善等注：《六臣注文选》卷三五《七命》，第660页上栏)"乌程乡"即"程乡"。

这种差异性不仅体现在各自内容的叙述方式与侧重点,而且也来自其拥有不同的行政功用。由上可知,出于对地方长官进行政绩考核的目的,上计文书重点著录户口、田亩与赋税等有关国计民生方面的行政资料。即使郴州上计简文中记载地理等相关内容,若与同一时期的州郡地记相比,也有显著的差别:

2-198　和溪,原出县和山

2-200　桐梁溪,原出县翁原山

2-224　逋溪,原出县阳山

2-225　浦溪,原出县阳山[49]

经考证,这几枚简文最有可能属于桂阳郡临武或南平县下所开列的溪流及发源地。[50] 记载非常简略,毫无半点文字修饰。而东晋罗含《湘中记》中有关山水的记载则大不相同。试举两例:

---

49 湖南省文物考古研究所、郴州市文物处:《湖南郴州苏仙桥遗址发掘简报》,《湖南考古辑刊》第8集,第101页。图版见宋少华、张春龙、郑曙斌等编著:《湖南出土简牍选编》,第534—535页。
50 嘉靖《衡州府志》卷三《邮驿》临武县下记有桐梁铺(《天一阁藏明代方志选刊》第59册,上海:上海古籍书店,1963年,第8页B面)。康熙《衡州府志》卷三《营建志·桥梁》嘉禾县下著录桐梁桥,在县东北三十里(北京图书馆古籍出版编辑组辑:《北京图书馆古籍珍本丛刊·史部》第36册,北京:书目文献出版社,1988年,第113页上栏)当即今嘉禾县行廊镇沙坪村西北的桐梁桥。桥东侧的溪水,同治《嘉禾县志》称作芹溪。则桐梁溪很可能为芹溪,即今陶家河。逋溪可能即浦溪,嘉靖《衡州府志》卷三《邮驿》临武县下记有"浦溪铺",(《天一阁藏明代方志选刊》第59册,第8页B面)又有浦溪山,山出银矿。今嘉禾县行廊镇行市村西仍有地名浦溪铺,铺西数里即有溪流,当即浦溪,今名黄狮江,源出临武县香花岭西北麓。则阳山可能在香花岭附近。综而言之,这几条溪流当在西晋桂阳郡南平或临武县境内。

> 湘水之出于阳朔,则觞为之舟,至洞庭,日月若出入于其中也。
>
> 五美水,在长沙县东二十五里。光武时有五美女居于此溪之侧,后因为名。[51]

对山川的得名、景观及传说做如此记载,屡见于六朝地记。通过对比可知,上计简文和"郡记"间有着鲜明的叙述风格的差异。事实上,简文简朴的文字记载和上计簿作为政绩考核的文书性质是相符的。无论如何,以上梳理表明,郡、县集簿和"郡记"间有关记载内容的相似性,进一步显示"郡记"的相关记载是以郡县编制的系列上计文书作为资料来源。然而,与郡县集簿作为年度统计文书不同,"郡记"虽然包含与郡县集簿相似的内容,但又存在着郡县集簿所不能涵盖的名目,比如山川得名、地方人物和传说等,同时又表现出较为浓厚的描述风格。关键是"郡记"拥有自身的行政功用。

在上任之初,外来的郡守迫切地需要了解郡县所处的地理位置、山川河流的来龙去脉、行政区划沿革和一郡户口等具体情况。这使得"郡记"看起来是郡守治理地方的"行政手册"。从东汉永兴二年(154年)巴郡太守但望的分郡奏疏中引用《巴郡图经》来看,当时地方政务的运行是以图经作为参考依据。[52]图经即是对地

---

51 郦道元著,王先谦校:《合校水经注》卷三八《湘水注》"湘水出零陵始安县阳海山"下引罗含《湘中记》,第540页下栏;李昉等编纂:《太平御览》卷六五《地部三十·五美水》引罗含《湘中记》,第311页下栏。
52 常璩著,任乃强校注:《华阳国志校补图注》卷一《巴志》,第20页。

图的文字说明，为六朝"郡记"的渊源之一。这也充分说明"郡记"在地方行政运作中的重要作用。但望在分郡奏疏中并非引用更为原始的"郡集簿"之类的上计文书，透露出在具体的政务处理中，描述更为直观、形象的图经（"郡记"）比上计文书更为实用。重要的是，两者分别适用于不同的行政系统：上计文书是上计制度的产物，而"郡记"是出于郡级行政政区的有效运作和对县级政区的控制角度而着手编纂的。因此，"郡记"的编纂主要从这两方面入手加以考察。

如所周知，郡、县层级是秦汉六朝时期稳定的实体行政区划。郡长官郡守统治一郡众事，而以理民为要务。为了达致政务的正常运转，郡守不仅要招揽当地士人、任命佐吏，而且需要尽快地了解一郡具体情况。正是如此，郡守或与当地士人进行问对，或参考已有的"郡记"（稿本），或着手进行"郡记"编纂。[53] 在编者可考的六朝地记中，以郡守名义或由郡守组织佐吏修纂的"郡记"不在少数。如宜都太守袁山松《宜都山川记》（《宜都记》）、[54] 陶夒《闽中记》、[55] 萧几《新安记》、[56] 吴兴太守张玄之《吴兴山墟名》、临

---

[53] 有关最后一方面的例证不多，仍以杨元凤编纂《桂阳记》为例。据上述考证，在建安十三年（208年）八月至十四年之间，杨元凤很有可能是曹操南征刘表后在荆南重新署置桂阳郡的首任太守。在短短一年左右的时间中，杨元凤便着手编纂《桂阳记》。

[54] 袁山松，《晋书·袁山松传》只提到他任吴郡太守。《艺文类聚》卷一九《人部三·啸》抄录东晋"桓玄与袁宜都书""袁山松答桓南郡书"。（欧阳询著，汪绍楹校：《艺文类聚》，第354—355页）可知袁山松曾担任宜都郡守。

[55] 淳熙《三山志》"梁克家序"，《宋元方志丛刊》第8册，第7786页下栏。

[56] 《梁书》卷四一《萧几传》曰："为新安太守，郡多山水，特其所好，适性游履，遂为之记。"（第597页）

川内史荀伯子《临川记》、孔灵符《会稽记》和顾宪之《衡阳郡记》等。[57] 值得一提的是，从《梁书·萧幾传》的表述来看，爱慕当地山水之美似乎是一些郡守编纂"郡记"的初衷。不可否认的是，至两晋南朝时期，"郡记"中有关山川的内容逐渐增多，和郡守在当地作山水之游不无关系。部分"郡记"甚至以"山川""山墟"作为其名称。即使如此，在现存《吴兴山墟名》《宜都山川记》的佚文中，依旧能够举出与"山川"无关的条文，如："长兴县有上箬、下箬里"；[58]"秭归，盖楚子熊绎之始国，而屈原之乡里也。原田宅于今具存"；"父老传言，（屈）原既流放，忽然暂归，乡人喜悦，因名曰归乡"。[59] 可以肯定，在最初的《吴兴山墟名》或者《宜都山川记》中，一定还有不少内容与"山川"的名目无关。

"郡记"不仅是配合一郡的行政运作，而且是对一郡下辖县级政区山川、土产和人才等资源的了解和掌控。上一节引用梁代萧世诚《荆南地记》提到"石首县阳岐山，山无所出，不足可书，本属南平界"。反过来说，地记中著录、登载的首先是那些"山有所出"或者土产丰赡的山、川。不仅"山川"如此，"物产"名目的登载也是。刘宋邓德明《南康记》云："雩都县土壤肥沃，偏宜甘蔗，味及彩色，余县所出无，一节数十碎。郡以献御。"[60] 由此

---

57 宪之在齐高帝时为衡阳内史，《衡阳郡记》当是他在内史任上所编纂。见《梁书》卷五二《止足传·顾宪之》，第758、760页。
58 嘉泰《吴兴志》卷二〇《风俗》引《吴兴山墟名》，《宋元方志丛刊》第5册，第4865页上栏。
59 郦道元著，王先谦校：《合校水经注》卷三四《江水注》，第493页下栏—494页上栏。
60 徐坚等著：《初学记》卷二〇《政理部·贡献第三》引邓德明《南康记》，第475页。

说明了解郡县物产并提供献御是当地物产被编入"郡记"的重要原因之一。这也恰可解释为何"郡记"中不厌其烦地登载山林树木、土产异物了。换言之，控制属县的各种资源是"郡记"编纂的最终目的。

细绎现存"郡记"佚文，不难发现"郡记"的编排是以属县为基本单位而非各类名目。也就是说，在开列一郡基本情况（地理位置、政区沿革、田赋户口）后，紧接着是以各属县为单位进行编排，在每一县下再开列各类细目。存世《华阳国志》郡县部分即按照某郡序文、各县具体情况的编排框架进行编排。这一编排原则暗示郡级政区控制郡内资源是以县级政区为基本行政空间展开的。这也意味着"郡记"很有可能以各县的"县记"为基础进行编纂。由此延伸出来的问题是，在汉魏六朝时期，是否存在"县记"的编纂呢？

现存汉魏六朝时期"县记"的种类极少，确切的只有《九江寿春记》《娄地记》《永世记》《吴县记》《钱塘记》《寿阳记》《吴郡缘海四县记》《国山记》和《江乘记》(《江乘地记》)等数种。受到史料缺乏的制约，"县记"和所在的"郡记"间的具体关系，已不能详究。然而山谦之《丹阳记》的一则佚文值得引起注意。其曰："《永世记》云：县南百余里铁岘山，广轮二百许里。山出铁，杨州今鼓铸之。"[61] 显然，《丹阳记》在编纂过程中参考了《永世记》。与一般的"郡记"佚文不同，此条佚文比较特殊，

---

61 李昉等编纂：《太平御览》卷四六《地部十一·江东诸山》"铁岘山"条引《丹阳记》，第222页上栏。

在"郡记"中直接引用"县记"。虽然已经无法对"郡记"和其参考、引用的"县记"进行全面的文本比勘,但由此则佚文可做进一步揣测,"郡记"的编纂很有可能直接参考了下辖各县的"县记",辅以郡县系列的上计文书。"郡记""县记"内容的承继关系和郡、县行政层级相符合。这可以说是郡级政区进行行政控制的缩影。

三、结语与附说

上计制度、郡县体系的运作带来诸多影响,其中之一便是汉魏六朝"郡记"的编纂。"郡守问士"虽然是上计制度、郡县体系运转的仪式性呈现,但这一环节暗示着问对内容和"郡记"编纂之间的强烈关联。通过上文的考述可知,因上计制度而形成的郡县上计文书不仅包含着国家财政、社会经济等关乎国计民生的内容,而且还涵盖山川地理、土产、贡举人名和疆域界限等名目。这和"郡记"内容间有着异常密切的联系。因此,"郡记"的资料来源很大一部分是郡县编制的系列上计文书。然而"郡记"属于郡县行政体系运转的产物。它的编纂最直接地受到郡府行政和郡县行政层级的影响。正是在其基础上,形成了"郡记""县记"的文本系统。这些文本并不能简单地仅仅理解成官宦者山水之游的情致之作,而更多是出于行政管理、资源控制的目的而着手编纂的。

事实上,地方知识、"郡记"文本的生产除了行政制度作为持续的助推力之外,还有赖于当地士人。《两汉纪·后汉纪》"孝桓皇帝纪上卷"永兴元年(153年)十一月,"太尉袁汤致仕。汤字仲河,初为陈留太守,褒善叙旧,以劝风俗……乃使户曹史追录旧闻,以为《耆旧传》"。[62] "户曹史"疑为陈留士人圈称。[63]《耆旧传》乃户曹史采撷"旧闻"而成,可见郡县掾史在地方志书编纂中的重要作用。类似的例子是会稽士人虞翻、朱育和孔灵符等人和《会稽记》编纂之间的密切关系。他们是会稽郡的世家大族,同时兼有郡府掾史甚至郡守长官的职务,对于当地山川地理、先贤人物等地方知识颇为熟稔。当地世家大族在"郡记"编纂中所发挥的重要角色,是另一个值得关注的话题。[64]

不仅如此,因上计制度长期而连续的施行,地方州郡形成了一种矜夸乡土文化的认同意识。这一情怀又往往随着私人编纂地记的兴起而贯穿其中,从而变得更为浓厚。这一类型的地记以《越绝书》《华阳国志》最为典型。[65] 其编纂初衷与目的并非作为官方

---

62 袁宏:《两汉纪·后汉纪》"孝桓皇帝纪",北京:中华书局,2002年,第402页。
63 姚振宗:《后汉艺文志》卷二"圈称陈留耆旧传二卷"条,二十五史刊行委员会编:《二十五史补编》第2册,第2369页中栏。
64 已有学者对这一问题进行研究,详请参阅:青山定雄:《六朝時代の地方誌について—撰者とその内容—》,《東方學報(東京)》第12册第3分册,东京:1941年,第315—356页。中译本见颐安译《六朝之地记》(一),北平《中和月刊》第4卷第2期,1943年,第41页;青山定雄:《六朝時代に於ける地方誌編纂の沿革》,《池内博士還暦紀念東洋史論叢》,東京:座右寶刊行会,1940年,第20—21页。其他学者亦有类似的看法,参见:仇鹿鸣:《略谈魏晋的杂传》,《史学史研究》2006年第1期;王琳:《六朝地记:地理与文学的结合》,《文史哲》2002年第1期。
65 从《越绝书》出发探析中国早期地方史的构建,是颇为有趣的话题。参阅王万隽:《地方史的建立、延续与运用——以汉唐间的〈越绝书〉和〈吴越春秋〉为中心》,台湾师范大学硕士学位论文,2005年。

行政运作的"参考手册",而是著述立说,即常璩所谓"达道义,章法戒,通古今,表功勋,而后旌贤能"。[66] 官方与私人编纂的地记,本质差异正在于此。这也为日后深入研究六朝地记带来一个新的启示。

---

66 常璩著,任乃强校注:《华阳国志校补图注》卷一二《序志》,第723页。

第五章

观念、制度与文本编纂
——论魏晋南北朝的"州记"

如所周知,现今所能见到的魏晋南北朝时期的州郡地记,基本上以佚文的形式存留于六朝至唐宋的载籍中。围绕这些散佚的文本,已有的研究成果主要关注其性质、兴盛原因及其编纂的资料来源。[1] 不过一个有趣的现象是,当我们在使用这些资料时,往往笼统地称之为州郡地记、六朝地记或地理书。然而由此也衍生出一个最基本的问题,那就是这些州郡地记是同一种性质的文本吗?即"州记"和"郡记"可以混为一同来处理吗?

为了回答这一问题,我们对"郡记"和"州记"进行分开讨论。这样的做法,主要从以下几点加以考虑:从形成的时间来看,

---

1 相关学术回顾,参见本书第四章。此外,聂溦萌将中古地理书分为私撰和官修两类,探究二者的发展过程,关注社会文化与行政运作两方面的互动对地理书产生的作用。参见氏著:《中古地理书的源流与〈隋志〉史部地理篇》,《史林》2019年第4期。

"郡记"文本早在两汉就已有之。然而，相对于东汉时期就已确立的州级政区而言，真正意义上的和州级政区相匹配的"州记"，要迟至东晋时期才得以出现。较为特殊的是应劭《十三州记》，但据下文考证，可知此书佚文类似于应劭对《汉书》的集解和音义，而非东汉时期全国性的总志撰述。因此可以推测，"州记"的出现，一开始和州级政区及其行政系统的运作没有直接的关系；和州级政区相关的文本虽有两汉三国时期的"州箴""州论"，但其性质和"州记"不同；西晋时期，"州记"文本开始以全国性总志的方式出现。

那么，"州记"的最初编纂，呈现出什么样的面貌呢？西晋时期开始出现的全国性总志中的"州记"是怎样的？东晋南北朝时期，以运行的州级政区为单元而编纂的"州记"，是如何编纂的？它们的内容和性质又是什么？为了对"州记"有一个长时段的观察，本章首先梳理和"州记"相关的文本"州箴""州论"，然后从佚文内容出发，尽可能地考证西晋至南北朝时期诸种"州记"的成书年代、文本框架和编纂者。在其基础上，试图从观念和制度两方面因素入手观察魏晋南北朝"州记"的编纂过程。

一、"州箴""州论"小史

至迟于东汉时期，作为地方行政区划层级中的州级政区得以确立。西汉晚期至三国时期，围绕"州"而形成的相关文本，是史料中可见的"州箴"和"州论"。《后汉书·胡广传》提到西汉扬

第五章　观念、制度与文本编纂——论魏晋南北朝的"州记"

雄撰写的《十二州箴》：

> 初，扬雄依《虞箴》作《十二州二十五官箴》，其九箴亡阙，后涿郡崔骃及子瑗，又临邑侯刘騊駼，增补十六篇，广复继作四篇，文甚典美。乃悉撰次首目，为之解释，名曰《百官箴》，凡四十八篇。[2]

从现存扬雄所撰的箴文来看，《十二州二十五官箴》分为"十二州箴"和"二十五官箴"两部分内容。[3] 胡广续补的应是和"二十五官箴"有关的部分。关于"州箴"，《汉书·扬雄传》云："箴莫善于《虞箴》，作《州箴》。"[4] 学者已指出，扬雄的《十二州箴》，反映的是平帝元始四年（4年）更改十二州名之后的情况。[5] 箴文仿照《虞箴》的行文体例，借用《禹贡》的一些描述，用文学化的语言叙述十二州的地理范围、物产土贡和历史变迁等内容。这种带

---

[2]《后汉书》卷四四《胡广传》，第1511页。

[3] 关于箴文，参见张震泽校注：《扬雄集校注·箴》，上海：上海古籍出版社，1993年，第313—403页。

[4]《汉书》卷八七下《扬雄传》，第3583页。《虞箴》文，见于《春秋左氏传》，其曰："芒芒禹迹，画为九州。经启九道，民有寝庙，兽有茂草。各有攸处，德用不扰。在帝夷羿，冒于原兽。忘其国恤，而思其麀牡。武不可重，用不恢于夏家。兽臣司原，敢告仆夫。"杨伯峻编著：《春秋左传注》襄公四年（前569年），北京：中华书局，2009年，第938—939页。

[5] 顾颉刚：《两汉州制考》，《顾颉刚古史论文集》卷五，北京：中华书局，2011年，第204—205页；辛德勇：《两汉州制新考》，《文史》2007年第1期。"更十二州名"一事，分见于《汉书》卷一二《平帝纪》和《汉书》卷九九下《王莽传》，第357、4077页。不过，有学者提出扬雄"州箴"作于成帝末期。参见王允亮：《俯仰在兹——先唐地理观念与文学论稿》，北京：科学出版社，2018年，第49—53页。

有劝诫意味的文本,和州牧监察理民的性质相符合。比如"荆州牧箴":

> 杳杳巫山,在荆之阳。江汉朝宗,其流汤汤。夏君遭鸿,荆衡是调。云梦涂泥,包匦菁茅。金玉砥砺,象齿元龟。贡篚百物,世世以饶。战战栗栗,至桀荒溢。曰我在帝位,若天有日……南巢茫茫,包楚与荆。风慓以悍,气锐以刚。有道后服,无道先强。世虽安平,无敢逸豫。牧臣司荆,敢告执御。

和"十二州箴"可以结合起来考察的是汉末三国时期出现的"州论"。与众大臣、儒士进行讲论问对成为曹魏各帝王的时兴方式。[6]《三国志》谓文帝曹丕"论撰所著《典论》、诗赋,盖百余篇,集诸儒于肃城门内,讲论大义,侃侃无倦"。[7]到了曹芳正始八年(247年),这种方式仍旧盛行。当时的尚书何晏专门上奏"讲论经义"等事:"可自今以后,御幸式乾殿及游豫后园,皆大臣侍从,因从容戏宴,兼省文书,询谋政事,讲论经义,为万世法。"[8]从《魏氏春秋》载高贵乡公曹髦与群臣的讲论过程来看,讲论包括讲业和议论两部分,[9]所涉主题当非常广泛。除了政事、经义、礼典和帝王人物优劣之外,讲论的内容还涉及州

---

[6] 当然,讲论或谈论这种方式,并非发端于曹魏。详请参阅刘季高:《东汉三国时期的谈论》,上海:上海古籍出版社,1999年。
[7]《三国志》卷二《魏书·文帝纪》篇末裴注引《魏书》,第88页。
[8]《三国志》卷四《魏书·三少帝纪》正始八年(247年)七月,第122—123页。
[9]《三国志》卷四《魏书·三少帝纪》甘露元年(256年)春正月辛丑条裴注引《魏氏春秋》,第134—135页。

第五章 观念、制度与文本编纂——论魏晋南北朝的"州记"

郡人物、地方土产。尤为幸运的是,卢毓《冀州论》中恰好存留了有关州郡人物、地方土产的讲论问对。先来看其中的一则佚文:

> 冀州,天下之上国也。尚书何平叔、邓玄茂谓其土产无珍,人生质朴。上古以来,无应仁贤之例,冀、徐、雍、豫诸州也。卢释曰:"除黄帝已前,未可备闻,略言唐虞已来。冀州乃圣贤之渊薮,帝王之宝地。东河以上,西河以来,南河以北,易水以南,膏壤千里,天地之所会,阴阳之所交,所谓神州也。"[10]

从《冀州论》所存的佚文来看,此段应是卢毓回答尚书何晏(字平叔)、邓飏(字玄茂)谓冀州土产无珍、人生质朴和无应仁贤之例的序文。据《魏书·卢毓传》,魏明帝景初元年(237年)左右,卢毓为吏部尚书。齐王曹芳即位,曹爽"徙毓仆射,以侍中何晏代毓"。[11]因此,卢毓与尚书何晏的问对,应该发生于曹爽专政之时。当时卢毓的官职很有可能即为尚书仆射。卢毓所举常山郡的梨、魏郡的杏、安平郡的枣、中山国的栗等物产时,皆以"地产不为无珍"的语句结尾。兹试举几例如下:

---

10 徐坚等著:《初学记》卷八《州郡部·河东道第四》"论"下引卢毓《冀州论》,第176页。日本学者青山定雄注意到卢毓《冀州论》与其他地志的差异,但未深入探究。参见氏著,颐安译:《六朝之地记》,《中和月刊》第4卷第2期,1943年。
11 《三国志》卷二二《魏书·卢毓传》,第650—652页。

>中山好栗，地产不为无珍。
>
>安平好枣，地产不为无珍。
>
>魏郡好杏，地产不为无珍。
>
>常山好梨，地产不为无珍。[12]

据现存佚文，卢毓所举的郡国囊括中山国、安平郡、魏郡、常山郡、赵国和河内郡等，已溢出曹魏立国后冀州的辖域。据《献帝起居注》，"建安十八年三月庚寅，省州并郡，复《禹贡》之九州"，冀州得魏郡、安平、河间、清河、河内、上党、涿郡等三十二郡。[13] 因此，当时尚书何晏、邓飏与卢毓等人是以东汉末年九州制下的"大冀州"为地域范围进行问对辩论的。

《冀州论》是卢毓与尚书何晏、邓飏问对的一次结集，内容涉及冀州的物产与先贤。令人颇为生疑的是，现存佚文却没有一则涉及人物。这不能说是偶然。线索来自另外一篇署名为何晏的《冀州论》。[14] 此篇《冀州论》的内容，通过华美工整的辞藻，勾勒冀州自春秋以来的圣贤仁人，如谓"恭谨有礼，莫贤乎赵衰；仁德忠义，莫贤乎赵盾；纳谏服义，莫贤乎韩起；决危定国，莫贤乎狐偃"。这样的语句与卢毓《冀州论》中对物产的描述具有惊人相似的一面。几乎可以认定，此篇《冀州论》原先当是卢毓《冀

---

12 四则佚文，分别见于《太平御览》卷九六四、九六五、九六八、九六九，第4278页下栏、第4281页上栏、第4292页下栏、第4296页下栏。
13 《续汉书·百官五》刘昭注补引《献帝起居注》，参见范晔：《后汉书》，第3618页。
14 李昉等编纂：《太平御览》卷四四七《人事部十八·品藻下》，第2057页上栏。

第五章 观念、制度与文本编纂——论魏晋南北朝的"州记"

州论》中的组成部分。这也恰好补充卢毓《冀州论》现存佚文中缺少先贤人物的内容。此两篇《冀州论》当合而为一，组成完整的《冀州论》。

值得一提的是，署名为卢毓父卢植编纂的《冀州风土记》，现存的一则佚文曰："黄帝以前，未可备闻，唐虞以来，冀州乃圣贤之泉薮，帝王之旧地。"[15]《太平寰宇记》与《太平御览》虽是节引此则佚文，但可看出其内容与卢毓《冀州论》的序文基本一致。翻检《后汉书·卢植传》，卢植编纂《冀州风土记》，或在他晚年出任冀州牧袁绍军师之时。无论如何，卢毓《冀州论》中不少内容应当来自《冀州风土记》。

那么，署名为何晏的《冀州论》又是怎么回事？从《初学记》《艺文类聚》与《太平御览》等类书中所引何晏《冀州论》或《九州论》来看，其内容应当都出自卢毓的《冀州论》。由上述可知，何晏先是从"土产无珍，人生质朴"的问题对冀、徐等四州进行问对。毫无疑问的是，现存佚文当非出自何晏之手。何晏或其幕僚很有可能把这次有关禹贡九州的问对进行结集，题为《九州论》，而卢毓《冀州论》当是《九州论》中的一篇。因而，后世类书在转引时，或署"卢毓"，或署"何晏"，遂造成一些谬误。

---

15 乐史著，王文楚等点校：《太平寰宇记》卷六三《河北道十二·冀州》"风俗"栏，第1284页。案，《冀州风土记》撰者，《太平寰宇记》作"虞植"。《太平御览》卷一六一《州郡部七·河北道上》"冀州"栏下亦引《冀州风土记》此文，撰者为卢植，第783页下栏。《后汉书》卷六四《卢植传》谓植"所著碑、诔、表、记凡六篇"，未明言其所撰何"记"。"虞植"即"卢植"之误。

可以说,"十二州箴"仿照《禹箴》的体例,为西汉晚期的"十二州"监察区而撰写,属于为官理民的箴文;《冀州论》有着问对讲论的性质,现存佚文显示其涉及的区域为东汉末年九州制下的"大冀州",同时,它的内容和《冀州风土记》间有密切的关系。下文将会展开考察的"州记",基于州级单元而进行撰述,内容包含地理、物产、历史变迁和先贤人物等。"州论"虽涵盖地理、物产和人物等信息,但显然并非"州记"。

二、"州记"丛考

姚振宗《隋书经籍志考证》于《豫章旧志后撰》一书下说道:

> 汉魏六朝地理之书大抵略如《华阳国志》之体,有建置、有人物、有传、有赞,而注意于人物者为多。自来著录之家,务欲各充其类,以人物为重者则入之传记,以土地为重者,则入之地理。亦或一书而两类互见,不避复重。或裁篇而分类录存,不嫌割裂,各随其意,各存其是。初无一定之例也。[16]

就内容而言,通过现存"州记"的佚文可知,举凡山川、建

---

16 姚振宗:《隋书经籍志考证》卷二〇《史部十》,二十五史刊行委员会编:《二十五史补编》第4册,第5346页下栏。

置、物产、人物和传说,都囊括于"州记"中。相较于"州论","州记"的内容更为庞杂。综合来看,现存的"州记"存在两种类型:全国总志式"州记"和州级政区"州记"[17]。兹先列表如次:

表3 魏晋南北朝的"州记"类型

类　型	书　　名
全国总志式"州记"	裴秀《禹贡九州地域图》(《雍州记》《冀州记》)、荀绰《九州记》(《冀州记》《兖州记》)、乐资《九州志》、《九州郡县名》、阚骃《十三州志》、刘澄之《永初山川古今记》(《司州记》《豫州记》《扬州记》《江州记》《荆州记》《交州记》《梁州记》)、《大魏诸州记》、黄恭《十三州记》(《交广记》)、吴均《十二州记》
州级政区"州记"	刘芳《徐州人地录》(《徐地录》)、范汪《荆州记》、盛弘之《荆州记》、庾仲雍《荆州记》、郭仲产《荆州记》《荆州土地记》、萧绎《荆南志》(《荆南地志》)、《南荆州记》、《荆州图记》(《荆州图》)、《荆州图副记》(《荆州图副》)、《荆南图副》、庾仲雍《湘州记》、郭仲产《湘州记》、甄烈《湘州记》《湘州图副记》、萧绎《江州记》、王隐《交广记》、王范《交广二州记》、刘欣期《交州记》、姚文感《交州记》、裴渊《广州记》、顾微《广州记》、刘欣期《益州记》、任预《益州记》、李膺《益州记》、郭仲产《秦州记》、山谦之《南徐州记》、阮叙之《南兖州记》、郭仲产《南雍州记》、鲍至《南雍州记》、虞孝敬《广、梁、南徐州记》

(一)全国总志式"州记"

以"州"级单元作为基本框架而编纂的全国性总志,很有可能晚至西晋才得以出现。《续汉书·郡国一》开篇曰:"《汉书·地

---

[17] 值得一提的是以"州记"为题的霸史,比如张资《凉州记》、段龟龙《凉州记》《沙州记》等,性质和"州记"不同,暂不做讨论。

理志》记天下郡县本末，及山川奇异，风俗所由，至矣。今但录中兴以来郡县改异，及《春秋》、三史会同征伐地名，以为《郡国志》。"[18]《汉书·地理志》以郡县侯国为基本结构自不待言。观察《续汉书·郡国志》可知，郡县层级亦是此书编纂的基本框架，而关于州一级政区，只不过简略地出现在对郡县归属的"右某州"的表达上。由此可见，两汉时期尚未形成以州级政区作为基本结构而编纂的全国性总志。这里需要辨明的是应劭的《十三州记》和《地理风俗记》。姚振宗《后汉艺文志》云："应仲远此两书虽不传，其体制略可想见。《十三州记》如班书《地理志》，《风俗记》如班氏志郡国以后系以分野风俗。两书当合为一编，其即《续汉书》所谓十一种、百三十六篇之一欤？"[19] 除了上述两种著述，应劭曾对《汉书》进行过注释。《后汉书·应奉传》附其子"应劭传"，谓应劭"撰《风俗通》，以辩物类名号，释时俗嫌疑。文虽不典，后世服其洽闻。凡所著述百三十六篇。又集解《汉书》，皆传于时"。[20] 现存的《十三州记》和《地理风俗记》佚文，类似于应劭对《汉书》的集解和音义，而非东汉时期全国性的总志撰述。如《十三州记》佚文"江别入沔，为夏水源"一则，[21]《汉书·地理上》"江夏郡"下颜师古注引应劭曰："沔水自江别至南郡华容为夏水，过郡入江，故曰江夏。"[22] 两者之间有一定的相似性。又"中人城西

---

18 《续汉书·郡国一》，参见范晔《后汉书》，第3385页。
19 姚振宗：《后汉艺文志》卷二，二十五史刊行委员会编：《二十五史补编》第2册，第2375页下栏。
20 《后汉书》卷四八《应奉传》附其子"应劭传"，第1614页。
21 郦道元著，王先谦校：《合校水经注》卷三二《夏水注》，第476页上栏。
22 《汉书》卷二八上《地理志第八上》，第1568页。

北四十里有左人亭"一则,《太平寰宇记·河北道十一》定州"唐县"下引作应劭《地理记》,而《太平御览·州郡部七》却引作应劭《风俗通》。[23]《地理记》当即《地理风俗记》之省称。由此处可知,《地理风俗记》与《风俗通》间关系密切。正如姚振宗所说,《十三州记》和《地理风俗记》二书合成一编,即《汉书·地理志》的体例。倘若这一推测不致大误的话,《十三州记》即使是应劭所取的书题,其体例也诸如《汉书·地理志》,以郡县侯国为基本框架。

裴秀《禹贡九州地域图》(《禹贡地域图》)

未见著录。《晋书·裴秀传》曰:"以职在地官,以《禹贡》山川地名,从来久远,多有变易。后世说者或强牵引,渐以暗昧。于是甄摘旧文,疑者则阙,古有名而今无者,皆随事注列,作《禹贡地域图》十八篇,奏之,藏于秘府。"则《禹贡地域图》不仅是舆图,还"甄摘旧文""随事注列"。这也正是裴秀"序文"所说的"图记":

> 文皇帝乃命有司,撰访吴蜀地图。蜀土既定,六军所经,地域远近,山川险易,征路迂直,校验图记,罔或有差。[24]

则"吴蜀地图"拥有文字性说明的"图记"。与此相同,《史记索

---

23 乐史著,王文楚等点校:《太平寰宇记》卷六二《河北道十一·定州》,第1272页;李昉等编纂:《太平御览》卷一六一《州郡部七·河北道上》,第784页下栏。
24 《晋书》卷三五《裴秀传》,第1039—1040页。

隐》引裴秀《冀州记》,《初学记》《太平寰宇记》《长安志》引《雍州记》佚文，原先当是裴秀《禹贡地域图》冀州、兖州图的文字性说明，即"图记"。此外，裴秀在《禹贡地域图》序文中提及"今之十六州"。在十六州中，其中十五州可以确定，它们是司、冀、兖、豫、徐、青、幽、并、雍、凉、益、秦、梁、荆、扬。有疑问的是宁州。该州置于泰始七年（271年）八月，而裴秀卒于泰始七年三月。[25] 因此，另外一州不是宁州而是交州。据《晋书·地理下》"交州"栏，"晋平蜀，以蜀建宁太守霍弋遥领交州，得以便宜选用长吏"。[26] 交州虽是遥领，但依旧成为太康平吴前西晋所控制的州数的组成部分。由此来看，裴秀《禹贡地域图》当完成于泰始五年置秦州后至泰始七年间。

荀绰《九州记》

是书未见著录，明确征引荀绰《九州记》的仅有《三国志·袁涣传》裴注。[27] 不过，今存荀绰《冀州记》《兖州记》佚文，当出自《九州记》，内容有关冀州、兖州的人物。具体来说，佚文围绕祖父和本人、兄弟的任官履历和品状几方面内容展开，涉及的基本是西晋立国至永嘉之乱前的人物。据《晋书·荀勖传》附"荀绰传"，荀绰"撰《晋后书》十五篇，传于世。永嘉末，为司空从事中郎，没于石勒，为勒参军"。[28] 基本可以认为，荀绰《九州记》

25《晋书》卷三《武帝纪》，第60—61页。
26《晋书》卷一五《地理下》，第465页。
27《三国志》卷一一《魏书·袁涣传》裴注引荀绰《九州记》，第336页。
28《晋书》卷三九《荀勖传》附"荀绰传"，第1158页。

在永嘉之乱前即已成书。而且，佚文内容仅涉及人物，并非偶然。这些佚文俨然人物列传，和荀绰撰写《晋后书》、担任司空从事中郎间应有一定的联系。值得一提的是，关于"裴康"的记载，除了荀绰《冀州记》外，还见于《北堂书钞》征引署名为乔潭的《冀州记》。[29]"乔潭"似是"荀绰"二字的形误。

乐资《九州志》

《隋书·经籍二》仅著录晋著作郎乐资《春秋后传》和《山阳公载记》，没有记载该书。《水经注·洧水注》《太平御览》引乐资《九州志》佚文一则，有关扬州盐官县美人庙一事。[30]此外，另有几则佚文，仅引作《九州志》或《九州记》，不能判定出自乐资《九州志》。

《九州郡县名》

《隋书·经籍二》著录《九州郡县名》九卷，应是每州一卷。和此书名类似的有太康三年（282年）《州郡县名》五卷，亦不知撰者。[31]姚振宗认为所载内容大抵是三国时郡县名。[32]今此书佚文不存，具体情况无考。

---

29 虞世南：《北堂书钞》卷六五《设官部十七·太子左右卫率一百二十》引乔潭《冀州记》，第270页上栏。
30 郦道元著，王先谦校：《合校水经注》卷二九《洧水注》"谷水又东南径盐官县故城南"下引乐资《九州志》，第435页下栏；李昉等编纂：《太平御览》卷五五六《礼仪部三十五·葬送四》，第2516页上栏。
31 《旧唐书》卷四六《经籍上》，第2015页。
32 姚振宗：《隋书经籍志考证》卷二一《史部十一·地理类》，二十五史刊行委员会编：《二十五史补编》第4册，第5402页上栏。

阚骃《十三州志》

《隋书·经籍二》著录阚骃《十三州志》十卷,《旧唐书·经籍上》《新唐书·艺文二》则载《十三州志》十四卷。十卷本《十三州志》,亦见于《宋书·氐胡传》元嘉十四年(437年)北凉沮渠茂虔(牧犍)向刘宋进献的书籍中。[33] 北魏太延五年(439年),拓跋焘灭北凉,则《十三州志》当成书于阚骃所仕的北凉时期。据《魏书·阚骃传》,沮渠蒙逊时阚骃为秘书考课郎中,"给文吏三十人,典校经籍,刊定诸子三千余卷"。[34] 阚骃很有可能在典校经籍之余,着手编纂《十三州志》。

是书虽佚,然存世典籍中却保留了不少条文。诸家征引此书,又作《十三州记》《土地十三州志》或《土地十三州记》。更有甚者,如郦道元、颜师古等人,在征引时往往径称"阚骃曰"或"阚骃云"。这些佚文应当都属于《十三州志》。就现存佚文而言,它们主要是对山川、郡县城邑和祠庙等名称、源流及其沿革的音注、解释和梳理,涉及了东汉时期的十三州,此外还有关西域和域外的记载。

尤其值得一提的是,佚文涉及的郡县,基本上以《续汉书·郡国志》为时代断限。不过,也有一些县,《续汉书·郡国志》没有记载。如朱阳县,佚文曰:"卢氏有朱阳山,因别立县。"[35] 据《魏

---

33 《宋书》卷九八《氐胡传》,第2416页。
34 《魏书》卷五二《阚骃传》,第1159页。
35 《太平寰宇记》卷六《河南道六·虢州》"朱阳县"栏引《十三州记》,第111页。案,《太平寰宇记》所引此则《十三州记》佚文,未注明编纂者。不过,(转下页)

书·地形志下》，朱阳郡辖有朱阳县。则至迟在北魏置朱阳郡时，便已有朱阳县。此外，在进行郡县释名、沿革梳理时，阚骃亦会注明当下的情况。如，"杨氏县在今魏郡北也"；"今成武县东南有郜城，俗谓之北郜者也"。[36] 这一注释形式，应劭《地理风俗记》既已如此。下面再举一例加以说明，如应劭《地理风俗记》曰："陈留有外黄，故加'内'。"阚骃《十三州志》曰："广陵有舆，故此加'北'。"[37] 可以说，《十三州志》是仿照应劭《地理风俗记》，而对东汉十三州所进行的撰述。

刘澄之《永初山川古今记》

《隋书·经籍二》著录齐都官尚书刘澄之《永初山川古今记》二十卷，又著录《司州山川古今记》三卷。姚振宗《隋书经籍志考证》曰："案《永初山川古今记》，据《宋书·州郡志》，即《永初郡国记》，不仅记山川一门也。此三卷，殆即前二十卷之佚出者。"[38]《永初郡国记》即《宋书·州郡志》征引的《永初郡国志》

（接上页）朱阳县未见于《续汉书·郡国志》和《晋书·地理志》，而始见于《魏书·地形志》。此则佚文当属于阚骃《十三州志》。清人张澍亦将此则佚文归入阚骃《十三州志》。参见张氏《十三州志》辑本，收入《二酉堂丛书》，道光元年（1821年）刊本。

36 《后汉书》卷六八《郭太传》附"孟敏传"李贤注引《十三州志》，第2229页；郦道元著，王先谦校：《合校水经注》卷二五《泗水注》"黄沟又东北径郜城北"下引《十三州志》，第383页上栏。

37 郦道元著，王先谦校：《合校水经注》卷九《淇水注》"又东北流径内黄县故城南"下引《地理风俗记》，第157页上栏；《水经注》卷三《河水注》"水南流又西屈，径北舆县故城南"下引《十三州志》，第45页下栏。

38 姚振宗：《隋书经籍志考证》卷二一《史部十一·地理类》，二十五史刊行委员会编：《二十五史补编》第4册，第5407页中栏。

(《永初郡国》)。《司州山川古今记》为《永初山川古今记》的一部分，此说可从。然而姚振宗认为《永初山川古今记》即《永初郡国志》，却没有依据。《宋书·州郡志》所引《永初郡国志》，并无明言即刘澄之《永初山川古今记》。值得一提的是，《太平御览》《太平寰宇记》所引有关"敬亭山"佚文一则，并作《郡国志》及《宋永初山川记》。[39] 此处"《郡国志》"当是《永初郡国志》。倘若这一判断不误的话，则至少可以说明，《永初郡国志》和《永初山川古今记》，为两种并存的书。至于《永初山川古今记》是否属于《永初郡国志》的一部分，只能留待新的证据来加以判定。

诸家征引此书，又称《宋初山川记》《古今山川记》《永初记》，或径称"刘澄之"、刘澄之《地理书》《地记》。此外，还有题为刘澄之《扬州记》《江州记》《荆州记》《豫州记》《交州记》《梁州记》等。正如《司州山川古今记》一样，这些"州记"当是《永初山川古今记》中的篇目。[40] 除了上述诸州，此书佚文还见有宁州的记载。[41] 此外，不少佚文涉及的地理范围，还包括徐州、青州。由此可见，《永初山川古今记》依据的很有可能是西晋时期十九州的框架。刘澄之，刘宋宗室，曾任南豫州刺史，入齐后为都官尚书。张国淦说："此《永初山川古今记》，当是澄之据宋永初

---

[39] 李昉等编纂：《太平御览》卷四六《地部十一·江东诸山》"敬亭山"条，第220页上栏；《太平寰宇记》卷一〇三《江南西道一·宣州》宣城县"敬亭山"条，第2047页。

[40] 姚振宗：《隋书经籍志考证》卷二一《史部十一·地理类》，二十五史刊行委员会编：《二十五史补编》第4册，第5397页下栏。

[41] 萧统编，李善等注：《六臣注文选》卷二八《乐府下·乐府诗八首》鲍照《苦热行》"障气昼熏体"下李善注引《宋永初山川记》，第531页上栏；李昉等编纂：《太平御览》卷一五《天部十五·气》引《宋永初山川记》，第75页下栏。

第五章 观念、制度与文本编纂——论魏晋南北朝的"州记"

开国初年为记,或在宋末,或在齐初。"[42] 现存佚文有谢朓在敬亭山"赛雨赋诗"的记载。谢朓以齐明帝建武二年(495年)出任宣城太守,复为中书郎,建武四年为晋安王镇北咨议、南东海太守,行南徐州事。[43] 则谢朓《赛敬亭山庙喜雨》诗当作于建武二、三年间。依此推测,刘澄之《永川山川古今记》至早也应成书于这一时间之后。因此,刘澄之是以南齐都官尚书的身份编纂是书。

《大魏诸州记》

《隋书·经籍二》著录《大魏诸州记》二十一卷,《旧唐书·经籍上》记载《魏诸州记》二十卷,而《新唐书·艺文二》则谓《后魏诸州记》二十卷。此书在唐时或已残缺。值得指出的是《太平御览》引用该书的一则佚文,其内容曰:"益州汶山郡平康县界,东北接牂牁,有都安县,有交让树,两两相对,岁更互枯互生,不俱盛。"[44] 平康、都安二县,《晋书·地理上》记为汶山郡属县。[45] 益州,据《魏书·地形志下》,置于北魏正始中,[46] 无汶山、牂牁二郡。《魏书·地形志》的政区下限在东魏武定年间,则从北魏正始至东魏武定间,益州辖郡发生了变化。由此则佚文可知,《大魏

---

42 张国淦编著:《中国古方志考》,第62—63页。
43 谢朓著,曹融南校注:《谢宣城集校注》卷一《酬德赋并序》,上海:上海古籍出版社,1991年,第1页;《南齐书》卷四七《谢朓传》,第826页。
44 李昉等编纂:《太平御览》卷九六一《木部十·交让》引《大魏诸州记》,第4264页上栏。
45 《晋书》卷一一四《地理上》,第439页。
46 《魏书》卷一〇六下《地形志下》,第2614页。《魏书》卷八九《酷吏传·羊祉》载"正始二年,王师伐蜀,以祉假节、龙骧将军、益州刺史",第1923页。则益州当置于此次伐蜀后。

诸州记》大体成书于北魏正始置益州后至东魏武定年间，以当时设置的州级政区为纲进行编纂。

黄恭《十三州记》

又称《十四州记》，见于《艺文类聚·郡部》《太平御览》征引。黄恭，字义仲。《水经注·河水注二》《太平御览》引是书，作"黄义仲"。诸书所引，又有作"黄恭《交广记》"，盖属于《十三州记》(《十四州记》)中交、广二州的内容。今诸书所引佚文，内容除了对刺史、郡、县和乡等字词进行释名外，基本是关于交广当地的人物，交广二州以外的情况不明。王谟于"黄恭《十四州记》"下跋语曰："今考诸书所引，如应劭《十三州记》、阚骃《十三州志》，皆据两汉地制。至三国吴时，始分交州置广州，故为十四州。"又说黄恭"广州人，其作记多在晋初，故得合并交广为十四州，又析而为《交广记》也"。[47] 黄恭或为晋人，编纂《十四州记》的框架却是东汉孙吴州制。

吴均《十二州记》

吴均，吴兴郡故鄣县人，《梁书·吴均传》载吴均撰《十二州记》十六卷。[48]《北堂书钞》《太平御览》引有《十二州志》《十二州记》佚文，但没有标出编纂者。吴均所在的齐梁时代，有"十二州"之说。《梁书·武帝本纪下》大同四年（538年）八月甲辰诏

---

47 王谟：《汉唐地理书钞》，第152页上栏。
48《梁书》卷四九《文学上·吴均传》，第698—699页。

书，提到了南兖、北徐、西徐、东徐、青、冀、南青、北青、武、仁、潼、睢十二州。[49] 显然，这一份名单并没有覆盖萧梁全境的州号。不过，即使承认《十二州志》《十二州记》佚文确属于吴均《十二州记》的话，它们涉及的也仅是和冀州相关的内容。进一步而言，吴均《十二州记》就算不是特指南朝时期的州的话，目前还无法判定"十二州"究竟是以尧舜古制还是东汉州制作为框架的。

（二）"州"级政区"州记"

刘芳《徐州人地录》（《徐地录》）

刘芳，北魏徐州彭城郡人，《魏书·刘芳传》谓刘芳撰《徐州人地录》四十卷，[50] 而《旧唐书·经籍上》《新唐书·艺文二》仅著录刘芳《徐地录》一卷。[51] 张国淦疑即《徐州人地录》之残本，[52] 可从。此书当是刘芳在徐州大中正任上所编纂。《魏书·刘芳传》曰："萧鸾将裴叔业入寇徐州，疆埸之民，颇怀去就，高祖忧之，以芳为散骑常侍、国子祭酒、徐州大中正，行徐州事。"[53] 从书题上看，《徐州人地录》应由徐州人物和地理两部分内容构成。然而其书久佚，亦不见有相关佚文存世。不过，《太平寰宇记》引刘芳

---

49 《梁书》卷三《武帝本纪下》，第82页。
50 《魏书》卷五五《刘芳传》，第1227页。
51 《旧唐书》卷四六《经籍上》，第2014页；《新唐书》卷五八《艺文二》，第1504页。
52 张国淦编著：《中国古方志考》，第241—242页。
53 《魏书》卷五五《刘芳传》，第1221页。

《徐州记》的佚文，内容有关徐州地理，[54] 极有可能属于《徐州人地录》。

《南荆州记》

未见著录，现存佚文仅有一则，内容是"丰利郡，领丰利、熊川、阳川三县"。[55] 南荆州，北魏、陈皆有置。《陈书·世祖本纪》天嘉二年（561年）夏四月，"分荆州之南平、宜都、罗、河东四郡，置南荆州，镇河东郡"。[56] 然而现存的佚文涉及的丰利郡，并不在陈朝所置南荆州的辖境内。北魏亦有南荆州。《魏书·世宗本纪》载延昌三年（514年）六月有南荆州刺史桓叔兴。《魏书·蛮传》则谓桓叔兴于"延昌元年，拜南荆州刺史，居安昌，隶于东荆"。[57] 则南荆州于延昌元年（512年）置立，但其属郡不详。丰利郡不见于《魏书》。《隋书·地理上》西城郡"丰利"县条谓西魏改萧梁南上洛郡为丰利郡，而《旧唐书·地理二》均州"丰利"县条载北魏所置丰利郡。[58]《元和郡县图志·山南道二》均州"丰利县"条曰："宋于此侨置南上洛郡，属梁州，后魏文帝改南上洛郡为丰利郡，又立丰利县。"[59] 和《旧唐书·地理二》的说法一致。丰利郡下辖的丰利、熊川和阳川三县，见于《隋书·地理志》。北

---

54 《太平寰宇记》卷二三《河南道二十三·沂州》费县"蒙山"条引刘芳《徐州记》，第482页。
55 徐坚等著：《初学记》卷八《州郡部·山南道第七》"熊川、龙井"条引《南荆州记》，第183页。
56 《陈书》卷三《世祖本纪》，第53页。
57 《魏书》卷八《世宗本纪》，第214页；《魏书》卷一〇一《蛮传》，第2247页。
58 《隋书》卷二九《地理上》，第818页；《旧唐书》卷三九《地理二》，第1546页。
59 李吉甫著，贺次君点校：《元和郡县图志》卷二一《山南道二·均州》，第544页。

第五章 观念、制度与文本编纂——论魏晋南北朝的"州记"

魏置丰利郡,应和南荆州的析置有着密切关联。此《南荆州记》,或编纂于北魏后期。

《荆州土地记》

未见著录。陈运溶辑录佚文九则,内容有关荆州的地方特产。从《齐民要术》已引用此书佚文来看,它的产生年代应在晋宋时期。不过,现存的几则佚文值得进一步推敲。如其中一则佚文曰:"湘[州](洲)七郡,大艑之所出,皆受万斛。"[60]《荆州土地记》中出现湘州的相关记载,看来此书是以湘州未分立前的荆州作为编纂的基本框架。

范汪《荆州记》

未见著录。《晋书·范汪传》亦未载关于此书的情况。《荆州记》一则佚文曰:"义阳六县安昌里,有光武宅,枕白水陂,所谓龙飞白水也。"[61]"六县",《太平御览》引范汪《荆州记》,作"六安县",[62]显误。义阳郡,《宋书·州郡二》司州"义阳太守"栏曰:"魏文帝立,后省,晋武帝又立。"[63]《晋书·地理下》谓义阳郡置于太康中。[64]六县不见于义阳郡的属县中。《荆州记》另一则佚

---

60 李昉等编纂:《太平御览》卷七七〇《舟部三·艑》引《荆州土地记》,第3415页下栏。
61 欧阳询著,汪绍楹校:《艺文类聚》卷六四《居处部四·宅舍》引范汪《荆州记》,第1143页。
62 李昉等编纂:《太平御览》卷一八〇《居处部八·宅》引范汪《荆州记》,第878页上栏。
63 《宋书》卷三六《州郡二》,第1104页。
64 《晋书》卷一五《地理下》,第455页。

文曰："安城郡今属江州，出桃枝席。"⁶⁵ 安城郡即安成郡，据《宋书·州郡二》"江州刺史"栏，在元康元年（291年）由荆州度属江州。范汪编纂《荆州记》时，安成郡仍旧属江州。又据《晋书·范汪传》，范汪曾担任荆州僚佐，一是在咸和九年（334年）庾亮以征西将军领江、荆、豫三州刺史镇武昌时；一是在永和元年（345年）桓温代庾翼为荆州刺史时。⁶⁶ 范汪着手编纂《荆州记》，或在这两个时间段内。概括而言，范汪《荆州记》，大体以东晋中期的荆州辖境为框架，但又有溢出荆州辖境，比如安成郡。

庾仲雍《荆州记》

庾穆之字仲雍。庾冰孙，详见下文庾仲雍《湘州记》条。《隋书·经籍二》著录庾仲雍《湘州记》《江记》《汉水记》三种，独未见是书。《北堂书钞·衣冠部下》引庾仲雍《荆州记》曰："刘盛公，枝江人。桓司空临州，与上佐游于灵溪。盛公诣市还，着练帽、布裙、荷屐，诣桓司空也。"⁶⁷《世说新语·豪爽第十三》"桓石虔"条注引《豁别传》曰："豁字朗子，温之弟。累迁荆州刺史，赠司空。"⁶⁸ 桓豁于太元二年（377年）卒，赠司空，则太元二年之

---

65 李昉等编纂：《太平御览》卷七〇九《服用部十一·荐席》引范汪《荆州记》，第3161页上栏。
66 《晋书》卷七五《范汪传》，第1982—1983页；《晋书》卷七三《庾亮传》，第1921页；《晋书》卷八《穆帝本纪》，第192页。
67 虞世南：《北堂书钞》卷一二九《衣冠部下·裳二十一》"布裙荷屐"条引庾仲雍《荆州记》，第545页上栏。
68 刘义庆著，刘孝标注，余嘉锡笺疏，周祖谟等整理：《世说新语笺疏》卷中之下《豪爽第十三》，第709页。

后才有"桓司空"之称。参照庾仲雍《湘州记》的成书年代,庾氏《荆州记》应当形成于晋末刘宋初期。

盛弘之《荆州记》

《隋书·经籍二》著录临川王侍郎盛弘之《荆州记》三卷。盛弘之,里籍无考。诸种《荆州记》中,此书后世征引最详,因而存留的佚文相对较多。学者根据荆、湘、郢三州分立时间,结合佚文中记载的郡县地名,考证盛弘之《荆州记》成书的确切时间是在刘宋元嘉十六年(439年)正月。[69]临川王刘义庆担任荆州刺史,盛弘之以临川王侍郎的身份编纂《荆州记》。这和下文所述郭仲产以荆州刺史刘义宣从事的身份编纂《荆州记》有着相似的情况,即《荆州记》是为荆州长官及其辖境而服务的。

郭仲产《荆州记》

《新唐书·艺文二》《通志·艺文略第四》著录郭仲产《荆州记》二卷。郭仲产,《史通·古今正史第二》称其为刘宋尚书库部郎。[70]《新唐书·艺文二》载郭季产著有《晋续纪》《晋录》。[71]季产当为仲产弟。《渚宫故事》曰:"宋郭仲产为南郡王从事,宅有枇杷树。元嘉末,起斋屋……俄而同义宣之谋,被诛焉。"[72]刘义宣

---

69 姜武福、张俊杰:《盛弘之〈荆州记〉成书年代考》,《古籍研究》1996年第3期。
70 刘知幾著,浦起龙释,王煦华整理:《史通通释》卷一二《古今正史第二》,上海:上海古籍出版社,2009年,第323页。
71 《新唐书》卷五八《艺文二》,第1460页。
72 李昉等编纂:《太平广记》卷一四一《征应七·郭仲产》引《渚宫故事》,第1017页。

于元嘉三十年（453年）六月辛未由南谯王改封南郡王，孝建元年（454年）二月举兵反，六月庚辰，赐死于江陵。[73] 又《宋书·武二王》"南郡王义宣传"，谓刘义宣于元嘉三十年改授都督荆湘雍益梁宁南北秦八州诸军事、荆湘二州刺史。[74] 则郭仲产于孝建元年因南郡王刘义宣谋反而被诛，生前担任的应是州刺史从事。《荆州记》一书，应编纂于元嘉三十年。他编纂《荆州记》，和刘义宣担任荆湘刺史密不可分。[75]

《荆州图记》（《荆州图》）

诸家目录书未见记载。佚文见于《艺文类聚》《太平御览》等唐宋载籍。根据佚文提及的县名，可考究该书的大体成书时间。中卢县，襄阳郡属县。元嘉二十六年（449年），襄阳由荆州割属雍州。[76] 武当县，《永初郡国》及何承天《州郡志》有载，属雍州顺阳郡。[77] 元嘉二十六年，顺阳由荆州割属雍州。永阳县，《宋书·州郡二》记为随阳郡属县，而《南齐书·州郡下》则作随郡属县。[78]《宋书·州郡二》司州"随阳太守"栏曰："孝武孝建元年度属郢，前废帝永光元年度属雍，明帝泰始五年还属郢，改为随阳，后废帝元徽四年，度属司州。"[79] 随阳郡在孝建元年（454年）

---

[73]《宋书》卷六《孝武帝纪》，第112、114—115页。
[74]《宋书》卷六八《武二王·南郡王义宣》，第1799页。
[75] 张国淦编著：《中国古方志考》，第474页。
[76]《宋书》卷三七《州郡三》"雍州刺史"栏，第1135—1136页。
[77]《宋书》卷三七《州郡三》雍州"顺阳太守"栏，第1137—1138页。
[78]《南齐书》卷一五《州郡下》司州"随郡"条，第279页。
[79]《宋书》卷三六《州郡二》，第1105页。

由荆州度属郢州。此外,《荆州图记》佚文中,并无湘州辖境的内容。案湘州,元嘉十六年(439年)又立,二十九年又省。[80] 综合来看,《荆州图记》依据的是元嘉二十六年置雍州之前、元嘉十六年立湘州后的荆州辖境。因此,《荆州图记》也应成书于这一时间段。

值得注意的是,《荆州图记》(《荆州图》)和《荆州图副记》(《荆州图副》)间有着密切的关系。试看以下三则佚文:

> 襄阳县南陆道六里有桃林馆,是饯行送归之处。
> 襄阳县南陆道六里有〔桃〕林馆,是饯行送归之所。
> 襄阳县南有桃林馆,是则饯行送归之所萃也。[81]

这三则佚文的内容几乎一致。有关《荆州图副》的考察见下文。那么,《荆州图》的情况如何呢?现存该书的佚文中,汉寿、襄阳和阴县需要引起注意。汉寿属武陵郡,武陵本属荆州,孝建元年(454年),分荆州立郢州;襄阳属襄阳郡,元嘉二十六年(449年),割属雍州;阴县,据《宋书·州郡三》,原属南阳郡,盖大明中割属雍州广平郡。[82] 这样来看,和《荆州图记》类似,《荆州图》也应成书于刘宋元嘉中期。

---

80 《宋书》卷三七《州郡三》"湘州刺史"栏,第1129页。
81 徐坚等著:《初学记》卷一八《人部中·离别第七》"桃馆"条引《荆州图记》,第448页;李昉等编纂:《太平御览》卷四八九《人事部一三〇·别离》引《荆府图》,第2238页下栏;欧阳询著,汪绍楹校:《艺文类聚》卷六三《居处部三·馆》引《荆州图副》,第1140页。
82 《宋书》卷三七《州郡三》,第1135、1141页。

《荆州图副记》(《荆州图副》)

诸家目录书未见记载。《艺文类聚》《北堂书钞》《初学记》等唐宋类书,频引此书,又作《荆州图副》。署作《荆州图副》的几则佚文有助于认识此书形成的大体时间。《史记·越王句践世家第十一》"商、于、析、郦"下《史记正义》引《荆州图副》曰:"邓州内乡县东七里于村,即于中地也。"[83]据《新唐书·地理四》可知,内乡县于唐贞观八年(634年)始割属邓州。[84]然而《太平寰宇记》却引作"今县东七里地名于村,即秦张仪所谓商、于之地也",[85]并无"邓州内乡县"的说法。这不排除张守节窜改佚文的可能性,也还可能是佚文在传抄过程中发生了变化。另一则佚文曰:"丰利、熊川、阳川三县,即武当之地。"[86]《隋书·地理上》西城郡"丰利"县条下曰:"梁置南上洛郡,西魏改郡曰丰利。后周省郡入上津郡,以熊川、阳川二县入丰利,后又废上津郡入甲郡。"[87]则北周时期,熊川、阳川二县已并入丰利县。此三县不见于《宋书·州郡三》《南齐书·州郡下》,《隋书·地理上》亦无更详细的记载。从上文考述北魏最有可能析置丰利郡的情况来看,此三县也可能存立于萧梁、北魏和西魏时期。又《太平御览》引

---

[83]《史记》卷四一《越王句践世家第十一》,第1750页。
[84]《新唐书》卷四〇《地理四》,第1032页。
[85] 乐史著,王文楚等点校:《太平寰宇记》卷一四二《山南东道一·邓州》"内乡县"栏引《荆州图副》,第2757页。
[86] 乐史著,王文楚等点校:《太平寰宇记》卷一四三《山南东道二·均州》郧乡县"废丰利县"条引《荆州图副》,第2782页。
[87]《隋书》卷二九《地理上》,第819页。

第五章 观念、制度与文本编纂——论魏晋南北朝的"州记"

《荆州图副》,提到筑阳县,据《隋书·地理下》,此县梁时仍有,废于隋开皇初。[88] 此外,《宋书·州郡三》《南齐书·州郡下》并谓筑阳属于南雍州扶风郡。通过这几则佚文可进一步推测,《荆州图副》较有可能成书于萧梁时期。

不仅如此,根据署作《荆州图副记》的佚文,可了解其成书时间亦大致在南朝时期。《荆州图副记》有两则佚文,分别涉及昆阳和潼阳二县。[89] 昆阳县,《艺文类聚》引《荆南图副》,记其辖属于巴东郡。[90]《宋书·州郡三》荆州"巴东公相"下有七县,并无昆阳,仅有龟阳。《南齐书·州郡下》巴州巴东郡亦载有七县,其他六县与《宋书·州郡三》所载相同,惟将龟阳改为聂阳。[91]《舆地志》曰:"按河阳及巴陵、昆阳并有丙穴,出嘉鱼。"[92] 则至陈朝时,仍有昆阳县的记载,《隋书·地理上》巴东郡下已无此县,则昆阳县很有可能存立于南朝中后期。潼阳,《宋书·州郡三》作僮阳,辖属于汶阳郡,并谓刘宋初新立。《南齐书·蛮传》记建元二年(480年)南襄城蛮秦远寇潼阳县。[93] 此县,萧梁以后不见于记载,盖已废省。

---

88 李昉等编纂:《太平御览》卷九七七《菜茹部二·蘁》引《荆州图副》,第4329页上栏;《隋书》卷三一《地理下》襄阳郡"谷城"条,第891页。
89 虞世南:《北堂书钞》卷一五一《天部二·雨篇十七》、卷一五八《地部二·穴篇十三》,第689页下栏、730页下栏。
90 欧阳询著,汪绍楹校:《艺文类聚》卷七《山部上·总载山》引《荆南图副》,第122页。
91 《宋书》卷三七《州郡三》,第1120页;《南齐书》卷一五《州郡下》,第275页。
92 乐史著,王文楚等点校:《太平寰宇记》卷一三三《山南西道一·兴元府》褒城县"丙水"条引《舆地志》,第2616页。
93 《南齐书》卷五八《蛮传》,第1007页。

《荆南图副》

未见著录。陈运溶辑佚时,将此书和《荆州图副》视为一书。[94]《水经注·江水注二》"夷水从佷山县南,东北注之"下曰:"县北有女观山,厥处高显,回眺极目。古老传言,昔有思妇,夫官于蜀,屡愆秋期。登此山绝望,忧感而死,山木枯悴,鞠为童枯。乡人哀之,因名此山为女观焉。葬之山顶,今孤坟尚存矣。"[95]这一内容亦见于《艺文类聚》征引《荆南图副》,不过《艺文类聚》是节引。[96]由此可见,《水经注》的记载当本之《荆南图副》,这透露出此书在晋宋时期已存在。《艺文类聚》《舆地纪胜》征引此书,涉及宜都、襄阳和巴东诸郡。襄阳郡,宋文帝元嘉二十六年(449年)由荆州度属雍州,[97]则《荆南图副》的成书下限或在元嘉二十六年前。

萧绎《荆南志》(《荆南地志》)

又称《荆南地记》《荆南记》。《梁书·元帝本纪》著录《荆南志》一卷,《南史·梁本纪》作《荆南地记》一卷,而《隋书·经籍二》《新唐书·艺文二》则著录《荆南地志》二卷。《金

---

94 陈运溶辑撰:《麓山精舍丛书》第一辑《辑佚类·荆州图副》,长沙:岳麓书社,2008年,第86页下栏—88页上栏。
95 郦道元著,王先谦校:《合校水经注》卷三四《江水注》,第496页下栏。
96 欧阳询著,汪绍楹校:《艺文类聚》卷七《山部上·总载山》引《荆南图副》,第123页。
97 《宋书》卷三七《州郡三》,第1135页。

楼子·著书篇第十》载《荆南志》一帙，二卷，为萧绎自撰。[98]《太平御览》引此书，或作《荆南志》，或作《荆南记》。

据《梁书·元帝本纪》，萧绎在普通七年（526年）至大同四年（538年）担任荆州刺史，大同六年，又调任江州刺史。至太清元年（547年），再次担任荆州刺史。[99] 据下文可知，萧绎在江州刺史任上编纂了《江州记》。由此推测，《荆南志》也应是萧绎在荆州刺史任上所编纂。太清二年（548年）后，侯景寇乱京师，萧梁大乱。萧绎不太可能于此时编纂《荆南志》。因此，《荆南志》的成书最有可能是在普通七年（526年）至大同四年（538年）间。该书虽已亡佚，然现存佚文涉及荆州南部的南郡、南平郡和巴东郡，确是荆南的范围。

萧绎《江州记》

未见著录。萧绎《金楼子·著书篇第十》载《江州记》一帙，三卷。[100] 据《梁书·元帝本纪》，萧绎于大同六年（540年）出任江州刺史，至太清元年，调任荆州刺史。则基本上可以确定，萧绎在江州刺史任上编纂《江州记》。今此书久已亡佚，且并无佚文存世。

庾仲雍《湘州记》

《隋书·经籍二》著录庾仲雍《湘州记》二卷。除此书外，仲

---

98 许逸民校笺：《金楼子校笺》卷五《著书篇第十》，北京：中华书局，2011年，第1019页。
99 《梁书》卷五《元帝本纪》，第113页。
100 许逸民校笺：《金楼子校笺》卷五《著书篇第十》，第1020页。

雍还曾编纂《江记》五卷、《汉水记》和《寻江源记》五卷。《新唐书·艺文二》《通志·艺文略第四》著录《湘州记》四卷，但皆无撰者。《水经注》频引仲雍《江记》《汉水记》等书数条。《艺文类聚·山部上》引作庾仲雍《湘中记》，[101] 当即《湘州记》。又《北户录》《太平御览》《岳阳风土记》《续谈助》等书引作庾穆之《湘州记》。则穆之为其名，仲雍为其字。[102] 学者据《元和姓纂·庾》"颍川"栏下"冰，中书监、都乡公，生穆之"的记载，认定庾仲雍乃庾冰子，颍川鄢陵人。[103] 查核《晋书·庾亮传》"附其弟庾冰传"，冰有七子：希、袭、友、蕴、倩、邈、柔，无穆之。[104] 穆之应和蕴子廓之、邈子攸之同辈，当是庾冰孙。疑《元和姓纂》此句有脱文。

大致上来说，庾仲雍此书编纂于东晋末期至刘宋初期，这可以从湘州的置废时间上加以把握。《宋书·州郡三》曰："成帝咸和三年省。安帝义熙八年复立，十二年又省。宋武帝永初三年又立，文帝元嘉八年省，十六年又立，二十九年又省。孝武孝建元年又立。"[105] 如上文所考，庾仲雍还编纂了《荆州记》。颇疑此两种地记是荆、湘分立时所产生。其时间在安帝义熙八年（412年）或永初三年（422年）。

---

101 欧阳询著，汪绍楹校：《艺文类聚》卷七《山部上·总载山》，第123页。
102 姚振宗：《隋书经籍志考证》卷二一《史部十一·地理类》，第5396页下栏；孙启治、陈建华编：《古佚书辑本目录》，北京：中华书局，1997年，第193页。
103 张帆帆：《庾仲雍生平补证及其地记数种考论与辑补》，《中国地方志》2018年第2期。
104 《晋书》卷七三《庾亮传》，第1930页。
105 《宋书》卷三七《州郡三》，第1129页。

第五章　观念、制度与文本编纂——论魏晋南北朝的"州记"

郭仲产《湘州记》

《隋书·经籍二》著录郭仲[产]（彦）《湘州记》一卷。《太平寰宇记》引郭仲产《湘州记》，有"平乐县萦山"。[106] 平乐县辖属于始安郡，刘宋明帝改始安为始建。此郡，"晋成帝度荆州，宋文帝元嘉二十九年，度广州，三十年，复度湘州"。[107] 仲产于元嘉三十年（453年）担任荆湘刺史刘义宣从事，孝建元年（454年）死于江陵。这和元嘉三十年始安郡度属湘州的时间相符。因而，郭仲产《湘州记》应在元嘉三十年成书。

甄烈《湘州记》

是书未见《隋书·经籍志》《旧唐书·艺文志》等目录书著录，又作甄烈《湘中记》。《太平御览》引录一则佚文曰："宋大明中，望气者云湘东有天子气，遣日者巡视斩冈以厌之，寻乃湘东王为天子。"[108]《宋书·符瑞上》亦有此事的记载："前废帝永光初，又讹言湘州出天子，幼主欲南幸湘川以厌之，既而湘东王即尊位，是为明帝。"[109] 湘东王刘彧于泰始元年（465年）登皇帝位。[110] 由此，至少说明此《湘州记》编纂于泰始元年之后。甄烈具体情况无考，

---

106 乐史著，王文楚等点校：《太平寰宇记》卷一六三《岭南道七·昭州》平乐县"木客"条引郭仲产《湘州记》，第3122页。另可参阅《太平广记》卷四八二《蛮夷三·木客》引郭仲产《湘州记》，第3974页。
107 《宋书》卷三七《州郡三》，第1135页。
108 李昉等编纂：《太平御览》卷一七一《州郡部十七·衡州》引甄烈《湘州记》，第834页下栏。
109 《宋书》卷二七《符瑞上》，第786页。
110 《宋书》卷八《明帝纪》，第153页。

《梁书》记有甄恬,中山无极人,世居江陵。[111] 刘宋元嘉七年(430年)有梁、南秦二州刺史甄法护,元嘉九年(432年)、十一年(434年)有益州刺史甄法崇。[112] 法护、法崇应有密切关联。法崇,籍贯中山,永初中为江陵令,[113] 很有可能已经居住于江陵。甄烈或即出自居于江陵的甄氏家族。

《湘州图副记》

《隋书·经籍二》《新唐书·艺文二》著录佚名《湘州图副记》一卷,《旧唐书·经籍上》则作《湘州图记》一卷。康熙《衡州府志》记载郭仲产《湘州记》一卷的同时,还著录题为郭仲产的《湘州图副记》,此外又著录唐樊文窖《湘州图副记》一卷。[114] 遗憾的是,隋唐以来的载籍却不见征引《湘州图副记》的任何佚文。

王范《交广二州记》

《新唐书·艺文二》《通志·艺文略第四》著录王范《交广二州记》一卷。王范是书,《三国志·孙破虏讨逆传》裴松之注曰:"太康八年,广州大中正王范上《交广二州春秋》。"[115]《续汉书·郡国五》引作王范《交广春秋》,《水经注·温水注》则作王氏《交广春秋》。丁国钧《补晋书艺文志》曰:"《七录》《隋志》不著录,

---

111 《梁书》卷四七《甄恬传》,第653页。
112 《宋书》卷五《文帝纪》,第79、81页。
113 《南史》卷七〇《循吏传·甄法崇》,第1705页。
114 康熙《衡州府志》卷六《载籍》,北京图书馆古籍出版编辑组辑:《北京图书馆古籍珍本丛刊·史部》第36册,第248页下栏。
115 《三国志》卷四六《吴书·孙破虏讨逆传》,第1110页。

知亡佚已久,《唐志》之一卷,当是残帙,且讹'春秋'为'记',致与黄义仲书混淆。"¹¹⁶ 王范以广州大中正的身份编纂《交广二州春秋》,这和上述刘芳以徐州中正的身份编纂《徐州人地录》相似。不过现存《交广二州记》佚文,主要是有关交州沿革、赵佗、步骘等事,而没有当地人物的内容。正如丁国钧所言,《交广二州记》很有可能是《交广二州春秋》的残帙。

王范编纂《交广二州春秋》,《广州人物传·晋广州大中正王公范》曰:"时秘书丞河内司马彪号博学,尝著《九州春秋》,盛行于时。范阅之,见其略于岭服,纪录弗称,乃搜罗百粤典故,为书名曰《交广二州春秋》。"¹¹⁷ 可聊备一说。

王隐《交广记》

《三国志·吕岱传》"黄龙三年"下裴松之注引王隐《交广记》,载东吴广州刺史南阳滕修事。¹¹⁸ 文廷式《补晋书艺文志》怀疑"王隐"乃"王范"之误。¹¹⁹ 王隐著《晋书》(《晋书·地道记》),当参考了王范《交广二州记》(《交广二州春秋》)。比如《水经注·温水注》引《王氏交广春秋》,谓"朱崖、儋耳二郡,与交州俱开,皆汉武帝所置。大海中,南极之外,对合浦徐闻县……北风举帆,一日一夜而至。周回二千余里,径度八百里,人民可十万余家,

---

116 丁辰述录,朱新林整理:《补晋书艺文志刊误》"乙部",王承略、刘心明主编:《二十五史艺文经籍志考补萃编》第10卷,第140页。
117 黄佐:《广州人物传》卷二,伍崇曜辑:《岭南遗书》,伍氏粤雅堂刻本。
118 《三国志》卷六〇《吴书·吕岱传》,第1385页。
119 文廷式:《补晋书艺文志》卷三,第3739页下栏。

皆殊种异类，被发雕身，而女多姣好，白皙、长发、美鬓，犬羊相聚，不服德教"。[120]《太平御览·地部三四》引王隐《晋书》曰："朱崖在大海中，遥望朱崖，洲大如菌，举帆一日一夜至洲，周匝二千里，径度七八百里，可十万家，女多姣好，长发、美鬓。"[121]但这不表示"王隐"必是"王范"之误。王隐《交广记》，也有可能是《晋书》(《晋书·地道记》)的内容，后人辑出交广二州的内容而独立成册。

刘欣期《交州记》

诸家志书未见著录。"刘欣期"，又作"刘歆期""刘忻期""刘欣明"。《太平御览·资产部九》引作"严欣期"，当是"刘欣期"之误。《岭南遗书》第五集载曾钊辑录此书佚文二卷，末尾载道光元年（1821年）曾钊跋语。曾氏据"[太]（大）和中"和"封溪县"二则佚文，认为刘欣期当为晋时人。他又据《交州记》佚文"昔李逊征朱崖"，进一步判定刘欣期乃东晋太元五年以后人士。[122]然此则佚文，并非标明出自刘欣期《交州记》。[123]此外，封溪县并非刘宋时期省废，而是《宋书·州郡四》广州刺史"武平太守"下有阙文。因此我们不能据"封溪县"和"李逊征朱崖"二则佚

---

120 郦道元著，王先谦校：《合校水经注》卷三六《温水注》，第524页。
121 李昉等编纂：《太平御览》卷六九《地部三十四·州》引王隐《晋书》，第326页。
122 伍崇曜辑：《岭南遗书》第五集《交州记》，伍氏粤雅堂刻本。另外可参阅曾钊：《面城楼集钞》卷二《编辑〈交州记〉跋》，《清代诗文集汇编》第687册，上海：上海古籍出版社，2010年，第700页下栏。
123 李昉等编纂：《太平御览》卷四九《地部十四·西楚南越诸山》"浮石山"条引《交州记》，第242页下栏。

第五章　观念、制度与文本编纂——论魏晋南北朝的"州记"

文,判定刘欣期即晋人。刘欣期《交州记》另一则佚文涉及徐闻县。[124] 考徐闻县于晋平吴后辖属于合浦郡,而合浦郡先属交州,宋明帝泰始七年(471年)分交州立越州时,合浦度属越州。[125] 大体来看,刘欣期《交州记》形成于东晋太和至刘宋泰始七年之间。

姚文感《交州记》

诸家志书未见著录。现存此书佚文,仅见于《太平寰宇记·岭南道一》广州南海县"朝台"条征引。[126] 与此则佚文相似的内容亦见于裴渊《广州记》。此书或在裴氏《广州记》之后编纂而成。

裴渊《广州记》

未见著录,或久已亡佚,裴渊无考。诸书所引,又作裴渊《记》或裴氏《广州记》。又有裴渊《南海记》,王谟谓实即《广州记》。[127] 关于此书,《水经注·浪水注》《齐民要术》已征引。《艺文类聚·交广诸山》引裴氏《广州记》,提到苍梧郡彰平县。[128] 彰平,《晋书·地理下》苍梧郡下作鄣平,《宋书·州郡四》广州苍梧郡下无此县。《续汉书·郡国五》苍梧郡鄣平县下刘昭谓永平十四年

---

124 李昉等编纂:《太平御览》卷九四六《虫部三·蜘蛛》引刘欣期《交州记》,第4202页上栏。
125《宋书》卷三八《州郡四》,第1208—1209页。
126 乐史著,王文楚等点校:《太平寰宇记》卷一五七《岭南道一·广州》,第3013页。
127 王谟:《汉唐地理书钞》,第370页下栏。
128 欧阳询著,汪绍楹校:《艺文类聚》卷八《山部下·交广诸山》,第147页。除此而外,提及鄣平县的佚文,还可参见《太平御览》卷九八五《药部二·丹》引裴渊《广州记》,第4361页下栏。

(71年)置。[129] 郢平县置于东汉,废于刘宋。这样来看,《广州记》应编纂于废郢平县之前。又《广州记》佚文记载的新宁郡,[130]《宋书·州郡四》谓此郡于东晋永和七年(351年)分苍梧郡立。[131] 不仅如此,裴渊《广州记》载卢循袭广州事。[132] 据《晋书·卢循传》,卢循于元兴二年(403年)寇广州,逐刺史吴隐之,自摄州事。[133] 又裴渊《广州记》曰:"兴宁县,义熙四年,忽有数十大鸟,如鸳,少焉化为虎。"[134] 可见记文还涉及了义熙四年(408年)东官郡兴宁县事。综而言之,裴渊《广州记》大体成书于东晋末年至刘宋省废郢平县之前。

顾微《广州记》

顾微曾编纂《吴县记》。"顾微",又作"顾征",字形相近易讹,文廷式《补晋书艺文志》认为即东吴顾雍弟顾徽。据《三国志·顾雍传》裴注引《吴书》,谓孙权"乃拜徽巴东太守,欲大用之,会卒"。[135] 则顾徽亡于孙权时期。不过,现存佚文涉及的一些属县,析置于刘宋时期。如南海郡的始昌县,《广州记》谓"南海

---

[129]《续汉书·郡国五》,参见范晔《后汉书》,第3531页。
[130] 李昉等编纂:《太平御览》卷九三〇《鳞介部二·蛟》引裴渊《广州记》,第4134页下栏。
[131]《宋书》卷三八《州郡四》,第1193页。
[132] 欧阳询著,汪绍楹校:《艺文类聚》卷一七《人部一·髑髅》引《广州记》,第321页;李昉等编纂:《太平御览》卷三七四《人事部十五·髑髅》引裴渊(之)《广州记》,第1727页下栏。
[133]《晋书》卷一〇〇《卢循传》,第2634页。
[134] 李昉等编纂:《太平御览》卷八九二《兽部四·虎下》引裴渊《广州记》,第3960页下栏。
[135]《三国志》卷五二《吴书·顾雍传》,第1228页。

始昌县有一石，望之似牛向江，名曰牛鼻山"。[136] 按《宋书·州郡四》广州"南海太守"下所载，始昌县乃宋文帝立；又如宋熙郡的平兴县，《广州记》谓"平兴县有花树，似堇，又似桑"。[137]《宋书·州郡四》谓"徐志新立"，"徐志"即徐爰《州郡志》。那么平兴县亦置于刘宋。因此，《广州记》的编纂者顾微明显不是东吴顾徽。这也可说明《广州记》成书的上限应是刘宋文帝期间。胡立初更进一步认为顾微是刘宋末年人士。[138] 顾微里籍、官宦不详，可能出自吴郡顾氏。

任预《益州记》

《隋书·经籍一》著录《礼论条牒》十卷，宋太尉参军任预撰。此外，还载任预《礼论帖》《答问杂仪》二书，[139] 独《益州记》未见著录，当久已亡佚。任预，又作任豫。《高僧传·宋京师东安寺释慧严》曰："东海何承天以博物著名，乃问严佛国将用何历……承天无所厝难。后婆利国人来，果同严说，帝敕任豫受焉。"[140] 姚振宗曰："是任预与承天并善历事者。所撰别有《益州记》，疑是蜀人。其为太尉参军，或当在晋义熙中宋武帝为太尉时。"[141]《北堂书

---

136 欧阳询著，汪绍楹校：《艺文类聚》卷八《山部下·交广诸山》引顾微《广州记》，第146页。
137 石声汉校释：《齐民要术今释》卷一〇《木堇》引顾微《广州记》，北京：中华书局，2009年，第1154页。
138 胡立初：《齐民要术引用书目考证》，济南：山东齐鲁大学国学研究所，1934年。
139《隋书》卷三二《经籍一》，第923—924页。
140 释慧皎著，汤用彤校注：《高僧传》卷七《义解四·宋京师东安寺释慧严》，北京：中华书局，1992年，第262页。
141 姚振宗：《隋书经籍志考证》卷四《经部四·礼类》，第511页下栏。

钞》引任预《益州记》曰:"益州有卓王孙井,旧常于此井取水煮盐,义熙十五年治井也。"[142] 则此《益州记》应在义熙十五年（元熙元年，419年）之后编纂。

李膺《益州记》

《隋书·经籍二》著录李氏《益州记》三卷，《新唐书·艺文二》则作李充《益州记》三卷。此书久佚，可参阅邓少琴、孙琪华的辑本。[143]《南史·邓元起传》附"李膺传"曰:"膺字公胤，有才辩。西昌侯藻为益州，以为主簿。使至都，武帝悦之，谓曰：'今李膺如何昔李膺？'对曰：'今胜昔。'问其故，对曰：'昔事桓、灵之主，今逢尧、舜之君。'帝嘉其对，以如意击席者久之，乃以为益州别驾，著《益州记》三卷，行于世。"[144] "李氏""李充"，或即李膺。按《太平寰宇记·绵州》"人物"栏曰:"李膺，涪城人，撰《益州记》三卷。"[145] 涪城县即南朝涪县，辖属于梓潼郡。《梁书·邓元起传》《梁书·刘季连传》记有涪令李膺。[146] 西昌侯萧渊藻代邓元起为益州刺史，在萧梁天监初年。则李膺在南齐末年担任涪令，天监初年任益州主簿、别驾，编纂《益州记》。然《太平寰宇记·剑南道二》彰明县"李膺墓"条谓李膺"为益州大

---

142 虞世南：《北堂书钞》卷一四六《酒食部五·盐三十三》，第658页上栏。
143 邓少琴：《梁李膺〈益州记〉辑存》，收入《邓少琴西南民族史地论集》上册，成都：巴蜀书社，2001年，第571—602页。孙琪华著，蒙默、黎明春整理：《〈益州记〉辑注及校勘》，成都：巴蜀书社，2015年。
144《南史》卷五五《邓元起传》附"李膺传"，第1370页。
145 乐史著，王文楚等点校：《太平寰宇记》卷八三《剑南东道二·绵州》，第1662页。
146《梁书》卷一〇《邓元起传》，第199页；《梁书》卷二〇《刘季连传》，第308页。

第五章 观念、制度与文本编纂——论魏晋南北朝的"州记"

中正",[147] 不知有何依据。

郭仲产《秦州记》

未见著录,可能久已亡佚。民国年间天水冯国瑞辑录一些佚文,并做了初步考证。[148] 关于《秦州记》,今见诸家所引佚文,有作《秦州地记》《秦川记》或郭仲产《秦川记》。如《汉书·地理下》"天水郡"下颜师古注引《秦州地记》曰:"郡前湖水,冬夏无增减,因以名焉。"[149] 相同的内容,《资治通鉴》更始二年(24年)"隗崔、隗义谋叛归天水"下胡三省注引的却是《秦州记》,[150] 则《秦州地记》即《秦州记》。又《太平寰宇记·凤州》"河池县"栏下引郭仲产《秦川记》。[151] 另外,《太平御览·乐部十》引"陇西郡陇山"文,作魏太山《秦州记》。[152] 此《秦州记》不见于他处记载,颇疑"魏太山"三字很可能是衍文或误植。

秦州,西晋泰始五年(269年)析陇右五郡、凉州金城和梁州阴平置,其后置废无常,至东晋孝武帝复立,寄治襄阳,安帝时寄治汉中南郑。[153] 晋末刘宋时期,秦州有南北,南秦州寄治梁州。观察佚文可知,郭仲产《秦州记》涉及的地域,包括陇西、武都、

---

147 乐史著,王文楚等点校:《太平寰宇记》卷八三《剑南东道二·绵州》,第1665页。
148 冯国瑞辑:《秦州记》,天水县志局,1943年;天水市政协文史资料委员会、麦积山石窟研究所编:《天水文史资料(第十五辑)——冯国瑞纪念集》,兰州:兰州大学出版社,2009年,第256—257页。
149《汉书》卷二八下《地理下》,第1612页。
150《资治通鉴》卷三九《汉纪三十一》更始二年(公元24年),第1297页。
151 乐史著,王文楚等点校:《太平寰宇记》卷一三四《山南西道二·凤州》,第2629页。
152 李昉等编纂:《太平御览》卷五七二《乐部十·歌三》,第2586页下栏。
153《宋书》卷三七《州郡三》,第1154页。

金城、天水和南安等郡县，它们并非《宋书·州郡三》记载的"南秦州"，而很可能是西晋时期的秦州辖境。那么，作为晋末刘宋时期的士人，郭仲产出于什么目的编纂此书呢？

《南齐书·州郡下》"秦州"栏曰："《永明郡国志》秦州寄治汉中南郑，不曰南北。《元嘉计偕》亦云秦州，而荆州都督常督二秦、梁、南秦一刺史。"[154]《宋书·武二王》"南郡王义宣传"下谓刘义宣于元嘉三十年（453年）改授都督荆湘雍益梁宁南北秦八州诸军事、荆湘二州刺史，[155]即荆州都督常督南北秦的例子。除了《秦州记》，郭仲产还编纂过《荆州记》、《湘州记》和《南雍州记》等地记。恰巧的是，这些"州记"所在的州级政区都属于刘义宣的都督区。由此可见，"州记"编纂和都督制间有着密切的关系。作为刺史从事的郭仲产，应当是在元嘉三十年着手编纂《秦州记》。

山谦之《南徐州记》

《隋书·经籍二》《旧唐书·经籍上》和《新唐书·艺文二》著录山谦之《南徐州记》二卷。据《宋书·自序》，山谦之卒于刘宋孝建初。[156]谦之郡望不明，可能出自东阳太守河内山遐一族。[157]他生前为史学学士、奉朝请，曾任棘阳令。[158]除了《南徐州记》，

---

154 《南齐书》卷一五《州郡下》，第296页。
155 《宋书》卷六八《武二王·南郡王义宣传》，第1799页。
156 《宋书》卷一〇〇《自序》，第2467页。
157 相关记载，参见刘义庆著，刘孝标注，余家锡笺疏，周祖谟等整理：《世说新语笺疏》卷上之下《政事第三》"山遐去东阳"条，第218页。
158 《宋书》卷一六《礼三》，第439页；《隋书》卷三五《经籍四》，第1073页。

山谦之还编纂过《丹阳记》《寻阳记》。南徐州，《宋书·州郡一》"南徐州刺史"栏云："文帝元嘉八年，更以江北为南兖州，江南为南徐州，治京口，割扬州之晋陵、兖州之九郡侨在江南者属焉，故南徐州备有徐、兖、幽、冀、青、并、扬七州郡邑。"[159] 据山谦之生平和南徐州的设置大体可知，《南徐州记》约莫成书于元嘉八年（431年）至孝建初。

《史通·书志第八》曰："于南则有宋《南徐州记》《晋宫阙名》，于北则有《洛阳伽蓝记》《邺都故事》，盖都邑之事，尽在是矣。"[160] 刘知幾认为《南徐州记》记载的是有关都邑之事。然而从现存佚文来看，涉及了南徐州辖境内的郡县山川、地方物产和人文掌故等内容，并没有记载都邑建康城的相关情况。因此，刘知幾的说法很有可能是错谬的。

今所辑录佚文，或作山谦之《南徐州记》，或径作《南徐州记》。佚文内容，涵盖了南东海郡郯（京口）、丹徒二县，南琅邪郡临沂、江乘二县，晋陵郡延陵、无锡、南沙和暨阳四县。

阮叙之《南兖州记》

南兖州，晋成帝立南兖州，寄治京口。刘宋文帝元嘉八年（431年），始割江淮间为境，治广陵。其后治所迁徙、郡县省立、度属不断，辖境常有盈缩。[161]《新唐书·艺文二》《通志·艺文略第

---

159 《宋书》卷三五《州郡一》，第1038页；《晋书》卷一四《地理上》，第435页。
160 刘知幾著，浦起龙释，王煦华整理：《史通通释》卷三《书志第八》，第74页。
161 《宋书》卷三五《州郡一》，第1053—1054页；《南齐书》卷一四《州郡上》，第255—256页。

四》著录阮叙之《南兖州记》一卷。阮叙之,又作"阮升之""阮胜之"。《宋书·良吏》有阮长之,陈留尉氏人;《宋书·蛮夷列传》"南夷林邑国"下有交州刺史阮弥之;《梁书·阮孝绪传》谓孝绪父阮彦之。[162] 看来"叙之"很有可能也是南朝时人的名字。章宗源《隋书经籍志考证》曰:"《御览·地部》引'都梁宫殿,隋大业元年所立',并称阮升之《记》,似此书撰在隋、唐间。"[163] 查核《太平御览·地部八》,在"隋大业元年炀帝立宫在都梁"和"阮升之《记》"二文之间,夹杂着一条东晋伏滔的《北征记》佚文。按照《太平御览》引书的体例,有关都梁宫殿的佚文,应当出自《北征记》,而非阮升之《记》。显然,此则佚文亦非出于《北征记》。[164]《太平寰宇记·河南道十六》泗州临淮县"都梁宫"条亦引此佚文,但未标明出处。[165] 因而,章宗源据此则佚文而做出的判断是不成立的。

《太平寰宇记·扬州》江都县"故齐宁县"条引阮升之《记》曰:"齐高宗建武五年,遏艾陵湖水,立裘塘屯,移县于万岁村,中兴元年废县,西南去州城六十一里。"[166]《南齐书·州郡上》南兖

---

162 《宋书》卷九二《良吏传·阮长之》,第2268页;《宋书》卷九七《蛮夷列传》,第2377页;《梁书》卷五一《处士传·阮孝绪》,第739页。
163 章宗源:《隋书经籍志考证》卷六《地理》,二十五史刊行委员会编:《二十五史补编》第4册,第4981页中栏。
164 有关伏滔《北征记》的成书年代和佚文,参见鲍远航:《东晋伏滔〈北征记〉考论——兼证老子故里》,《巢湖学院学报》2014年第2期。
165 乐史著,王文楚等点校:《太平寰宇记》卷一六《河南道十六·泗州》,第314页。
166 乐史著,王文楚等点校:《太平寰宇记》卷一二三《淮南道一·扬州》,第2446页。

州"广陵郡"下有齐宁县,并云永明元年(483年)置。[167] 据此则佚文,阮叙之《南兖州记》似当成书于中兴元年(501年)齐宁废县之后。值得注意的是,《读史方舆纪要·南直四》海州"海"条下引录《南兖州记》佚文一则,内容关于东西捍海堰。[168] 基本一致的记载,出自《太平寰宇记·海州》东海县"西捍海堰""东捍海堰",[169] 然而却没有注明引用的是《南兖州记》,故颇疑《读史方舆纪要》此条佚文出处有误。又阮升之《南兖州记》曰:"都梁山通钟离郡,广袤甚远,出桔梗、芫花等药。"[170] 钟离郡于刘宋元徽元年(473年)由南兖州度属徐州。由此来看,《南兖州记》涉及辖境下的郡县,又似乎有刘宋元徽元年之前者。

今所辑录佚文,或作阮升之(胜之)《南兖州记》,或作阮升之《记》,或径作《南兖州记》。佚文内容,涵盖了南兖州下辖的广陵、海陵和盱眙等郡。

郭仲产《南雍州记》

《隋书·经籍二》不载郭仲产此书,仅载郭氏《湘州记》一卷。《旧唐书·经籍上》著录郭仲彦《南雍州记》三卷,"仲彦"当作"仲产"。《新唐书·艺文二》载郭仲产《荆州记》二卷,而陈振孙《直斋书录解题·地理类》"襄沔记"下又提到郭仲产《襄阳

---

[167]《南齐书》卷一四《州郡上》,第256页。
[168] 顾祖禹著,贺次君等点校:《读史方舆纪要》卷二二《南直四》,第1095页。
[169] 乐史著,王文楚等点校:《太平寰宇记》卷二二《河南道二十二·海州》,第463页。
[170] 李昉等编纂:《太平御览》卷四三《地部八·都梁山》引阮升之《记》,第208页上栏。

记》。[171] 南雍州镇襄阳，"晋孝武始于襄阳侨立雍州，并立侨郡县。宋文帝元嘉二十六年，割荆州之襄阳、南阳、新野、顺阳、随五郡为雍州，而侨郡县犹寄寓在诸郡界。孝武大明中，又分实土郡县以为侨郡县境"。[172] 基于此，姚振宗认为郭仲产《南雍州记》即《直斋书录解题》记载的《襄阳记》，不过这只是推测。现存史书中保留的郭仲产《襄阳记》佚文，仅见于《水经注·淯水注》"淯水又径乐安［郡］（乡）北"下所引，其内容作"南阳城南九十里有晋尚书令乐广故宅"。杨守敬怀疑此处所引郭仲产《襄阳记》有误。[173] 至于张国淦提出郭仲产《南雍州记》和《荆州记》当为一书的看法，亦缺乏相关证据。[174]

由上文可知，刘义宣于元嘉三十年（453年）改授都督荆湘雍益梁宁南北秦八州诸军事、荆湘二州刺史。郭氏编纂《南雍州记》，应该和以下两方面因素有着密切关联，一是仲产作为刘义宣的刺史从事，二是雍州作为刘义宣的都督区之一。和《荆州记》《秦州记》的成书情况类似，《南雍州记》在孝建元年（454年）前应已成书。

鲍至《南雍州记》

《隋书·经籍二》著录鲍至《南雍州记》六卷，《新唐书·艺文

---

171 陈振孙著，徐小蛮、顾美华点校：《直斋书录解题》卷八《地理类》，上海：上海古籍出版社，2015年，第253页。
172 《宋书》卷三七《州郡三》，第1135页。
173 杨守敬、熊会贞注疏：《水经注疏》卷三一《淯水》，第2611页。
174 张国淦编著：《中国古方志考》，第475页。

第五章 观念、制度与文本编纂——论魏晋南北朝的"州记"

二》则载鲍坚《南雍州记》三卷,《通志·艺文略第四》、陈振孙《直斋书录解题·地理类》亦作"鲍坚"。[175] 鲍至,鲍行卿弟鲍客卿子。《南史·鲍泉传》附"鲍行卿传"曰:"弟客卿位南康太守。客卿三子,检、正、至,并才艺知名,俱为湘东王五佐。"[176] 则"鲍坚"或即"鲍检"之误写,而王谟、张国淦认为"坚""至"二字相似致误。[177]《新唐书艺文志注》曰:"'坚'当作'至'……仲产,宋时人,在至之前,至盖续其书也。"[178]《南雍州记》乃鲍至而非鲍坚编纂,最直接的记载来自《南史·庾易传》附其弟"庾肩吾传",其曰:"初为晋安王国常侍,王每徙镇,肩吾常随府。在雍州,被命与刘孝威、江伯摇、孔敬通、申子悦、徐防、徐摛、王囿、孔铄、鲍至等十人抄撰众籍,丰其果馔,号高斋学士。"[179] 姚振宗《隋书经籍志考证》曰:"按《梁书·简文帝本纪》,天监五年封晋安郡王,普通四年为使持节都督雍梁南北秦四州竟陵随郡诸军事、雍州刺史。鲍至是《志》当作于斯时,时为高斋学士也。"[180] 可知,鲍至初为湘东王萧绎幕僚,普通四年(523年)后,成为萧纲的"高斋学士",从而借助众籍编纂《南雍州记》。

今所存《南雍州记》佚文,大部分径作《南雍州记》,而没有

---

175 陈振孙著,徐小蛮、顾美华点校:《直斋书录解题》卷八《地理类》,第253页。
176 《南史》卷六二《鲍泉传》附"鲍行卿传",第1530—1531页。
177 王谟:《汉唐地理书钞》,第346页上栏;张国淦编著:《中国古方志考》,第476页。
178 朱新林、宋志霞整理:《新唐书艺文志注》卷二"鲍坚《南雍州记》三卷"下案语,王承略、刘心明主编《二十五史艺文经籍志考补萃编》第18卷,第173—174页。
179 《南史》卷五〇《庾易传》附其弟"庾肩吾传",第1246页。
180 姚振宗:《隋书经籍志考证》卷二一二《史部十一·地理类》,第5404页上栏。

注明纂者，这就需要和署名为郭仲产的《南雍州记》之间加以甄别。后世史家注意到了二书的存在，因此在引用郭仲产《南雍州记》时，一般注出作者和书名，或者仅注纂者郭仲产。这样对区分、整理二书佚文，颇有助益。

虞孝敬《广、梁、南徐州记》

《隋书·经籍二》著录虞孝敬《广、梁、南徐州记》九卷，《通志·艺文略第四》作"虞孝恭"，"恭"当是"敬"之避讳字，故"虞孝恭"即"虞孝敬"。不过，现存的一则佚文却作"虞孝恭"。咸淳《毗陵志·祠庙》无锡"东海信郎王庙"条下，即引作虞孝恭《南徐记》。[181] 不仅如此，后世方志中所引用的《南徐记》，绝大部分内容都不见于刘宋时期山谦之的《南徐州记》佚文中。它们虽没有记载编纂者，然而从一些佚文来看，明显不属于山谦之《南徐州记》。如咸淳《毗陵志·山水》晋陵"阳湖"条引《南徐记》曰："宋元嘉修废，成良畴数百顷，俗号宋建。"[182] "宋建"的表述，至少说明此则佚文形成于刘宋以后。即使记载同一山、川，《南徐记》和山谦之《南徐州记》之间亦有差异。因此，我们倾向于认为《南徐记》不少佚文应来自虞孝敬所撰《广、梁、南徐州记》一书。

虞孝敬，梁湘东王记室。费长房《历代三宝纪》于"《内典博要》三十卷"下曰："湘东王记室虞孝敬撰。该罗经论，所有要事，

---

181 咸淳《毗陵志》卷一四《祠庙》，《宋元方志丛刊》第3册，第3076页下栏。
182 咸淳《毗陵志》卷一五《山水·湖》，《宋元方志丛刊》第3册，第3090页下栏。

备皆收录,颇同《皇览》《类苑》之流。敬后出家,召命入关,亦更有著述云。"[183] 又《法苑珠林·传记篇》于"《内典博要》一部四十卷"下曰:"后得出家,改名慧命。"[184] 则虞孝敬出家后,法号慧命。关于虞孝敬的官衔,《大唐内典录》则作"梁中宗元帝文学"。[185] 梁元帝萧绎于天监十三年(514年)封湘东郡王。[186] 此书当是萧绎牵头编纂的多种地记之一。姚振宗《隋书经籍志考证》曰:"此为广州、梁州、南徐州三记合并为帙者,似梁代地记之残剩。"[187] 孝敬另撰有《高僧传》(《高士传》)六卷。

三、"州记"编纂的观念、制度因素

综上所述可知,在全国性总志中,既有以当时施行的州级政区为纲的"州记",也存在着以《禹贡》"九州"、东汉十三州或汉末九州为框架而进行编纂的"州记";州级政区"州记"虽然都是以具体的州级政区作为编纂框架,然而这些"州记"的性质、形成原因也不尽相同,不过大体和州牧行政、都督制以及编纂者的中正身份有密切的关系。下面就此几方面因素具体展开讨论。

---

183 费长房:《历代三宝纪》卷一一,《续修四库全书·子部》第1288册,第596页上栏。
184 释道世著,周叔迦、苏晋仁校注:《法苑珠林校注》卷一〇〇《传记篇·杂集部第三》,第2876页。
185 释道宣《大唐内典录》卷一〇上,《续修四库全书·子部》第1289册,第191页上栏。
186 《梁书》卷五《元帝纪》,第113页。
187 姚振宗:《隋书经籍志考证》卷二一《史部十一·地理类》,第5407页下栏。

（一）"九州""大一统"观念下的"州记"编纂

"州记"题目中"九州"的称谓，仅仅只是华夏、全国的泛称吗？显然不是。在上文讨论扬雄撰写的"州箴"时，西晋晋灼注曰："九州之箴也。"[188] 扬雄所撰的是《十二州箴》，但晋灼却认为是"九州之箴"，这反映了晋人《禹贡》"九州"的观念。裴秀在《禹贡地域图》序曰："今上考《禹贡》山海川流，原隰陂泽，古之九州，及今之十六州，郡国县邑，疆界乡陬，及古国盟会旧名，水陆径路，为地图十八篇。"[189] 黄逢元《补晋书艺文志》谓"是图虽以《禹贡》名篇，实晋舆地也"。[190] 虽然如此，但裴秀以《禹贡》九州为源头，梳理西晋十六州的做法，足见其对《禹贡》九州的重视。不仅如此，在未能平吴、一统天下前，遥领交州或是倡导《禹贡》九州的观念，这和"大一统"的观念密切相关。

再来看荀绰的《九州记》。在荀绰《冀州记》中，现存佚文涉及的人物，除了张貔、牵秀、崔谅和崔洪之外，其他如满奋（高平国，冀州刺史），杨准（弘农郡）和裴顾、裴楷（河东郡）等，并非魏晋时期的冀州士人；在其《兖州记》中，人物籍贯可考者除了闾丘冲外，其他如袁准（陈郡）、诸葛诠（琅邪郡，兖州刺史）、诸葛玫（琅邪郡），亦非魏晋时期的兖州士人。可见，除了

---

188 《汉书》卷八七下《扬雄传》，第3583页。
189 《晋书》卷三五《裴秀传》，第1039—1040页。
190 黄逢元：《补晋书艺文志》，二十五史刊行委员会编：《二十五史补编》第3册，第3928页中栏。

第五章 观念、制度与文本编纂——论魏晋南北朝的"州记"

当地士人,荀绰还记载担任冀州、兖州刺史的外地士人。除此而外,如河东裴氏家族被载入《冀州记》,荀绰应是从九州的辖域下考虑的。在东汉建安十八年(213年)复《禹贡》九州时,河东郡归并于冀州。[191] 不过,弘农、陈郡并非辖属于冀、兖,杨准、袁准是否任职于冀、兖亦无考,颇疑有关弘农杨准、陈郡袁准的记载,原先当属于荀绰的《雍州记》《豫州记》。无论如何,荀绰在编纂《九州记》时,各州辖域以《禹贡》九州或汉末所恢复的九州为依据。考虑到荀绰曾担任司空从事中郎,联系上述裴秀以司空的身份编纂《禹贡地域图》,那么荀绰秉承了"九州"的观念,也就不难理解了。其他如乐资《九州志》《九州郡县名》,大抵也贯穿着编纂者"九州""大一统"的观念。

和前述《禹贡》"九州"观念有所不同的是阚骃《十三州志》的编纂,其基本框架则是依据东汉十三州之制。王谟于《十三州志》辑本跋语曰:

> 阚骃既仕西凉,列传《魏书》,则所著书自应据《魏·地形志》,而乃以《十三州志》名书,从汉制也。然亦徒自夸大,究于汉制,荆、扬、交、益诸州,并非土宇。[192]

据上节所考,阚骃《十三州志》成书于阚骃所仕的北凉时期,而《魏书·地形志》则成于天保五年(554年),故王谟谓"所著

---

191 《续汉书·百官五》刘昭注引《献帝起居注》,参见范晔《后汉书》,第3618页。
192 王谟:《汉唐地理书钞》,第140页下栏。

书自应据《魏·地形志》"的说法不确。也正如此，此书并非像《大魏诸州记》一样，以当时运行的州级政区为纲。阚骃偏安于南北对峙期间的凉土，承袭应劭《地理风俗记》(《十三州记》)的表达形式，以东汉十三州制为框架著书立说，并非意在夸大土宇，而是对东汉郡国进行释名、梳理沿革。这既属于士人的撰说，也是割据政权下士人"大一统"观的体现。从现存佚文来看，阚骃涉及的不仅是东汉的十三州，还囊括了西域和域外。这也正是刘知幾所说的"阚骃所书殚于四国"，由此能进一步说明阚骃所持有的"大一统"观。这一方面和西晋司马彪著《九州春秋》比较相似。《隋书·经籍二》谓此书记汉末事。[193] 司马彪没有以东汉"十三州"作为书题，是因为汉末复《禹贡》九州，这也和《九州春秋》的内容较为吻合。

除了以《禹贡》九州、东汉十三州为纲外，刘澄之《永初山川古今记》虽以刘宋永初为时间断限，但其框架却是西晋一统天下后的十九州。作为刘宋宗室的刘澄之，在南齐编纂《永初山川古今记》，不仅寄托了个人情怀，而且是南北对峙时期文人"大一统"观念的流露。当然，这一观念背后是以南朝作为本位而希冀天下一统。此外如黄恭《十三州记》(《十四州记》)，更多的是站在孙吴时期交广二州的立场上加以编纂。简而言之，政权虽分南北，但"天下"却是一体的。这一思想，仍旧贯穿于陈朝顾野王编纂的《舆地志》中。此书虽名"舆地"，但据顾野王"序略"，

---

193 《隋书》卷三三《经籍二》，第960页。

依据的是东汉十三州政区分野。[194]

可以说，西晋时期流行的"九州"观深深影响了全国总志式"州记"的编纂。这些"州记"中以"九州"为题，并非仅是泛泛之称，而是编纂者以《禹贡》九州或东汉末年所复原的九州作为基本的框架。这在一定程度上是对《禹贡》九州架构的实践。不仅是上文考证的几种全国总志式"州记"，西晋时期挚虞所编纂的《畿服经》亦如是。《隋书·经籍二》"地理记"序文曰："晋世，挚虞依《禹贡》《周官》，作《畿服经》。其州郡及县分野封略事业，国邑山陵水泉，乡亭城道里土田，民物风俗，先贤旧好，靡不具悉。"[195] 不过，进入南北朝时期，"九州"观不再成为主流，取而代之的是采用东汉十三州制或是西晋十九州制的做法。这两者都是南北大一统时期的天下州制。

（二）州府行政和"州记"编纂

在九品中正制下，州郡中正及其佐吏负责提供当地士人个人资料的收集、记录与撰写，形成簿状。《通志二十略·氏族略第一》"氏族序"曰："魏立九品，置中正，州大中正主簿、郡中正功曹，各有簿状，以备选举。"[196] 学者已指出，魏晋杂传的产生和中正举荐人物、定品状的职能息息相关。[197] 不仅是杂传，在上节所考

---

194 顾野王著，顾恒一等辑注：《舆地志辑注》，第1—2页。
195 《隋书》卷三二《经籍二》，第988页。
196 郑樵著，王树民点校：《通志二十略·氏族略第一》，北京：中华书局，1995年，第2页。
197 逯耀东：《魏晋杂传与中正品状的关系》，《中国学人》第2期，1970年。

的诸种"州记"中,《徐州人地录》《交广二州记》二书分别是刘芳、王范以徐州、广州大中正的身份进行编纂的。从现存佚文来看,有关当地士人的记载似乎是二书的重要内容。这一点和中正的职能是吻合的。州郡中正及其属官掌握着当地士人的品状资料,在其基础上进行一州人物的编纂,应该不是难事。不过,《徐州人地录》除了人物的内容,还有地理方面的记载。则中正在编纂一州的人物资料时,还会涉及州境内的地理。这有可能属于特例,因为目前还没有更多的材料表明中正或其僚属参与了"州记"的编纂。

相比之下,目前可考的"州记",由州府僚属搜集材料并加以编纂,则占有相对的优势。在诸种"州记"中,范汪《荆州记》、郭仲产《荆州记》、郭仲产《湘州记》、李膺《益州记》和鲍至《南雍州记》,是各州僚属(从事、主簿)着手编纂的。盛弘之《荆州记》虽是作者以临川王侍郎(王官)的身份编纂,但这一身份也可算是长官幕僚。两晋南北朝时期,州刺史往往带有将军号,统揽州境内的行政、军事权力,成为民事、军政合一的州级长官。在这样的制度设计下,州府广募属吏,处理具体事务,以维持州级政区的正常运行。不仅如此,在郡县呈送的行政文书的基础上编纂"州记"这样的文本,对州级长官和幕僚了解州境内的山川、行政等基本情况,多少也有些帮助。这一点和"郡记"的行政功能有相似之处。[198]

值得指出的是上节所考的州"图记""图副记"。从现有佚

---

198 参见本书第四章《汉魏六朝"郡记"考论》。

第五章 观念、制度与文本编纂——论魏晋南北朝的"州记"

文来看,它们应是辅助一州舆图而产生的解释、补充以及扩展的文本。只不过在使用、流传过程中,记文部分渐趋独立。"图记""图副记"的一些佚文如果配合舆图一起阅读、使用的话,则更有空间感。比如,《荆州图》"澧阳县盖即澧水为名也。在郡西南,接澧水";《荆州图记》"襄阳县南陆道六里有桃林馆,是饯行送归之处"。[199] 而一些"州记",虽不属于州"图记",但记文和舆图间有着密切关系。任豫《益州记》有一则佚文可以说明这点:"江[油](曲由)左担道,按图在阴平县北,于成都为西注。其道至险,邓艾束马悬车处。"[200] 此处所谓的"图",当是和益州有关的舆图。任豫在编纂《益州记》时,毫无疑问参考了这些舆图。

此外,如果说郭仲产《荆州记》《湘州记》,是因其担任荆湘刺史从事而编纂的话,那么,郭仲产《秦州记》《南雍州记》的编纂,则是因为这些州处于刘义宣的都督区内。不过,这属于特殊的例子。在多州都督制下,是否由一州刺史负责多州"州记"的编纂,目前还无法详知。总的来说,编纂"州记"一事,一般还是由当州州府及僚属所负责。

概言之,在州级行政区的"州记"中,存在着以人物为主和综合性的"州记"。两者分别由州中正及其属官和州府僚属加以编

---

199 萧统编,李善等注:《六臣注文选》卷二三王仲宣《赠士孙文始》李善注引《荆州图》,第438页上栏;徐坚等著:《初学记》卷一八《人部中·离别第七》引《荆州图记》,第448页。
200 徐坚等著:《初学记》卷二四《居处部·道路十四》"覆轮"条引任豫《益州记》,第590页。

纂。它们的产生，受到州级行政制度运作的影响。这也正是这些"州记"和出任的刺史、僚属有着密切关联的原因。

四、小结

　　文本的产生，受到了编纂者的个人经历、出任职位的影响。《论衡·佚文篇》云："杨子山为郡上[计]（记）吏，见三府为《哀牢传》不能成，归郡作上，孝明奇之，征在兰台。"[201] 杨子山即杨终，蜀郡成都人。[202]《哀牢传》本由三府负责编写，而最后是杨终完成，除了个人才华之外，还与其作为上计吏和出生于蜀郡的身份有关系。《华阳国志·蜀志》曰："太尉赵公，初为九卿，适子宁还蜀，昳命为文学，撰《乡俗记》。"[203] 赵宁能够编纂《蜀郡乡俗记》，在于他是蜀郡太守高昳的文学掾属。此外如《建安地记》，据《陈书·顾野王传》，"年十二，随父之建安，撰《建安地记》二篇"。野王虽是出于天赋而撰写《建安地记》，但能够撰写此书，可能和其父顾烜出任建安郡僚属有很大的关系。[204]

　　地记文本得以编纂，除了个人因素外，还受到其他方面因素的影响。作为官修的地方性资料，它们的作用在于"明九域山川之要，究五分风俗之宜"。不少"州记"文本正是贯穿着这样的官

201　黄晖校释：《论衡校释》卷二〇《佚文篇》，第863页。
202　《后汉书》卷四八《杨终传》，第1597页。
203　常璩著，任乃强校注：《华阳国志校补图注》卷三《蜀志》，第155页。
204　《陈书》卷三〇《顾野王传》，第399页。

第五章 观念、制度与文本编纂——论魏晋南北朝的"州记"

方主导思想加以编纂的。不仅如此,编纂者往往拥有一定的僚属、掾史等官方身份,同时需借助官方提供的地方资料进行编纂。正因为此,这些"州记"就是系列行政系统运作、王朝的政治文化观念影响下的产物。

然而,"州记"并没有随着州级政区的确立而立即出现。两汉三国时期,和"州"级单元相关的文本主要是"州箴"和"州论"。它们属于箴文和讲论,而且编纂不具有普遍性,并非围绕州级政区的行政系统而展开。和州级政区相匹配的"州记"编纂,至东晋南朝方才得以兴起。不过,这需要和西晋以来的全国总志式"州记"加以区分。以"九州""十二州""十三州"或"十九州"作为框架的全国总志式"州记",贯穿着《禹贡》"九州"和"大一统"的政治文化观念。细说开来,西晋时期的全国性"州记"体现了《禹贡》"九州"的观念,进入南北朝时期,全国性"州记"的编纂框架是东汉十三州制或西晋灭吴后的十九州制。这是分裂时期编纂者所追溯并想象的一种"大一统"意识。

具体就前文所考证的州级政区的"州记"而言,它们的编纂和州级长官及其僚属、州中正有着密切的关系。无论是萧绎牵头编纂,还是作为刘义宣掾属的郭仲产所编纂的地记,都应该被视作官修文本。它们的产生,受到州刺史的军政、民事权力不断壮大和州府的系列行政运作的影响。当然,这一类型的"州记",在当时尚未形成相对固定的体例、内容,也没有官方规定的定期编纂的说法。

综而言之,在"州记"形成前史中,汉代的"州箴"和曹魏的"州论"虽然性质不同,但以"州"为单元进行撰说,在内容上涉及区域地理范围、物产和历史变迁，是不可忽视的文本。"州记"初以总志的形式出现。魏晋人士的《禹贡》"九州"观，直接影响了总志的体例和内容；南北朝对峙时期，又尊崇两汉"十三州""十二州"或西晋"十九州"制，进行"州记"总志的编纂，反映分裂时期被强化的"大一统"观。而东晋南朝出现的州级政区"州记"，恰是州级行政、军事权力凸显的一种表征。"州记"文本的出现，离不开当时政治文化观念和地方行政制度的交互作用。

第六章

"政区"与"地方"的融汇
——以秦汉六朝时期的剡县、䣺县为例

秦帝国在故六国基础上推行的郡县制度,萌芽于春秋战国时期。它是在废除分封制后对区域的重新划分,实质是君主直接支配其人民和土地,[1]并形成了覆盖于帝国四方的行政体系,构建这一体系的核心要素便是不同层级的"政区"。所谓"政区",就是国家为实现对各区域的治理、自上而下划分的行政层级。国家的行政事务如"编户齐民"、征发赋役,皆在"政区"的基础上开展。"政区"的基本要素包含幅员、边界、地理区域和地理位置,[2]特点是拥有不同层级的行政治所、设立长官处理地方政务、通过

---

1 增渊龙夫著,索介然译:《说春秋时代的县》,刘俊文主编:《日本学者研究中国史论著选译》第3卷《上古秦汉》,第189页。
2 周振鹤:《中国历代行政区划的变迁》,北京:商务印书馆,1998年,第74页;周振鹤:《体国经野之道:中国行政区划沿革》,上海:上海书店出版社,2009年,第80—81页。

郡县衙署进行文书的上传下达。

无论政区层级、名称以及具体的官吏设置、人员安排如何演变，县级政区一直是帝制中国施政、贯彻行政命令的较稳定的政治空间。在历代王朝画野分州、重新调整中央与地方的关系时，县级政区作为更高级政区建立的基础，一直得以因袭下来。县级政区的相对稳定不仅表现在绝大多数县的名称、幅员与治所的相对固定，而且在于县这一层级自创设以来在历代行政区划中的持久延续性。那么是什么因素促成县级政区的相对稳定呢？谭其骧、周振鹤分别从县域所在地的经济开发程度与国家行政职能的视角进行阐释。[3] 与县级政区的相对稳定密切联系的问题是：以国家权力为主导的郡县制度自上而下强力推行以来，是如何落实到具体的"地方"，进而与"地方"相融汇？人们又是如何去认识并描述这些县？欲回答这些问题，就需要将目光聚焦到"地方"上。

20世纪70年代以来，以段义孚（Yi-Fu Tuan）与爱德华·雷尔夫（Edward Relph）为代表的人本主义地理学家（humanistic geographer）一直试图给"地方"的内涵与外延做出明晰的界定。[4]

---

3 谭其骧：《浙江省历代行政区域——兼论浙江各地区的开发过程》，《长水集》上册，上海：上海人民出版社，1987年，第403—404页；周振鹤：《体国经野之道：中国行政区划沿革》，第38页。

4 Yi-Fu Tuan, *Space and Place: the Perspective of Experience*, Minneapolis: University of Minnesota Press, 1977; Yi-Fu Tuan, *Topophilia: A Study of Environmental Perception, Attitudes, and Values*, New York: Columbia University Press, 1990; Edwavd Relph, *Place and Placelessness*, London: Pion, 1976. 中译本分别参见段义孚著，王志标译：《空间与地方：经验的视角》，北京：中国人民大学出版社，2017年；段义孚著，志丞、刘苏译：《恋地情结》，北京：商务印书馆，2018年；爱德华·雷尔夫著，刘苏、相欣奕译：《地方与无地方》，北京：商务印书馆，2021年。简明扼要地对"地方"这一议题进行学术史的回顾，请参阅（转下页）

第六章 "政区"与"地方"的融汇——以秦汉六朝时期的剡县、鄮县为例

一般认为,"地方"是居住于特定区域的人群赋予一定的地理空间、场所以意义,进而达到认识世界的工具。绝大多数研究者倾向于认为"地方"拥有场所(locale)、区位(location)和地方感(sense of place)三个主要特征。场所指日常生活中群体较集中于某一相对的空间;区位即节点或位置,促使"地方"连接了更大范围内的网络(地理或社会层面);地方感即人们对所居住的空间形成的情感或认同。[5] 在这三点中,"地方感"显然是学者尤为强调的一个要素,也是"地方"之所以与空间、场所区别开来的重要因素。质言之,"地方"不仅是对富有人文意义的空间的界定,而且更是作为一种研究视角。

人文地理学关于"地方"的界定与省思启发我们重新思考郡县体制。制度设计本身只是一种蓝图,秦帝国欲实现统摄四方、号令天下的局面,首先须将郡县制度落实到具体的地理空间,以实现制度施行的有效性与延续性。在这一层意义上,制度与具体的地理空间相结合,以贯彻行政命令为主体的政区方能确立,帝国的行政体系得以畅通。但是,郡县体制的施行出现过反复,表现在部分郡县置废无常、辖境内"地方势力"的长期存在。郡县制度从反复到最终的确立,也是"政区"与"地方"逐渐融汇的历史过程。可以说,"政区"为"地方""地方社会"的形成提供了

(接上页)Tim Cresswell, *Place: A Short Introduction*, Malden, MA: Blackwell Pub, 2004.(中译本见徐苔玲、王志弘译:《地方:记忆、想象与认同》,台北:群学出版社,2006年,第27—86页,尤其是第83—86页。)对段义孚《恋地情结》一书的评论,参阅唐晓峰:《还地理学一份人情》,《读书》2002年第11期。

5 John Agnew, *Place and Politics in Modern Italy*, Chicago: University of Chicago Press, 2002, p.16.

主体框架，而"地方""地方社会"的多元面向渐渐填充到这一框架当中，最终促成"县"的确立与稳定。

正是在这一思路的引导下，本章以会稽郡的剡县与鄞县为例，思考县级政区长期保持相对稳定的内在原因，阐明"政区"与"地方""地方社会"互动的过程与意义。选择剡县与鄞县为例展开讨论，主要基于以下考虑：第一，春秋战国时期，剡县与鄞县所在的浙东（钱塘江东岸）尚未置有县或郡制。对于这一区域而言，秦帝国推行的郡县体制是全新的制度。当地民众对此制度的认识与接受过程，与其他已出现郡、县制的地区相比，需要相对更长的时间。第二，剡县、鄞县与研究论题相关的文献材料相对完整，能够展开讨论。同时，借由这两个例子，旨在揭示"地方"在事实与认识层面上的意义。此二县可资利用的文献材料分别是墓砖铭文与书信。砖文主要收录在《古剡汉六朝画像砖》（以下简称《画像砖》）一书中，[6] 而书信则出自陆云文集。

一、作为"政区"的剡县和鄞县

剡县和鄞县地处钱塘江（浙江）东岸，在先秦时期，这一区域并未施行过郡、县制。杨宽据《史记·甘茂列传》谓楚怀王灭越后置江东郡，辖境有安徽省东南部、江苏省南部及浙江省北部地

---

[6] 张恒、陈锡琳：《古剡汉六朝画像砖》，杭州：浙江人民出版社，2010年。行文中的相关砖文内容凡引自该书，除非必要，不另出注。

区。[7]《史记·越王句践世家》记楚威王兴兵而伐越,杀王无疆,尽取故吴地至浙江。而越诸族子争立,或为王,或为君,滨于江南海上,朝服于楚。[8]则楚实际控制的范围大体包括故吴国之地与浙江(钱塘江)西岸,并非浙江省的北部地区。浙江东岸的越人势力只是"朝服于楚",并未纳入楚国的直接控制下。[9]无论如何,楚国江东郡的设置是为了对新占领的吴越故地的控制,当无疑义。这与春申君建议将自己淮北十二县的封地置为郡以防御齐国的目的是一样的。[10]

《史记·秦始皇本纪》谓秦王政二十五年(前222年),"王翦遂定荆江南地,降越君,置会稽郡"。[11]此句记载甚突兀,盖承上文二十四年"王翦、蒙武攻荆,破荆军,昌平君死,项燕遂自杀"而来。楚将项燕与昌平君的反秦主力活动于江北淮南一带。故项燕一死,楚军溃散,楚国江南地已无反抗力量。司马迁将"王翦定楚国江南地"与"越君投降"分开叙述,说明这是楚国的两处地方,前者是楚国真正掌控的,后者则是上文所叙越君的辖地,虽然"朝服于楚",但是真正控制者是越君。会稽郡的置立,大致包含了故江东郡与浙江东岸越君的辖地。简而言之,楚国灭越后,并未将"县"制推行到浙江东岸越君所控制的势力范围。浙江东岸"县"的设置,当是秦灭楚、越君降服后开始推行于句践越国

---

7 杨宽:《战国史》附录一"战国郡表",上海:上海人民出版社,2003年,第679页。
8 《史记》卷四一《越王句践世家》,第1751页。
9 陈伟:《楚"东国"地理研究》,武汉:武汉大学出版社,1992年,第154—155页。
10 《史记》卷七八《春申君列传》,第2394页。
11 《史记》卷六《秦始皇本纪》,第234页。

的中心地带。

郡县制推行后,县名、治所等基本要素得以落实。鄮县与剡县,《汉书·地理志》《续汉书·郡国志》皆有著录。史念海据《读史方舆纪要》考证鄮县当为秦县,[12] 马非百持相同看法。[13] 后晓荣《秦代政区地理》"会稽郡"下并无著录鄮县。[14] 鄮县是否为秦县,仍有疑问。马非百同时举《陆云集·答车茂安书》谓始皇帝"身在鄮县三十余日"证鄮县为秦县,恐不可尽信。

关于鄮县的得名,唐人梁载言《十道四蕃志》曰:"以海人持货贸易于此,故名。而后汉以县居鄮山之阴,乃加邑为鄮。"[15] 其实,早在南朝顾野王的《舆地志》中,就已有类似说法。《舆地志》曰:"邑人以其海中物产于山下贸易,因名鄮县。"[16] 贸(鄮)山因县人集结于此的海货贸易而得名,鄮县又因贸山而名。鄮县濒海,以海货为生的渔民当不在少数。《旌异记》曰:"西晋愍帝建兴元年,吴郡吴县松江沪渎口,渔者萃焉。"[17] 想必鄮山附近也应当如此。

至于剡县,嘉泰《会稽志》曰:"其山巅屹起小峰,号曰白塔。

---

12 史念海:《秦县考》,《禹贡半月刊》第7卷第6、7合期"古代地理专号",1937年,第307页。
13 马非百:《秦集史》下册,北京:中华书局,1982年,第627页。
14 后晓荣:《秦代政区地理》,北京:社会科学文献出版社,2009年,第413—421页。
15 乾道《四明图经》卷二鄞县"鄮山"条引梁载言《十道四蕃志》,《宋元方志丛刊》第5册,第4886页下栏。《十道四蕃志》,亦称《十道志》,久佚,辑本见王谟《汉唐地理书钞》、夏婧《唐梁载言〈十道志〉辑校》(袁行霈主编:《国学研究》30卷,北京:北京大学出版社,2012年,第311—378页),以后者辑本为佳,可参看。
16 李昉等编纂:《太平御览》卷一七一《州郡部十七·江南道下》引《舆地志》,第833页上栏。
17 释道世著,周叔迦、苏晋仁校注:《法苑珠林校注》卷一三《敬佛篇第六·观佛部第三》"感应缘"下引《旌异记》,第454页。

俗传秦始皇东游，使人剷此山以泄王气。"[18] 编纂者对这一"俗传"并未给予评论。始皇帝是否凿山以泄王气，真相已不可考。但是剡山山峰的独特性，则是事实。《说文解字》释"剡"，锐利之意。[19] 剡山山峰尖锐挺拔，颇有"剡"之本意，则县概因山形立名。后人附会所传，将剡山的得名与始皇帝东巡联系起来。即使如此，"俗传"亦未提及剡县为始皇帝所置。又南宋嘉定《剡录》曰："道书曰：'两火一刀可以逃。'言剡多名山，可以避灾也。"[20] 对"剡"字做如此解释，显系道家者的说辞，然剡县境内多名山则是事实。

鄞县与剡县是否为秦县，无法给予定论。两县的命名，均与其治所周边的山丘相关。不同的是，剡县的得名与其境内的名山颇有联系，而鄞县的得名，暗示了会稽濒海地带商业贸易的社会实态。剡县地处群山之中，位于曹娥江上游的剡溪、澄潭江流域（见图4）。其治所，《水经注·浙江水注》叙浦阳江水东径诸暨县南之后曰："江水又东南径剡县，与白石山水会。山上有瀑布，悬水三十丈，下注浦阳江……县开东门向江，江广二百余步。自昔耆旧传县不得开南门，开南门则有贼盗。"[21] 浦阳江水不径剡县，此处"江水"当是剡溪。白石山，晋孔晔《会稽记》曰："剡县西七十里有白石山，上有瀑布，水悬下三十丈。"[22] 白石山当即今东白山，处于会稽山脉南麓，在长乐镇西、虎鹿镇北（见图4）。晋

---

18 嘉泰《会稽志》卷九嵊县"剡山"条，《宋元方志丛刊》第7册，第6867页上栏。
19 许慎著，徐铉校定：《说文解字》卷四下，第91页上栏。
20 嘉定《剡录》卷一"县纪年"，《宋元方志丛刊》第7册，第7197页上栏。
21 郦道元著，王先谦校：《合校水经注》卷四〇《浙江水注》，第572页上栏。
22 李昉等编纂：《太平御览》卷四七《地部十二》引孔晔《会稽记》，第228页上栏。

生长于斯：六朝史上的"地方"

图例
□ 汉墓与汉墓群
◓ 东吴墓砖
A 六朝墓群
■ 西晋墓砖
● 东晋墓砖
✹ 晋砖（具体时间不明确）
1 南朝墓砖

第六章 "政区"与"地方"的融汇——以秦汉六朝时期的剡县、鄞县为例

图4 剡县出土汉至六朝时期墓葬、墓砖分布示意图

南朝时，剡县城址位于今嵊州市剡湖街道剡山下，与孔晔记载白石山在剡县西七十里的道里数较符合。然《元和郡县图志·江南道二》"剡县"下曰："汉旧县，故城在今县理西南一十二里，吴贺齐为令，移理今所。"[23] 又《太平寰宇记·江南东道》越州"剡县"下引孔晔《会稽记》曰："县本在江东，贺齐为剡令，移于今所。"[24] 据《三国志·贺齐传》，贺齐由会稽郡吏调任剡长，在建安元年（196年）之前。[25] 当时剡县称"长"而非"令"，《元和郡县图志》与《太平寰宇记》所据《会稽记》皆误。综合来看，贺齐对剡县城址的迁移与当地"山越"反乱有莫大关系。汉代的剡县城址，《会稽记》与《元和郡县图志》所记颇有出入，疑其治所本在剡县西南甘霖、长乐一带，贺齐因镇抚剡县"山越"而将治所迁往剡山山麓。

而鄮县治所，乾道《四明图经·总叙》谓明州旧治鄮县，"今阿育王山之西、鄮山之东，城郭遗址犹存"。[26] 宝庆《四明志·鄮县志卷第一》"沿革论"曰："鄮县东三十里阿育王山之西、鄮山之东有古鄮城，初鄮县治也。"[27] 又上引《十道四蕃志》谓县居鄮山之阴，则古鄮县治所很有可能在今鄮山周边的梅墟街道与五乡镇一带。[28] 两汉六朝时期，剡县与鄮县的户口数不能确知。就剡县而

---

23 李吉甫著，贺次君点校：《元和郡县图志》卷二六《江南道二·越州》，第620页。
24 乐史著，王文楚等点校：《太平寰宇记》卷九六《江南东道八·越州》，第1932页。
25 《三国志》卷六〇《吴书·贺齐传》，第1377页。
26 乾道《四明图经》卷一，《宋元方志丛刊》第5册，第4877页上栏。
27 宝庆《四明志》卷一二，《宋元方志丛刊》第5册，第5140页下栏。
28 陈丹正：《隋唐时期宁波地区州县城址沿革三题》，《中国历史地理论丛》第23卷第2辑，2008年；王结华：《文献记载中的宁波古城》，《宁波文物考古研究文集（二）》，北京：科学出版社，2012年，第33—35页。

言，建安元年以前贺齐为剡长，而汉末三国时期吴郡卜静终于剡令。[29] 从"长"到"令"的变化，或可反映剡县编户的增加与社会经济水平的提升。单从上述"政区"的基本特征来看，此二县与其他任一县并无多大差别。然而随着社会、经济的发展，以治所、编户与赋役征纳为基本框架的"政区"逐渐显现出多元的面向，"政区"与"地方"渐趋融合。

二、从"山越"之区到佛、道之地：剡县形象的转变

东汉末期，江东一带"山越"异常活跃，剡县境内亦有"山越"的记载。《三国志·贺齐传》曰：

> 县吏斯从轻侠为奸，齐欲治之，主簿谏曰："从，县大族，山越所附，今日治之，明日寇至。"齐闻大怒，便立斩从。从族党遂相纠合，众千余人，举兵攻县。齐率吏民，开城门突击，大破之，威震山越。

"轻侠"一词，屡见于《汉书》。县吏斯从既是剡县大族，又是一位游侠。他以"轻侠"与"山越"交结，并与剡长贺齐对立。可见斯氏等人在剡县甚有影响力，虽然出任县吏，但代表着对抗郡县行政权威的地方势力。

29《三国志》卷五二《吴书·顾邵传》裴注引《吴录》，第1229页。

据史书描述,汉末三国时期的剡县是"山越"的渊薮、文化的荒凉之地,甚少见有士人,斯姓等土豪当家作主,抗拒剡县长官的权威。然至东晋南朝时期,剡县却作为侨土士人出世隐逸、僧道之徒立馆建寺的修行之地而广为人知。如,吴郡钱唐县的褚伯玉,居会稽剡县瀑布山三十余年。后伯玉居于白石山太平馆。[30] 吴郡盐官县顾欢于剡县天台山开馆聚徒,受业者常近百人,后卒于剡山。[31] 顾欢事黄老道,其受业者想必多道徒。《比丘尼传》曰:"德乐,本姓孙,毗陵人也。高祖毓,晋豫州刺史。……及文帝崩,东游会稽,止于剡之白山照明精舍……剡又有僧茂尼,本姓王,彭城人也。"[32] 毗陵即毗陵郡,孙毓见于《晋书》。白山即白石山,山中馆阁、精舍当为数不少(太平馆、照明精舍之类)。那么,剡县在汉晋时期究竟经历怎样的变化呢?

(一)编户与姓氏构成

关于"山越",诚如唐长孺先生所论,是指"原居山中的人民与逃亡入山的人民。他们之中虽也确有古代越族的后裔,但此时与一般人民没有什么差别,因此只能认为山居的江南土著"。[33] 概言之,"山越"是大多数原先已经登记户籍,但在脱离版籍后以山区谷地为生活空间的群体。东吴政权征伐"山越",旨在对这批群体

---

30 《南齐书》卷五四《高逸传·褚伯玉》,第926—927页。
31 《南齐书》卷五四《高逸传·顾欢》,第929—930页。
32 释宝唱著,王孺童校注:《比丘尼传校注》卷三"剡齐兴寺德乐尼传十五",北京:中华书局,2006年,第159—160页。
33 唐长孺:《魏晋南北朝史论丛》,《唐长孺文集》,北京:中华书局,2011年,第24页。

第六章 "政区"与"地方"的融汇——以秦汉六朝时期的剡县、鄮县为例

重新加以控制，往往采取"强者为兵，羸者补户"的做法，[34] 即将降服的"山越"编为兵户与一般的民户。这当然不是"山越"首次被编入版籍，[35] 却是"山越"较全面地被纳入王朝国家的控制当中。在多次的编户之后，山居的江南土著开始华夏化的历程。

在贺齐征讨剡县的斯从族党后，想必不少"山越"同时被纳入版籍。对于剡县自设县后的编户情况，囿于史料缺乏，不得而知。不过，利用出土的墓砖铭文材料，或可窥视剡县对其境内群体编户的概貌。

在剡山出土的汉墓中，《古剡汉六朝画像砖》公布了两枚铜印，分别是"赵长贤印"与"吴子山印"，从内容上看属于私印。与县吏斯从相比，这两人的汉姓色彩更为浓厚。此外，在剡县金波山麓（位于剡山东北、县城北边）采集到的东汉建和四年（150年）墓砖铭文曰："建和四年八月十二日，章□所作其壁。"[36] "章"亦是汉姓。《幽明录》"刘晨阮肇"条云："汉明帝永平五年，剡县刘晨、阮肇共入天台山取谷皮，迷不得返。"[37] 刘晨、阮肇也是汉人的姓名。两汉时期溯曹娥江而上至剡县的汉人当为数不少，更多的应是部分山居的土著在编户过程中开始取用汉姓、汉名。

东吴时期剡县的番姓与朱姓（表4），见于大塘岭出土的砖铭。

---

34 《三国志》卷五八《吴书·陆逊传》，第1344页。
35 据《后汉书》卷七六《循吏·刘宠传》，会稽"山民愿朴，乃有白首不入市井者，颇为官吏所扰。宠简除烦苛，禁察非法，郡中大化"。（第2478页）官吏向山民征发赋税，至少可说明这些山民已编入王朝版籍。
36 张恒、陈锡琳:《古剡汉六朝画像砖》，第24页。
37 刘义庆辑:《幽明录》卷一，《丛书集成初编》第2697册，北京：中华书局，1991年影印本，第30页。

其中M101砖文曰:"太平二年岁在丁丑七月六日,建中校尉会稽剡番亿作此基,图冢师朱珖所处。"[38] 建中校尉,武官,又作"建忠校尉",《褚氏家传》谓晋平吴,褚陶补台郎、建忠校尉。[39] 褚陶在西晋初年任此官职。张勃《吴录》谓吴人陆凯曾为建忠校尉。[40] 则东吴时建忠校尉可考者已有陆凯、番亿二人。西晋仍设有此官,但不见于《晋书·职官志》。此外,余姚市出土一方西晋太康五年(284年)墓砖,铭文为:"太康五年,建中校尉。"[41] 建中(忠)校尉具体职掌无法确知,但当与东吴职官中的步兵校尉、长水校尉、司盐校尉等武官同级。

大坟山M95出土的长方形砖文有"番氏""永安六年作此冢"字样;刀形砖侧面模印"永安六年,陑朱武所可安冢"。[42] "陑"为"师"字,当即上引太平二年(257年)砖铭的"图冢师"。朱珖、朱武或来自同一家族(家庭),从事图冢师这一职业。明了朱珖、朱武为图冢师之后,番亿与番氏必然是两墓的墓主。除此而外,同在大坟山出土的西晋太康十一年(290年)砖文曰:"晋太康十一年太岁庚戌八月十日就做此壁,其主姓番。"[43] 墓主亦姓番,说明大坟山附近居住着番姓家庭。《三国志·陆逊传》记有会稽山贼大帅潘临,

---

38 嵊县文管会:《浙江嵊县大塘岭东吴墓》,《考古》1991年第3期。
39 刘义庆著,刘孝标注,余家锡笺疏,周祖谟等整理:《世说新语笺疏》卷中之下《赏誉第八上》"张华见褚陶"条引《褚氏家传》,第511页。
40 刘义庆著,刘孝标注,余家锡笺疏,周祖谟等整理:《世说新语笺疏》卷中之下《规箴第十》"孙皓问丞相陆凯"条引《吴录》,第652页。
41 参见陈元振、孙勤忠编著:《余姚古砖》,杭州:西泠印社出版社,2021年,179页。
42 嵊县文管会:《浙江嵊县大塘岭东吴墓》,《考古》1991年第3期。
43 张恒、陈锡琳:《古剡汉六朝画像砖》,第35页。

第六章 "政区"与"地方"的融汇——以秦汉六朝时期的剡县、鄮县为例

潘临或即番临。番姓很有可能是当时会稽郡山区土著的姓氏。[44]

表4 墓砖铭文所见剡县姓氏

朝　代	姓　氏
东　吴	番（2）、朱（2）、庄、陈、苏、沈
西　晋	任（4）、王（3）、番（2）、陈（2）、赵（2）、公孙（2）、黄（2）、张（2）、朱、苏、蔡、冯、石、陆、梁、鲍、沈、宋、侯、刘、韩、吴、求、章、林、淳于
东　晋	求（3）、孙（2）、任、王、张、石、梁、沈、周、董、李、贾、邓、俞
晋（具体时间不能明确）	黄（3）、陈（2）、周（2）、孙、向、郑、求、甘、宋、刘、严、钱、张、剪（？）、史
南　朝	求（21）、严（16）、黄（16）、丁（14）、张（11）、马（10）、王（9）、陈（8）、沈（6）、刘（5）、乘（5）、俞（5）、朱（4）、宋（3）、任（3）、胡（3）、杨（2）、周（2）、斯（2）、向（2）、吴（2）、洪（2）、袁（2）、兒（2）、康、吕、毕、阮、冯、齐、庄、公孙、何、孙、岳、纪、叶、石

注：括号内为公布的砖文中该姓出现的次数。
资料来源：张恒、陈锡淋：《古剡汉六朝画像砖》，杭州：浙江人民出版社，2010年。

砖文反映出东吴时期剡县的姓氏极其有限，至西晋时期，则见有更多的姓。这些增加的姓氏，绝大多数应当是早于西晋时期就

---

44 值得一提的是，建中校尉番亿墓长达7米多，规模不小，随葬品也较丰厚。M95番氏墓长度接近10米，也绝非一般剡县民众的墓葬。《三国志》卷五五《吴书·潘璋传》载潘璋于嘉禾三年（234年）卒，其子潘平，"以无行徙会稽。璋妻居建业，赐田宅，复客五十家"。（第1300页）潘璋原籍东郡发干县，当在东汉末避乱于江南。潘璋四处征伐，妻儿可能居于建业。潘平因品行恶劣而被赶出建业，徙往会稽。不知剡县番亿及其后人是否与潘平存在关系？今记于此，以俟后考。

已存在于剡县。砖文提供的信息就像是对地方社会的历史进程截取的几个剖面，不同时期哪些姓氏在增加或减少，难以遽断。

出土于嵊州的元康四年（294年）砖文曰："晋平吴十四年号为元康，余姚淳于兴作。"⁴⁵晋平吴十四年之后即元康四年，淳于兴是余姚人。《三国志·陆逊传》记有会稽太守淳于式。该墓砖的纪年格式颇为特殊，疑淳于兴是故东吴旧臣，晋平吴后隐于剡县。但考虑到剡县出土淳于一姓的墓砖仅此一例，具体出土地点又不明确，故西晋时期增加的这一姓不能断定为长期居住于剡县。值得说明的是，剡县出土的砖文甚少见有标记"县名"。这一现象可以理解成是淳于兴对自己不是剡县人的强调。

西晋末期至东晋时期，衣冠之族多避乱渡江。⁴⁶可考的定居于剡县的北方士人有：陈留阮裕，《晋书·阮籍传》附"阮裕"曰："咸和初，除尚书郎。时事故之后，公私弛废，裕遂去职还家，居会稽剡县……还剡山，有肥遁之志。"⁴⁷阮裕于苏峻乱后居于剡县，其孙阮万龄，仍属籍陈留尉氏县，侨居于剡县。⁴⁸江夏李充，征北将军褚裒除为剡令，后与孙绰、许询、支遁等并筑室东土，当定

---

45 http://blog.sina.com.cn/s/blog_53cbe9a60100gzy3.html，2014年4月7日。就剡县出土的六朝砖文而言，其特点是强调出资建造墓葬者的身份与姓氏。当出资造墓者即墓主本人、家庭成员或无意强调谁是营造墓葬者时，铭文内容一般不出现姓氏、身份，或用"某造""某作""某"或"某氏"来表达。这种情况下，"某"应当根据砖文的具体内容并结合墓葬的整体情况加以甄别，而不能理解成造砖匠人；当出资者与墓主不是同一人以及强调某人的特定身份时，有些砖文则出现孝子、孤子为父造冢，故吏为府主作冢，同僚造冢等情况。

46 王志邦：《东晋朝流寓会稽的北方士人研究》，谷川道雄主编：《日中国际共同研究：地域社会在六朝政治文化上所起的作用》，京都：玄文社，1989年，第286页。

47 《晋书》卷四九《阮籍传》附"阮裕传"，第1368页。

48 《宋书》卷九三《隐逸·阮万龄传》，第3283页。

第六章 "政区"与"地方"的融汇——以秦汉六朝时期的剡县、郧县为例

居于剡县。[49] 谯国戴逵,《续晋阳秋》曰:"逵不乐当世,以琴书自娱,隐会稽剡山。"[50] 鲁郡孔淳之,亦居会稽剡县。[51] 一些侨郡士人定居于剡县,依然以原籍自称,并未迅速融入"新乡里",对剡县的姓氏构成影响并不大。表4开列的东晋南朝剡县的孙、李、阮三姓,因砖文过于简略,并不能遽断为侨姓。但表中"南朝"一栏的"何"姓,可确定为侨姓,来自庐江郡。另外,"袁"姓很有可能亦为侨姓。而关于一般侨民进入剡县的情况,囿于资料的缺乏,不得而知。

表4开列的一些姓氏,同时见诸部分史籍。陈姓,《宋书·符瑞上》载有西晋建兴四年(316年)会稽剡县陈清。[52] 西晋时期剡县的两方陈姓墓砖,分别出自石璜镇张家山村与三江街道曹家洋村。《异苑》曰,"剡县陈务妻少与二子寡居,好饮茶茗",[53] 反映出剡县陈姓的普遍性。冯姓,东晋初期有商人冯法。[54] 黄、赵与王三姓,《宋书·傅隆传》:"时会稽剡县民黄初妻赵打息载妻王死亡。"[55] 剡县王姓还见于《比丘尼传》,其曰:"法宣,本姓王,剡人也。父道寄,世奉正法。"[56] 韩姓,《南齐书·韩灵敏传》曰:"会稽

---

49 《晋书》卷八〇《王羲之传》,第2099页;《晋书》卷九二《文苑传·李充》,第2390页。
50 刘义庆著,刘孝标注,余家锡笺疏,周祖谟等整理:《世说新语笺疏》卷下之上《栖逸第十八》"戴安道"条引《续晋阳秋》,第776页。
51 《宋书》卷九三《隐逸·孔淳之传》,第2283页。
52 《宋书》卷二七《符瑞上》,第783页。
53 刘敬叔著,范宁点校:《异苑》卷七,第65页。
54 刘义庆辑:《幽明录》,《丛书集成初编》第2697册,第97页。
55 《宋书》卷五五《傅隆传》,第1550页。
56 释宝唱著,王孺童校注:《比丘尼传校注》卷四"山阴招明寺释法宣尼传十四",第213页。

剡人也。早孤,与兄灵珍并有孝性。……灵珍亡,无子,妻卓氏守节不嫁。"[57] 韩灵珍妻卓氏,或是剡县人。公孙姓,墓砖出现两例,《南齐书·孝义传》有会稽剡县人公孙僧远。[58]

综上,在编户影响下,剡县的姓氏构成呈现出强烈的汉姓色彩,至两晋南朝时期,汉姓已非常普遍。这些姓氏可看作居山的南方土著编户化的结果。同时,可考的侨姓甚少,对剡县原有的姓氏结构并无太大影响。

(二)进入官僚系统

南朝剡县的墓砖在文本上出现了新的演变,即除了纪年与姓氏之外,开始大量地记载墓主生前(或卒后所赠)的官职及身份(见表5)。如张姓,元嘉二十年(443年)砖文曰:"元嘉廿年八月四日,张丞";大同十年(544年)"张主事明堂"砖;"张功曹明堂"砖。刘姓有元嘉二十四年"武兴县令刘宝圹"墓砖;元嘉二十五年"刘功曹"刘进墓砖;大同九年"刘新安妻明堂"砖。求姓则有元嘉二十七年"求太常"砖;永元元年(499年)"求浦阳冢"砖;"求中军明堂""求谘议明堂"等。马姓有永元元年"马著作"墓砖;普通元年(520年)"马直厢明堂"墓砖;中大通三年(531年)"马主衣明堂"砖等。综合来说,这些信息有助于了解墓砖中出现较多次数的姓氏的任官情况。

---

[57]《南齐书》卷五五《孝义传·韩灵敏》,第958页。
[58]《南齐书》卷五五《孝义传·公孙僧远》,第956页。

第六章 "政区"与"地方"的融汇——以秦汉六朝时期的剡县、鄮县为例

表5 南朝时期剡县主要姓氏的任官情况

姓	所任官、吏职	出 土 地 点
求	1录事（永初二年）、2太常（元嘉二十七年）、3浦阳县（永元年）、4门下（大同元年）、5中军、6广平郡、7中兵、8谘议、9正员	鹿山街道施village（1、2、5—8）、甘霖镇独秀山（3、4）、甘霖镇蛟镇村（9）
严	10殿中（元徽三年）、11侍郎、12新城县、13南阳郡、14典学、15直前、16侍中	鹿山街道江夏村想门山（10—13）、剡湖街道城隍山（14、15）、甘霖镇蛟镇村（16）
黄	17左军（天监十六年）、18郎中（后梁大定四年）、19内直（光大二年）、20功曹、21始丰县、22舍人、23定阳县、24学官	崇仁镇亭山村（17）、崇仁镇中（18）、崇仁镇范三村清柴山（19）、剡湖街道城隍山（20、23）、鹿山街道上舍村（21）、崇仁镇绕溪村雨钱山（22）、甘霖镇叶家圳村（24）
丁	25功曹（大同元年）、26典客（大同六年）、27〔五〕（伍）官、28遂昌县	新昌县羽林街道兰沿村（25）、鹿山街道江夏村想门山（26）、剡湖街道城隍山（27、28）
马	29著作（永元元年）、30直厢（普通元年）、31主衣（中大通三年）、32直前、33侍郎	剡湖街道城隍山（29）、鹿山街道舍姆冈村（30、31、33）、鹿山街道下燕寨村（32）
张	34丞（元嘉二十年）、35丰阳县、36主事、37功曹、38内直、39遂安县、40学官	甘霖镇西山楼村小安山（34、35）、崇仁镇亭山村（36）、崇仁镇下应村（37—39）、石璜镇寺根村（40）
王	41博士（天监三年）、42始丰县	甘霖镇上高村黄泥次吉堂（41）、鹿山街道上舍村（42）

273

续 表

姓	所任官、吏职	出 土 地 点
陈	43河南(天监八年)、44著作(天监十四年)、45司马(天监十八年)、46参军(永元三年)、47清河(祯明二年)、48洗马(祯明二年)	新昌县大市聚镇西山村荷花山田中(43)、崇仁镇中(44、45)、甘霖镇蛟镇村(46)、鹿山街道雅致村西天打坟(47、48)
沈	49侍读(大同四年)、50中书(大通四年)、51怀安县、52主衣	石璜镇下方山村(49—52)
刘	53武兴县(元嘉二十四年)、54功曹(元嘉二十五年)、55新安郡(大同九年)	崇仁镇下应村(53)、甘霖镇西山楼村砖窑厂(54)、甘霖镇柳岸村桃王山(55)
乘	56殿中(泰始元年)、57郎中、58功曹	剡湖街道城隍山(56、58)、鹿山街道浦桥村覆船山(57)
宋	59西平(中大同元年)、60安城、61内直	剡湖街道城隍山(59)、崇仁镇下应村(60)、石璜镇下方山村(61)
胡	62东阳郡、63中曹	甘霖镇江田村(62)、鹿山街道施任村(63)
康	64中正	剡湖街道城隍山(64)

注:18.黄郎中墓砖的纪年为后梁大定四年(558年),剡县远离后梁国境,颇疑此处释文有误。27.五官,《续汉书·百官五》曰:郡"有五官掾,署功曹及诸曹事"。《宋书》卷三九《百官上》曰:"自太常至长秋,皆置功曹、主簿、五官。汉东京诸郡有五官掾,因其名也。"则不独郡置"五官"。此处"五官"当为郡一级佐吏,与"功曹"作为郡县掾史作同样处理。

资料来源:张恒、陈锡淋:《古剡汉六朝画像砖》,杭州:浙江人民出版社,2010年。

在表5中，求姓有一人担任太常、一人任正员。"正员"，当即正员中书郎。"录事"，军府、郡县皆有置。"中兵"，即中兵参军，公府、军府诸曹之一。"谘议"，是军府所署诸曹。"中军"，当即中军将军的省称。另外，求姓有一人出任郡守、一人为县令。"门下"，当为郡县属吏。可考的严姓官职，侍中与侍郎级别较高。《宋书·王僧达传》记有员外散骑侍郎严欣之，[59]但不知是否即剡县出土的"严侍郎"。"殿中"，所涉及的官职较多，不能指实。"典学"，即国子典学。[60]"直前"，《陈书·胡颖传》谓胡颖在萧梁时"仕至武陵国侍郎，东宫直前"。[61] 黄姓所任职官，"左军"当与上述"中军"相对，是左军将军的省称。"内直"，有军府内直与宫内直。"学官"，州郡县皆置。"舍人"，公府、军府属吏。可考的求、严、黄、马、沈姓，多数墓砖出土地比较集中，很可能来自同一家族（家庭）。施任村的求姓、想门山附近的严姓、舍姆冈村的马姓、下应村的张姓与下方山村的沈姓，是仕宦最为集中的几姓。

那么，南朝剡县的砖文为何开始大量地记载墓主生前（或卒后所赠）的官职呢？这一流变过程，是剡县出土的砖文所独有的，还是六朝墓砖铭文文本演变的普遍性？在剡县出土墓砖中，两晋时期已出现部分砖文记载墓主的官职，说明"姓+官职"的书写体例并非发端于南朝时期。如东晋大兴元年（318年）出土于剡山的

---

59 《宋书》卷七五《王僧达传》，第1957页。
60 《南齐书》卷一六《百官》曰："建元四年，有司奏置国学……其下典学二人，三品，准太常主簿。"（第315页）
61 《陈书》卷一二《胡颖传》，第187页。

"求西安"墓砖,即此种书写体例。"求西安",即墓主为求姓,担任西安令。[62]然而从冯登府《浙江砖录》、陆心源《千甓亭古砖图释》与孙诒让《温州古甓记》三种主要的砖文辑录资料来看,这一书写体例却不多见。[63]

由表5可知,剡县各姓仕宦显达者甚少,绝大多数是郡县守令的长官、掾史与宫中、王国侍奉官。墓砖显示当时的剡县人士在书写砖文时并非将官品爵位放在考虑的首位,而着意于突出墓主生前任官这一事实。因而,南朝剡县的墓砖铭文往往省略墓主的名,而着重书写官职。换言之,"姓+官职"的书写体例虽然并非剡县独有,这一官称自秦汉以来既已有之,但是南朝时期剡县墓砖铭文这一书写体例的普遍性,与剡县人士进入官僚体制密切相关。此种社会风气的产生,或许可以与"山越"的华夏化联系起来看待。从编户、习用汉姓到进入选举、官僚行政系统等一系列华夏化的历程中,剡县的"山越"形象逐渐消隐。

(三)葬地、聚落与人群

据资料可知,剡县汉墓主要分布于东汉剡县城址西北的剡山、城隍山、金波山与嵊州盆地的甘霖镇、石璜镇、开元镇与崇仁镇

---

62 西安县,据《宋书·州郡一》,本属齐郡。齐郡过江侨立,后省,以西安配属南鲁郡。(《宋书》卷三五《州郡一》,第1047页)元帝渡江,在永嘉初年。当时北方已大乱,齐郡在此后侨立于江南,也是极为可能的事情。如此说来,墓主所担任的西安令是江左侨立县官,可能性也很大。
63 参见贾贵荣、张爱芳选编:《历代陶文研究资料选刊》,北京:北京图书馆出版社,2005年;陆心源:《千甓亭古砖图释》,杭州:浙江古籍出版社,2011年;孙诒让著,祝鸿杰点校:《温州古甓记》,许嘉璐主编:《孙诒让全集》,北京:中华书局,2014年。

等处。新昌县新昌江流域下游也有少量汉墓发现。[64] 可以想见，这些墓葬附近已定居着不少的人群。除了剡县治所之外，当地人群分散居住于剡溪西岸的嵊州盆地各处，部分人群更是溯黄泽江、新昌江而上，定居于临江的冈地上。这是汉代剡县部分人群的空间分布与定居的实态。

据图4可见，汉六朝时期剡县的多处墓地是延续使用的，这也说明墓地周围一直存在着较稳定的聚落。这些聚落可能同时已经纳入乡—里的行政编制中。主要的墓区有：

（1）金波山—剡山—城隍山一线，墓葬数量庞大并且最为集中。选择此处作为葬地的人群，绝大多数应当居住于剡县治所内及其周边一带。此外，大量出土的墓砖亦可作为剡县治所在两晋南朝时期稳定在剡山东南麓的旁证。

（2）崇仁镇中—下应村—乌石弄村一线。乌石弄村周围及村北的山丘，自汉以来即有墓葬分布。另外，多方南朝张姓墓砖的出土，说明这一带可能居住着张氏家庭（家族）。

（3）崇仁镇亭山村往南，沿着崇仁江左侧至甘霖镇西山楼村、

---

64 剡县汉墓的分布地有：嵊州剡湖街道（剡山、城隍山、金波山、何家村磨盘山）、鹿山街道（外半塘村、小浦桥村、施任村）、三江街道小山村缸窑山、石璜镇（下方山村、堰底村、张范村狮马山、寺根村大明寺山）、甘霖镇（上高村沙漠山、西山楼村、柳岸村桃王山、蛟镇村独秀山、长安村、七八村施家山）、开元镇（剡城村、庆丰村白塔湾水库）、崇仁镇（亭山村、乌石弄村）、浦口镇大塘岭、三界镇外庄村；新昌县新昌江流域的拔茅镇、南明街道梿山村、七星街道凤凰village。参见张恒、陈锡淋：《古剡汉六朝画像砖》（杭州：浙江人民出版社，2010年）；新昌文物志编纂委员会编：《新昌文物志》（北京：当代中国出版社，2001年）；嵊州新闻网，http://sznews.zjol.com.cn/sznews/system/2011/04/06/013566913.shtml，2014年4月21日。

柳岸村桃王山至白泥墩村一带，分布着不少山丘与冈地，是盆地居民较理想的葬地之一。崇仁镇绕溪村雨钱山出土一方晋代砖文曰："□方里严道流□。"[65]"□方里"当是墓主严道流生前的居地，很可能是晋代剡县在绕溪村附近所编制的行政单元。[66] 南朝时期，这一带的严姓（"大同九年严部国家"砖）亦有葬于西山楼村西北的土丘上的。元嘉二十四年（447年）武兴县令刘宝葬于崇仁镇下应村，而同一年的刘进（刘功曹）与其夫人（元嘉三十年）便葬于西山楼村。刘宝、刘进的葬地虽不在一处，但不排除他们同为刘氏家庭（家族）的可能性。刘姓墓冢亦发现于桃王山与白泥墩村，皆沿崇仁江左侧分布。

（4）以石璜镇下方山村为中心的葬地。下方山一带右侧为剡城江与长乐江，左侧为石璜江，墓区位于高地。当时，石璜、长乐江两岸当有不少的聚落分布。剡县的沈姓墓砖大多出土于此。下方山村另外出土一方南朝时期的斯姓墓砖，铭文有"斯材官明堂""□一日斯达□□"。[67] "斯材官"或是斯达。斯氏族党自汉末为贺齐清剿后不见于载籍。材官为武职，被派用于山险之地。[68] 斯姓

---

65 张恒、陈锡淋：《古剡汉六朝画像砖》，第64页。
66 除了"□方里"，剡县的"里"名还有"□竹里"，见于"天监十六年太岁丁酉□竹里吴将军冢"（张恒、陈锡淋：《古剡汉六朝画像砖》，第85、96页）。此外，还可举出一例。《陈书》卷三二《张昭传》曰："高宗世有太原王知玄者，侨居于会稽剡县，居家以孝闻。及丁父忧，哀毁而卒。高宗嘉之，诏改其所居清苦里为孝家里云。"（第430—431页）则太原王知玄侨居于剡县清苦里，陈宣帝改为孝家里。
67 张恒、陈锡淋：《古剡汉六朝画像砖》，第83页。
68 《后汉书》卷一下《光武帝纪第一下》李贤注引《汉官仪》，第51—52页。关于材官的沿革，参见大庭脩：《材官攷———漢代の兵制の一班について》，龍谷大學史學會編：《龍谷史壇》第36號，1952年，第76—87页。

所任，为材官将军或材官的吏员。[69] 斯氏定居于长乐江一带，以担任"材力武猛"的武职为主。[70]

（5）江夏村、施任村、上舍村、上高村附近的想门山、独秀山、沙漠山山麓一带，出土的墓葬数量不少于剡山、城隍山。除县城之外，这一墓区周边定居着较多的人群。通过这一墓区发现的有姓氏记载的砖文可知，剡县求姓的绝大多数墓砖分布于这一区域内，严姓墓砖为数也不少。显然，这一墓区附近居住着求氏家族与剡县的另外一支严氏家族。而且，这两姓家族中成员多有仕宦，在剡县各姓氏的任官情况中也是较为突出。这其中，砖文"严玄平"与"严晋平"，当为同辈兄弟或族兄弟。

（6）黄泽江流域下游两岸的大塘岭、曹家洋村、莲塘村和小山村等处。《水经注·浙江水注》"江水又东南径剡县"下曰：

> 江水冀县转注，故有东渡、西渡焉。东南二渡通临海，并泛单船为浮航，西渡通东阳，并二十五船为桥航。江边有查浦，浦东行二百余里，与句章接界。

《注》文叙剡县治所附近的交通状况。由剡县治所东渡至江（剡溪）东，溯黄泽江而上，转陆路，通句章等地；南渡可经新昌江、澄潭江而通临海郡始丰县等地；西渡沿长乐江而上，达于东阳郡。查浦，位于剡溪右岸，即黄泽江与剡溪交汇处。郦道元

---

[69]《宋书》卷三九《百官上》，第1238页。
[70] 剡县甘霖镇江田村出土的"斯安威堂"铭文（张恒、陈锡琳：《古剡汉六朝画像砖》，第83页），"安威"或是将军号，不排除为姓名的可能性。

《注》文接着便说:"浦里有六里,有五百家,并夹浦居,列门向水,甚有良田。"查浦定居着五百家人户,是规模较大的聚落。又曰:"有青溪、余洪溪、大发溪、小发溪。江上有溪,六溪列溉,散入江。夹溪上下,崩崖若倾。"[71] 查浦被划分成六里,有居民五百家,与其地处行旅孔道有关。《异苑》有"乌伤黄蔡义熙初于查溪岸照射"的记载,[72] 查溪当即查浦。黄蔡可能是经由此地下曹娥江或辗转返回东阳郡。六溪溉田,最后汇入剡溪。此六溪当为查浦周围的山溪性河流,灌溉查浦良田。六里、六溪,暗示这六里很有可能基于六条溪流作为划分依据。墓葬与墓砖的出土也有力地印证黄泽江流域下游两岸在魏晋南朝时期已有不少人户定居的事实。通过砖文可知,这一带居住的人户中有番、任二姓。番姓见上所述,任姓墓砖多出于曹家洋村。

(7)鹿山街道上碧溪村、舍姆冈村、下燕窠村与东胜塘村一带,地处澄潭江与新昌江的交汇处,与江夏村想门山、独秀山隔江而峙。舍姆冈、下燕窠村附近出土多方马姓墓砖,可证这一带是马氏的聚居地。值得一提的是下燕窠村出土的"芦江何新妇坟"墓砖,墓主是何氏的新妇。庐江何氏,自何充渡江以来,子孙居于建康、吴和会稽等处。据《宋书·何子平传》,何子平庐江灊人,世居会稽。"曾祖楷,晋侍中。祖友,会稽王道子骠骑谘议参军。父子先,建安太守。"[73] 剡县发现的这方墓砖,可证庐江何氏

---

71 郦道元著,王先谦校:《合校水经注》卷四〇《浙江水注》,第572页。
72 李昉等编纂:《太平御览》卷三五〇《兵部八十一·箭下》引《异苑》,第1610页上栏。
73 《宋书》卷九一《孝义传·何子平》,第2257页。

曾居住于剡县下燕棐村一带，而且其居住者极有可能是出自何子平这一支系。

总之，在两汉剡县人群分布空间的基础上，六朝时期剡县的居民点渐次增多。嵊中盆地、黄泽江、新昌江流域自不待言，甚少见有汉墓及墓砖出土的澄潭江流域，随着地域开发的推进与人群的编户，也出现了不少的居民点（见图4）。这些葬地反映出的人群与聚落，绝大多数应当是经过编户之后的居山土著及其生活的场所。"山越"形象叙述下的剡县，在编户后人群的姓氏、聚落的空间分布方面，变得清晰可见。这不仅仅是地域开发渐次演进的过程，而且是剡县地方社会发生综合变动的进程。正是在这些层面上而言，剡县不再仅仅是设立治所、登记户口、征发赋役的行政单元，而且是生于斯长于斯甚至葬于斯的群体所认同的"地方"。这一认同本身也是具有多元面向的，包括编户后的籍属、进入官僚系统并参与行政事务、借官职表达身份等。

（四）佛、道之地的确立

不再被视为"山越"蛮荒之地的剡县，至东晋南朝时期，被描述成一处佛、道重地。首先是佛教。《续高僧传·梁国师草堂智者释慧约传》曰：

> 姓娄，东阳乌伤人也。……而宿习冥感，心存离俗，忽值一僧，访以至教，彼乃举手东指云："剡中佛事甚盛。"因乃不见，方悟神人。至年十二，始游于剡。遍礼塔庙，肆意

山川。⁷⁴

这是对智者释慧约幼童时与神僧奇遇的记载。剡县在乌伤县东，故僧"举手东指"。对这一故事更为具体的描述，出自《善慧大士语录》，其"善慧大士附录"叙述南朝乌伤县"智者大师"生平履历颇详：

> 年八岁，遇游僧过门乞饮，法师欢喜，自将饮与之，欲问佛法，而来及言，道人因举手指东方曰："剡中有佛法。"法师当时不［解］（触）剡中是何处，更欲发问，便失道人所在。还问其父母曰："剡在何处？"遂言见道人之状。……因语法师，剡县此去二百余里，境内多事佛法。⁷⁵

据撰者唐人楼颖"序"，此书乃通过"追访长老"编写而成，故应是当时人对剡县盛行佛法的认识。很难想象，原先的"山越"之地竟成为人们眼中的佛事甚盛的地方。如所周知，自佛教东传以迄于东汉末期，江南的丹阳、会稽等地已有佛教踪迹可寻。东吴建康已聚集不少高僧，但僧徒、佛寺仍然有限。⁷⁶ 在吴、西晋时，剡

---

74 释道宣著，郭绍林点校：《续高僧传》卷六《义解篇二·梁国师草堂智者释慧约传》，北京：中华书局，2014年，第182页。
75 日本藏经书院编：《卍新纂续藏经·禅宗语录别集部》，台北：新文丰出版有限公司，1976年影印本，第120册，第40页下栏—41页上栏。
76 严耕望：《魏晋南北朝佛教地理稿》，上海：上海古籍出版社，2007年，第3、14页。另可参阅汤用彤：《汉魏两晋南北朝佛教史（增订本）》第4、6章，北京：北京大学出版社，2011年。

第六章 "政区"与"地方"的融汇——以秦汉六朝时期的剡县、鄮县为例

县墓葬中出有不少的堆塑罐,皆塑有佛像。这一时期的墓砖中亦模印佛像。这可看作剡县佛教的开端。然剡县佛教、佛学的发展,契机是永嘉乱后,与当时南方地区佛教发展的大环境密切相关。南方地区佛教兴盛,得益于永嘉乱后大批士人与僧徒南渡而居于江左之建康、三吴、会稽与江陵等地。严耕望曾经说道:"南方士大夫本承魏晋余绪,清谈玄学,佛教大乘义学南来,亦重义讲,与南方玄学谈辩合流,而相得益彰,加以君主之提倡,故至南北朝前期,南朝佛教已远盛于北魏。"[77] 这无疑促进佛教在南方各地迅速传播。

在上述的社会环境下,剡县成为江东地区高僧驻锡、游锡的中心地之一,高僧、名士与僧徒云集于境内山泽之处,精舍林立。他们之所以选择剡县作为布道、习禅之地,盖与剡县的地理环境有关。《晋书·王羲之传》谓"会稽有佳山水,名士多居之"。[78] 不仅名士居于此处,高僧也不例外。《高僧传》于"晋剡山于法兰"下曰:"后闻江东山水,剡县称奇,乃徐步东瓯,远瞩嶀嵊,居于石城山足,今之元华寺是也。"[79] 白居易《沃洲山禅院记》云"东南山水越为首,剡为面,沃洲、天姥为眉目"。[80] 诸如此类,皆可证剡县佛法兴盛与境内的旖旎山水密切相关。在社会环境与地理环境的交错影响下,剡县便成了"佛事甚盛"的地方。就地理景观这一点而言,无论是"山越"的聚居地还是高僧、名士的隐逸

---

77 严耕望:《魏晋南北朝佛教地理稿》,第267页。
78 《晋书》卷八〇《王羲之传》,第2098—2099页。
79 释慧皎著,汤用彤校注:《高僧传》卷四《义解·晋剡山于法兰》,第166页。
80 白居易:《沃洲山禅院记》,谢思炜校注:《白居易文集校注》卷三一,北京:中华书局,2011年,第1863页。

之所,反倒都有共通的一面。

无独有偶,在名士、高僧选择剡县作为栖迟、隐逸之处的同时,剡县人士对佛法更是耳濡目染。他们在墓砖中刻画飞天、佛像与莲花纹,崇信佛法,[81] 不少僧(高僧)、尼即来自剡县本土。[82] 剡县作为佛教流布之地的形象,不只是外来高僧、名士的叙说,也是剡县本土人士的认知。与"山越"作为早期剡县的形象不同,剡县"佛事甚盛"的形象则得到从上而下、无论本地人还是外来人一致的认同。

名山佳水对于修道人士同样重要。道士修炼、合丹,往往栖止于名山。[83] 若剡、金庭、白石与天台诸山,成为道士、道馆与道徒聚集之处。《真诰·翼真检第一》记东晋元兴三年(404年)句容县许黄民奉经入剡县,"为东闸马朗家所供养。朗同堂弟名罕,共相周给。时人咸知许先生得道,又祖父亦有名称,多加宗敬。……于时诸人并未知寻阅经法,止禀奉而已"。[84] 这是道经流

---

[81] 释道世著,周叔迦、苏晋仁校注:《法苑珠林校注》卷一八《感应缘》"晋周珰"条曰:"会稽剡人也,家世奉法。……于是村中十余家,咸皆奉佛,益敬爱马。"(第592页)结合前引释法宣家"世奉正法",想必剡县民众中奉佛之家不在少数。

[82] 据《高僧传》《续高僧传》《比丘尼传》《法苑珠林》统计,东晋南朝时期,出生于剡县的僧人有周珰(法号昙嶷)、昙斐、僧护、慧梵,尼有法宣。此外,剡县出土三方与僧人相关的墓砖,其中东晋太元年间的砖文曰:"太元十囗年八月十五日作此,支慧伦为囗囗母刻此。"(潘表惠:《浙江新昌出土的历代墓砖》,《东南文化》1992年第6期)支慧伦当为剡县人。其他两方墓砖(砖文分别为"道咏壁"和"释僧居冢")不能确定墓主出自剡县当地。

[83] 葛洪著,王明校释:《抱朴子内篇校释》卷四《金丹》,北京:中华书局,1985年,第84—85页。

[84] 吉川忠夫、麦谷邦夫编,朱越利译:《真诰校注》,北京:中国社会科学出版社,2006年,第573页。

入剡县之始。"东闸"二字不解,马朗、马罕兄弟当为剡县人士,崇奉道术,故许黄民得到二人的救助。《真诰》谓马氏兄弟敬事经宝,"遂致富盛,资产巨万,年老命终。朗子洪,洪弟真,罕子智等,犹共遵向"。[85] 马家既是道教家庭,又为剡县富人。然马洪、马智等人后又转而崇信佛教,[86] 这在剡县民间想必是较为普遍之事。剡县的一般民众中,定有不少人士信奉道教,出土的砖文中可佐证此点。[87] 剡县道教于此可见一斑。

三、上层士人书写鄮县

鄮县地处滨海,地理景观与剡县大不相同。但与差异的景观相符的是,在东汉时期,剡县被描述成"山越"之区,而鄮县一带则是"海贼"与贼寇频发之地。《后汉书·孝顺帝纪》阳嘉元年(132年)二月,"海贼曾旌等寇会稽,杀句章、鄞、鄮三县长,攻会稽东部都尉。诏缘海县各屯兵戍"。[88] 曾旌,《续汉书·天文志》记作"曾於",并曰:"会稽海贼曾於等千余人烧句章,杀长吏,又杀鄞、鄮长,取官兵,拘杀吏民,攻东部都尉。"[89] 句章在鄮县

---

85 吉川忠夫、麦谷邦夫编,朱越利译:《真诰校注》,第577页。
86 吉川忠夫、麦谷邦夫编,朱越利译:《真诰校注》,第577页。
87 两方砖文记有"女官道士"。一是"中大同元年作,太岁丙寅年九月六日,女官道士求□□";二是"女官兒道士冢"。(张恒、陈锡琳:《古剡汉六朝画像砖》,第73、80页。)
88 《后汉书》卷六《孝顺帝纪》,第259页。
89 《续汉书·天文中》,参见范晔:《后汉书》,第3244页。

西，鄞县则在鄮县南，三县皆濒海。《会稽典录》曰："(任)光字景升，鄮县人。为主簿时，海贼作孽。县令朱嘉将吏出战于海渚，嘉为贼所射伤。贼突嘉前，光往以身障蔽，嘉遂获免，光力战死，嘉还邑出俸厚葬之。"[90] 这是鄮令朱嘉与主簿任光抗击海贼的故事。

与鄮县毗邻的句章在东汉末期又有"妖贼"。《后汉书·臧洪传》记其父臧旻平定会稽妖贼一事曰："熹平元年，会稽妖贼许昭起兵句章，自称'大将军'，立其父生为越王。攻破城邑，众以万数。"[91] 许生、许昭父子，《三国志·孙破虏讨逆传》作"许昌、许韶"，与《臧洪传》记载有异。[92] 汉廷认为许生（昌）父子拥有妖术，鼓惑百姓，因以"妖贼"称之。许生（昌）自称"阳明皇帝"，聚集了不少的民众，这与会稽濒海地带的尚巫之风或有关系。《后汉书·第五伦传》记建武二十九年（53年）第五伦任会稽太守，谓：

> 会稽俗多淫祀，好卜筮。民常以牛祭神……伦到官，移书属县，晓告百姓。其巫祝有依托鬼神诈怖愚民，皆案论之。[93]

这是有关东汉初期会稽郡卜筮之风的记载，许生在当地或许即

---

90 乾道《四明图经》卷五《慈溪县》"人物"栏引《会稽典录》，《宋元方志丛刊》第5册，第4896页下栏—4897页上栏。
91 《后汉书》卷五八《臧洪传》，第1884页。
92 《三国志》卷四六《吴书·孙破虏讨逆传》，第1093页。
93 《后汉书》卷四一《第五伦传》，第1396—1397页。

所谓"巫祝"。第五伦虽然断绝了百姓屠牛祭神的做法，但是巫祝与地方祭祀的风气恐怕很难根除。《新辑搜神后记》"吴望子"条曰："会稽鄮县东野有一女子，姓吴，字望子。年十六，姿容可爱。其乡里有鼓舞解事者要之，便往。"[94]"鼓舞解事者"，当即为人禳除灾病的巫祝、巫师。[95]综合来看，鄮县、句章与鄞县所处的浙东濒海地带，构成一地域社会，这一点与剡县所在的会稽山区颇为不同。囿于史料的限制，目前还不能全面揭示基于两种迥异的地理空间上孕育的地域社会的诸种差异。

幸运的是，《陆云集》著录陆云与车永往来书信三则，记车永外甥石季甫任鄮令一事，中有关鄮县之"风土人情"，展示出一个上层士人所了解的"鄮县"。车永字茂安，晋广州刺史。[96]石季甫，可能出自渤海石苞一族。在双方的往来书信中，车永首先与陆云书曰：

> 永白：间因王弘季有书，怪足下无答。外甥石季甫，忽见使为鄮令。除书近下，因令便道之职，得此惘然。老人及姊，自闻此问，三四日中，了不能复食。姊昼夜号泣，不可忍视。外甥之中，老人真自爱恤季甫，恒在目下。卒有此役，举家惨戚，不可深言。昨全伯始有一将来，是句章人，具说此县既有

---

94 干宝著，陶潜著，李剑国辑校：《新辑搜神记 新辑搜神后记》，第504页。
95 释慧皎著，汤用彤校注：《高僧传》卷三《译经下》"宋上定林寺昙摩蜜多"条，第122页。
96 虞世南：《北堂书钞》卷一三三《服饰部二·簟十七》引王隐《晋书》，第571页上栏。

短狐之疾，又有沙虱害人。闻此消息，倍益忧虑。如其不行，恐有节目，良为愁愤。足下可具示土地之宜，企望来报。[97]

此封书信写作时间无考，大概是陆云在陈留郡浚仪令（今开封市）的任上。车永一家，对石季甫出任鄮令甚为忧心。鄮县僻在海隅，他们对此县所知甚少。先是，全伯始的部将句章人告诉他们鄮县"既有短狐之疾，又有沙虱害人"。全伯始亦无考。短狐，即蜮。《说文解字》云："似鳖，三足，以气射害人。"[98]晋朝史籍中对短狐、沙虱这两种虫类记载颇多。张华《博物志》曰："江南山溪水中有射工虫，甲虫之类也。长一二寸，口中有弩形，以气射人影，随所着处发疮，不治则杀人。"[99]葛洪《抱朴子内篇·登涉》下记载此种甲虫更为详细，其曰：

> 今吴楚之野，暑湿郁蒸，虽衡霍正岳，犹多毒蠚也。又有短狐，一名蜮，一名射工，一名射影，其实水虫也。……以气为矢，则因水而射人，中人身者即发疮，中影者亦病，而不即发疮，不晓治之者煞人。

《内篇》续记"沙虱"曰："水陆皆有，其新雨后及晨暮前，跋

---

[97] 陆云著，黄葵点校：《陆云集》卷一〇，第174页；陆云著，刘运好校注：《陆士龙文集校注》，第1299页。下引此往来书信，不再出注。案，《太平御览》卷九五〇《虫豸部七》"短狐"条引《地理书》，谓是车茂安与夏□书，并误"鄮"为"郑"字。（第4219页下栏）

[98] 许慎著，徐铉校定：《说文解字》卷一三，第282页。

[99] 李昉等编纂：《太平御览》卷九五〇《虫豸部七》引《博物志》，第4219页下栏。

涉必著人。唯烈日草燥时，差稀耳。"¹⁰⁰ 短狐水生，江南山溪水中皆有分布，而沙虱水陆皆有。两种甲虫，当时人以为皆可致命。故句章人云短狐、沙虱之虫，茂安一家更是忧惧。盖深山穷谷多毒虐之物，瘴疠之气，短狐、沙虱之虫等。¹⁰¹ 恶劣的生存环境使得茂安举家忧虑。故车永作书，向陆云打听鄮县"土地"是否适宜人居等情况。

陆云答书，详述鄮县的"风土人情"。他首先总概鄮县地理、人文环境曰：

> 县去郡治，不出三日，直东而出，水陆并通。西有大湖，广纵千顷；北有名山，南有林泽；东临巨海，往往无涯，泛船长驱，一举千里。北接青、徐，东洞交、广，海物惟错，不可称名。遏长川以为陂，燔茂草以为田。火耕水种，不烦人力。决泄任意，高下在心。……官无逋滞之谷，民无饥乏之虑。衣食常充，仓库恒实。荣辱既明，礼节甚备。为君甚简，为民亦易。¹⁰²

"郡治"即会稽郡治山阴县。"水陆并通"，谓鄮县交通便利。《汉书·地理志》会稽郡句章县记有"渠水，东入海"。句章在鄮县西，由鄮县西去山阴，固然借道句章渠水。"西有大湖"，《陆士龙文集校注》以为广德湖。¹⁰³ 晋唐时期的"鄮县"，治所发生过

---

100 葛洪著，王明校释：《抱朴子内篇校释》卷一七《登涉》，第306页。
101 李昉等编纂：《太平御览》卷九五〇《虫豸部七》引《博物志》，第4219页下栏。
102 陆云著，黄葵点校：《陆云集》卷一〇，第174—175页。
103 陆云著，刘运好校注：《陆士龙文集校注》，第1289页。

迁移，不可一概而论。上已言之，晋时的鄞县故城当在鄞山周边。故以唐鄞县西十二里广德湖当作陆云所言之"大湖"，不确。《新唐书·地理志》"鄞县"下同时录"西湖"，谓在鄞县东二十五里，溉田五百顷。[104] 宝庆《四明志·鄞县志》"东钱湖"条曰："县东[二]（三）十五里，一名万金湖，以其为利重也。在唐曰西湖，盖鄞县未徙时，湖在县治之西也。"[105] 则陆云所指大湖，当即西湖，在宋称东钱湖，其名至今未改。《宋书·孔季恭传》附"孔灵符传"曰："山阴县土境褊狭，民多田少，灵符表徙无赀之家于余姚、鄞、鄮三县界，垦起湖田。"[106] 湖田，即围湖所造之田。当时余姚、鄮与鄞三县湖面较多，灵符故建议徙山阴民于三县界。"北有名山，"刘运好谓，"或指秦始皇所登之稽岳，即会稽山，或指四明山，未详所指"。陆云所述鄞县东西南北之地理，大概皆处于鄞县境内。会稽山在山阴县南，距鄞县过远，当非。四明山在鄞县西，于方位又不合。鄞县治所周边之鄞山，上有阿育王寺及阿育王塔，[107] 很可能即陆云所指的名山。"海物惟错，不可称名"，即下文所述之鳣鲔蟒蛤等海产品。"遏长川"一句，叙说鄞县处于开发初期修建水利设施、获取田地的实况。在物阜民丰、礼节甚备的基础上，陆云向车永诉说在鄞县任官之简，无须操劳。

陆云续写鄞县山珍海错之富。农闲时节，县民不仅可上山狩

104《新唐书》卷四一《地理五》，第1061页。
105 宝庆《四明志》卷一二，《宋元方志丛刊》第5册，第5150页上栏。
106《宋书》卷五四《孔季恭传》附"孔灵符传"，第1533页。
107 释慧皎著，汤用彤校注：《高僧传》卷三《译经下》"宋上定林寺昙摩蜜多"条，第122页；《梁书》卷五一《陶弘景传》，第743页。

第六章 "政区"与"地方"的融汇——以秦汉六朝时期的剡县、鄮县为例

猎,而且可断遏海浦,采蟛捕鱼:"若乃断遏海浦,隔截曲隩;随潮进退,采蟛捕鱼;鳣鲔赤尾,鲲齿比目,不可纪名。[脍](鲙)鳢鲅,炙蟹鰃,烝石首,臑鲨鳐,真东海之俊味,肴膳之至妙也。及其蜯蛤之属,目所希见,耳所不闻,品类数百,难可尽言也。"[108] 陆云所举几种鱼名,如蟹、石首,亦见于《临海水土异物志》。[109] 所谓[脍](鲙)、炙、烝与臑,都是对各种海产品不同的烹饪方式。对海错的命名与烹调,不仅是陆云个人的认识,而且是吴会濒海地域人群长期积累的知识。在此,书信呈现出鄮县一般民众日常生活中多元的生计方式:火耕水种、上山狩猎与采蟛捕鱼。

在书信的结尾,陆云以秦始皇南巡、登会稽山的事实为例,劝说石季甫当抱有丈夫之志,经营四方。总体而言,陆云笔下的鄮县,交通便利、物产丰富、民风朴实。这当然是陆云出于抚慰车永家人而做出的选择性叙说。经过陆云的一番描述,鄮县不再是充满短狐、沙虱而致人命的"地方",亦无"海贼""妖贼"。故车永答书,流露出喜悦之情:

> 永白:即日得报,披省未竟,欢[喜](憙)踊跃,辄于母前伏读三周。举家大小,豁然忘愁也。足下此书,足为典诰,虽《山海经》《异物志》《二京》《南都》,殆不复过也。……府君入,后月当西出,足下可豫至界上,吾欲先一日

---

108 陆云著,黄葵点校:《陆云集》卷一〇,第175页。
109 张崇根辑校:《临海水土异物志辑校》,《中国农书丛刊·综合之部》,北京:农业出版社,1988年,第19、22页。

与卿相见也。答不复多。[110]

车永对陆云此信颇加称道。值得注意的是，书信最后一句透露出车永打算与陆云见面相聊。书信谓"府君入，后月当西出"，当指郡守巡视辖境。当时陆云与车永任职之地应相距不远。由书信用语看，陆云与车永处于同一级，或皆为县令。据《晋书·陆云传》，陆云以太子舍人出补浚仪令，但并无记载具体时间。[111]刘运好《陆士龙年谱》将此事系于元康四年（294年），亦无确证。[112]浚仪县属陈留郡，车永供职之地，又当与陈留郡毗邻并地处陈留东边。

从陆云与车永的来往书信中，作为"地方"的郧县，不同的人从不同立场感受到了它的存在。与车永以一个未曾到过南方地区尤其是吴会等地的北方士人、异乡者的身份去想象郧县不同，陆云以南方土著与劝慰者的立场，在反映事实的基础上，适当地进行选择性的叙说。总而言之，这几封书信主要是上层士人基于牧民的角度对郧县"风俗人情"的描述。它虽然不能视作生活于郧县的当地人士对郧县的认识，[113]但也反映出郧县的一些本相。

---

110 陆云著，黄葵点校：《陆云集》卷一〇，第176页。
111 《晋书》卷五四《陆云传》，第1482页。
112 陆云著，刘运好校注：《陆士龙文集校注》"附录"《陆士龙年谱》，第1469页。
113 与剡县公布大量的砖文而能进行当地人群的具体研究不同，郧县出土与刊布的砖文并不多见。陆增祥《八琼室金石补正》卷九著录三方与郧县相关的砖文，其一曰："建兴四年八月十五日，郧周行思明堂造作"；其二："郧 建兴□年"；其三："晋故隆和元年八月十八日，郧县周遑造"。（北京：文物出版社，1985年，第50—51页）陆增祥未著录出土地点。此外，清人冯登府辑《浙江砖录》卷二著录郧县郧山出土"建兴三年十月卢恕造"砖一方，砖上还刻有"郧"字。（道光间刻本，收入贾贵荣、张爱芳选编：《历代陶文研究资料选刊》上册，北京：北京图书馆出版社，2005年，第107页）此四方砖，当为墓砖。砖文皆（转下页）

第六章 "政区"与"地方"的融汇——以秦汉六朝时期的剡县、鄮县为例

四、"政区"与"地方"的融汇

在中华帝国大一统的郡县体制内,县级政区表现出稳健的基础性作用。自郡县制施行以来,南方地区的广大地域逐渐被纳入郡县的行政体系中。这一历史过程可分为郡县的推行、接受阶段与郡县的发展乃至成熟阶段。它发端于秦汉时期,而大体完成于六朝时期。在推行、接受阶段,主要表现出王朝国家强有力的自上而下的推行、郡县体制的设置、运作的发展演变与具体区域对这一体制的接受过程;郡县体制在官吏设置、职能统筹等方面的不断完善,民众认同籍贯上书写的"县",并在各种场合自觉地使用它,对"县"产生一定的情感,可视作郡县体制的发展阶段;而在其成熟阶段,则是"政区"与"地方""地方社会"渐趋融合。根据现有资料,很难清晰地梳理出这一演变历程,但通过上述的梳理,仍可以对"政区"与"地方"融汇的大致过程、促使其融汇的诸因素以及融汇完成的意义做出一些阐述。

这一融汇过程,实有赖于"政区"与"地方"间长期地不断互动。郡县制推行之后,首先赋予"地方"具体的名称、中心与一定的幅员。名称即县名,并非凭空产生,一般情况下承袭前代的叫法,或者根据境内的山川来命名。县名的形成,实际上是某县

(接上页)有"鄮"字,是会稽郡鄮县。剡县境内出土的文字纪年砖,甚少见到标有"剡"或"剡县"字样,这一点与鄮县出土的砖文在体例上颇不相同。

成为"地方"的开端;中心即治所,是衙署与长官、佐吏处理政务的所在地,也是一个"地方"的经济中心;幅员即一县施政的空间范围。"地方"则建立在这一主体框架上,随着社会、经济的不断发展,开始强化治所这一中心,明晰县的行政边界,并形成对县的认同。最终,县级"政区"与"地方"渐趋融合成一个凝聚体。这便是县级政区保持相对稳定的内在原因。就这一层意义而言,所谓县级"政区"的相对稳定,是指一县的政治权力与核心力量所能控制的"地方"。

这一过程的完成,是当地政治、经济、文化等因素综合作用的结果。郡县制推行的初衷即确保对各区域的有效治理、进行实际控制。"地方"势力向上发展的政治诉求恰与郡县制的制度设计相契合,他们为谋求"官"的身份,开始在县级衙署出任掾史,参与具体行政事务的日常运作,成为县级"政区"与"地方"融汇的第一步。不仅如此,察举、辟召等选举体制吸纳辖域内的士人进入更上一级的官僚体系中。经济开发、聚落的逐步形成,在保证人群扎根于具体的生活空间的同时,也促使编户的不断增加,进而维持县级政区所统辖人户的基本规模。同时,赋役征纳的完成,也须落实到具体的乡里、村落中。无论是县级政区的经济控制还是一般庶众的生计维持,都以"地方"为落脚点。此外,官府推行"教化",提倡德行孝道的儒家伦理,也暗合了庶众积极向上的心理。在剡县的例子中,佛、道二教不仅在民众中得到广泛认同,而且官府借机宣扬、提倡,进而成为地域文化的"表征"。

"政区"与"地方"的融合,维系县级"政区"的相对稳定,保障行政事务的有效运转。而"政区"的相对稳定又导致"地方"

产生核心与边缘的空间差异，进而形成一定秩序的"地方"社会。首先是"地方"群体中核心力量的形成。在每一县域内，若干姓累世地担任掾史，通过长期与地方官府合作，他们借机壮大自身的"地方"势力，成为县内"四姓"或大姓。其次，相对稳定的"政区"带来"地方"经济的进一步发展，但同时各种经济资源与财富汇聚到治所，使其成为凌驾于"地方"的经济中心。"地方"的不均衡性，不仅体现在差异的自然环境与地理空间，而且还在于经济、社会资源的分配不均。最后，相对稳定的"政区"形成以县内大姓主导经济、政治等资源的"地方"社会。通过对剡县与鄮县的个案分析，不仅在于阐述"政区"与"地方"长期互动与相互影响所带来的意义，而且提供了一个理解其他地区"政区"与"地方"融合的窗口。"政区"与"地方"的关系，应当得到今后研究的重视。

·第三编·

人群、编户与家族

第七章

斯叟何在？
——从越嶲郡东汉光和、初平石刻谈起

随着20世纪80年代凉山昭觉石刻的发现和相关墓葬、遗址的陆续出土，围绕石刻内容和释文、立石位置、石刻性质及当地人群等问题，历史和考古学者展开了多方面的讨论。经过数十年的学术积累，目前已取得了诸多有意义的认识。具体而言，除了释文方面，关于石刻内容反映的官文书流程、"庚子诏书"、安斯乡的乡治以及当地人群斯叟夷等问题，已得到不少关注。[1] 不过比较遗憾的是，受限于石刻的漫漶残损和地方文字史料的缺乏，历史学者对其内容的解读，偏重石刻文书的性质，间有涉及乡治、斯

---

[1] 代表性的论著，请参阅伊强：《〈光和四年石表〉文字考释及文书构成》，《四川文物》2017年第3期；马怡：《汉代诏书之三品》，载北京大学中国古代史研究中心编：《田余庆先生九十华诞颂寿论文集》，第79—80页；籾山明：《辺境に立つ公文書—四川昭覚県出土〈光和四年石表〉試探—》，角谷常子编：《古代東アジアの文字文化と社会》，京都：臨川書店，2019年，第154—174页；鲁西奇：《中国古代乡里制度研究》，北京：北京大学出版社，2021年，第214—217页。

叟夷等问题，但并没有完全使用该地区出土的石刻做深入的专题讨论。相较而言，考古学者对大凉山腹地的相关遗址、墓葬等发掘和勘查，积累了较丰富的考古资料，在一定程度上弥补了当地文字资料不足征的窘境。如考古学者对立石位置所处的聚落遗址的勘查、聚落遗址和屯戍遗址的位置关系、遗址周边的不同类型的墓葬分布等。这为结合石刻和考古资料，进一步揭示东汉时期大凉山腹地斯叟夷的更多细节问题，提供了可能。

细绎光和石表和初平石刻的释文，还存在不少有歧义或晦涩难懂的地方。因此，首要工作便是在已有录文的基础上，重新校释碑文（详见本章附录）。对光和石表和初平石刻性质的理解，学术界已倾向于认为光和石表并非诏书，而是系列的官文书摘要。我们进一步认为石表文不仅有着固定的文书处理流程，而且还和越嶲郡守借"庚子诏书"加强对地方事务的管治密切相关。而对初平石刻内容的理解，虽然它的形制不是石表，但内容符合五曹诏书的形式，而非学者认为的只是一方普通的碑刻。在上述认识的基础上，本章从交通道路、乡里编排和租赋复除三个要素入手，勾勒大凉山腹地汉民、叟夷错杂而处的地方图景。

一、引子：所谓"庚子诏书"

据石表文"使者益州治所下三年十一月六日庚子诏书"可知，"庚子诏书"指的是益州刺史所传达的光和三年（180年）十一月六日诏书。三年十一月六日，正是庚子日。"庚子诏书"之说，即由此而来。除此石表文,东汉碑石常见有用"纪日+诏书"的形式称呼诏书。如,延熹七年(164年)《封龙山颂》中的"戊寅诏书",光和四年(181年)《无极山碑》提到的本初元年(146年)二月"癸酉诏书"、光和二年(179年)二月"戊子诏书",《巴郡太守张纳碑》中的"戊申诏书",《贤良方正残碑》记载的"戊戌诏书"。[2]

"庚子诏书"经益州刺史下达给越巂郡,再由郡府"示部",即邛都县所在的"中部",由中部督邮掾李仁负责督送文书。已有学者认为石表提及的诏书是"五曹诏书"。[3] 何谓"五曹诏书"呢?《后汉书·应劭传》提到应劭编撰"五曹诏书"。关于"五曹",唐人李贤注曰:"成帝初置尚书员五人,《汉旧仪》有常侍曹、二千石曹、户曹、主客曹、三公曹。"[4] 其中"户曹",《通典》作"民曹"。[5] 已有研究进一步指出,此"五曹诏书"可能是尚书五曹中的户曹对越巂太守所上奏书的批答文字。[6] 它的具体流程应是越巂太守张勃上奏书至尚书户曹,户曹对文书进行批答,进而下发至益州,再由益州下达至越巂郡。

虽然光和石表并没有摘录张勃所上尚书的奏书,但在同地出土的初平残石中,却保留了越巂郡守所上的奏书(碑阳)和尚书

---

2 陆增祥:《八琼室金石补正》卷四《汉三》,第16页下栏—17页中栏;洪适:《隶释》卷三、卷五,见《隶释 隶续》,第45页上栏、62页上栏;梁德水、墨僧编著:《两汉残石精粹》,郑州:河南美术出版社,2015年,第51—52页。
3 吉木布初、关荣华:《四川昭觉发现东汉石表和石阙残石》,《考古》1987年第5期。
4 《后汉书》卷四八《应奉传》附其子"应劭传",第1613页。
5 杜佑著,王文锦、王永兴等点校:《通典》卷二二《职官四·尚书上》,第601—602页。
6 马怡:《汉代诏书之三品》,载北京大学中国古代史研究中心编:《田余庆先生九十华诞颂寿论文集》,第79—80页。

的批答文字（碑侧）。这一类型的诏书，其内容往往和基层行政事务密切相关。稍稍浏览光和、初平两刻石的文字，即可知它们涉及乡有秩的任命，赋税的复除和交通、邮亭修缮等问题，确实和当地庶民息息相关。也正是基于以上的考虑，东汉以来，这一类型的诏书多题写于乡亭而进行宣示。应劭《风俗通义》曰："光武中兴以来，五曹诏书题乡亭壁，岁补正，多有阙误。永建中，兖州刺史过翔，笺撰卷别，改著板上，一劳而久逸。"[7] 据此可知，东汉光武以来，"五曹诏书"原本题写于乡亭壁上，至顺帝永建中，兖州刺史将其改写于板上。"板"或是木板。这大概就是壁书或板书。崔寔《政论》曰："州郡记（诏），如霹雳。得诏书，但挂壁。"崔寔虽抨击的是"典州郡者，自违诏书，纵意出入"，[8] 然由上可见，朝廷下达的诏书由州郡题写或挂于乡亭壁。汉代材料另见有扁书，往往是"扁书乡亭市里高显处""扁书乡亭市里显见处"，其中就有关诏书的扁书，"诏书必明白大书"。[9] 光和石表镌刻的虽不是诏书原文，但将相关的官文书镌刻于石表的正、侧面，和将诏书壁书、板书或扁书的做法极为相似。所不同的是，前者的载体为墙壁（泥墙）或木板，后者则是将文书刻于石上。《后汉书·王景传》谓王景在庐江太守任上，"驱率吏民，修起芜废，教

---

[7] 应劭著，王利器校注：《风俗通义校注》"佚文"，第494页。
[8] 徐坚等著：《初学记》卷二四《居处部·墙壁十一》"挂诏"条引崔寔《正论》，第585页。
[9] 胡平生、张德芳编著：《敦煌悬泉置汉简释粹》，上海：上海古籍出版社，2001年，第2、23页。相关研究，参见胡平生：《"扁书""大扁书"考》，中国文物研究所、甘肃省文物考古研究所编：《敦煌悬泉月令诏条》，北京：中华书局，2001年，第48—54页；佐藤達郎：《漢代の扁書・壁書：特に地方の教令との関係で》，《関西學院史学》第35卷，2008年，第83—98页。

用犁耕，由是垦辟倍多，境内丰给。遂铭石刻誓，令民知常禁。又训令蚕织，为作法制，皆著于乡亭，庐江传其文辞"。[10]"铭石刻誓"，意味着王景将教令镌刻于碑石上。陈槃怀疑较为永久性的教令刻于石上，而有时间性的内容则扁书。[11]就光和石表而言，表文涉及的乡有秩迁转、民众复除，都是具有时间性的。这样来看，教令传布载体的选择，还不能以偏概全，须视具体情况而加以判定。

具体到石表的内容，考古简报认为石表文属于当时的公文事由摘要。[12]显然，这样的看法过于模糊。学者已进一步指出石表文正面有"君教"批件、郡的回复文书以及另一段不明性质的文字，侧面是郡下发给县的下行文书。[13]石表侧面属于越嶲郡下发给邛都县的下行文书，这点当无疑义。而石表文正面，确切而言应包括：光和四年正月十二日主簿、司马追省的越嶲太守君教文书；正月十三日越嶲郡有关复除、乡有秩迁转事宜以及诏书下达至邛都县的上行文书，同时，越嶲郡郡守对诏书执行情况进行"列状"；三月十四日，越嶲郡再次对诏书执行情况进行复命；邛都十四里丁众受诏以及造立石表。表文开头的君教文书，强调庚子诏书对乡有秩迁转的认可，以及诏书传达、督送的安排。这样来看，"庚子诏书"在正月十二日前就已传达至越嶲郡。光和二年（179年）

---

10 《后汉书》卷七六《循吏列传·王景传》，第2466页。
11 陈槃：《汉晋遗简识小七种·汉简剩义之续》"扁书"条，《陈槃著作集》，上海：上海古籍出版社，2009年，第185—187页。
12 吉木布初、关荣华：《四川昭觉发现东汉石表和石阙残石》，《考古》1987年第5期。
13 伊强：《〈光和四年石表〉文字考释及文书构成》，《四川文物》2017年第3期。

《樊毅复华下民租田口算碑》曰:"恐近庙小民不堪役赋,有饥寒之窘,违宗神之教,乞差诸赋,复华下十里以内民租田口算,以宠神灵,广祈多福,隆中兴之祚。"又曰:"弘农太守上祠西岳乞县赋发差华下十里以内民租田口算状。"[14] 则此石表文提及的"复除",也应是对民众租田口算的免除。对照可知,越嶲十四里里民复除田租口算的具体情况,应该就是越嶲太守张勃在上行文书中提及的"列状"。只不过石表文省略了"列状"的内容。综上可知,石表文具体记载了"庚子诏书"的下达和督送、郡守的具体处理和复命以及当地乡民受诏的过程。

值得注意的是,光和石表的内容不是"庚子诏书"的原文,也无相关诏书的节录,而主要是有关越嶲郡就"庚子诏书"传达、执行情况的上行文书以及越嶲郡下发给邛都县敦促诏书执行的下行文书。据表文"庚子诏书,听转示部"来看,诏书当是进行了布示。至于是否将其壁书、板书,还是刻于石上,那就无从考知了。[15] 无论如何,这一区别对待的做法,提示我们"庚子诏书"不过是光和石表立石的背景,越嶲郡守对诏书传达落实情况的处置和乡有秩的任命、民众的复除,才是表文真正的主线。石表文始于越嶲太守的君教文书,就已足够表明表文的主旨,在于郡守向基层的乡里民众宣示教令。换言之,所谓"庚子诏书",是对越嶲太守张勃所上奏书有关邛都县的赋税复除和乡有秩任命的官方认可。遗憾的是,"庚子诏书"和张勃的奏书都已不可见,但从石表

---

14 洪适:《隶释》卷二,见《隶释 隶续》,第28页。
15 从石表出土地的发掘报告来看,"庚子诏书"可能镌刻于石表二上,但该石表已漫漶严重,无法辨识。

文的内容中，可寻觅张勃奏书的若干梗概。

表文第一部分"君教文书"中提道："前换苏示有秩冯佑转为安斯有秩。庚子诏书，听转示部，为安斯乡有秩，如书。""换"，表示同级流转。《汉成阳令唐扶颂》载唐扶由城阳令转为昌阳令，碑文谓"诏书换君昌阳令"。[16] 苏示为东汉越嶲郡属县，安斯即安斯乡，邛都县辖乡。苏示有秩，《四川昭觉发现东汉石表和石阙残石》指出应是苏示县某乡有秩。不过另有学者认为苏示有秩就是苏示县有秩，[17] 或认为"苏示县仅有一乡，故径以'苏示有秩'为称"。[18] 这一处文意还可以理解成冯佑由苏示县某乡有秩转为邛都县安斯乡有秩。这样，"苏示"也可被认为是苏示县苏示乡。《续汉书·百官志》于"乡置有秩、三老、游徼"下本注曰："有秩，郡所署，秩百石，掌一乡人。"[19] 可知冯佑迁转为邛都安斯乡有秩，须得到越嶲郡的签署。然而，仅仅是乡有秩流转的话，越嶲郡守无须向中央上奏书。那么是否和表文中提到当地民众的复除有关呢？

表文第二部分有关越嶲郡答复的上行文书中说道："使者益州治所下三年十一月六日庚子诏书，听郡，则上诸、安斯二乡复除□齐□乡及安斯乡有秩。""齐□乡"，不见于表文的其他地方，怀疑即上诸乡，但与拓片图影上的字形不合。显然，除了任命冯佑为安斯乡有秩外，越嶲郡还须选派"齐□乡"有秩。同时，郡守

---

16 洪适：《隶释》卷五《汉成阳令唐扶颂》，见《隶释　隶续》，第60页下栏。
17 胡顺利：《昭觉县东汉石表考释的几点辨正》，《四川文物》1988年第3期。
18 鲁西奇：《中国古代乡里制度研究》第二章《秦汉乡里制度及其实行》，第216页。
19 《续汉书·百官五》，参见范晔：《后汉书》，第3624页。

张勃还做出对上诸、安斯二乡的复除。则复除租赋,想必也是越嶲郡守所上奏书中的重要内容。显而易见,重新委任乡有秩和对里民租赋的复除二者间,并没有必然的联系。倘若是郡守为二乡里民的复除而上奏书,正如上引史料所见弘农太守为民众复除一样,那么是可以理解的。进一步追问,在何种情况下,越嶲郡守在请示复除的同时,又须提及乡有秩的委任呢?据表文开头的君教文书,越嶲郡对安斯乡有秩的任命,似乎异常重要。在同时需要任命两位乡有秩的情况下,君教文书又特别强调安斯乡有秩。这些问题,目前来看较合理的解释是,安斯乡为光和三年新置的乡。[20] 下面我们将目光聚焦于邛都县的上诸和安斯二乡。

二、道路、乡里和租赋

在进入对邛都县上诸、安斯二乡的微观考察前,有必要谈及灵帝光和年间的益州夷乱。《后汉书·南蛮西南夷列传》"板楯蛮夷"下曰:

> 灵帝光和二年,巴郡板楯复叛,寇掠三蜀及汉中诸郡。灵帝遣御史中丞萧瑗督益州兵讨之,连年不能克。帝欲大发兵,乃问益州计吏,考以征讨方略。

---

[20] 鲁西奇:《中国古代乡里制度研究》第二章《秦汉乡里制度及其实行》,第216页。

汉中上计吏程包应对灵帝所问，其中说道：

> 近益州郡乱，太守李颙亦以板楯讨而平之。忠功如此，本无恶心。长吏乡亭，更赋至重，仆役箠楚，过于奴虏，亦有嫁妻卖子，或乃至自刭割。虽陈冤州郡，而牧守不为通理。阙庭悠远，不能自闻。含怨呼天，叩心穷谷。愁苦赋役，困罹酷刑。故邑落相聚，以致叛戾。非有谋主僭号，以图不轨。今但选明能牧守，自然安集，不烦征伐也。[21]

益州夷乱集中发生于益州巴蜀和汉中地区。在应对中，程包指出夷乱主要在于乡亭长吏的"更赋至重"和邑落平民的"愁苦赋役"两点。非常巧合的是，石表文的核心内容，就是对乡有秩的任命和里民的复除，正和此两点相呼应。石表的刻立，和东汉末期的政治、社会环境有着密切关联。

回到石刻的置立地点上来。考古简报记录它们的具体出土位置是昭觉县四开区好谷乡东150米的山坡下，前距三湾河约500米，后出的简报补充石刻就出自好谷村。[22] 具体来说，石刻位于今四开镇好谷村北木撮乃姐的山坡下，山坡下即经考古部分勘查的黑洛社聚落遗址（见图5）。该聚落遗址的主体年代是东汉时期，遗址

---

21 《后汉书》卷八六《南蛮西南夷列传》，第2843页。
22 吉木布初、关荣华：《四川昭觉县发现东汉石表和石阙残石》，《考古》1987年第5期；凉山彝族自治州博物馆、昭觉县文管所：《四川凉山州昭觉县好谷乡发现的东汉石表》，《四川文物》2007年第5期。

内曾清理出道路、灰坑等遗迹和石兽、陶罐等遗物。[23]而在立石位置旁,也发现了路土。[24]石刻的竖立地点,应该就是邛都县安斯乡的乡治所在地,也位于学界已指出的安上县至邛都县的交通要道侧。[25]然而,除了安斯乡外,上诸乡也是复除的对象。从表文"邛都奉行"的叙述来看,上诸乡也应是邛都县的辖乡。以汉制大率一乡十里为编排原则来看,表文提到的"十四里",或许并非安斯一乡所辖,而是分属安斯和上诸二乡。[26]倘若如此,上诸乡和安斯乡是邻乡的可能性很大,即二乡接壤。

同一地出土的初平二年(191年)石刻,虽漫漶严重,但铭文中还能释读"二乡缘此"这样的文字。光和石表中有安斯、上诸二乡。考虑到初平石刻和光和石表出土于同一位置,此处的"二乡"也应是安斯和上诸。如果说四开坝子北侧属于安斯乡辖境的话,那么上诸乡位于何处呢?四开坝子西侧的四开镇日历村和柳且乡甲谷村、红光村和四烈村一带,分布着不少的东汉砖室墓和

---

23 凉山彝族自治州博物馆、凉山彝族自治州文物管理所编:《一个考古学文化交汇区的发现——凉山考古四十年》下册,北京:科学出版社,2015年,第420页;凉山彝族自治州博物馆、四川大学历史文化学院考古学系、昭觉县文物管理所:《四川昭觉县四开坝子汉代遗存的调查与清理》,《考古》2018年第8期。
24 凉山彝族自治州博物馆、凉山彝族自治州文物管理所编:《一个考古学文化交汇区的发现——凉山考古四十年》下册,第403、405页。
25 凉山彝族自治州博物馆、凉山彝族自治州文物管理所编著:《凉山历史碑刻注评》,北京:文物出版社,2011年,第19—20页。
26 魏斌已在《古人堤简牍与东汉武陵蛮》一文中指出十四里丁众当属于上诸、安斯二乡,不过限于文章主线考虑而未加以考述。参阅魏斌:《古人堤简牍与东汉武陵蛮》,"中研院"编:《"中研院"历史语言研究所集刊》85本第1分,2014年。

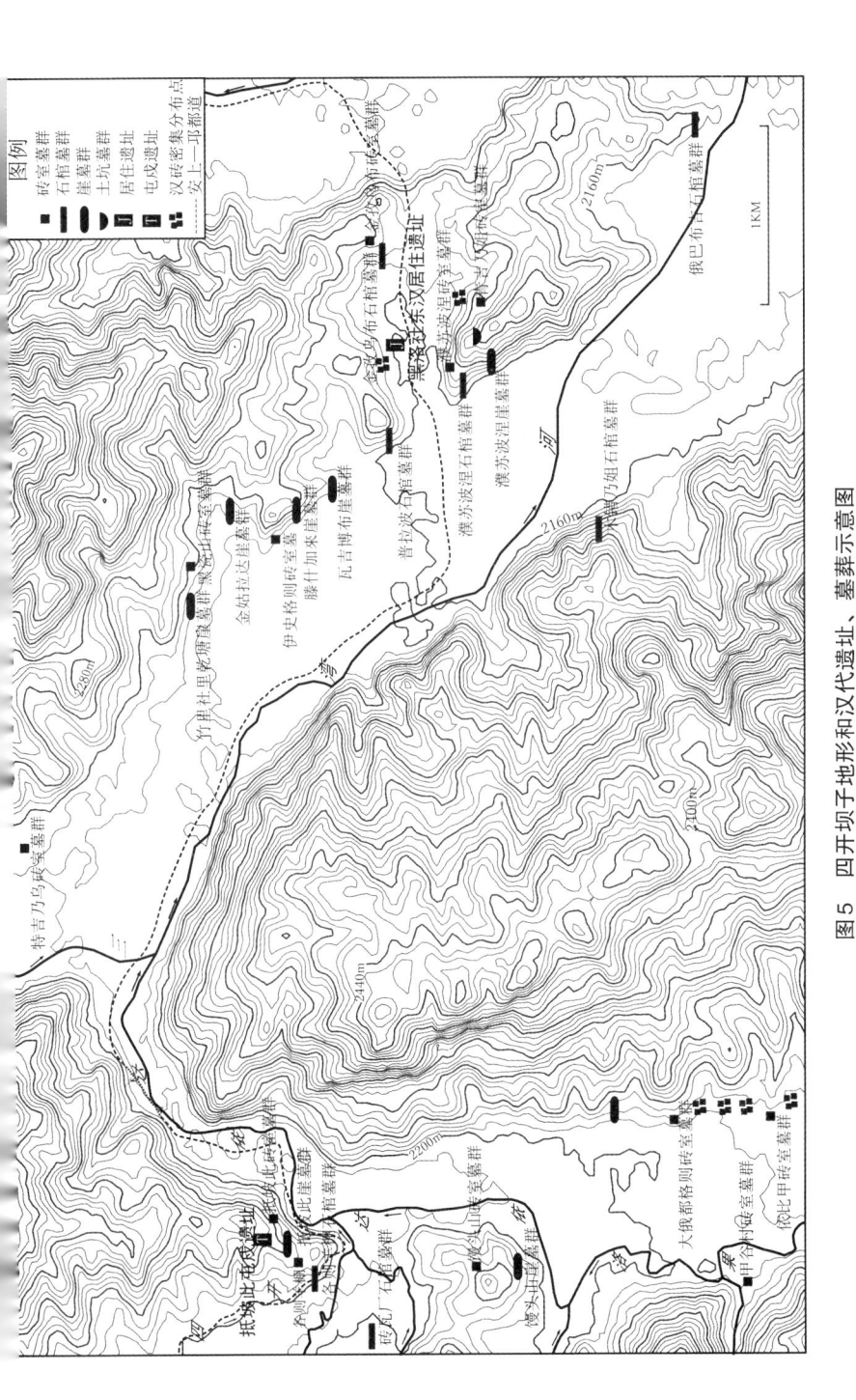

图 5　四开坝子地形和汉代遗址、墓葬示意图

资料来源：《四川昭觉县四开坝子汉代遗存的调查与清理》，《考古》2018 年第 8 期。

崖墓。考古简报推测上诸乡可能位于此处。[27] 倘若这一认识不误的话，四开衣达和果洛依达河的交汇一带，可能正是上诸乡的乡治所在地。二乡所辖的十四里的行政居民点，分布在四开坝子的北部和西部。这样，在邛都县辖境的东部即大凉山腹地，目前所知至少设立了两个乡。上文说到，安斯乡很有可能是光和年间新置的乡，当自上诸乡析置而来。在安斯乡的东部，由树坪镇往东，即今昭觉县城北的谷都村罗火热社一带，亦是一处较为密集的汉代聚落遗址，考古学者推测为汉代卑水县城址。[28] 这样来看，四开的山间盆地就是邛都和卑水二县之间的一块"隙地"。

这一"隙地"因安上—邛都道的兴起，而逐渐受到越巂郡地方官府的重视。《三国志·张嶷传》曰："郡有旧道，经旄牛中至成都，既平且近。自旄牛绝道，已百余年，更由安上，既险且远。"[29] 旄牛道即零（灵）关道。该道大体是自严道县翻越邛崃山，渡今

---

[27] 凉山彝族自治州博物馆、四川大学历史文化学院考古学系、昭觉县文物管理所：《四川昭觉县四开坝子汉代遗存的调查与清理》，《考古》2018年第8期。

[28] 陈阿依：《从昭觉古墓葬、古遗址谈"卑水"》，《四川文物》1990年第4期；凉山彝族自治州博物馆等：《四川昭觉县城北乡谷都村的汉代遗址和墓葬》，《南方民族考古》第7辑《四川大学考古专业创建五十周年纪念专辑》，北京：科学出版社，2011年，第492页。卑水，西汉置，东汉、三国仍有。《水经注》谓"绳水又径越巂郡之马湖县，谓之马湖江。又左合卑水，水出卑水县，而东流注马湖江也"。（郦道元著，王先谦校：《合校水经注》卷三六《青衣水注》，第512页下栏。）绳水、马湖江，即今金沙江。谭其骧、郭声波等认为卑水即今美姑河（郭声波：《唐代巂属羁縻州及其部族研究》，《历史地理》第20辑，上海：上海人民出版社，2004年，第27页。）若美姑河就是卑水，那么和考古学者推测卑水县位于今昭觉县城北不符。倘若将卑水县城址定于今昭觉县城东北的竹核平坝一带，那么这一地区既靠近美姑河流域，又有重要的汉文化遗存，方可解释上述文献记载和考古资料间的矛盾。

[29] 《三国志》卷四三《蜀书·张嶷传》，第1053页。

大渡河，经旄牛、阐县和台登等县，至越巂郡邛都县。[30]《张嶷传》谓旄牛道的阻绝有百余年之久。任乃强谓"百余年"当是"十余年"之讹，依据的是蜀汉章武、建兴初年黄元、高定元、雍闿在汉嘉、越巂和益州等郡的反叛，才使得旄牛道屏绝。[31]然而据《张嶷传》，张嶷在平定越巂斯臾乱后，旄牛道仍被阻绝。则旄牛道是否畅通的关键在于旄牛县的旄牛夷。故张嶷与旄牛夷帅狼路盟誓，"开通旧道，千里肃清，复古亭驿"。《张嶷传》"百余年"之说，虽有夸诞之嫌，但旄牛道梗阻不通，想必和东汉末年朝廷对这一带的控制力衰微有关。

《张嶷传》谓旄牛道绝后，"更由安上"。《华阳国志·南中志》记蜀汉建兴三年（225年）诸葛亮南征，"由水路自安上入越巂"，而"高定元自旄牛、定笮、卑水多为垒守。亮欲俟定元军众集合，并讨之，军卑水"。[32]安上，县名，具体析置情况无考。《张嶷传》说道，"初，越巂郡自丞相亮讨高定之后，叟夷数反，杀太守龚禄、焦璜，是后太守不敢之郡，只住安上县，去郡八百余里，其郡徒有名而已"。安上县当是汉末蜀汉所置，县治所在仍有争议，不过主要的观点倾向于认为其城址位于越巂郡卑水县东北今屏山县新市镇一带。[33]任乃强谓马湖县，"蜀汉时，越巂郡陷，没于叟夷，汉民内徙者多停留于安上与（马）湖旁诸河谷间，复开

---

30 蓝勇：《四川古代交通路线史》，重庆：西南师范大学出版社，1989年，第78—81页。
31 常璩著，任乃强校注：《华阳国志校补图注》卷三《蜀志》，第207—208页。
32 常璩著，任乃强校注：《华阳国志校补图注》卷四《南中志》，第241页。
33 罗家祥：《三国新道县初探》，成都武侯祠博物馆编、谢辉主编：《诸葛亮与三国文化（七）》，成都：四川科学技术出版社，2014年，第62—72页。

为县"。³⁴ 则马湖、安上的置立,很有可能是为了安顿滞留于此而无法继续迁徙至越嶲卑水、邛都等地的汉民。反过来说,如果将安斯、上诸的乡名和安上的县名相联系起来考虑的话,那么安上县的析置,一开始很有可能和斯叟反乱后二乡逃出的汉民有关联。无论如何,安上—邛都道应从两部分加以把握。邛都和卑水之间,在西汉置卑水县时,定有道路互通往来。至于卑水至安上段,有大凉山阻隔其间,虽有水路,但较迂绕。《华阳国志》谓由水路自安上入越嶲。³⁵ 这条路线自犍为僰道至安上,溯马湖江(今金沙江)而上,过安上县后,至今石角营后循西,改就陆路。³⁶ 在旄牛道梗阻前,这条交通道只能作为官方的间道使用。不过,汉民由犍为郡移入卑水乃至四开盆地,应该取道此线。总而言之,东汉时期,安上—邛都道虽不是进入越嶲郡的干道,但其作为越嶲的东北部孔道,使用者主要是汉民和叟夷。迨旄牛道被旄牛夷屏绝后,该道成为官方、民间同时使用的重要交通线。四开盆地的安斯、上诸二乡,无论是析置新乡还是二乡的人口、社会变动,应置于上述的越嶲郡东北部交通线的使用和演变下加以考量。³⁷

再来看石表的出土位置。立石地点除了出土光和石表、初平石刻外,还发现石阙残石和构件,这表明石刻和石阙构件可能共同组成了一处类似碑亭的建筑物,而非此前学者认为的属于安斯乡

---

34 常璩著,任乃强校注:《华阳国志校补图注》卷三《蜀志》,第216页。
35 常璩著,任乃强校注:《华阳国志校补图注》卷四《南中志》,第241页。
36 常璩著,任乃强校注:《华阳国志校补图注》卷三《蜀志》,第178页。
37 粝山明:《辺境に立つ公文書——四川昭覚県出土《光和四年石表》試探—》,角谷常子编:《古代東アジアの文字文化と社会》,第167—170页。

第七章 斯臾何在？——从越巂郡东汉光和、初平石刻谈起

有秩冯佑的墓前石刻和墓阙。[38] 这样一处建筑物，性质当和东汉以来"五曹诏书"所题的乡亭壁类似。进一步而言，立石位置当属于安斯乡乡治，或是安上—邛都道旁的乡亭（邮亭）。初平石刻铭文多次提及"缮治邮亭"，也可反映该地是二乡接壤处非常重要的一处亭部。石阙构件画像石上横刻"官匠所造二"五字，说明了官府派遣人力建造"碑亭"的事实。

在乡亭处建造"碑亭"、将郡守对"诏书"传达和处置文书及有关二乡的复除说明镌于石上的仪式性行为，不仅是出于对行政决策的下达和榜示，而且是对二乡十四里民众"复除"的一种承诺。初平石刻中的官文书，包括越巂郡守的上奏书、尚书的批复，以及越巂郡发给邛都县的下行文书，内容有关安斯、上诸二乡的田租、土地和夷乱等，其中郡守的"复除"一事再次被强调。铭文有"书赐复除"的记载，其原因大概是"捉马虏种，攻没城邑"事件有关。捉马，或是《史记·西南夷列传》记载的"筰马"。[39] 捉马夷，活跃于越巂郡北部一带。《三国志·蜀书》"张嶷传"提到张嶷"为越巂太守，嶷将所领往之郡，诱以恩信，蛮夷皆服，颇来降附。北徼捉马最骁劲，不承节度，嶷乃往讨，生缚其帅魏狼，又解纵告喻，使招怀余类。表拜狼为邑侯，种落三千余户皆安土供职"。[40] 为应对捉马夷的侵扰，处于交通要冲的安斯、上诸二乡，设立了百人规模的军屯，即铭文所谓"百人以为常屯……二百人

---

38 西昌地区出土石阙，还见于黄承宗：《四川西昌城郊出土的石阙》，《文物》1979年第4期。至于出土的石阙是否为墓阙，还有待进一步探究。
39《史记》卷一一六《西南夷列传》，第2993页。
40《三国志》卷四三《蜀书·张嶷传》，第1052页。

须作……"。当然，这样的军屯可能早就存在。在四开乡抵坡此山顶及山腰上发现一处军屯遗址，东距黑洛社遗址约5公里。军屯附近出土17枚武职官印，很有可能属于驻扎于此的军士所有。[41] 再据铭文可知，二乡的汉民治水耕田，供给粮食，得以复除；同时，当地的斯叟夷为抵挡捉马夷的扰乱而"备路障"，得到免赋。[42] 考虑因动乱而导致的民宅、邮亭的损毁情况，郡府实行"丁男给宅"的举措，同时让当地民众缮治邮亭。

据上文所述，初平石刻虽残损，但大体内容和安斯、上诸二乡的汉民、斯叟夷的复除有关。就此点而言，初平石刻和昭觉石表的立石主旨是一致的。光和年间的复除，和乡有秩的任命联系在一起，原因当与安斯乡的析置有关。时隔十年左右，初平年间二乡的再次复除，直接因素就来自捉马夷对当地的侵扰和破坏。通过数年一次的复除措施，州郡对蛮夷地方的治理和控驭在一定程度上得以维系。这一措施算不上新政，和汉武帝开边置立初郡时官府与当地蛮夷达致的"毋赋税"政策非常相似。《史记·平准书》曰："汉连兵三岁，诛羌，灭南越，番禺以西至蜀南者置初郡十七，且以其故俗治，毋赋税。"[43] 官府对蛮夷地区的复除，正是看到了减免赋税对维持夷区地方稳定的重要作用。反过来，赋役

---

41 王家佑：《四开军屯遗址调查记》，《凉山彝族奴隶制研究》1980年第1期；俄比解放：《昭觉县四开乡出土十七方铜印》，《四川文物》1990年第1期；毛瑞芳、邹麟：《四川昭觉县发现东汉武职官印》，《考古》1993年第8期。

42 考古简报往往将"有斯叟备路障"理解为当地斯叟夷对抗越嶲郡的行为。但从铭文的下文"(复？）除斯口（叟？）种平常所"等文字来看，斯叟夷也在复除的对象，则斯叟的"备路障"，是有益于官府抵挡捉马夷的行为。

43 《史记》卷三〇《平准书》，第1440页。

第七章 斯臾何在?——从越嶲郡东汉光和、初平石刻谈起

负担的沉重,带来的是各地蛮夷的反叛。《后汉书·南蛮西南夷列传》曰:"时郡县赋敛烦数,(元初)五年,卷夷大牛种封离等反畔,杀遂久令。明年,永昌、益州及蜀郡夷皆叛应之,众遂十余万,破坏二十余县,杀长吏,燔烧邑郭,剽略百姓,骸骨委积,千里无人。"[44] 这是东汉中期西南夷地区一次规模较大的叛乱,起因就是郡县繁重的赋役。随着编户和王化的加深,南方各地蛮夷的赋役负担越发沉重,[45] 东汉王朝中后期,类似的夷乱、蛮乱屡见不鲜。叛乱事件促使各地官府适时调整对蛮夷地区原有的赋税政策,邛都两方石刻有关复除内容的刻立,也正处于这一政策的延长线上。

不过,这是一种非常态的举措。民众(夷民)日益增加的赋役负担,可能并没有得到多少改变。正如前文已指出,"复除"的仅是诸如田租口算之类的赋税。通过初平石刻可知,在复除之后,二乡民众仍须出力修缮邮亭,算是服徭役的一种。考虑到汉民已治水耕田,承担修缮邮亭任务的,可能主要是当地的斯臾夷了。又如蜀汉时期张嶷在越嶲郡守任上,"缮治城郭,夷种男女莫不致力"。[46] 言外之意,仅仅复除租赋而没有减免徭役,对于普通民众而言,仍是沉重的负担。所以同样是元初年间,长江中游的"澧中蛮以郡县徭税失平,怀怨恨,遂结充中诸种二千余人,攻城杀长吏"。[47] 前文

---

44 《后汉书》卷八六《南蛮西南夷列传》,第2853页。
45 胡鸿:《能夏则大与渐慕华风——政治体视角下的华夏与华夏化》,北京:北京师范大学出版社,2017年,第196—197页。
46 《三国志》卷四三《蜀书·张嶷传》,第1053页。
47 《后汉书》卷八六《南蛮西南夷列传》,第2833页。

所引灵帝时期巴郡板盾蛮大乱，也和"更赋""仆役"有密切关系。可以说，赋役征纳的变动是理解东汉南方山区蛮夷叛乱史的关键因素，而越巂郡的"复除"政策恰是在夷区的试验和实践。

三、斯叟夷、汉民的杂处

尤可注意的是，位于四开盆地的上诸、安斯二乡，拥有十四里的民众。以一里百户估算，越巂郡府直接掌控的编户大略有一千四百户。安斯乡的析置，很大程度上来自对斯叟种落的编户。《魏书·獠传》曰："自桓温破蜀之后，力不能制，又蜀人东流，山险之地多空，獠遂挟山傍谷。与夏人参居者颇输租赋，在深山者仍不为编户。萧衍梁益二州岁岁伐獠以自裨润，公私颇借为利。"[48] 獠人与汉人错居者输租赋，在深山者仍未纳入编户。这虽属于东晋南北朝时期的情况，但也适用于观察东汉时大凉山腹地的斯叟夷。这些斯叟夷和汉民错居杂处，成为东汉时期大凉山腹地山间平坝聚居人群的常态。

先谈斯叟夷。在《后汉书·西南夷列传》的记载下，汉武帝开"邛都夷"置邛都县。[49] 这让人以为邛都县的主体就是邛都夷。然而，据初平石刻，安斯和上诸二乡除了汉民之外，还有斯叟夷。此外，越巂郡北徼有捉马夷及其渠帅，在邛都县的北部邻县苏

---

[48]《魏书》卷一〇一《獠传》，第2249页。
[49]《后汉书》卷八六《南蛮西南夷列传》，第2852页。

第七章 斯叟何在?——从越嶲郡东汉光和、初平石刻谈起

示,[50] 还有苏祈叟、邑君。[51] 这样来看,邛都夷很可能是对邛都县辖境内各立君长的蛮夷种落的泛称。其中斯叟夷主要聚居于邛都县的东部大凉山腹地安斯、上诸二乡一带。不过,斯叟夷未见于《后汉书·西南夷列传》,《史记·西南夷列传》《汉书·西南夷传》并谓"自嶲以东北,君长以什数,徙、筰都最大"。张守节《史记正义》《汉书》颜师古注曰"徙音斯"。[52] 学者常以"徙""斯"同音而认为邛都斯叟夷即徙人,不过显然证据不足,推测的成分很大。《后汉书·西羌传》谓"或为牦牛种,越嶲羌是也"。[53] 尤中认为,邛都乃羌的一部分,所以称越嶲羌。[54] 亦可聊备一说。即使斯叟夷属于越嶲羌的后裔,也应将其看作是世居于邛都县东部大凉山腹地的土著人群。[55]

就邛都县而言,被称作邛人的邛都夷,大体分布于邛都县西部以郡县治所为中心的一带。《后汉书·西南夷列传》曰:"王莽时,郡守枚根调邛人长贵,以为军候。更始二年,长贵率种人攻杀枚根,自立为邛谷王,领太守事。又降于公孙述。述败,光武封长贵为邛谷王。建武十四年,长贵遣使上三年计,天子即

---

50 周振鹤、张莉编著:《汉书地理志汇释(增订本)》,南京:凤凰出版社,2021年,第315—316页。
51 《后汉书》卷八六《南蛮西南夷列传》,第2853页;《三国志》卷四三《蜀书·张嶷传》,第1052页。
52 《史记》卷一一六《西南夷列传》,第2991—2992页;《汉书》卷九五《西南夷两粤朝鲜传》,第3837—3838页。
53 《后汉书》卷八七《西羌传》,第2876页。
54 尤中:《汉晋时期的西南夷》,原载《历史研究》1957年第12期,收入尤中编著:《西南民族史论集》,昆明:云南民族出版社,1982年,第6页。
55 陈东:《汉代西南夷之"徙"及其去向》,《西南民族大学学报(人文社科版)》2009年第6期。

授越巂太守印绶。"⁵⁶ 邛人长贵（任贵）担任郡军候，还率种人攻杀太守，自立为王，可见他应是邛人种落内的渠帅、邑君之类。长贵自命王号"邛谷"（邛縠），透露出邛人集中居住于邛都西部土地平衍的稻作之区，⁵⁷ 属于《后汉书·西南夷列传》谓越巂郡"土地平原有稻田"的地方之一。在邛都县的东部，即今大凉山腹地的黑水河上游、昭觉县城西南的四开、好谷一带，属于平坝和沟坝地形，为斯叟夷的聚居区。这一平坝北部由东汉的安斯、上诸二乡所辖。"安斯"，有"安抚斯叟"之意。学者已指出其得名和斯叟夷有密切关联。⁵⁸ 不仅如此，考古资料显示昭觉、美姑一带自商周以来就有世居的人群。这些人群使用的是石棺葬，不过这一墓葬形制在"西汉时期开始衰落，到东汉早期绝迹"。⁵⁹ 这一现象反映了当地人群在西汉至东汉早期受到汉文化影响，而逐渐弃用石棺葬的历史过程。与此同时，这一带发现有大石墓、石构墓，考古学者认为可能是由某种类型的石棺葬发展而来的。⁶⁰ 这也进一步说明仍有部分人群在延续石结构墓葬的丧葬习俗，只不过墓葬形式本身也在发生变化。应该

---

56 《后汉书》卷八六《南蛮西南夷列传》，第2853页。

57 任乃强认为称"邛谷王者"，"盖其人在邛国农业生产上有大贡献，使其地多谷"，聊备一说。参见常璩著，任乃强校补：《华阳国志校补图注》卷三《蜀志》，第207页。

58 关荣华：《斯人踪迹探寻》，《西南民族大学学报（人文社科版）》1990年第6期。

59 凉山彝族自治州博物馆、凉山彝族自治州文物管理所编：《一个考古学文化交汇区的发现——凉山考古四十年》上册，第278页；凉山彝族自治州博物馆、四川大学历史文学院考古学系、昭觉县文管所：《四川昭觉县四开乡石棺墓地的清理》，《考古》2016年第8期。

60 凉山彝族自治州博物馆、凉山彝族自治州文物管理所编：《一个考古学文化交汇区的发现——凉山考古四十年》上册，第307页。

说，绝大多数的当地人群，使用的是土坑墓这一最为经济的埋葬方式。

再来说大凉山腹地的汉民。汉民进入大凉山腹地，主要经安上—邛都道迁入当地，[61] 当然也不排除部分汉民自邛都县迁入。来自邛都县的汉民，自旄牛道进入台登、邛都等处，主要聚居于安宁河流域东岸。[62] 进入大凉山腹地的汉民，当然以自发、零散为先，但两汉官府也有意识地进行移民。《史记·平准书》谓汉武帝时汉通西南夷道，"悉巴蜀租赋不足以更之，乃募豪民田南夷，入粟县官，而内受钱于都内"。[63] 为了维持西南夷交通道路的畅通，汉廷向西南夷地区移入豪民，进行田土的垦殖。其中，当然也有不少普通汉民进入西南夷地区。正如《华阳国志·南中志》谓"汉乃募徙死罪及奸豪实之"，[64] 除了豪民、奸豪之徒外，死罪者也在移民之列。尤中指出，移入西南夷地区的还有"在内地无以为生而主动'应募'而来者"。[65] 这些汉民往往屯聚在交通干道的邮亭两侧，进行治水屯田、农业垦辟活动。此外，《史记·西南夷列传》谓汉兴，"巴、蜀民或窃出商贾，取其筰马、僰僮、髦牛，以此巴蜀殷富"。[66] 看来进入西南夷地区的还有从事商贸贩运的商人。汉民进入西南夷原先处于邑聚的地方后，势必会带来夷汉冲突和

---

61 刘弘：《从川滇古道上的汉墓看汉代邮亭》，《四川文物》1990年第3期。
62 刘弘：《崇山峻岭中的"绿洲"——安宁河文化遗存调查研究》，成都：巴蜀书社，2009年，第129—131页。
63 《史记》卷三〇《平准书第八》，第1421页。
64 常璩著，任乃强校注：《华阳国志校补图注》卷四《南中志》，第267页。
65 尤中编著：《西南民族史论集》，第29—30页。
66 《史记》卷一一六《西南夷列传》，第2993页。

夷民的退缩。《华阳国志·蜀志》犍为郡"僰道县"栏曰："水通越巂，本有僰人，故《秦纪》言僰僮之富。汉民多，渐斥徙之。"[67] 僰道聚集大量的汉民，从而将僰人挤压至犍为郡南部。僰道和越巂间有道路往来，汉民很有可能也循此道路进入大凉山腹地，上文所云安上、马湖交通沿线所置的安上、马湖等县，虽和汉末夷乱大量汉民迁出大凉山腹地有关，但实则就是汉民聚集后新置的治所。汉民进入大凉山腹地后，原先聚居于美姑河流域卑水县一带的斯叟夷，很有可能与僰人相似，逐渐退居至邛都和卑水二县间的"隙地"，或进入"山川阻深"之处。聚居于"隙地"也就是四开盆地的安斯和上诸二乡的斯叟夷，正是基于汉进夷退的社会大环境下，被纳入编户。

据光和石表可知，至迟在东汉光和年间，汉廷已在斯叟聚居区设立了乡里行政系统。二乡十四里，当包括斯叟夷和汉民。汉民在夷区进行田土拓殖，并聚居于邮亭等交通要道附近，和当地夷民邑聚、在平坝区域耕作的做法基本上一致。汉民带来的水利、治水等农业垦辟技术，对当地夷民帮助甚多。他们之间在这方面应有不少交往。从初平石刻的铭文来看，汉民和斯叟夷间还涉及耕牛、田地买卖的事宜。这说明汉、斯叟二者并非仅是居于同一地理空间中、互不相涉，而是在经济、社会等层面上发生了"深度"往来。夷汉杂处的常态，也应如此。

此外，考古材料显示，四开坝子黑洛社遗址和柳且乡甲谷村等地的周围山坡分布着大量的砖室墓和崖墓。它们的年代大致和遗

---

67 常璩著，任乃强校注：《华阳国志校补图注》卷三《蜀志》，第175页。

址同时,与遗址呈现了共时性关系。在黑洛社遗址四周,砖室墓面向聚落遗址,分布于遗址的周边,而崖墓一般位于聚落遗址周边山坡的另一侧。[68] 而在柳且乡甲谷村一带即抵坡此屯成遗址以南的平坝区域,砖室墓更加集中于果洛依达河中下游一带,崖墓则零星分布于四开依达河下游的两侧山坡上。这一带也是石棺墓较为集中分布的区域之一。值得注意的是,这些崖墓仅分布于四开山间平坝的四开镇至好谷乡约3千米的狭长地带。学者推测崖墓很有可能由昭通传入大凉山腹地。[69] 这批使用崖墓的人群,或许不是逐步移入四开盆地的,而应是一次目标明确的点对点之间的移动。否则,在四开盆地以外的大凉山腹地,也应有崖墓的踪迹才是。而砖室墓的使用者,绝大多数应是定居于四开盆地的汉民,少部分来自当地汉化程度较高的夷人。[70] 无论如何,营建砖室墓和崖墓的人群,既共同生活于四开平坝区域,又选择了具有一定空间分布界限的墓地。这说明四开平坝区域至少存在两种不同文化习俗的人群。至于崖墓的使用者,究竟属于汉民、斯叟夷还是其他夷人,则需要更进一步的考古资料加以判断。

通过二乡十四里的乡里编排,东汉末年的斯叟夷应是在一定程

---

68 凉山彝族自治州博物馆、凉山彝族自治州文物管理所编:《一个考古学文化交汇区的发现——凉山考古四十年》下册,第434页;凉山彝族自治州博物馆、四川大学历史文化学院考古学系、昭觉县文物管理所:《四川昭觉县四开坝子汉代遗存的调查与清理》,《考古》2018年第8期。一些砖室墓还出土画像砖,见俄比解放:《四川省昭觉县出土的汉代画像砖石》,《考古与文物》1994年第3期。
69 凉山彝族自治州博物馆、凉山彝族自治州文物管理所编:《一个考古学文化交汇区的发现——凉山考古四十年》下册,第394页。
70 有关西昌周边砖室墓的考古报告显示,一些墓砖文字非常潦草,可能属于当地夷民所为。参见黄承宗:《西昌东汉、魏晋时期砖室墓调查》,《考古与文物》1983年第1期。

度上编户化了。然而据《三国志·张嶷传》，蜀汉初有斯都耆帅李求承。[71]《华阳国志》作"都督李承之"。"斯都"，正如两汉文献中出现的"莋都""邛都"，表示夷人的聚居地。《三国志·张嶷传》又曰："初，越巂郡自丞相亮讨高定之后，叟夷数反，杀太守龚禄、焦璜，是后太守不敢之郡，只住安上县，去郡八百余里，其郡徒有名而已。"[72] 高定（高定元）的身份，《三国志·后主传》作"越巂夷王"，《三国志·李严传》作"越巂夷率"，而《华阳国志》作"越巂叟大帅"。[73] 看来蜀汉时期以高定为首的越巂郡的叛乱，是就郡内的叟夷种落而言。光和石表中出现"高官""高米"这样的姓名，可推定高定是斯叟夷，来自安斯、上诸二乡的高氏家族。显然，蜀汉初期发生的越巂夷叛乱，就是以斯叟夷为主。斯叟夷的反叛割断了安上至邛都的交通线，以致太守无法到任。斯叟夷及其大帅高定、渠帅李求承，当于东汉末年入籍。光和石表有郡中部督邮掾李仁，初平石刻碑侧有李政。反叛前的斯叟渠帅李求承，很有可能也是官府行政体系末端的一员。

值得注意的是，在上述越巂郡斯叟夷高定的反叛中，他和渠帅李求承结成的大帅—都督的军事关系。《后汉书·西南夷列传》王莽时担任郡守军候的邛夷渠帅长贵，在对抗东汉武威将军刘尚时，"即聚兵起营台，招呼诸君长，多酿毒酒，欲先以劳军，因袭

---

71 《三国志》卷四三《蜀书·张嶷传》，第1052页；常璩著，任乃强校注：《华阳国志校补图注》卷三《蜀志》，第205页。
72 《三国志》卷四三《蜀书·张嶷传》，第1052页。
73 《三国志》卷三三《蜀书·后主传》，第894页；《三国志》卷四〇《蜀书·李严传》，第999页；常璩著，任乃强校注：《华阳国志校补图注》卷三《蜀志》，第205页。

击尚"。[74]《续汉书·百官志》曰:"部下有曲,曲有军候一人。"[75] 则"军候"大概掌握不少部曲,这也反映了越嶲郡军兵的不少人员来源于当地的夷民。高定、李求承的军事组织,也和越嶲当地已有的军事系统密不可分。《华阳国志·蜀志》越嶲郡"邛都县"下曰:"邛之初有七部,后为七部营军,又有四部斯儿。"任乃强谓"七部营军"和"四部斯儿",由当地七部夷民丁壮组成,统制于渠帅,并受太守征调。[76] 这样来看,高定、李求承所统摄的就是类似"七部营军""四部斯儿"的武力。这一部营式的军事组织,一定有不少屯于四开盆地一带。上文所述的抵坡此屯戍遗址即是明证。在"七部营军""四部斯儿"营屯体系的底层,应当就是初平石刻所谓的"百人常屯"的军屯节点。通过立于好谷的光和石表、初平石刻可知,这些军屯节点分布于交通要道,错落于斯叟、汉民聚集其中的乡里、乡亭地域中。

以当地夷民为主力构建的营军—常屯体系,并非邛都县和越嶲郡的特例,而应是汉廷控驭山险蛮夷的普遍做法。《华阳国志·巴志》"涪陵郡"栏谓蜀汉时当地蛮民被"配督将韩、蒋,名为助郡军";[77]《华阳国志·南中志》云诸葛亮定南中后,"分其羸弱配大姓焦、雍、娄、爨、孟、量、毛、李为部曲,置五部都尉,号五子"。[78] 此外,长江中游的武陵蛮地区,也设置屯营,对蛮民加以

---

74 《后汉书》卷八六《南蛮西南夷列传》,第2853页。
75 《续汉书·百官一》,参见范晔《后汉书》,第3564页。
76 常璩著,任乃强校注:《华阳国志校补图注》卷三《蜀志》,第209页。
77 常璩著,任乃强校注:《华阳国志校补图注》卷一《巴志》,第41页。
78 常璩著,任乃强校注:《华阳国志校补图注》卷四《南中志》,第241页。

管制。⁷⁹ 这样，在蛮夷聚居区已有乡里编制的基础上，建立军事化的营屯体系，加强对蛮夷据点的控制。

还须指出的是，前文提到的斯叟夷豪酋高定、李求承等人，在发动叛乱前，很有可能已经是二乡十四里的编户民。编户民和叟夷二者，前者是因编户入籍而获得的政治身份，后者是自身所认同的"叟夷"种落的社会文化身份。这也正是相关研究已指出的"非华夏编户"。⁸⁰ 这些编户民所具有的双重身份，和郡县乡里、种落君长的双轨体制相匹配。⁸¹ 不过，越巂郡的两方石刻尤其是光和石表，其铭文显示官府有意弱化、遮隐乡里编户民中斯叟夷的身份，试图将乡里体系贯彻到位，并逐渐淡化蛮夷种落的邑君制。而对于斯叟夷高氏发起置立光和石表，显然是为了使复除政策有据可依，以维护斯叟夷的切身利益。

综上所述，邛都斯叟夷和沿着安上—邛都道进入四开盆地的汉民，构成了安斯、上诸二乡十四里民众的主体。他们共处一地理空间内，因土地垦殖、田地买卖和外夷侵扰等事务，而进行较为密切的接触和往来。同时，营军—常屯的军事体系也深入已有的乡里聚落中。这一夷汉杂处的实态，丰富了我们对南方地区蛮夷、汉民相互接触后如何共处的认识。

---

79 参阅魏斌：《古人堤简牍与东汉武陵蛮》，"中研院"编：《"中研院"历史语言研究所集刊》85本第1分，2014年。
80 胡鸿：《能夏则大与渐慕华风——政治体视角下的华夏与华夏化》，第196—197页。
81 方国瑜：《中国西南历史地理考释》第2篇《西汉至南朝时期西南地理考释》，北京：中华书局，1987年，第32—34页；魏斌：《古人堤简牍与东汉武陵蛮》，"中研院"编：《"中研院"历史语言研究所集刊》85本第1分，2014年。

第七章　斯叟何在？——从越嶲郡东汉光和、初平石刻谈起

四、小结

秦汉帝国的郡县行政体系在山区（高原）的建立和运行，需要克服的最大自然障碍便是崎岖的地势。[82] 因此，由地形因素带来的交通道路（驿路）的拓建和修缮，便是维持日常行政正常运作的最大成本。西汉武帝以来，汉廷在西南夷地区进行郡县的析置，往往也伴随着交通干道的开辟和疏通。汉军往往利用自然水道伐夷开郡，如，"元鼎六年，汉兵自越嶲水伐之，以为越嶲郡"。[83] 越嶲郡因越嶲水（嶲水）而得名，而"嶲"字来源，有学者将其和蜀中的"子嶲鸟"相联系起来，来论证蜀人南迁、嶲蜀同源。[84] 无论如何，聚居在水道两侧或交通要道旁的西南诸夷，是最先为地方官府所接触、了解和认识的。以越嶲郡为例，郡内的主要属县，依托孙水、若水和淹水等水道，受横断山系的自然环境影响，大体呈自北向南的分布。某一主要的夷民种落，成为该县的代表性群体。如苏示叟和苏示县、邛都夷和邛都县、姑复夷和姑复县等。然而，随着交通路线的细化和新旧更替，另外一些处于较为山险之地或"散在溪谷"的蛮夷种落，也逐渐进入地方官府的视野当

---

82 胡鸿：《能夏则大与渐慕华风——政治体视角下的华夏与华夏化》，第60页。
83 《后汉书》卷八六《南蛮西南夷列传》，第2852页。
84 石硕、李锦、邹立波等：《交融与互动——藏彝走廊的民族、历史与文化》，成都：四川人民出版社，2014年，第70—71页。关于越嶲郡的蜀人、羌人辨，另可参见石硕：《青藏高原东缘的古代文明》，成都：四川人民出版社，2011年，第200—211页。

中。官府强化了对原来处于种落邑侯自治地区的控制力,将权力的触角延伸到一些行政体系边缘的"隙地"。斯叟夷的编户、反叛历史,就是西南夷中的典型例子。

秦汉时期,自成都盆地进入西南夷地区,主要有两条干道:一是旄牛道,自严道翻越邛崃大山,经旄牛县,顺孙水而下,至邛都;一是僰道、安上—邛都道,自犍为郡僰道县向西辙入泸江水,经安上、卑水至邛都县。[85] 安上至卑水一段,有自然河道可资利用,而自卑水至邛都县,山谷杂沓,并无便利、连续的河道,主要取道陆路。因此,处于卑水县以西、邛都县东部的好谷山间盆地,乃是维系这条大道畅通无阻的关键。斯叟夷也恰聚居于此。上文引《华阳国志·南中志》记蜀汉建兴三年(225年)诸葛亮南征,"由水路自安上入越嶲",而"高定元自旄牛、定筰、卑水多为垒守。亮欲俟定元军众集合,并讨之,军卑水"。[86] 卑水正处于斯叟夷聚居区的东北向,在卑水垒守据蜀汉者,就是前文所说的斯叟夷。然而在卑水和邛都、苏示之间,汉廷并无析置新的县治,这也凸显了置于大凉山腹地四开盆地的二乡的重要性。地方官府以汉民治水开田、斯叟修缮道路的方式,维持此干道的通行。随着东汉后期旄牛道的受阻不通,[87] 安上—邛都道的开辟和使用,为斯叟夷种落和汉民在四开盆地的交汇、杂处,创造了重要条件。

---

85 蒙文通:《四川古代交通路线考略》,《蒙文通文集》第4卷《古地甄微》,成都:巴蜀书社,1998年,第199—195页;蓝勇:《四川古代交通路线史》,第78—81、112—116页。
86 常璩著,任乃强校注:《华阳国志校补图注》卷四《南中志》,第241页。
87 《三国志》卷四三《蜀书·张嶷传》,第1053页。

围绕光和石表的分析可知,所谓"庚子诏书",只不过是石表铭文呈现的官文书处理流程的背景。安斯乡的析置、乡有秩的迁转及其十四里民众的复除,才是表文呈现的核心内容。这既体现了越巂郡守在处理地方事务上的个人能动性,也显现了立石表者高氏家族维护斯叟夷利益的强烈意愿。夷汉错杂而处的安斯和上诸二乡,既是汉民进行移民拓殖的重要据点,也是散处山谷的叟夷重新被纳入编户体系的历史缩影。斯叟夷、汉民在乡里组织中杂处的例子,暗示了在郡县行政系统和种落邑君的双轨制下,乡里、乡亭可能正是在蛮夷"邑聚"的聚落基础上而进行编排和管辖的。虽然缺乏更加具体而微的材料,但汉民进入蛮夷地区,所选择的居地并非和蛮夷种落完全分隔对立。在以往所理解的、看似平行的双轨制下,更多的是夷人、汉民进行田土垦殖、水利互助和土地买卖等日常实态。在夷人王化的进程中,这样的历史剖面值得关注。一方面,官府为缓和因编户带来的沉重的赋税负担,推行间隔不断的"复除"政策;另一方面,无论是出于防御其他种落侵扰或应对本夷种落的反抗,规模大小不等的屯营就分布在夷汉聚居区内。交通道路、乡里系统和赋税复除政策,应成为日后继续考察南方地区蛮夷、汉人移民错落杂居现象的重要因素。

五、附录

20世纪80年代,四川凉山州昭觉县好谷乡先后出土了光和四年、初平年间的石表、石碑以及石阙构件、残石等。两方石表形制皆为上细下粗的长柱形。其中，石表1基本完整，但表身断裂为两截，正面文字九行，侧面文字三行，铭文阴刻、隶书。学者多题为"光和四年石表"；石表2底部有一残高4厘米、宽19厘米、厚10厘米的凸榫，表面原有文字，但漫漶严重，无法辨识。初平石碑，红砂石质，残存上半部分，上端有一方形凸榫。碑文阴刻隶书，刻于碑阳、碑侧和碑阴，不过漫漶不清，仅可辨识部分文字。发掘简报指出，"碑上的文字非一次性镌刻，镌刻顺序为，先碑面，次碑侧，再次碑阴，字体逐渐草率"。[88] 自石刻出土后，相关的文字释读、考辨成果不断问世。1987年发表的《四川昭觉县发现东汉石表和石阙残石》率先对光和四年石表进行释文，并对内容做了基本校注。2007年再次刊发的有关这批石刻的简报，内容更为完整，包括了光和石表和初平石碑的释文。不过，对光和石表的录文，基本承袭此前的简报，亦未吸收其他学者的已有释读成果。除此之外，《汉代石刻集成［图版·释文篇］》《汉碑全集》《汉魏六朝碑刻校注》对光和石表皆有录文，间有差异，详见下文。《凉山历史碑刻注评》除了著录光和石表外，也对初平石碑进行释文。[89] 然而录文依旧存在不少问题，多处语句晦涩不通。晚出的《〈光和四年石

---

88 吉木布初、关荣华：《四川昭觉县发现东汉石表和石阙残石》，《考古》1987年第5期；凉山彝族自治州博物馆、昭觉县文管所：《四川凉山州昭觉县好谷乡发现的东汉石表》，《四川文物》2007年第5期。
89 凉山彝族自治州博物馆、凉山彝族自治州文物管理所编著：《凉山历史碑刻注评》，第15—21页。

表〉文字考释及文书构成》,以拓片为基础,对"光和四年石表"已有的释文做出了不少纠谬,颇有参考价值。不过一些释文难免存在矫枉过正,进而影响了全文的通读和理解。在已有释文的基础上,我们以拓片图影为依据,对石表、石碑的释文进行重新校正。

一、释文校正

1. 光和石表

正面:

郡(?)方(?)右户曹史张湛白[90]:前换苏示有秩冯佑转为安斯有秩。庚子诏书,听转示部[91],为安斯乡有秩,如书[92]。与五 官掾 □[93]、/司马笃[94]议请属功曹定入应书、时簿,下督邮李

---

90 "郡(?)方(?)右",《四川昭觉县发现东汉石表和石阙残石》(以下简称《东汉石表和石阙残石》)、《汉魏六朝碑刻校注》(以下简称《碑刻校注》)、《凉山历史碑刻注评》(以下简称《碑刻注评》)作"领方右",胡顺利《昭觉县东汉石表考释的几点辨正》作"领方郡",《〈光和四年石表〉文字考释及文书构成》(以下简称《文书构成》)作"郡(?)方(?)右",可从。

91 "部",《碑刻校注》作"郡",误。由下文可知,"部"即是越嶲郡邛都县所在的中部。

92 "如书",《碑刻注评》作"加书",误。

93 《文书构成》于"五官掾"后尚有一"□",可从。

94 "笃",《东汉石表和石阙残石》《汉代石刻集成》《碑刻校注》《碑刻注评》俱作"蔦"。《文书构成》据吕蒙、袁苹《〈汉魏六朝碑刻校注〉汉碑释文补正》(《中华文化论坛》2014年第2期)作"笃"。细审拓片,该字作"笃",当是"笃"字。

仁，邡都奉行。言到日，具草[95]。〇行丞事常 如 掾[96]。〇主簿、司马追省。/

府君教：诺[97]。〇正月十二日乙巳，书 佐 昌延□[98]。

〇光和四年正月甲午朔十三日丙午，越嶲大守张勃、行[99]丞事大 莋守 [100]/

使者益州治所下三年十一月六日庚子　　〇长常叩头死罪，敢言之[101]。/

---

95 "具草"，《东汉石表和石阙残石》《碑刻校注》《碑刻注评》作"见草"，《文书构成》作"具草"。此从《文书构成》录文。
96 "如掾"，诸家录文皆作"如掾"。拓片可辨"掾"字，"如"字模糊。据第4行，"常"为行丞事的名，和第2行"司马笃"的行文一致。"如掾"，亦见于长沙走马楼吴简，有"丞珍如掾、掾烝修如曹"的内容。
97 有关"君教"文书，参阅杨芬：《"君教"文书牍再论》，长沙简牍博物馆编：《长沙简帛研究国际学术研讨会论文集》，上海：中西书局，2017年，第247—256页；邢义田：《汉晋公文书上的"君教"诺、署名和画诺——读〈长沙五一广场东汉简牍选释〉》，收入氏著：《今尘集——秦汉时代的简牍、画像与文化流播》，上海：中西书局，2019年，第313—329页。此处句读，依据鲁西奇《中国古代乡里制度研究》，第215页。
98 "书□昌延□"，《文书构成》作"书佐会延□"。据拓片图影，"延"上一字，更似"昌"字。"昌"上一字，漫漶严重，无法辨识。文末落款有"书佐延主"，则此处"昌"字上，可补一"佐"字。"延"下一字，《汉代石刻集成》释作"写"，细审拓片，此字不似"写"，今不从。
99 "行"，《东汉石表和石阙残石》《汉代石刻集成》《汉碑全集》《碑刻校注》《碑刻注评》皆作"知"。查核拓片，似是"行"字。此从《文书构成》录文。
100 "大 莋守 "三字，拓片模糊。《东汉石表和石阙残石》《汉碑全集》《碑刻校注》《碑刻注评》作"大张□"，《汉碑释文补正》作"大官守"，《文书构成》据其他文书的文例，推测该三字当作"大莋守"，可从。大莋，越嶲郡属县。
101 据拓片，"敢言之"下似还有文字，但不能确定。"长常叩头死罪"一句，《文书构成》认为应上接"行丞事大官 守 "一句，这样才可通读。同样，"下三年十一月六日庚子"一句，和"诏书听郡"一句连读，为"使者益州治所，下三年十一月六日庚子诏书，听郡则上诸、安斯二乡复除□齐□乡及安斯有秩"。

第七章 斯叟何在？——从越嶲郡东汉光和、初平石刻谈起

诏书，听郡，则[102]上诸[103]、安斯二乡复除□齐□[104]乡及安斯 乡 有秩。

诏书即日□下中部[105]劝农督邮书掾李仁，邛都奉行。/

勃□[106]□诏州（？）郡□□□死罪，敢言之。

○□部（？）[107]□被（？）[108]□下庚子诏书，即日□列状[109]。/

三月十四[110]日丙午，越嶲[111]大守勃，行丞事大荐守[112]长常叩头死罪，敢言之。

○使者益州部（？）……/…… 邛都 [113]治……言□○高官□□

---

102 "则"，《文书构成》作"所"。据拓片，第4行"所"字作" "，而第5行"郡"字下一字作" "。两字左边较为相似，而右边差异较大。此字当是"则"字，非"所"字。
103 "诸"，拓片模糊，作" "，此据各家录文。
104 "齐"，无法识读，此据各家录文。
105 "下中部"三字，《东汉石表和石阙残石》《汉碑全集》《碑刻校注》《碑刻注评》皆未作识读，此据《文书构成》录文。
106 "勃□"，《东汉石表和石阙残石》《汉碑全集》《汉魏六朝碑刻校注》《碑刻注评》作"勃诏"。细审拓片，"勃"下一字，非"诏"字。
107 "部"，诸家未作识读。据拓片，该字作" "，似是"部"字。
108 "被"，诸家未作识读。据拓片，该字作" "似是"被"字。
109 "□列状"，《东汉石表和石阙残石》《汉碑全集》《碑刻校注》《碑刻注评》作"理判也"，《文书构成》作"□□状"。据拓片图影，铭文当作"□列状"。《三国志》卷四六《吴书·孙破虏讨逆传》曰："刺史臧旻列上功状，诏书除坚盐渎丞。"（第1093页）
110 "四"，《文书构成》作"三"。据陈垣《二十史朔闰表》，光和四年三月初一的干支为癸巳，则十四日即丙午。《文书构成》识作"三"字，误。
111 "越嶲"，《东汉石表和石阙残石》《汉碑全集》《碑刻校注》《碑刻注评》作"诏书"。据拓片和《文书构成》，铭文以"越嶲"二字为是。
112 "行丞事、大荐守"，《东汉石表和石阙残石》《汉碑全集》《碑刻校注》《碑刻注评》作"行于东，大官守"，《文书构成》作"行丞事、大荐守"，可从。
113 "邛都"，诸家未作识读。据拓片图影，二字或是"邛都"，字形与碑文第二行的"邛都"相似。

诏书即日始，君迁里……/……里□□[114]……等十四里。○将十四里丁 众 [115]受[116]诏。高米（半？）立石表，师齐驱字彦新[117]。/

侧面：

越嶲大守、丞、掾奉书言□□常□都□□□□□。光和四年正月甲午朔十三日□□□□□□□。/□□大莋守长常□，部中[118]部劝农督邮书掾李仁邛都□□， 庚 子[119]诏书，书到奉行，务□□□□□□诏书以□[120]。/

□□、属湛[121]、书佐延主。/

2. 初平石刻

《好谷乡发现的东汉石表》《凉山历史碑刻注评》有录文，兹据拓片校正如次：

---

114 "里"字，诸家未作识读，此据拓片图影补出；□□，似是"金秋"二字。
115 "众"，拓片图影模糊，无法识读，此据诸家录文。
116 "受"，拓片图影模糊，无法识读，此据诸家录文。
117 《汉碑释文补正》认为"齐"字作"刘"字，"彦"字为"产"字。据拓片图影，"齐"或"刘"字，无法辨别。"彦"字，从字形来看，似是"产"字。
118 "中"，《东汉石表和石阙残石》《汉碑全集》《碑刻校注》《碑刻注评》作"曲"，《文书构成》作"中"。据拓片图影，从《文书构成》录文，当是"中"字。
119 "子"，《东汉石表和石阙残石》《汉碑全集》《碑刻校注》《碑刻注评》作"于"，《文书构成》作"中"。据拓片图影，此字乃"子"字，在文中多次出现。那么，"子"前可补一"庚"字。
120 "以□"，《汉碑全集》《碑刻校注》《碑刻注评》作"以令"。"以"下一字，拓片图影模糊，无法识读。
121 "□□属湛"，《东汉石表和石阙残石》《汉碑全集》《碑刻校注》《碑刻注评》作"□真□湛"，《文书构成》作"掾□属湛"。据拓片图影，"湛"前一字，当是"属"字。

第七章　斯叟何在？——从越巂郡东汉光和、初平石刻谈起

碑阳：

……辛酉朔十六日丁酉[122]，越巂太守臣……/……顿首顿［首］死罪死罪，臣谨案文书……/……真利仇吴封操牛一头钱五千……/□□□□南（？）防禁夫妻父子……/……集（？）答赐慰劳效用颁示，因……/……白事从□路□各……/……捉马房种，攻没城邑。方□精……/……冲要，为诸郡国……/……百人以为常屯……/……二百人须作[123]……/马□□□□□□宗亲……/……二乡缘此……/……（队）（粮？）食，汉民治水……/……罢（？），书赐复除……/……复（？）有斯叟备路障……/……伤感郡□□检……/□使臣□日（？）□□□□（复？）除斯□（叟？）种平常所……/□丁男给宅□□□□缮治邮亭……/……听□□□□慰里□□□检□租朱利……/

碑侧：

尚书：十二月十六日丁酉，越巂太守行丞事……/司空府。初平三年五/月戊子朔廿七日甲寅，越巂太守下护……/工……礼部，斯叟□事□□司（空？）□□邛都/……丘□□李政□郡□□□□禄亲……/……亲□通□□□□□□西……/

碑阴漫漶不清，可辨识者仅有以下若干文字：

……尸骨……夫妻父子……缮治……故遣……复除……集……官民……益州……其……田租部署……缮治……缮治……授买汉民田地……部署坐盟陈府君故遣……集会。

---

122 "丁酉"，"辛酉"为初平二年十二月朔日，则十六日当是"丙子"，非"丁酉"，铭文误。
123 "须作"，《好谷乡发现的东汉石表》未作识读，《碑刻注评》作"须作"。审视拓片图影，以"须作"为是。

生长于斯：六朝史上的"地方"

二、拓片

1. 光和石表

资料来源：凉山彝族自治州博物馆、凉山彝族自治州文物管理所编著：《凉山历史碑刻注评》，北京：文物出版社，2011年，第17页。

第七章 斯叟何在？——从越嶲郡东汉光和、初平石刻谈起

2. 初平石刻

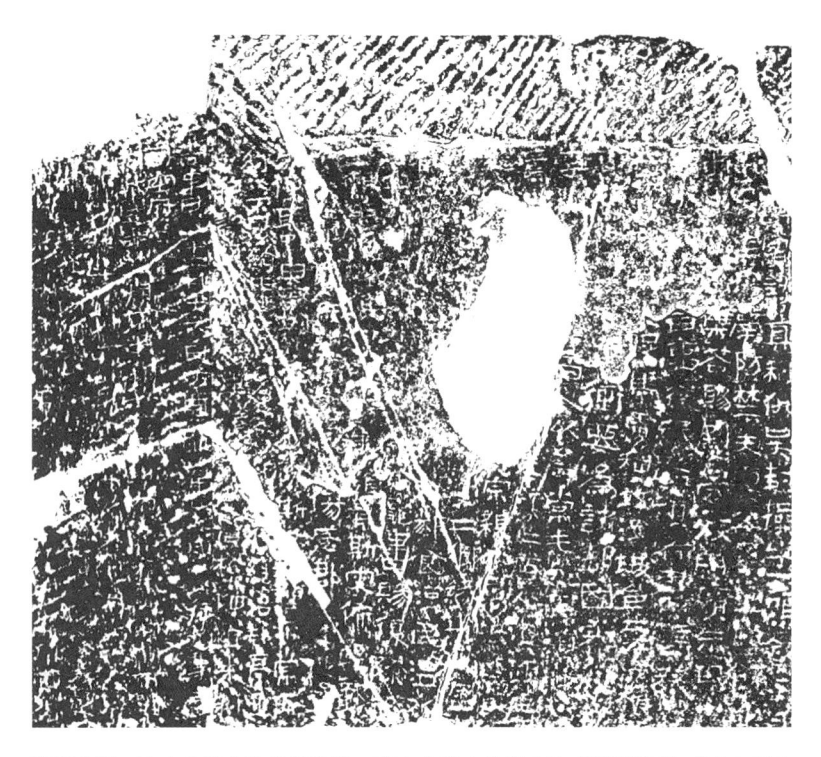

资料来源：凉山彝族自治州博物馆、凉山彝族自治州文物管理所编著：《凉山历史碑刻注评》，北京：文物出版社，2011年，第21页。

第八章

试论汉六朝闽地人群的编户化进程

对于不同区域人群的华夏化进程而言，中原王朝一以贯之推行的户籍编排政策具有重要的意义。在漫长的社会碰撞和文化接触过程中，当地人群主动或被动地获取华夏的合法政治身份，成为帝国行政体系中的编户民，同时自身也获得了华夏式的姓和名。与此有关的讨论，业已积累一些引人瞩目的研究成果。[1]其中，从简牍资料入手考察汉晋南方族群的姓氏结构和人名变迁问题，颇值得引起注意。[2]更为重要的是，无论是一些南方土著人群的得姓还是整齐划一的单名现象，编户体系的建立无疑具有关键作用。

---

[1] 有关早期中国的编户情况，参见杜正胜：《编户齐民——传统政治社会结构之形成》，台北：联经出版事业股份有限公司，1990年。汉晋南方地区蛮族问题的相关讨论，参见鲁西奇：《释"蛮"》，《文史》2008年第3期；罗新：《王化与山险——中古早期南方诸蛮历史命运之概观》，原载《历史研究》2009年第2期，收入氏著：《王化与山险——中古边裔论集》，北京：北京大学出版社，2019年，第3—28页。

[2] 魏斌：《吴简释姓——早期长沙编户与族群问题》，《魏晋南北朝隋唐史资料》第24辑，武汉：武汉大学文科学报编辑部，2008年，第23—45页；魏斌：《单名与双名：汉晋南方人名的变迁及其意义》，《历史研究》2012年第1期。

然而，囿于中古时期简牍资料的不均衡分布，不同区域的相关研究进展不一。那么，在简牍资料阙如的区域，是否存在探讨这一论题的其他史料呢？

答案是肯定的。除了简牍资料，另外尚有一种资料和当地人群密切相关，那就是墓砖铭文。大多数的六朝砖室墓出有墓砖铭文。砖文虽然零乱、字数稀少，但却具有独特的学术价值。[3] 它们模印、刻划了纪年、姓氏和官职等重要内容，为考察有关区域人群的姓氏、编户等问题提供了重要的史料信息。进一步而言，砖铭的制作者一般是当地的匠人、家庭或家族亲属成员，有些还是墓主生前亲自烧造。因此，铭文能够在一定程度上反映出当地人群对姓氏、王朝纪年和官职的认识。不仅如此，砖铭所在的墓葬、墓群一般拥有确定的出土地，这对观察当地人群的定居、聚落等情况颇有裨益。本章即以砖铭资料为核心，[4] 梳理汉六朝时期闽地人群的姓氏，并试图论析该地区人群的编户化过程。

探研闽地早期历史者，着眼于该地区的经济开发、外来移民的迁入和人口发展，倾向于认为闽越灭国后闽地人群基本由外地移入。[5] 其实，早在南宋陈振孙《直斋书录解题·地理类》中，就已存在相似的看法。他著录唐人林谓《闽中记》，并云："其言永嘉之

---

[3] 华国荣：《六朝墓文字砖的归类分析》，《南方文物》1997年第4期。
[4] 有关福建地区砖文资料的初步整理，参阅陈明忠：《试析福建六朝墓砖铭文》，《福建文博》2013年第2期。此文所遗漏以及后出的砖文资料，本章一并整理利用。
[5] 汉斯·比伦斯泰因著，周振鹤译：《唐末以前福建的开发》，《历史地理》第5辑，上海：上海人民出版社，1987年，第278—291页；陈支平：《汉南来与闽北的开拓》，福建省炎黄文化研究会、中共南平市宣传部编：《武夷文化研究》，福州：海峡文艺出版社，2003年，第37—43页；林汀水：《福建人口迁徙论考》，《中国社会经济史研究》2003年第2期。

乱，中原仕族林、黄、陈、郑四姓先入闽，可以证闽人皆称光州固始之妄。"[6] 宋代的方大琮则提到晋永嘉时林、王、陈、郑、丘、黄、胡、何八姓入闽。[7] 四姓入闽或是八姓入闽之说，应是唐宋时人对永嘉时期入闽姓氏的构建和概要性认识。[8] 然《开元录》却说道："闽州，越地，即古东瓯。今建州亦其地，皆蛇种，有五姓，谓林黄等是其裔。"[9] 《开元录》认为林黄等五姓是越人后裔，和上述的说法明显抵牾。[10] 通过考证可知，《开元录》应当属于开元年间的政事汇编资料。这就表明至迟在开元年间，唐代官方存在着闽地人群五姓越人后裔之说，而《闽中记》"四姓入闽"的说法和唐代中后期闽地郡望的形成和构建有着密切的关系。[11] 已有学者驳斥永嘉时期

---

6 陈振孙著，徐小蛮、顾美华点校：《直斋书录解题》卷八《地理类》，第257页。
7 方大琮：《宋宝章阁直学士忠惠铁庵方公文集》卷三二《跋方诗境叙长官迁莆事始》，四川大学古籍整理研究所编：《宋集珍本丛刊》第79册，北京：线装书局，2004年，第69页上栏。
8 弘治《八闽通志》卷八六《拾遗·兴化府》又将"八姓"说成是"林、黄、陈、郑、詹、丘、何、胡"（福州：福建人民出版社，1990年，第1018页），与方大琮所举的"八姓"有出入。有关"八姓入闽"的详细研究，参阅尹全海：《"八姓入闽"考释》，《中州学刊》2015年第6期。
9 李昉等编纂：《太平御览》卷一七〇《州郡部十六·江南道上》"福州"栏引《开元录》，第831页上栏；乐史著，王文楚等点校：《太平寰宇记》卷一〇〇《江南东道十二·福州》"风俗"栏引《开元录》，第1991页。
10 《开元录》，一般认为是《开元释教录》。然此条佚文却不见于今本《开元释教录》，佚文也并不契合《开元释教录》的内容。唐人孙樵《读开元杂报》提到《开元录》一书，乃据开元中朝廷公开条报之政事汇编而成。则此条佚文，属于此《开元录》中佚文的可能性更大。参见孙樵：《孙可之文集》第10卷《杂著·读开元杂报》，《宋蜀刻本唐人集丛刊》，上海：上海古籍出版社，2013年，第85—87页。
11 关于唐代闽地郡望的研究，参见吴修安：《福建早期发展之研究：沿海与内陆的地域差异》，台北：稻乡出版社，2009年，第222—236页。

"四姓入闽"或"八姓入闽"之说，此不赘论。[12] 然由此出发，需要进一步追问的是，六朝时期所谓的林黄等姓究竟是外来移民、还是当地越人后裔？抑或两者皆有？换言之，六朝时期闽地的姓氏，哪些是土著人群的姓氏？哪些是入闽的外来姓氏？更为关键的是，这些姓氏和六朝时期闽地的编户化之间存在着怎样的关联？带着上述问题，本章的讨论先从闽（东）越国时期开始。

一、闽（东）越国时期闽地一般越人的有名无姓

如所周知，秦虽设闽中郡，然闽地实际上处于越人君长的自治状态。汉初，闽君无诸因佐汉有功被封为闽越王。《史记·东越列传》记闽越王无诸与东海王摇，姓驺氏。这应是闽（东）越国社会上层王公贵族的姓氏，如东越王余善所遣的"吞汉将军"驺力者，其中"驺"为姓氏，而"力"为其名。又如《东越列传》提到的建成侯敖和东越将多军："封建成侯敖为开陵侯；封越衍侯吴阳为北石侯；封横海将军说为案道侯；封横海校尉福为缭嫈侯。……东越将多军，汉兵至，弃其军降，封为无锡侯。"[13] 其中"敖""吴阳"和"多军"三人是闽（东）越臣。关于"多军"，《汉书音义》

---

12 朱维幹：《福建史稿》上册，福州：福建教育出版社，1984年，第64—70页；葛剑雄：《福建早期移民史实辨正》，《复旦学报（社会科学版）》1995年第3期；吴修安：《福建早期发展之研究：沿海与内陆的地域差异》，第95—96页。
13 《史记》卷一一四《东越列传》，第2979—2983页。

《史记索隐》释作人名,而韦昭认为姓"多"名"军"。[14]《史记》此段行文省"韩说"为"说"、"刘福"为"福",暗示《史记》在记载"敖"等东越臣也是省略姓氏的。这正符合《东越列传》开篇所述,认为闽(东)越国姓驺氏。至少可以认为,闽(东)越国的上层王公贵族,在中原王朝看来,是拥有汉姓的。而实际上,他们可能以名、号的使用为主。[15]那么,一般的闽地越人拥有华夏姓名的状况又是如何呢?

有关这方面的信息,史文缺略,不易明悉。幸运的是,在武夷山城村汉城遗址、浦城临江镇上面山遗址中,出土大量的板瓦、筒瓦等汉代建筑材料,板瓦、筒瓦的内外面往往拍印或者戳印文字。除此而外,出土的陶器上亦有印文。[16]对于这些文字,有学者认为其内容有陶工姓名,有单姓,有单名,或更有一部分地名。[17]这一认识非常敏锐,但失之偏颇。仔细观察这些印文可知,姓、名无法做出明确的区分,更不用说地名。因此另有学者认为这些印文不存在姓,而是职官、人名和吉语。其中,人"名"占据绝大多

---

14 《史记》卷一一四《东越列传》,第2984页。
15 有学者认为"驺"并非越人姓氏,越人只有名或号。参见李锦芳:《百越族系人名释要》,《民族研究》1995年第3期。《史记》谓东海王摇姓驺氏,应该不会胡乱记载。揣测进入秦汉时期,越人上流阶层很有可能效仿华夏式的姓名体例,而拥有了汉姓。
16 福建博物院、福建闽越王城博物馆编:《武夷山城村汉城遗址发掘报告(1980—1996)》,福州:福建人民出版社,2004年,第132—147、189—192、390、391—392页;福建省博物馆:《崇安城村汉城探掘简报》,《文物》1985年第11期;杨琮:《崇安县城村汉城北岗遗址考古发掘的新收获》,《福建文博》1988年第1期;福建闽越王城博物馆:《浦城县上面山汉代遗址发掘简报》,《福建文博》2012年第1期。
17 陈直:《福建崇安城村汉城遗址时代的推测》,《考古》1961年第4期。

数。[18]这一看法的依据是印文"官"字后紧接的是人名而非姓。类似的例子,还可见于南越国宫苑遗址和南越王墓中出土的文字。[19]

在这些史料和研究的基础上,我们大致将印文分为官衔、人名和吉语。官衔只出现于陶器戳印上,如"官长""官黄""官径""官信"和"乾官"。其特点是"官"字后面或前面加上工匠的名,表示陶器是官府作坊的某位工匠负责制作。然而多数印文并无"官"字,而只是单字或双字,因此上述几种戳印文字反映的很有可能是作坊监造官的身份。在出土的印文中,除了官衔之外,绝大多数文字应该是工匠的人名,少数是吉语。兹根据相关考古报告制成表6如次:

表6 城村汉城遗址、浦城上面山遗址建筑材料、陶器上所见的文字

官 衔	官长、官黄、官径、官信、乾官(官乾)
人 名	林、黄、马、邓、徐、胡、唐、周、卢、赖、钱、莫、辕、狼(良)、木、蓝、裹、结、气、气结、粗、根、径、居、茸、肾、须、从、最、俉、伤、屋、夫唐、□旂、会、封、侍、皋、诘、作、驭、真、镊、枝五、枝、隼、卒、卖、喜、共、自、由、分、严、君、集、宫(官?)、堂、疆
吉 语	日利、乐、寿、眉、□金

值得注意的是,表中许多文字同时出现在板瓦、筒瓦等建筑材

---

18 杨琮:《闽越国文化》,福州:福建人民出版社,1998年,第405—408页。
19 广州市文物管理委员会、中国社会科学院考古研究所等:《西汉南越王墓》上册,北京:文物出版社,1991年,第300—303页;广州市文物考古研究所、中国社会科学院考古研究所等:《广州市南越国宫署遗址2003年发掘简报》,《考古》2007年第3期;南越王宫博物馆筹建处、广州市文物考古研究所编著:《南越宫苑遗址:1995、1997年考古发掘报告》上册,北京:文物出版社,2008年,第144—183页。

料和陶器制品上,这显示它们是由同一作坊的工匠在同时期烧制而成。根据发掘报告,城村汉城遗址出土的陶器制品和中原地区出土的汉式陶器大相径庭,而具有浓厚的地方特征。[20]那么同时期的板瓦、筒瓦等建筑材料显然也是出于当地工匠之手。联系到城村汉城遗址是一处西汉前期至中期闽越国时期的王城,[21]上述的工匠应是闽越国时期的越人。

列表中的这些文字颇为有趣。有些人名是非常地道的华夏式姓氏,如林、黄、马、邓和徐等,因此一些学者就认为他们属于姓氏。虽然这个看法存在问题,但由此意识到当地工匠群体取用这些华夏式姓氏的人名,很有可能是按照越人名、号的发音对译而成。表中人名如气结、胥须、夫唐和柀五等,留下明显的越语对译痕迹,可佐证上述说法。[22]此外,表中"吉语"部分不排除是人名的可能性。[23]

表中的文字不仅说明当时闽越国输入汉字、使用汉字的事实,而且显示闽地越人模仿中原文化为自己取汉名。和闽越国王公贵族的驺姓不同,印文表明当时闽越国核心地区城村汉城的工匠群体存在着有汉名无汉姓的现象。这很有可能是闽越国效仿汉

---

20 福建博物院、福建闽越王城博物馆编:《武夷山城村汉城遗址发掘报告(1980—1996)》,第375—379页。
21 吴春明:《崇安汉城的年代与族属》,《考古》1988年第12期;杨琮:《论崇安城村汉城的年代和性质》,《考古》1990年第10期。
22 李锦芳:《百越族系人名释要》,《民族研究》1995年第3期;郑张尚芳:《古越语地名人名解义》,《温州师范学院学报》1996年第4期。
23 有关战国至西汉时期以吉语作人名的梳理,参阅刘钊:《古文字中的人名资料》,原载《吉林大学学报》1999年第1期,后收入氏著:《古文字考释丛稿》,长沙:岳麓书社,2005年,第360—383页。

廷"物勒工名"的做法而带来的。但表中大部分文字作为人名的冷僻生硬,又提示我们这一群体是否存在汉姓。虽然并不清楚为何是表中的这些文字成为当地越人的人名,但应是在接触华夏文化后受其影响的结果。《史记·东越列传》记载"故越衍侯吴阳前在汉,汉使归谕余善"。[24] "吴阳"是地道的汉人名字,因其久居汉廷,较早接受汉文化。以此类推,表中的匠人,是在接触汉文化、汉字初期而开始取名的,可能尚未拥有并使用汉姓。这也和越人更多的是使用名、号相符合。概言之,闽(东)越国工匠群体的人名特征,应以汉化程度深浅的视角加以理解,然实际上都是闽越国工匠群体运用汉字这样一种文化符号标记自身的方式。更重要的是,当时闽越国是否已经建立自己的一套编户系统,不得而知,但列表中的工匠群体显然处于当时国都的控制之下。无论如何,汉名的获得和使用可谓是闽越国时期当地越人汉化的重要特征之一。[25] 如果说工匠群体甚至普通越人还未有使用汉字标识姓氏的习惯的话,那么当地越人土著是如何从"有名无姓"过渡到拥有华夏式"姓名"的呢?即,他们是怎样取得汉姓的呢?

---

24 《史记》卷一一四《东越列传》,第2983页。
25 考古资料表明闽越国在接受、使用汉字的同时,也有自己的文字系统。如在福州冶山路和浦城临江镇锦城村闽越建筑遗址中,不仅发现汉字,而且也有许多无法辨识的文字。它们很有可能是闽越国所使用的文字。参见福建博物院、福州市文物考古工作队:《福州冶山路财政厅工地发掘简报》,《福建文博》2005年增刊;杨琮:《福建战国秦汉考古的重要发现》,《福建文博》2002年第2期;杨琮:《闽越文化新探索》,《东南学术》2004年第S1期。

二、闽地土著人群的得姓：从"遁逃山谷者""安家之民"到郡县编户民

因闽越灭国，邑君式的政治体瓦解而遭到徙民，闽地土著人群的华夏化进程戛然而止。《史记·东越列传》谓汉武帝因"东越狭多阻，闽越悍，数反覆，诏军吏皆将其民徙处江淮间。东越地遂虚"。[26]《宋书·州郡二》江州"建安太守"栏云："汉武帝世，闽越反，灭之，徙其民于江淮间，虚其地。后有遁逃山谷者颇出，立为冶县，属会稽。"[27] "东越地遂虚"，应该是说闽（东）越国直接掌控的越民被徙往江淮间，遁入山谷的越民则仍旧生活于闽地。[28] 他们与东瓯国内徙后留在当地的"遗人"相似。《吴地记》曰："闽越兵止，东瓯乃举国徙中国，处之江淮间。而后遗人往往渐出，乃以东瓯地为回浦县。"[29] 因此，在冶县设立之前的较长一段时间内，这些"遁逃山谷者"处于一种脱离汉王朝管控而自治的状况。冶县的设立，标志着闽地开始从"蛮荒"状态、"化外之地"纳入汉王朝的郡县行政体系中。

诚如学者所论，冶县更多是充当东南海道的中转站和港口，[30]

---

26 《史记》卷一一四《东越列传》，第2984页。
27 《宋书》卷三六《州郡二》，第1092页。
28 吴小平：《汉晋南朝时期福建政治、经济中心区域的变迁》，《中国社会经济史研究》2000年第2期。
29 乐史著，王文楚等点校：《太平寰宇记》卷九九《江南东道十一·处州》引《吴地记》，第1981—1982页。
30 葛剑雄：《福建早期移民史实辨正》，《复旦学报（社会科学版）》1995年第3期。

但作为县级政区，必定有不少闽地越人被编户入籍。这可谓是闽地越人纳入汉廷管控的第一次编户。未被汉廷迁徙江淮同时又被编户了的当地越人，或是在这一阶段开始获得姓氏。也就是说，编户入籍恰成为当地土著取得汉姓的途径之一。应当提出的是，这些"遁逃山谷者"和福建地区出土的竖穴土坑墓以及一些汉代遗存有着密切的关联。由此，我们可以从空间分布上寻觅"遁逃山谷者"的足迹。

在城村汉城遗址南城墙外福林冈西麓的缓坡顶部，出土一座竖穴土坑墓，墓底铺河卵石，随葬陶器有钵、罐、瓿和匏壶。此外，在城村遗址东北、崇阳溪东岸的渡头村又发现四座竖穴土坑墓，墓葬形制、墓底特征和随葬器物与福林冈M1一致。它们是西汉时期闽越人的墓葬。[31] 进而言之，墓主最有可能是居住于汉城遗址内外的闽越人。除了城村遗址附近出土的闽越人墓葬之外，在闽侯县荆溪镇庙后山、武平县小径背和亭子冈、长泰县陈巷镇犁头山和石牛山也出土类似的墓葬。墓葬而外，在浦城县临江镇锦城村、建阳市将口镇邵口圳砖瓦厂后门山与平山、武平县岩前镇座前山和戈林山、南靖县金山镇四房山、龙海市九湖镇田墘村胡仁庙山等地发现与城村遗址类似的陶器或硬纹陶遗存，[32] 表明墓主和使用

---

31 吴春明：《崇安汉城的年代与族属》，《考古》1988年第12期；福建博物院、福建闽越王城博物馆编：《武夷山城村汉城遗址发掘报告（1980—1996）》，第49、121—122页。

32 林忠干：《福建地区出土的汉代陶器》，《考古》1987年第1期；吴春明：《福建秦汉墓葬的文化类型及其民族史意义》，《东南文化》1988年第Z1期；王振镛：《论闽越时期的墓葬及相关问题》，《福建文博》1990年第1期；谢道华、王治平：《建阳县邵口圳汉代遗址调查简报》，《福建文博》1990年第1期；杨琮：《关于崇安等地出土汉代陶器的几点认识——兼与林忠干同志商榷》，《福建文博》（转下页）

者都是西汉闽越国时期或其后不远的闽越人。相对于闽越国都而言，部分墓葬、遗存的位置相对较偏，这也印证了"遁逃山谷者"为躲避徙民而入山的事实。虽然这时期发掘刊布的墓葬数量有限，但由此可试作推测，在战乱徙民的风波过后，不少"遁逃山谷者"重新回到原先居住、生活的地方，而后成为冶县编户民。

不仅如此，史籍还曾记载和"遁逃山谷者"居住环境类似的闽地土著人群，即"安家之民"。孙吴沈莹《临海水土异物志》对其描述道：

> 安家之民，悉依深山，架立屋舍于栈格上，似楼状。居处饮食，衣服被饰，与夷州民相似。父母死亡，杀犬祭之，作四方函以盛尸。饮酒歌舞毕，仍悬着高山岩石之间，不埋土中作冢墎也。男女悉无履。今安阳、罗江县民，是其子孙也。[33]

材料中"安家之民"和"夷州民"相对应，则"安家"应是一处地名。通过沈莹的说法可知，"安家"所指称的大致地域范围是孙吴临海郡的安阳、罗江二县，即今浙江瑞安至福建连江、罗源

（接上页）1990年第2期；吴春明：《闽江流域先秦两汉文化的初步研究》，《考古学报》1995年第2期；福建闽越王城博物馆：《浦城县上面山汉代遗址发掘简报》，《福建文博》2012年第1期。更多的闽越国时期遗址、遗存，参阅国家文物局主编：《中国考古60年：1949—2009》，北京：文物出版社，2009年，第290—293页。

33　李昉等编纂：《太平御览》卷七八〇《四夷部一》"东夷"引《临海水土异物志》，第3456页上栏。

一带。³⁴ 更为重要的是，材料透露出孙吴所置的安阳、罗江二县不少编户民即原来的"安家之民"。换言之，居住于深险之地的"安家之民"，原先和"遁逃山谷者"一样，并未纳入版籍系统。至汉末三国时期，受到孙吴的武力征伐，不少"安家之民"逐渐被强制编户，成为二县民众。这也反映出两汉之际相当一部分"遁逃山谷者"并未受到冶县的控制而仍旧依傍山险。此外，与上述闽地越人使用土坑竖穴墓的形制不同的是，沈莹所描述的"安家之民"使用的是悬棺葬。这暗示着闽地土著人群内部至少存在着丧葬习俗相异的两类群体，一类是使用土坑竖穴墓的葬制，另一类则依傍山险，使用悬棺葬制。³⁵ 相较而言，前者受到中原文化的影响较深，华夏化程度相对较高。

无论如何，随着冶县等县级政区的设立，遗留于闽地的土著人群再一次开始华夏化。这在墓葬上有所反映，比如已发掘刊布的福州西郊洪塘路金鸡山、闽侯县荆溪镇庙后山和光泽县止马乡凤林山。³⁶ 它们属于西汉晚期至东汉时期的墓葬。除了延续西汉前中期闽越国的风格外，墓葬中出土了青铜镶壶、铁釜、釉陶坛等东汉时期江西、湖南等地区共有的随葬器物。这表明东汉时期闽地

---

34 关于罗江县的考证，参见林汀水：《闽东、闽北若干政区地名沿革考辨》，《厦门大学学报（哲社版）》1998年第1期。
35 闽地悬棺葬制在闽地可能有更加广泛的分布，而墓葬实物则主要发现于今武夷山脉地区。参见黄荣春等编著：《闽越源流考略》，福州：海潮摄影艺术出版社，2002年，第76—77页。
36 曾凡：《福州洪塘金鸡山古墓葬》，《考古》1992年第10期；黄汉杰：《福建荆溪庙后山古墓清理》，《考古》1959年第6期；陈远志、林贤炳：《光泽县止马乡发现东汉墓》，《福建文博》1987年第1期。

墓葬习俗在汉文化因素的影响下逐渐发生变动。[37]事实上不仅葬俗如此，更多当地土著纳入汉帝国的郡县行政体系也就意味着越来越多的当地人取得汉姓和选用汉名。

遗憾的是，这一方面于史无征。不过，政和县出土东汉晚期至三国时期窑址中的文字，使我们可稍稍了解这一时期闽地人群姓氏的一些情况。这些文字有"翁□私印""郑女""郎东官器""洪""东""唐□□□"等。[38]其中，"郎东官器"表示的是官府作坊生产的产品。"洪"字应是姓氏。这从下文《三国志》提到该地区的"洪明""洪进"二贼帅的姓名上可以得到证明。以此类推，"郑""翁""唐"三者也应是姓氏。"东"，或即"郎东"。尤可注意者，"唐"姓的出现，可能和表6中闽越人名"唐""夫唐"有关联。以土著音译人名作为姓氏，很有可能是官府登记户籍的一种做法。

不仅如此，《三国志·吴书》有关孙氏政权征伐"山越"的记载，更进一步表明汉末三国时期闽地土著人群的姓名、社会组织等状况。《三国志·贺齐传》曰：

> 建安元年，孙策临郡，察齐孝廉。时王朗奔东冶，侯官长商升为朗起兵。……升畏齐威名，遣使乞盟。……贼帅张雅、詹彊等不愿升降，反共杀升，雅称无上将军，彊称会稽太守。……雅与女婿何雄争势两乖，齐令越人因事交构，遂致疑隙，阻兵相图。[39]

---

37 吴春明：《闽江流域先秦两汉文化的初步研究》，《考古学报》1995年第2期。
38 福建博物院：《福建政和县发现东汉晚期至三国时期窑址》，《南方文物》2013年第4期。
39 《三国志》卷六〇《吴书·贺齐传》，第1377—1378页。

在这段材料中，候官长商升是否为闽人不得而知。而贼帅张雅、詹彊和何雄，大抵是当地越人。其中"彊"与浦城上面山闽越建筑遗址出土的印字"彊"相似，这很有可能是当地越人常用的音译汉名。张雅等人拥有很强的地方势力，击杀候官长商升而与贺齐对立。他们的姓名已与一般的汉人无异，属于东部候官地区较早汉化的当地人士。贺齐于建安八年（203年）进击建安、汉兴和南平三县。《贺齐传》又云：

> 贼洪明、洪进、苑御、吴免、华当等五人，率各万户，连屯汉兴，吴五六千户别屯大潭，邹临六千户别屯盖竹，同出余汗。……凡讨治斩首六千级，名帅尽禽，复立县邑，料出兵万人，拜为平东校尉。[40]

名帅洪明、洪进与吴免、吴五应当是兄弟或父子辈分，而苑御、华当无考。他们的组织形式以"万户""千户"相称，不仅形容人数众多，而且暗示了洪明等贼帅聚集了建安等三县的大多数编户民。无论如何，在东汉末年的东部候官和建安等县，已出现翁、郑、唐、张、詹、何、洪、吴、华、邹、徐等姓。[41]他们以及聚集的民众原先都是各县的编户民，在汉末动荡时期脱离版籍形成以名帅为首的地方军事组织。然而，在贺齐平定叛乱、重新恢复县级行政建制后，他们又再次被编户入籍。由此可知，当地土

40《三国志》卷六〇《吴书·贺齐传》，第1378页。
41 东汉时期，闽地有徐姓，人物是方士徐登，见于《后汉书》卷七二下《方术列传·徐登》，第2741页。

著华夏化的进程并非一蹴而就，而往往是经历编户、逃户和再编户的反复过程。[42] 在三国时期，闽地仍有贼帅叛乱事件。如孙吴嘉禾四年（235年），东冶贼随春发生反乱；赤乌五年（242年），"建安、鄱阳、新都三郡山民作乱，出（钟离）牧为监军使者，讨平之。贼帅黄乱、常俱等出其部伍，以充兵役"。[43] 其中，黄乱很有可能是建安郡的山民。[44] 若此推测不致大误的话，则三国时期闽地至少还有随、黄这样的姓氏。

综上所述，所谓"遁逃山谷者""安家之民""山民""贼帅"或是"山越"等，都是闽地的土著人群。他们的得姓呈现出非常复杂的历史过程，有着诸多因素。其中直接有效的方式之一是编户。通过编户，土著人群逐渐获得姓氏。也就是说，在经历不同程度的华夏化进程以及多次、反复的编户入籍后，当地土著最终取得了具有华夏特征的姓名。然而不少姓名比较生硬，很有可能是对当地土著姓名的发音进行直译的结果。通过编户，不少姓氏如唐、黄、吴等，很有可能直接来自土著音译人名的首字。当然，姓名的获得只是华夏化的开端，因为至汉末三国时期，我们看到

---

42 这一现象，亦存在于北朝胡族的编户化、华夏化进程当中。参阅侯旭东：《北魏对待境内胡族的政策——从〈大代持节豳州刺史山公寺碑〉说起》，原载《中国社会科学》2008年第5期，收入氏著：《近观中古史——侯旭东自选集》，上海：中西书局，2015年，第238—246页。

43 《三国志》卷六〇《吴书·吕岱传》，第1385页；《三国志》卷六〇《吴书·钟离牧传》，第1393页。关于"民帅"的进一步探讨，参见林昌丈：《社会力量的合流与东吴政权的建立约论》，《魏晋南北朝隋唐史资料》第32辑，2015年，第13—19页。

44 建安郡，据《三国志》卷四八《吴书·三嗣主传》，置于永安三年（260年）。在此前的赤乌五年（242年），不应有"建安郡"之称。这很有可能是陈寿的笔误。

当地贼帅聚集民众是以"万户""千户"的组织形式,而非"宗族""家族"的方式。换言之,当地土著人群并未形成一套以姓氏的延续、传承为核心的"家族""宗族"的观念。这也暗示了当地土著人群获取华夏姓氏并不会太久。紧接着的两晋南朝时期,随着外来移民的入闽,闽地人群的姓氏构成又逐渐发生变化。

三、砖室墓的出现、扩展和闽地人群的持续编户

如果说闽地的竖穴土坑墓、悬棺葬是先秦两汉时期当地土著使用的墓葬形制的话,那么砖室墓则是六朝时期闽地流行的新葬式。和浙江、江西一带相对较早流行砖室墓不同,闽地砖室墓的出现要迟至六朝初期。砖室墓在闽地的出现、扩展,不仅表明移民入闽的事实,而且从侧面反映出当地一些土著人群开始吸纳新的墓葬形制的历史过程。[45] 不仅如此,墓葬、墓葬群反映了其周边地带人群生前定居并已形成一定规模成型聚落的事实。通过这一观察,可以间接了解更多的移民和当地土著编户化的持续过程。

移民入闽,依凭海道和陆路两种方式。这对砖室墓在闽地的出现、扩展具有重要的意义。六朝时期闽地砖室墓的空间分布,往往和当时这两种入闽交通路线密切相关。如霞浦县沙江镇、松城镇和建瓯市东峰镇的孙吴纪年墓,分别处于海、陆交通的要道。

---

45 土坑墓依旧是六朝时期闽地的主要葬制,但此种墓葬不易保存,随葬品稀少,因此出土、刊布不多。

前者很有可能是东吴时温麻船屯的所在地，后者不仅地处入闽重要的陆路交通线上，也位于建安郡治所附近。下面分别简述闽地沿海地区和内陆山区砖室墓的出现和扩展情况。

沿海的温麻、晋安郡治和梁安郡治周边是移民进入闽地的重要据点。《宋书·州郡二》晋安郡"温麻令"条云："晋武帝太康四年，以温麻船屯立。"[46]沙江镇永安六年（263年）墓砖铭文曰："永安六年六月三十吉作"；"永安温麻□年□吉作"。[47]则至迟在永安六年，温麻船屯已经设立。作为孙吴在东南滨海地区的造船基地之一，温麻船屯必定吸纳不少随海道南来的移民。他们当中不少人士死于当地并将墓葬营造在温麻周边。因砖室墓对砖石的需求较大，温麻当地便设立"专（砖）瓦司"这一机构负责烧砖。松城镇天纪元年（277年）墓砖铭文就说道："天纪元年七月十日，专瓦司造作，当□天作□。"[48]可见温麻当地砖室墓的流行程度。

除了温麻船屯之外，沿着傍海道南行，福建沿海地区的福州市郊、闽侯县和泉州南安丰州镇等地成为砖室墓的集中分布地。福州及其市郊在两晋南朝时期不仅是晋安郡治所在，早在东吴时也是建安典船校尉的所在地。《宋书·州郡二》晋安郡"原丰令"条云："晋武帝太康三年，省建安典船校尉立。"[49]此地成为孙吴官员的贬谪之所。《三国志·三嗣主传》谓孙皓于凤凰三年（274年）

---

[46]《宋书》卷三六《州郡二》，第1093页。
[47] 陈明忠：《试析福建六朝墓砖铭文》，《福建文博》2013年第2期；郑辉、栗建安：《福建晋唐五代考古的主要收获》，《福建文博》2002年第2期；曾凡：《关于福建六朝墓的一些问题》，《考古》1994年第5期。
[48] 黄亦钊：《霞浦发现东吴天纪元年墓》，《福建文博》1989年第1、2期合刊。
[49]《宋书》卷三六《州郡二》，第1093页。

将会稽太守郭诞送付建安作船;而张纮孙张尚,也是在孙皓时被送往建安作船。⁵⁰ 六朝时期的东安县、晋安县、梁安(南安)郡治所以及陈朝末年的丰州治所皆在今泉州南安丰州镇一带。⁵¹ 简言之,当时的晋安郡和梁安(南安)郡、丰州等治所聚集了不少官吏和移民,两地周边出土数量较多的砖室墓,其墓主应该不少是外来的官吏和移民。

再就闽地内陆地区而言,砖室墓及墓群往往沿着重要的陆路交通线分布。入闽移民沿着泉崎—柘岭道、鄱阳—建安道、临川旴水—东兴岭道和南丰—绥城道进入建安郡的北部和西部地区,再利用区域内的山间河流分散到各处。⁵² 其中,浦城莲塘乡吕处坞、建瓯东峰镇东峰村和政和县石屯镇凤凰山是该地区出土砖室墓最为集中的几处墓群。吕处坞村已发掘的40座两晋南朝砖室墓集中分布在村子周边的几座山坡上;东峰村的春坑口、牛头山和九郎柯三处发掘西晋、南朝墓葬24座;在凤凰山山坡上密布着近60座的两晋南朝墓葬。⁵³ 聚集分布的墓葬不仅说明了其周边人群定居和聚落存在的事实,而且也间接透露出官府可能对成型聚落和居住

---

50 《三国志》卷四八《吴书·三嗣主传》,第1170页;《三国志》卷五三《吴书·张纮传》,第1246页。

51 "梁安郡"见于释道宣著,郭绍林点校:《续高僧传》卷一《陈南海郡西天竺沙门拘那罗陀传五》,第20页。相关研究请参阅章巽:《真谛传中之梁安郡——今泉州港作为一个国际海港的最早记载》,《章巽文集》,北京:海洋出版社,1986年,第66—72页。

52 林昌丈、韩轲轲:《六朝入闽陆路交通考补》,《中国社会经济史研究》2022年第4期。

53 国家文物局主编:《中国考古60年:1949—2009》,第293—294页;厦门大学历史系考古专业、南平市博物馆:《福建建瓯市东峰村六朝墓》,《考古》2015年第9期;福建博物院:《政和县凤凰山六朝墓第二次考古发掘简报》,《福建文博》2013年第4期。

人群的控制情况。砖室墓葬流行并扩展的现象背后,是移民入闽和当地土著华夏化的过程。

关键的问题是,与以往认为砖室墓墓主是外来移民或者中原人士不同,我们意识到部分砖室墓的墓主是当地土著。下面通过部分砖室墓的出土地和墓砖铭文等信息,试图辨析外来移民和当地土著这两类闽地人群。这里所说的闽地土著,主要由以下两部分人群构成:自闽越国、冶县时期以来世代居住于闽地的越人和经由相对较早时期入闽移民转变而来的当地居住者。但这种区分是相对的,因为侨居者定居、入籍并经过若干代后便成为当地土著。

(一)入闽移民

由于任官、贬谪和战乱等诸种因素,外来人士入闽是毋庸置疑的事实。[54] 然而正史记载的入闽人士,只作短暂的侨居,很少长期居住并入籍当地。《三国志·陆凯传》记东吴天册元年(275年)孙皓贬徙吴郡陆凯家族于建安郡,但在天纪二年(278年)陆氏家族便被召还建业;[55]《晋书·汝南王亮传》附其子"司马宗传"谓"咸和初,御史中丞钟雅劾宗谋反,庾亮使右卫将军赵胤收之。宗以兵拒战,为胤所杀,贬其族为马氏,徙妻子于晋安,既而原之";[56]《宋书·傅亮传》云宋太祖诛傅亮后,亮子"恒、湛逃亡,湛弟都,徙建安郡。世祖孝建之中,并还京师";[57]《梁书·袁昂传》

---

54 吴修安:《福建早期发展之研究:沿海与内陆的地域差异》,第87—90页。
55《三国志》卷六一《吴书·陆凯传》,第1403、1410页。
56《晋书》卷五九《汝南王亮传》,第1595页。
57《宋书》卷四三《傅亮传》,第1341页。

谓其父袁颛于泰始初年"举兵奉晋安王子勋,事败诛死。昂时年五岁,乳媪携抱匿于庐山,会赦得出,犹徙晋安,至元徽中听还,时年十五";[58]《陈书·虞荔传》附"虞寄传"谓侯景之乱时,张彪由会稽往临川,"强寄俱行,寄与彪将郑玮同舟而载,玮尝忤彪意,乃劫寄奔于晋安"。至陈文帝平定陈宝应后,虞寄方能由闽中返乡。[59] 这些贬徙入闽的人士,属于当时的官僚世家大族,其中既有侨姓大族,也有吴郡、会稽郡当地大姓。

基于上述记载可知,在六朝时期,侨姓大族和江南其他地区的土著大姓甚少定居于闽地,但墓砖铭文等资料显示早在西晋前期闽地已有王姓定居的踪迹。浦城县吕处坞村4座元康六年(296年)墓出土的砖文曰:"元康六年秋冬告作,宜子孙,王家";"元康六年□□起公,王家,宜子孙";"王家";"元康六年,王家"。[60] 4座墓葬营造于同一时期,并且墓葬形制、墓砖铭文和出土随葬品基本一致,应是王氏家庭成员的墓葬。那么"王家"究竟是谁呢?报告者根据随葬器物推测墓主是"中原入闽的士族地主"。然而这一判断过于宽泛,也无实际参考价值。据考古资料,在当地一座六朝墓葬中出土的青瓷碗,底部墨书"王宝用"三字。[61] 此处的"王宝"和"王家"应有密切的关系。不同于永嘉时期播迁江南地区的琅琊王氏、太原王氏等侨姓大族,浦城县"王家"应在吴晋

---

58 《梁书》卷三一《袁昂传》,第451页。
59 《陈书》卷一九《虞荔传》附其弟"虞寄传",第258、263页。
60 福建省博物馆、浦城县文化馆:《福建浦城吕处坞晋墓清理简报》,《考古》1988年第10期。
61 郑辉:《福建地区六朝考古的发现与研究》,《福建文博》2008年第4期;陈明忠:《试析福建六朝墓砖铭文》,《福建文博》2013年第2期。

之际便已入居闽地。

除浦城"王家"外,琅琊王僧兴家族在齐梁之际定居于闽地。唐人杨炯所撰《唐恒州刺史建昌公王公神道碑》曰:

> 公讳义童,字元稚,其先琅琊临沂人也。永嘉之末,徙于江外……祖僧兴,齐会稽令、梁安郡守、南安县开国侯。……父方赊,梁正阁主簿、伏波将军、梁安郡守,隋上仪同三司。[62]

从姓名上观察,王僧兴很有可能出自琅琊王弘、王昙首一系。王方赊,即《续高僧传·陈南海郡西天竺沙门拘那罗陀传五》提到的王方奢。据学者研究,梁安郡析置、王僧兴出任郡守和王氏家族参与萧梁代齐的政治事件有着密切的关联。[63] 王僧兴在梁安郡颇有经营,故其子王方赊能继任梁安郡守。可以说,王氏父子在南朝后期实际上掌控了梁安(南安)郡。值得注意的是,在晋江池店镇霞福村出土的南朝齐隆昌元年(494年)墓中,有砖铭曰:"隆昌元年七月廿日,为王智首造专。"[64] 则墓主显然是王智首,造砖者或是其家人。"王智首"这一姓名看起来和"王昙首"同一

---

62 杨炯著,祝尚书笺注:《杨炯集笺注》卷七《神道碑》,北京:中华书局,2016年,第820页。
63 章巽:《真谛传中之梁安郡》,《福建论坛》1983年第4期;张俊彦:《真谛所到梁安郡考》,《北京大学学报》1985年第3期;廖大珂:《梁安郡历史与王氏家族》,《海交史研究》1997年第2期。
64 晋江市博物馆:《霞福南朝墓清理简报》,《福建文博·晋江文物专辑》2000年第1期;福建省泉州市文管办、福建省晋江市博物馆:《福建晋江霞福南朝纪年墓》,《南方文物》2000年第2期;陈明忠:《试析福建六朝墓砖铭文》,《福建文博》2013年第2期。

辈,然而王昙首卒于刘宋元嘉七年(430年),[65] 王智首卒于萧齐隆昌元年,两者在时间上相去甚远。因此,我们揣测王智首更有可能是王僧兴的父辈。无论如何,王僧兴家族最迟在萧齐后期便已定居梁安郡,经过王僧兴至王义童的经营,发展成为当地强有力的大族。

王姓之外,南朝前期吴郡陆氏或有家族成员定居于闽地。在南平政和县东平镇新口村牛头山出土的元嘉十二年(435年)砖室墓砖文曰:"元嘉十二年七月十二日,陆氏。"[66] 陆氏应是墓主。就已刊布的墓砖铭文而言,闽地陆姓,仅此一见。《太平寰宇记·建州》"浦城县"栏引《邑图》云:"晋尚书陆迈、[梁](宋)尚书郎江淹皆为吴兴令。"[67] 则陆迈曾经担任过建安郡吴兴县令。《世说新语·规箴第十》"苏峻东征沈充"条刘孝标引《陆碑》曰:"迈字功高,吴郡人。器识清敏,风检澄峻。累迁振威、太守、尚书吏部郎。"[68] 陆迈事迹于正史无征,他应在升迁他官前于吴兴县令任上作短暂停留。虽然没有直接证据说明上述的陆氏和陆迈有关系,但墓砖铭文表明吴郡陆氏活动于建安郡一带,其中某一家族成员很有可能便定居并落籍当地。

至于普通民众入闽,史籍亦有零星记载。《建安记》曰:"长

---

65 《宋书》卷六三《王昙首传》,第1680页。
66 福建省博物馆、政和县文化馆:《福建政和松源、新口南朝墓》,《文物》1986年第5期。
67 乐史著,王文楚等点校:《太平寰宇记》卷一〇一《江南东道十三·建州》,第2014页。案《邑图》,《太平御览》卷一七〇《州郡部十六》"建州"栏作《图经》(第830页下栏),则《邑图》或即是《建州图经》。
68 刘义庆著,刘孝标注,余嘉锡笺疏,周祖谟等整理:《世说新语笺疏》卷中之下《规箴第十》,第669页。

乐村，后汉时此川民居殷富，地土广阔。孙策将欲检其江左，时邻郡亡逃，或为公私苛乱，悉投于此，因是有长乐、将检二村之名。"[69] 长乐村是一处逋逃的渊薮，吸纳邻郡的逃户。若此记载稍可信靠的话，则在汉末三国之际，闽地已开始出现一定数量的外来移民，但这一数字不宜高估。至西晋永嘉之际，大规模的侨人渡江而居于建康周边、三吴地区，但没有史料显示成规模的侨人从三吴地区或者豫章、临川等地流入闽地。倒是在南朝侯景之乱及其以后，不少流民迁入闽地。《陈书·世祖纪》天嘉六年（565年）三月乙未，"诏侯景以来遭乱移在建安、晋安、义安郡者，并许还本土，其被略为奴婢者，释为良民"。[70] 此诏书恰好颁布于天嘉五年（564年）冬平定陈宝应之乱后，是陈世祖试图拉拢民心的举措。不仅如此，诏书反映出当时不少民众迁入闽地，同时部分人士已经入籍当地，因此才有"并许还本土"之说。这也表明入闽民众若可选择的话，依旧倾向于回到原籍地居住。这正是诏书能够拉拢民心的原因，也从侧面反映出六朝时期闽地并不具有吸纳移民的优势。

以上只是从几个特殊时段大体了解普通移民入闽的情况。事实上，更多不见经传的民众在六朝时期陆续入闽。砖室墓的纪年分布间接说明东晋南朝时期是移民定居闽地的高峰，[71] 然而移民数量不宜高估。六朝时期闽地人群的主体仍旧是当地土著。

---

69 乐史著，王文楚等点校：《太平寰宇记》卷一〇一《江南东道十三·建州》邵武军邵武县"长乐村"条引《建安记》，第2019页。
70 《陈书》卷三《世祖纪》，第58页。
71 陈明忠：《试析福建六朝墓砖铭文》，《福建文博》2013年第2期。

（二）闽地土著

除了陆续入闽的移民外，六朝时期的闽地人群还包括当地土著。由上述可知，至迟在汉末三国时期，闽地土著中已有张、詹、何、洪、吴、华、邹、随、黄、翁、唐和徐等姓。张姓、吴姓仍旧见于南朝后期。《陈书·世祖沈皇后传》曰："后忧闷计无所出，乃密赂宦者蒋裕，令诱建安人张安国，使据郡反，冀因此以图高宗。安国事觉，并为高宗所诛。"[72] 张安国可据郡造反，显示其在建安郡有着不可小觑的势力。这也反映出无论是东汉末年的张雅还是陈朝的张安国，当地拥有一股长期延续不断的地方势力。吴姓，萧梁时有晋安郡渠帅吴满。《梁书·羊侃传》云："（中大通）六年，出为云麾将军、晋安太守。闽越俗好反乱，前后太守莫能止息。侃至讨击，斩其渠帅陈称、吴满等，于是郡内肃清，莫敢犯者。"[73] 吴姓和张姓一样，属于闽地长期延续的地方大姓。除此而外，南朝时期闽地又有陈、蒋姓。陈姓，下文将详述。蒋裕也是建安郡人。《陈书·世祖九王》"始兴王伯茂传"云："及建安人蒋裕与韩子高等谋反，伯茂并阴豫其事。"[74] 不仅如此，墓砖铭文进一步证明部分当地土著姓氏的延续性。

先说詹姓。浦城县莲塘乡吕处坞村会窑永嘉五年（311年）砖

---

[72]《陈书》卷七《世祖沈皇后传》，第127—128页。
[73]《梁书》卷三九《羊侃传》，第558页。
[74]《陈书》卷二八《世祖九王·始兴王伯茂传》，第359页。

铭曰："永嘉五年……□元□詹文□冢，七月廿日。"[75] 墓主即为"詹文□"，可证西晋时建安郡仍有詹姓。联系到吕处坞村会窑一带是两晋砖室墓葬群，事实上应有更多詹姓人士聚居于此。另外，在建瓯市水西放生池出土的刘宋元嘉二十九年（452年）墓中，砖文内容有"元嘉廿九年七月廿二日，郡卿、孝廉、郎中令詹横堂冢"。[76] 建瓯市水南机砖厂南朝墓M1中出土的墓砖，与此砖文书写体例类似，其曰："游孝有郡卿作横床冢。"[77] 则"横堂冢"即"横床冢"，二者应是对砖室墓这一墓葬形制的地方俗称。"游孝"当作"游徼"。"郡卿"一词，不独见于砖文。邯郸淳撰《汉鸿胪陈纪碑》曰："天子愍焉，使者吊祭。郡卿以下，临丧会葬。"[78] 它是"郡府卿"的省称。后汉《执金吾丞武荣碑》云："君即吴郡府卿之中子，敦煌长史之次弟也。"[79] 又应劭《汉官》曰："大县丞左右尉，所谓命卿三人。小县一尉一丞，命卿二人。"[80] 则"郡府卿"或应作"郡府命卿"。据洪适考证，汉人有称"丞"为"卿"者。[81] 结合应劭的说法，"丞""尉"应皆可称"卿"。因此，墓主"詹某"生前曾担任郡丞（尉）和郎中令，并举孝廉。砖文并未说明他担

---

75 福建省博物馆：《浦城吕处坞会窑古墓群清理简报》，《福建文博》1991年第1、2期合刊；陈明忠：《试析福建六朝墓砖铭文》，《福建文博》2013年第2期。
76 陈明忠：《试析福建六朝墓砖铭文》，《福建文博》2013年第2期；建瓯县博物馆：《建瓯水南机砖厂南朝墓》，《福建文博》1989年第1、2期合刊。
77 建瓯县博物馆：《建瓯水南机砖厂南朝墓》，《福建文博》1989年第1、2期合刊；《福建建瓯水南机砖厂南朝墓》，《考古》1993年第1期。
78 严可均辑：《全上古三代秦汉三国六朝文·全三国文》第2册，第1196页上栏。
79 洪适：《隶释》卷一二，《隶释 隶续》，第139页下栏。
80 《续汉书·百官五》"尉大县二人，小县一人"刘昭注引应劭《汉官》，参见范晔：《后汉书》，第3623页。
81 参见《隶释》卷一五《蜀郡属国辛通达李仲曾造桥碑》下洪适案语，第160页下栏。

任的是何郡官职，但由墓葬出土地来看，"詹某"应是担任建安郡郡丞（尉）、建安王国郎中令。也就是说，至迟在南朝前期，詹姓已担任建安郡（王国）的重要官职，同时举孝廉，显现出詹姓在建安郡的地方影响力。

接着是黄姓。《贞观氏族志》敦煌残卷著录泉州南安郡五姓，分别是黄、林、单、仇、盛。[82]《古今姓氏书辨证》"黄"姓条引《元和姓纂》，谓黄姓有江陵、洛阳、晋安三族，皆唐世士人新望。[83] 这是唐代闽中大姓黄氏的情况。往前追溯，上已提及，黄姓很有可能由越人音译名字转变而来。在三国时期，黄姓是建安郡"山民"的身份，随后逐渐"华夏化"，至东晋时期，建安郡仍有黄姓的足迹，这表明黄姓一直世居于当地。建瓯市小桥镇阳泽村M1出土的砖文曰："泰宁二年六月廿日壬子起"；"咸和六年八月五日，黄作"。[84] 此墓同时出现相隔七年的两种纪年砖文，说明"太宁"砖很有可能是旧砖新用，或太宁二年（324年）是营造坟墓的时间。"咸和六年"（331年）砖文中的"黄"姓身份是墓主或造砖匠人。报告者仅根据墓葬形制就断定墓主是"中原入闽的士族地主"。[85] 显然这一看法依据不足。此墓葬出土于建溪支流小桥溪，反映了M1墓主生前应定居于当地。这一居住环境或可说明M1墓

---

82 岑仲勉：《重校〈贞观氏族志〉敦煌残卷》，向群、万毅编：《岑仲勉文集》，广州：中山大学出版社，2004年，第16页。
83 邓名世著，王力平点校：《古今姓氏书辨证》卷一五，南昌：江西人民出版社，2006年，第222页。
84 建瓯县博物馆：《建瓯县阳泽晋墓清理简报》，《福建文博》1988年第1期；建瓯县博物馆：《福建建瓯阳泽晋墓清理简报》，《考古》1989年第3期。
85 建瓯县博物馆：《福建建瓯阳泽晋墓清理简报》，《考古》1989年第3期。

主是一位已接受、使用砖室墓形制的建安郡"山民"。遗憾的是，由于资料的缺乏，有关东晋南朝时期的晋安郡、南安郡黄氏的情况，很难做进一步梳理。

至于闽地土著林姓，得姓过程很有可能和黄姓类似。然而《元和姓纂》于晋安郡林氏下却说道："林放之后，晋永嘉渡江，居泉州。东晋通直郎林景，十代孙宝昱，泉州刺史。"[86] 林景于史无征。《隋书·炀帝下》大业十年（614年）六月辛未，"贼帅郑文雅、林宝护等众三万，陷建安郡，太守杨景祥死之"。[87] 从时间上推测，林宝昱和林宝护应是同时代人。学者认为二人有血缘关系，甚至可能是同一人。[88] 无论如何，林姓在南朝时期也应是闽地大姓。虽然没有直接证据，但就《元和姓纂》的记载来看，不排除唐时闽地林姓攀附中原姓氏的可能。

值得一提的是陈姓。如所周知，以陈羽、陈宝应为代表的陈氏父子，于南朝后期割据闽中。已有学者指出，闽地陈氏很有可能是永嘉之乱时期南渡的颍川陈氏的支系。[89] 如果这一说法较接近事实的话，[90] 从陈氏入闽至南朝时期，他们也已经是入籍晋安郡候官

---

86 林宝著，岑仲勉校记，郁贤皓、陶敏整理：《元和姓纂（附四校记）》卷五《二十一侵·林》，第740页。
87 《隋书》卷四《炀帝纪下》，第87页。
88 吴修安：《福建早期发展之研究：沿海与内陆的地域差异》，第214—215页。
89 何德章：《论梁陈之际的江南土豪》，《魏晋南北朝史丛稿》，第56页；中村圭爾：《六朝时代福建の陈氏について》，收入谷川道雄等编著：《中国边境社会の历史的研究》，昭和63年度科学研究费补助金综合研究（A）研究成果报告书，第38—45页。
90 释道宣著，郭绍林点校：《续高僧传》卷一九《唐台州国清寺释智晞传七》曰："释智晞，俗姓陈氏，颍川人，先世因官流寓，家于闽越。"（第708页）智晞生活于陈朝末年至唐初，稍早于道宣。

县的当地居民。《陈书·陈宝应传》谓其"世为闽中四姓",即是明证。晋安郡陈氏,除陈氏父子外,梁中大通时期还有晋安渠帅陈称,被晋安太守羊侃斩首。[91] 此外,福州怀安南朝窑址中发现的许多窑具刻画着朱、陈、常、于、安等姓氏。[92] 可见当时的候官一带是陈姓分布较为集中的地区。另外,晋安郡南部即今泉州南安丰州镇一带也是陈氏的聚居地。[93] 从当地的纪年砖室墓来看,至迟在东晋中期,丰州镇一带已经出现较为成熟的聚落。同时,狮子山M1出土的"部曲将"印说明墓主的武官身份和当地的军事组织形式。[94] 这一点和渠帅陈称、"为郡雄豪"的陈羽非常相似。可以说,陈氏活跃于晋安郡沿海一带,以军事组织的形式掌控地方。

此外如邹、洪等姓氏,墓砖铭文的发现有力证明了它们长期存在于闽地,属于当地土著人群。福州市屏山公园出土的永和元年(345年)砖文曰:"永和元年八月十日,邹氏立,子孙□令长太守□□。"[95] 泉州市丰泽区北峰镇招丰村石角山南朝承圣四年(555年)墓砖云:"承圣四年,[上]洪方建立。"[96] "上"字字体较其他

---

91 《梁书》卷三九《羊侃传》,第558页。
92 福建省博物馆、福州市文物管理委员会:《福州怀安窑址发掘报告》,《福建文博》1996年第1期。
93 福建博物院:《南安丰州皇冠山墓群的发掘与收获》,《福建文博》2007年第3期。
94 泉州市文物管理委员会:《福建南安丰州狮子山东晋古墓(第一批)发掘简报》,《文物资料丛刊》第1辑,北京:文物出版社,1977年,第131—132页。相关考证,参见林昌丈:《汉魏六朝墓砖铭文辑录校释(一)》,厦门:厦门大学出版社,2020年,第101—102页。
95 《福州市北门外屏山东晋墓清理资料》,福建博物院编:《福建考古资料汇编(1953—1959)》,北京:科学出版社,2011年,第128页。
96 泉州市文物保护研究中心:《泉州北峰南朝墓清理简报》,《福建文博》2005年第2期。

几字特殊,用于标示墓砖的位置,"洪"是姓氏。自汉末迄于南朝,不少土著姓氏仍旧得以延续,编户入籍自不待言,还进一步预闻地方政治。

通过上述考析可知,六朝时期,移民的移入、定居,促使闽地人群呈现出侨、旧相杂的姓氏组合。可考的外来姓氏有王、陆等姓,闽地土著姓氏则有张、吴、洪和黄等。此外,南朝时期记载的一些姓氏,目前尚不能确定是否属于外来姓氏,如方、谢。《梁书·王金传》载王金"出为建安太守。山酋方善、谢稀聚徒依险,屡为民患。金潜设方略,率众平之。有诏褒美,颁示州郡"。[97] 方、谢姓未见于此前的文献或出土砖文中。然而他们"山酋"的身份,使人倾向于认为他们更加可能是闽地土著人群。此外,如刘、朱、常、于、安等姓,皆见于福州怀安南朝窑址的窑具、垫具铭文中。垫具铭文曰:"大同三年四月廿日造此,长男刘满新。"[98] 于姓,当即余姓。建瓯市东峰镇东峰村九郎柯M1砖铭曰:"太康五年九月十六日,余。"[99] 余姓或是墓主。最后如康、郭,见于出土的墓砖铭文。政和县石屯镇松源村凤凰山M44砖文曰:"永嘉年八月十二日,康立。"[100] 福州市闽侯县荆溪庙后山M2出土砖铭曰:"永和五年九月,郭岁(?)立。"[101] 为便于阅读,兹列表如次:

---

97 《梁书》卷二一《王金传》,第327页。
98 福建省博物馆、福州市文物管理委员会:《福州怀安窑址发掘报告》,《福建文博》1996年第1期。
99 厦门大学历史系考古专业、南平市博物馆:《福建建瓯市东峰村六朝墓》,《考古》2015年第9期。
100 陈明忠:《试析福建六朝墓砖铭文》,《福建文博》2013年第2期。
101 黄汉杰:《福建荆溪庙后山古墓清理》,《考古》1959年第6期。

表7　六朝时期闽地人群的姓氏

外来姓氏	王、（琅琊）王、陆
土著姓氏	张、吴、洪、黄、詹、陈、蒋、何、华、邹、随、翁、唐、徐、林
不确定的姓氏	方、谢、常、安、朱、刘、余（于）、康、郭

学者早已指出，直至南朝晚期，移民入闽的数量仍旧非常有限。[102] 上述列表可佐证这一说法。表中姓氏虽然无法全面反映闽地人群的姓氏结构，但无疑具有一定的抽样意义。不可否认的事实是，土著人群在闽地仍占有主导地位。综而言之，砖室墓的墓主包含入闽移民和闽地土著。这表明移民入闽在一定程度上改变了汉末三国时期当地土著的姓氏组合，形成侨旧混杂的社会面貌。[103] 不仅如此，墓葬群反映出其周边长期存在一定规模的成型聚落。它们是郡县治所、交通要道上的据点或者是相对偏僻的河网支流地带的乡村聚落。值得说明的是，闽地砖铭中并没有出现对墓主或墓葬所在地乡里名称的记载。和相邻的其他地区比较而言，这一点尤为不同。这究竟是砖文书写体例的差异导致的，还是当地人群并没有形成对"乡里"的认同意识，目前不得而知。然而这一现象使我们认识到，一些相对僻远的乡村聚落很有可能尚未被纳入六朝乡里行政体系的控制下。这也意味着居住于这些聚落的人群未被编户入籍，

---

102 葛剑雄：《福建早期移民史实辨正》，《复旦学报（社会科学版）》1995年第3期。
103 这不仅在姓氏上有所反映。地方墓葬群呈现出土坑墓、砖室墓形制夹杂的葬俗景观，如在福建荆溪庙后山同时出土了土坑墓、砖室墓。

第八章 试论汉六朝闽地人群的编户化进程

或者游离于控制体系,成为逃户。《梁书·臧厥传》就说得非常清楚:"出为晋安太守。郡居山海,常结聚逋逃,前二千石虽募讨捕,而寇盗不止。厥下车,宣风化,凡诸凶党,皆襁负而出。居民复业,商旅流通。"[104] 山川险阻的地理环境削弱、阻滞了闽地人群的编户化进程。因此,所谓编户化是经历了编户、逃户和再编户等不同阶段。砖室墓形制的扩展、传播,可视作是"风化"的宣传手段之一,它为闽地人群进一步编户奠定了基础。

四、小结

通过上述考述可知,汉六朝时期闽地人群的编户化过程,大体经历了以下三个阶段:(1)闽越国时期,闽地属于汉帝国的"化外"之区。对闽越国工匠群体的考察,反映出当时的一些越人很有可能是拥有汉名而无汉姓,更多的民众应该只有越人的名、号。这是他们在华夏化初期的表现特征。(2)作为闽地沿海地区行政据点的冶县,"遁逃山谷者"应是其设县初期的主要编户民。随着闽地县级政区的逐渐设立和建安、晋安郡的分立,闽地确立了相对稳定的郡县行政体系。在此体系的行政运作和当地长官的政策实践下,更多的闽地人群被编户入籍。与此相应的是,闽地土著人群逐步获得了具有华夏化特征的姓氏。(3)稍成规模的移民入闽应发生于东晋南朝时期,但这一数量不宜高估。他们定居并落

104《梁书》卷四二《臧厥传》,第601页。

籍闽地，在一定程度上改变了原有土著人群的姓氏结构，形成侨旧混杂的社会面貌，不过仍以闽地土著姓氏占有主导地位。

地理环境的制约和官府控制力的薄弱使闽地人群的编户化过程，呈现出编户、逃户和再编户等反复循环的特点，不过最终促使土著人群获得华夏式的姓名。虽然南方土著人群华夏式姓名的获得是多方因素综合影响的结果，但官府长期推行的编户政策具有最为直接有效的作用。作为政治、社会身份标签的姓氏，实质上是对社会成员的一种控制方式。[105] 它和帝国一以贯之施行的编户策略所带来的意义是相一致的。就此点而论，土著人群从"化外"至"化内"转变的初期特征便是获得具有直观意义的华夏式姓名。本章尝试勾勒闽地土著人群的编户化过程，是东南地区土著人群华夏化进程的组成部分。利用墓葬和砖文等出土资料，探研不同区域人群的姓氏结构、编户化和华夏化，是今后应继续深化的重要课题。

事实上，若从汉唐五代的长时段视角来看，六朝时期则是闽地人群长期缓慢编户化、华夏化进程的开端。刘宋沈怀远《次绥安》诗略曰："番禺竟灰尽，冶南亦沦覆。至今遗父老，能言古风俗。"[106] 绥安县为东晋义熙九年（413年）所置，属义安

---

[105] 纳日碧力戈：《姓名论》，北京：社会科学文献出版社，1997年，第35—43页。
[106] 此诗，逯钦立《先秦汉魏晋南北朝诗》无辑录。冯登府编《闽中金石志》卷二唐咸通二年（861年）《沈怀远碑》下注引《漳州府志》，谓咸通二年，"漳浦兴教寺僧元慧，录古今诗铭作粉版，有宋沈怀远造次绥安诗"。（《石刻史料新编》第1辑第17册，台北：新文丰出版有限公司，1982年，第12672页上栏。）诗文内容见何乔远编纂：《闽书》卷二八《方域志·漳浦县》"古绥安溪"条，福州：福建人民出版社，1995年，第685页。

郡。¹⁰⁷ 据《宋书》，沈怀远于刘宋大明中贬徙广州。¹⁰⁸ 此诗很可能是其游览义安郡时所作。此地属于汉代东越、南越的交界处，故有"番禺""冶南"之说。"遗父老"，指的是越人后裔。"古风俗"，说的是越人风俗。这暗示至南朝初期，闽地仍存在一些"遗人"，尚能知晓越人风俗，这也间接反映了闽地华夏化进程的缓慢。更重要的是，晚至唐末五代时期，闽地才进入经济开发的高潮，¹⁰⁹ 闽地人群的大规模编户入籍也要到唐朝中后期。这从闽地新县的置立上可以得到证实。¹¹⁰ 进入隋唐时期，闽地人群如何持续地编户化和华夏化，也需要日后做进一步考察。

---

107 《宋书》卷三八《州郡四》，第1199页。绥安县治所大致在今漳州漳浦县西南梁山一带。参见李澳川：《绥安县的兴废》，《漳浦文史资料》第6辑，1986年，第1—3页。
108 《宋书》卷一九《乐一》，第556页；《宋书》卷八二《沈怀文传》附其弟"沈怀远传"，第2105页。
109 日比野丈夫：《唐宋時代に於ける福建の開發》，《東洋史研究》第4卷第3號，1939年，第187—213页。
110 鲁西奇：《新县的置立及其意义——以唐五代至宋初新置的县为中心》，荣新江主编：《唐研究》第19卷，北京：北京大学出版社，2013年，第155—232页。

第九章

汉晋铭刻与荆南家族

一、问题的提出

家族（士族或豪族）研究是中国中古史领域极为成熟的论题，相关成果不胜枚举，概括起来大致形成了以下三个显著的研究理路：一是关注王朝政治或六朝政权的性质与运作，出发点是探究门阀政治形成的历史过程。二是剖析世家大族的兴衰变迁史，研究视角从以朝廷为中心转换至以家族为核心，带动了诸多以家族或士族为个案研究的兴起。这一理路在很大程度上受到西方中国中古史学的影响。三是围绕具体区域的历史发展脉络探析家族与地方社会间的关系。[1]研究路径虽然总体上存在着视角不断下移的

---

1 这些方面的相关成果众多，如杨联陞：《东汉的豪族》，《清华学报（自然科学版）》第11卷第4期，1936年；蒙思明：《魏晋南北朝的社会》，上海：上海人民出版社，2006年；唐长孺：《门阀的形成及其衰落》，收入氏著：《山居存稿续编》，《唐长孺文集》，北京：中华书局，2011年，第6—55页；毛汉光：《两晋南北朝（转下页）

趋势，但具体区域文献材料的零散、缺乏使得相关研究进展缓慢。就学术史脉络而言，其突破口也应是将大族或豪族置于地方社会的历史进程中进行深入精细的考察，进而探究家族的成长及其在地方社会中所发挥的作用。因此，相对系统、完整的文献资料是开展家族与地方社会史研究的必要前提。

在《三国志》等史书的记叙下，汉晋之际的荆南成为多方政治势力进出的角逐场。而割据政权的对立面则是荆南那些不合作的"贼寇"与一些当地家族。史书鲜有记载地方家族面对这些政治力量是如何做出反应的。因此，欲窥视荆南家族的诸般地方动向，仅依赖正史记载是不够的。正是在此意义上，汉晋时期荆南零陵、桂阳二郡镌刻的系列碑石材料引起我们的注意。[2] 正如不少汉碑已成为当时士族正面记录家族谱系、门生故吏及其学术传承的重要载体一样，[3] 荆南地区所立的若干碑石的主要性质是"德政"碑与墓碑。部分碑石成为地方家族叙述本族历史、姓氏起源与仕宦履

（接上页）士族政治之研究》，"中国学术著作奖助委员会"丛书，1965年；陈爽：《世家大族与北朝政治》，北京：中国社会科学出版社，1998年；魏斌：《东晋寻阳陶氏家族的变迁》，《中国史研究》2002年第4期；川胜义雄著，徐谷芃、李济沧译：《六朝贵族制社会研究》，上海：上海古籍出版社，2007年；大川富士夫：《六朝江南の豪族社会》，東京：雄山閣，1987年；黎明钊：《辐辏与秩序：汉帝国地方社会研究》，香港：香港中文大学出版社，2013年；等等。

2 值得一提的是郴州市苏仙桥出土的西晋桂阳郡的上计简牍，内容尤为丰富，是了解和研究西晋桂阳郡历史地理与地方史的绝佳材料。简牍录文见湖南省文物考古研究所、郴州市文物处：《湖南郴州苏仙桥遗址发掘简报》，《湖南考古辑刊》第8集，第98—102页；戴卫红：《从湖南郴州苏仙桥遗址J10出土的晋简看西晋上计制度》，《中国社会科学院历史研究所学刊》第8集，第155—173页。

3 刘增贵：《从碑刻史料论汉末士族》，《傅乐成教授纪念论文集：中国史新论》，台北：台湾学生书局，1985年，第321—370页，尤其第353—354页。

历的重要方式。同时在书写体例上，荆南的碑石与全国其他地方并无二致。这应是当时社会风气的整体反映。因而，碑铭文献研究的重点是试图通过模式化严重的石刻本身挖掘其背后隐藏的更为丰富的信息。正因如此，该地区的碑石资料才能凸显出其具有的地方特性。值得注意的是，若以汉代的荆南四郡为地域范围的话，与地方家族有关的碑石竟然都集中在零陵、桂阳二郡辖境内。[4]这一现象颇为有趣，是否可以说明是此二郡家族的有意选择？或者是一种边缘强化？另外，就此二郡而言，碑石置立的具体地点在哪里？铭文背后究竟反映了荆南家族怎样的地方实态？他们在地方社会中发挥什么样的作用？职是之故，本章考释荆南碑石七种，在其基础上重点探究荆南家族的地方实态。

二、零、桂二郡汉晋碑石丛考

（一）汉故平都侯相蒋君之碑（永兴元年，153年）

碑石已佚，《隶释》著录全文。宋时碑石已漫灭不清，故录文残缺甚多。碑石所立时间，洪适跋语云："蒋君以威宗元嘉二年卒，其文有云'礼毕祥除，瞻望坟茔'，则此碑乃后来所立。"[5]而娄机

---

[4] "荆南"一词，大体在汉晋之际开始使用。《三国志》卷四七《吴书·吴主传》载建安二十五年（220年）"魏文帝策命孙权文"，谓孙权"振威陵迈，宣力荆南，枭灭凶丑，罪人斯得"。（第1122页）此处"荆南"即指武陵、长沙、零陵与桂阳四郡。
[5] 洪适《隶释》卷六"平都相蒋君碑"，见《隶释 隶续》，第75页下栏—76页下栏。又《隶续》卷七《碑式》云："平都侯相蒋君碑，篆额二行，文十六行，行四十字。后余五行。"见《隶释 隶续》，第385—386页。

《汉隶字源·考碑》则谓:"平都侯相蒋君碑,永兴元年立,在道州。"[6] 明确指出此碑立于永兴元年。蒋君名字俱缺,《大明一统名胜志》作"蒋嵩",当据明代永州方志著录。[7] 雍正《江华县志》著录清人蒋琛"重修东植庙碑",其略云:

> 宋时建有东植庙,为始祖平都侯〔相〕蒋公香火……考公讳嵩,字崇泰……葬荆山之阳。有〔谕〕(御)祭、碑碣并石马、华柱之仪。厥后孙枝繁衍,散居州县,俱立庙宇、肖像以祀。[8]

嘉庆《湖南通志》编纂者案语曰:"琛为蒋君后裔,文虽有错误处,其自述先世名与字,应必有所依据。"[9] 蒋琛追述蒋君的名字与生卒年月,或许应是蒋氏后裔存留下来的谕祭文、墓志铭等材料。[10] 因此,蒋君碑文起首或可补作"君讳嵩,字崇泰"。

蒋君于正史文献无征。碑文记叙蒋君历郡五官掾、功曹,又为上计掾、任豫章平都侯相,然对蒋君的籍贯并无明确记载。碑

---

[6] 娄机:《汉隶字源》卷一《考碑》,《景印文渊阁四库全书》第225册,第801页。

[7] 曹学佺:《大明一统名胜志·永州府志胜》道州"〔汉〕(晋)平都侯〔相〕蒋嵩碑",《四库全书存目丛书·史部》第169册,第551页上栏。

[8] 雍正《江华县志》卷九《艺文上·碑》,故宫博物院编:《故宫珍本丛刊》第156册,海口:海南出版社,2001年,第330页下栏。

[9] 嘉庆《湖南通志》卷二〇一《艺文·金石二》,嘉庆二十五年(1820年)刻本,第6B—7A页。

[10] 光绪《道州志》卷九《人物·陵墓》"平都蒋〔相〕嵩墓"下案语曰:"按今石马神庙即其墓地。嘉庆二十年,州明经周仰祖于侯子孙家得其券词、谢表及谕祭文、墓志铭等篇,文词古茂,岁月凿凿。"见江苏古籍出版社编选:《中国地方志集成·湖南府县志辑》第48册,南京:江苏古籍出版社等,2002年,第201页上栏。

石的置立地点提供了一条重要线索。洪适、娄机云碑在道州,《舆地纪胜》谓在道州营道县南三十里荆山。[11] 南宋营道县即东汉营浦县,属零陵郡,今永州道县。上引光绪《道州志》云墓在石马神庙。今道县东南蚣坝镇有石马神村,距离道县县城十七公里,当即原石马神庙所在之处。则荆山在今石马神村附近。[12] 如此说来,蒋君籍贯在零陵郡营浦县。另外,碑文云"□居来南,适彼荆□,□□□汉。君之祖考□□□□为交州刺史,从父交阯大守□能输力王室,以笃臣节,功列天府,令问不已。"蒋君生活于东汉中期,往前推算,其祖父定居荆南,应当在东汉初期。蒋君从父蒋□能在交阯太守任上"输力王室",可能当时交阯郡及其附近地区发生了叛乱。

除蒋君家族外,汉末三国时有蒋琬,零陵郡湘乡县人,为荆州书佐,后随刘备入蜀。"弱冠与外弟泉陵刘敏俱知名"。[13] 东吴赤乌二年(239年)有将军蒋秘者,南讨夷贼,"秘所领都督廖式杀临贺太守严纲等,自称平南将军,与弟潜共攻零陵、桂阳。"[14] 廖式兄弟谋反于临贺郡并将矛头直指零陵、桂阳二郡,说明蒋秘军队很有可能驻扎于此。蒋秘或为零、桂人士。另外,《后汉书·许荆传》谓会稽许荆在和帝时迁桂阳太守,"尝行春到耒阳县。人有蒋均者,兄弟争财,互相言讼",[15] 则耒阳县亦有蒋姓。除此而外,

---

11 王象之:《舆地纪胜》卷五八《荆湖南路·道州》"碑记"栏,第2112页。
12 《湖南省道县地名录》兴桥公社许家大队"石马神"下云:"此地原名荆山,后建神庙,刻石马一对,改为石马神。"(道县人民政府出版,1982年,第182页)
13 《三国志》卷四四《蜀书·蒋琬传》,第1057页。
14 《三国志》卷四七《吴书·吴主传》,第1143页。
15 《后汉书》卷七六《循吏传·许荆》,第2472页。

长沙走马楼吴简中亦有出现蒋姓者,如简5317"都尉蒋肃、仓曹掾陈",[16] 但较少见,蒋肃籍贯无考。荆南蒋氏,主要分布于零陵、桂阳二郡。

(二)神汉桂阳太守周府君功勋之纪铭(熹平三年,174年)

此碑铭原石已佚。碑石两面刻石,碑阴为故吏题名。铭文记述桂阳太守周憬开凿疏通泷水之功德,其中对泷水发源及流经地势做了细致的描述:

> 郡又与南海接比,商旅所臻。自瀑亭至乎曲红,壹由此水。其水源也,出于王禽之山,山盖隆□,□□于天。泉肇沸踊,发射其巅。分流离散,为十二川。……尔乃贯山钻石,经□□□,□扬争怒,浮沉潜伏,蛇龙蛣屈,澧隆郁浥。千渠万浍,合聚溪涧。下迨安聂,六泷作难。[17]

王禽山,即黄岑山,五岭之一。有黄岑溪水,入武水。[18] 由上

---

16 长沙简牍博物馆、中国文物研究所、北京大学历史学系走马楼简牍整理组编著:《长沙走马楼三国吴简·竹简〔叁〕》,北京:文物出版社,2008年,第838页。

17 录文参见洪适:《隶释》卷四"桂阳太守周憬功勋铭",《隶释 隶续》,第54—56页;叶程义:《汉魏石刻文学考释》第六章,台北:新文丰出版有限公司,1997年,第1227—1231页。宋会群据后世方志补录洪适阙文多处,可供参考。见氏著:《〈神汉桂阳太守周府君功勋之纪铭〉碑辑校和研究》,《韶关学院学报》2006年第8期。

18 黄岑溪水,即今章水,又称白沙水,发源于郴州市北湖区永春乡仰天湖。其上游分成大章、小章水。《舆地纪胜》卷五七《荆湖南路·郴州》"景物"栏下"大章小章水"条曰:"出王禽山之东,流至(宜章)县北二十五里合流。至灵石合白清水,至三沌合辽水、长乐水、武水。"(第2075页)

第九章　汉晋铭刻与荆南家族

可知，泷水大体起自瀑亭，止于曲[江](红)县安聂邑，且分作六泷。《读史方舆纪要·韶州府》乐昌县"武水"条引《图说》云："武水环绕县西，飞湍急溜。有星泷、垂泷、崩泷、腰泷、金泷、白茫泷，谓之六泷。"[19] 瀑亭，当在泷水的起点位置附近，可能即设在星泷旁。安聂邑无考，熊会贞认为安聂邑当在今韶关市东江口对岸，[20] 聊备一说。关于泷水，《水经注·溱水注》云：

> 武(溪)水又南入重山，山名蓝豪，广圆五百里，悉曲江县界。崖峻险岨，严岭干天，交柯云蔚，霾天晦景，谓之泷中。悬湍回注，崩浪震山，名之泷水。[21]

武(溪)水即溱水，今武溪。蓝豪山，即今广东省乐昌市西北大源镇一带的丘陵，属于瑶山山系北段。刘宋王韶之《始兴记》曰："卢水合武水[处]甚险，名曰新泷。有太守周昕庙，即始开此泷者。行者放鸡散米以祈福，而忌着湿衣入庙。"[22] 卢水即芦溪(田头水)，在今乐昌市罗家渡镇西田头村入武水。新泷当即新(星)泷。周昕当作周憬，则泷水上不仅有纪功铭，还立有周憬庙。如此说来，泷水为桂阳郡南部溱水的一段干流。它由卢水和

19　顾祖禹著，贺次君、施和金点校：《读史方舆纪要》卷一〇二《广东三·韶州府》，第4683页。
20　杨守敬、熊会贞注疏：《水经注疏》卷三八《溱水》，第3176页。
21　郦道元著，王先谦校：《合校水经注》卷三八《溱水注》，第549页上栏。
22　李昉等编纂：《太平御览》卷五六《地部二十一·陇》引《始兴记》，第273页；乐史著，王文楚等点校：《太平寰宇记》卷一五九《岭南道三·韶州》曲江县"卢水"条，第3055页。

武水汇合处的新泷入蓝豪山，曲折穿梭于蓝豪山谷之中，分作六泷。其交通位置十分重要，是桂阳郡郴县越岭经曲江、浈阳县南入南海郡的必经要道。[23]

再据铭文，曲江长区祉"乃与邑子故吏龚台、郭苍、龚洛等命工击石，建碑于泷上"。则立碑的发起者是曲江长及周憬的曲江籍故吏，主要原因是泷水位于曲江县境内。那么，区祉等人所立之碑究竟位于六泷的哪一位置呢？铭文并未明言。从上引《始兴记》的记载来看，周憬庙应是立碑后才兴建的，否则铭文不会完全没有提及此事。至迟到刘宋时期，周憬庙当已存在。它的位置，据考证在罗家渡镇泷水的西岸，[24]正是处于新泷的范围。因此，周憬纪功铭也应立于新泷。[25]铭文谓周憬"命良吏，将帅壮夫，排颓磐石，投之穷□。□高填下，凿截回曲。弱水之邪性，顺导其经脉，断硍溢之电波，弱阳侯之汹涌。由是小溪乃平直，大道允通"。看来他发起的疏导工程是针对泷水而并非新泷一小段河道。随之而来的问题是，曲江长等人为何将碑石立于六泷的新泷处？是因为它是六泷的第一泷？还是别有原委？

郴县与岭南的交通要道，除了上述经武水、六泷越岭进入南

---

23 谭宗义：《汉代国内陆路交通考·长沙岭南道》，香港：新亚研究所，1967年，第209—212页。
24 祝鹏：《读〈水经注〉溱水篇札记》，《中华文史论丛》1981年第4辑，第221页。
25 王象之《舆地纪胜》卷九〇《广南东路·韶州》"碑记"栏云："碑在乐昌县西武溪上庙中，郭苍文。碑尾云太和九年重修。"（第2906—2907页）案，太和九年即唐文宗大和九年（835年）。则此碑唐时又有重刻。而洪适又谓"今碑在韶州张九龄庙中"。张九龄庙，在韶州曲江城中。施蛰存《水经注碑录》谓武溪上庙即周府君之庙，又据《金薤琳琅》云汉刻原石至元末犹在泷上，唐重刻本在曲江城张九龄庙中。（《水经注碑录》卷一〇，天津：天津古籍出版社，1987年，第422页。）

海郡这条桂阳郡的东道外,还存在一条西道,即从郴县至临武县,再取道陆路或洭水至桂阳、含洭等县。[26] 东、西道所经之处虽水系发达,然溪涧滩濑众多,极不利于行船。即使水运,亦颇耗人力。《后汉书·卫飒传》记建武十五年(39年)桂阳太守卫飒开凿山道一事云:

> 先是含洭、浈阳、曲江三县,越之故地,武帝平之,内属桂阳……吏事往来,辄发民乘船,名曰"传役"。每一吏出,徭及数家,百姓苦之。飒乃凿山通道五百余里,列亭传,置邮驿。于是役省劳息,奸吏杜绝。[27]

卫飒开凿的驿路五百余里,应当是对东道陆路的整治。这说明西道临武—桂阳县间的陆路是比较成熟的。在熹平三年周憬疏通泷水之前,东道应以陆路为主,水路为辅。同时也表明含洭、浈阳与曲江三县向来是循东道逾岭与桂阳郡治所郴县等地相互往来。这为周憬碑阴题名主要来自此三县的长官与故吏也给出了合理的解释。不仅如此,周憬在已有陆路基础上疏通水道,恰是适应商旅往来的需求而并非仅仅是便于吏事往来、文书传达等行政事务。铭文多处提到东道作为商旅往来、物资流通的重要线路。如云商人取道六泷,易遭不测,"其成败也,非徒丧宝玩、陨珍奇、替珠贝、流象犀也"。又云疏通泷水后,"利抱布贸丝,交易而至。升

---

26 谭宗义:《汉代国内陆路交通考·长沙岭南道》,第207—209页。
27 《后汉书》卷七六《循吏传·卫飒》,第2459页。

涉周旋，功万于前"。然而，史料表明西道临武—桂阳的驿路在东汉时期仍旧发挥效用：

> 唐羌字伯游，辟公府，补临武长。县接交州，旧献龙眼、荔支及生鲜，献之，驿马昼夜传送之，至有遭虎狼毒害，顿仆死亡不绝。道经临武，羌乃上书谏曰……[28]

唐羌上书一事大致发生于东汉和帝时期。谢承《后汉书》谓驿马传送龙眼、荔枝经过临武县，则当时走的应是西道。那么东汉后期东道六泷水的贯通是否意味着西道驿路的逐渐衰败？恐怕不是。韩愈元和十四年（819年）《泷吏》诗曰："南行逾六旬，始下昌乐泷。险恶不可状，船石相舂撞。往问泷头吏，潮州尚几里。"[29] 昌乐泷，即乐昌泷，[30] 应当是对六泷水的泛称。即使到了唐代后期，六泷水行船依旧不便。另外，洪适在该碑铭的跋语末尾提及英州（治今英德县）的"泷"曰："予尝侍亲度岭，留英州。其郡东亦有泷。问之，云：'彼处壤沃宜稻，而山甚高峭，仅有鸟道，负担者不可下。土人斩竹为簰，以器贮米，置其上。俟雨至涧通，随飞瀑鱼贯而下，注于深潭，入水底始再出，碎于石者什五六。'谓之泷如此。"[31] 虽然乐昌泷并没有洪适提到的英州溪涧狭窄，但

---

28 《后汉书》卷四《孝和帝纪》李贤注引谢承《后汉书》，第194—195页。
29 韩愈著，钱仲联集释：《韩昌黎诗系年集释》，上海：上海古籍出版社，1984年，第1109—1110页。
30 欧阳修：《集古录跋尾》卷三《后汉桂阳周府君碑》，李逸安点校：《欧阳修全集》卷一三六，北京：中华书局，2001年，第2132页。
31 洪适：《隶释 隶续》，第56页上栏。

水道中称为"泷"的地方确实水流湍急、惊湍激石。因此，对于桂阳郡两条连通南海郡的道路而言，东道水路虽缩短了南下的行程，但充斥着诸多危险。相较而言，西道驿路比较成熟，仍旧为一条重要的南北通道。这也是西道成为"贡道"的主要原因。[32]

如此说来，周憬开通泷水的交通意义就相对打了一些折扣。那么，立于新泷的碑铭，其意义又在何处？新泷的地理位置靠近进入临武县的西道，立碑地点是否经过曲江长等人的有意选择？碑阴的故吏题名恰是我们探究这一问题的关键线索。其中，曲江长及曲江籍故吏共十七人，浈阳守长、左尉及浈阳籍故吏共七人，含洭长及含洭籍故吏共四人。这三者题名占据碑阴题名的绝大多数，而曲江籍故吏尤为多见。曲江县龚、黄、张、周与刘氏出现了两到三次，人数达到十二人。他们原先应当在周憬的郡府中任职。随着在新泷立下故吏褒扬郡守的"德政碑"，他们的姓名也相应地镌刻于石上。在"德政碑"的背后，这些人士不仅在于强调作为周憬故吏的身份，而且有意凸显他们积极参与水道疏导建设并在交通要道上所拥有的话语权力。因此，选择在新泷立碑，更有可能是三县地方家族有意抬高东道重要性的方式。

（三）汉故绥民校尉、骑都尉、桂阳曲江、灌阳长熊君之碑（建安二十一年，216年）

此碑今已亡佚，亦无拓本留世。赵明诚《金石录》云："汉

---

32 王元林:《秦汉时期南岭交通的开发与南北交流》,《中国历史地理论丛》第23卷第4辑，2008年。

绥民校尉熊君碑，建安二十一年"，又云："汉熊君碑阴。"[33] 则熊君碑有碑阴。《隶释》卷十一著录全文，然未提及碑阴一事。《隶续·碑式》"绥民校尉熊君碑"云："篆额二十字，作五行。文十七行，行五十五字，财及碑之半。其后空数行，书文春事，又空一行，书杜晖事。末行书年月及碑师姓名，与杜、春相隔亦数行许。"[34] 则文春、杜晖二人的官职行事亦载于碑阳。从《隶释》著录的赞颂书体与内容来看，有关二人的赞颂亦是与正文同时镌刻，不应是后世增补。那么，《金石录》著录熊君碑阴的内容到底是什么？熊君碑中为何会出现文春、杜晖的赞颂呢？

《隶释》跋语谓文春、杜晖"似是同郡盛德之士。作文者惜其无所记录，故附之左方也"。洪适揣测文春、杜晖与熊君皆为零陵郡人士。[35]《金石录补续跋》卷四"汉绥民校尉熊君碑"下对此碑文窜改入文、杜之事颇生疑问，"古人立碑皆门生属吏。今之显爵大业，非子孙不立表、志，安能颂及异姓如此碑也乎？"[36] 叶奕苞说法虽较武断，但是有一点可以肯定的是，若立碑作文者为熊君子孙，不应有赞颂文、杜事迹之言。从碑文内容来看，立碑者不应是其子孙。那么，立碑者是否即熊君的门生故吏呢？

---

33 赵明诚著，金文明校证:《金石录校证》卷一，第15页。
34 洪适:《隶续》卷七《碑式》,《隶释 隶续》，第386页下栏。关于此碑形制，隆庆《永州府志》卷一〇《秩祀志》"龙平侯熊君墓"条云："有碑并石兽。此碑高九尺，宽五尺，厚八寸。螭首赑跌。"(《四库全书存目丛书·史部》第201册，济南：齐鲁书社，1996年，第687页下栏）
35 关于熊君郡望，下文将详细考述。
36 叶奕苞:《金石录补续跋》卷四，《石刻史料新编》第1辑第12册，第9163页下栏。

碑文曰："君春秋七十有一，以廿一年三月廿七日丙寅卒官。吏民怀慕，官属五从黄、郭、□、□、奚、汤□扶送灵柩，哀如雕伤。顾见农夫泣泪，路隅皆怀凄怆，哀我惠君。"[37] 官属五从，即县诸曹掾史。据碑文可知，熊君任曲江长十一年、灌阳长六年。则黄、郭等人应当是熊君在此二县的故吏。我们注意到，上述周憬功勋铭碑阴题名中，曲江故吏有郭苍、黄部、黄晏与黄祺。熊君碑文中黄、郭二人的全名虽然无以知晓，但他们与曲江黄、郭二姓家族应当颇有关联。奚姓，东汉章帝时有零陵文学奚景。[38] 因此，亡佚的碑阴很有可能即黄、郭等熊君故吏的题名。而立碑者也就并非熊君子孙，应是这些故吏无疑。就此而言，熊君碑的性质并非子孙褒扬先祖，而是故吏纪念长官并褒颂长官德政。进一步说，碑文中出现文春、杜晖二人的赞颂，恰是因为他们的事迹与熊君碑作为"德政碑"的性质相符。不仅如此，文春、杜晖与熊君间应有某些关系，他们很有可能原先即是熊君的门生或故吏。

熊君之名，洪适未作释读，只云"君讳□，字子□"，可能碑石已漫漶不清。《集古录跋尾》作"熊乔"，洪适案语云熊乔乃熊君之父，已驳欧阳修之误。[39] 今见最早著录熊君为熊尚的是《大明

---

37 洪适：《隶释》卷一一，见《隶释 隶续》，第131页上栏。关于此碑录文，另可参见江田祥、何超《〈汉绥民校尉熊君碑〉所见汉末政局与荆南社会变动》，《西华师范大学学报（哲学社会科学版）》2014年第4期。
38 应劭著，王利器校注：《风俗通义校注》卷六《声音》，第284页。
39 欧阳修：《集古录跋尾》卷三《后汉熊君碑》，李逸安点校：《欧阳修全集》卷一三六，第2149页；洪适：《隶释》卷一一，见《隶释 隶续》，第132页上栏。

一统志》。⁴⁰ 隆庆《永州府志》于"龙平侯熊君墓"下详述熊君碑石在赵宋之后的留传情况:

> 后因刺史王公继勋酷爱之,舆至郡西莱公楼下。至淳熙五年,太守赵直阁汝谊喜汉刻之存,命郡博士省元章尚书颖考释之,其释文亦镌诸石。嘉定六年,郡守方检详信孺见而奇之,龛至拙堂之前。后湮没不著。嘉靖壬子,分守参议卜公命州属遍求之,得于州治之土中。⁴¹

绝大多数明清方志不加考辨沿袭了熊君即熊尚的说法。欧阳修、赵明诚与洪适等宋人皆不能释读熊君名字,而《大明一统志》《永州府志》等志书为何能够清楚地著录呢?按照上引隆庆《永州府志》的说法,在南宋嘉定六年(1213年)至明嘉靖三十一年(壬子,1552年)期间,熊君碑石湮没不著。既然如此,那么《大明一统志》与隆庆《永州府志》关于熊君即熊尚的记载并非根据原石而应是永州地区更早的地方志书。细绎《隶释》与隆庆《永州府志》关于此碑的录文,我们发现二者间的差异并非洪适释文

---

40 李贤等编纂:《大明一统志》卷六五《永州府》,西安:三秦出版社,1990年,第1012页上栏。案,弘治《永州府志》卷四《人物》零陵县下记载汉代人物熊尚,并节录熊君碑文。(参见《天一阁藏明代方志选刊续编》第64册,上海:上海书店出版社,1990年,第272—273页)则《一统志》等总志关于熊君即熊尚的说法应当本之于更早的地方志书,如洪武十六年(1383年)编修的《永州府志》,参见中国国家图书馆编著:《原国立北平图书馆甲库善本丛书》第363册,北京:国家图书馆出版社,2013年,第81页上栏。
41 隆庆《永州府志》卷一〇《秩祀志》,第687页下栏。另可参见曹学佺:《大明一统名胜志·永州府志胜》,《四库全书存目丛书》第169册,第551页上栏。

粗疏，而是后者的录文并不仅仅依据原石。[42]问题的关键在于南宋章颖的释文。

据上引材料可知，南宋淳熙五年（1178年）章颖对熊君碑进行释文，赵汝谊将其勒诸碑石。这样，在熊君碑而外，另立有章颖释文的碑石。[43]从隆庆《永州府志》的录文内容看，多处地方留下明显的释读痕迹，如将"亦"释作"奕"，"卅"释作"四十"。但也有不少释文并非来自原石，显然是增补不少原石没有的内容。不仅如此，隆庆《永州府志》录文剔除了原来附于碑石的文春、杜晖二人事迹。那么，在原石之外，章颖应当还参考一份内容与熊君碑极为相似的资料。它类似熊君"行状"，熊君即熊尚的判读即来自这份材料。如此说来，是否意味着熊君即熊尚的释读可以成立？"尚"与"乔"二字字形尤为相近，使我们不得不对这一释读仍持有疑问。因此，在有确凿的证据前，熊君名字的释读宜以《隶释》为准。

碑文又曰：

---

[42] 试举一例。碑文起首叙说熊氏来源，《隶释》录文曰："君讳□，字子□，其先盖帝颛顼高阳氏之苗裔。周有天下，成王建国，熊绎封楚，庆祚□□□于□□，亦世载德卅余代。君高祖父筹，自汝南吴□□□□□子灵王玄孙。大汉龙兴，□举乡□，拜议郎，南巡郡国，封龙平□□□。"而隆庆《永州府志》卷一○录文与此出入甚大："君讳尚，字子高，其先盖皇帝颛顼高阳氏苗裔。周有天下，成文建国，举文武勤劳之后嗣，而熊绎受封于楚，奕世载德四十余代。至尚之先祖筹，自汝南吴郡。大汉龙兴，举孝廉，拜谏议郎，南巡郡国，绥民有道，封龙平侯。"（第687页下栏）显然，这种差异并非后者对原石释读精准，而是增补了不少原石没有的内容。

[43] 江昱：《潇湘听雨录》卷六，《四库全书存目丛书》第116册，第685页下栏。

> 兴平元年八月二十六日壬寅，诏书除补桂阳曲[江]（红）长。既敦文武，为政果达。临化宣惠，所去遗绩，视事六载……镇南将军荆州牧侯山阳刘君讳表，字景升，以君禀纯履正，出自帝宇……命还拜绥民校尉，领曲[江]（红）长。复莅五年，政隆上古。流移归还，襁负而至……拜骑都尉，受命立灌阳县，督长六载，无为而治。[44]

熊君于兴平元年（194年）任桂阳郡曲江长，当时长沙太守张羡实际控制荆南三郡，诏书只是形式罢了。而刘表虽于建安三年（198年）定长沙、零陵与桂阳三郡，实际上至建安五年才命熊君为绥民校尉、领曲江长。对于熊君而言，前后没有太多变化。"绥民校尉"，洪适谓为刘表所创，与高颐褒义校尉相类，不确。"巴郡太守樊敏碑"后洪适跋语又曰："助义都尉、褒义校尉，史策未之见。刘焉到蜀，以张鲁为督义司马，可见助义、褒义皆刘焉率尔创置者。"[45] "益州太守高颐碑"并无高颐为褒义校尉，当是"巴郡太守樊敏碑"所云"以助义都尉养疾闾里，又行褒义校尉"。[46]《后汉纪·孝献皇帝纪》兴平二年六月，"使太官令狐笃、绥民校尉张裁宣喻十反"。[47]则绥民校尉这一官职非刘表所创。[48]又《集古印谱》著录"绥民校尉，铜印鼻钮"官印一枚，但

---

44 洪适：《隶释》卷一一，见《隶释 隶续》，第130页下栏—132页上栏。
45 洪适：《隶释》卷一一，见《隶释 隶续》，第129页下栏。
46 洪适：《隶释》卷一一，见《隶释 隶续》，第128下栏、129页下栏。
47 袁宏著，张烈点校：《两汉纪·后汉纪》卷二八《孝献皇帝纪》，第539页。
48 张澍：《养素堂文集》卷一八《书碑后》"书绥民校尉熊君碑后"，《续修四库全书·集部》第1506册，第638页。

无出土地。其下案语谓道州有绥民校尉熊君碑，篆额与此印无异。[49] 该印章很有可能即为熊君所有。"绥民校尉"，从字面上理解，"民"与"夷"相对，即安抚汉人流民的武官。刘表命熊君为绥民校尉并领曲江长，试图借熊君在荆南的威望安抚民心、招纳流民。

灌阳县，即观阳县，《汉书·地理志》《续汉书·郡国志》皆无。长沙马王堆三号汉墓出土"地形图"上标有观阳县，在桃阳县南，营浦县西南。[50] 则观阳县存立于西汉初期，后废。《水经注·湘水注》曰："湘水又径零陵县南，又东北径观阳县，与观水合。水出临贺郡之谢沐县界，西北径观阳县西。县盖即水为名也。又西北流注于湘川，谓之观口也。"[51] 观阳县，杨守敬案语曰："吴置县，属零陵郡。"[52] 当据《宋书·州郡志》所云"观阳男相，吴立"。[53] "熊君碑"云熊君拜骑都尉，受命立灌阳县，洪适谓刘表所命并初置此邑。建安十三年（208年）刘表卒，曹操占据荆州，旋即为孙、刘联军击败，退回北方，荆州长江沿岸及其南部地区为孙、刘瓜分。建安十四年，孙权以周瑜领南郡太守，屯据江陵，以程普领江夏太守，治沙羡。建安十五年，孙权分长沙为汉昌郡，以鲁肃为太守，屯陆口。大抵江夏、汉昌与南郡为孙权所控

---

49 顾从德编：《集古印谱》卷一"尉印"下，长春：吉林出版社集团责任有限公司，2010年，第40页。
50 马王堆汉墓帛书整理小组编：《古地图论文集》"马王堆三号汉墓出土地形图复原图"，北京：文物出版社，1977年。
51 郦道元著，王先谦校：《合校水经注》卷三八《湘水注》，第540页下栏。
52 杨守敬、熊会贞注疏：《水经注疏》卷三八《湘水》，第3122页。
53《宋书》卷三七《州郡三》，第1131页。

扼，而长沙、武陵、零陵与桂阳四郡则为刘备所据。至建安二十年（215年），孙、刘再次联合，分江夏、长沙与桂阳三郡东属孙权，南郡、零陵与武陵三郡西属刘备。又"熊君碑"谓熊君于建安二十一年卒官，在骑都尉、灌阳县任上六年，则灌阳县当于建安十五年（210年）所立。因而，刘备领荆州时命熊君立灌阳县的可能性较大。[54] 至建安二十四年，孙权杀关羽，定荆州。东吴至少于此年后立观阳县（在今灌阳县东），当承袭灌阳县而来。灌阳县存立时间未久，故不为史册所记。值得进一步追问的是，刘备授命熊君立灌阳县的意义何在？

至建安十年（205年）母忧去官，熊君担任曲江长已十一年，同时招纳流民有功，促成其家族在荆南积聚雄厚的威望和影响力。刘表卒而荆州动乱之时，他应当蛰伏家乡。建安十四年后，刘备据荆南四郡，便以诸葛亮为军师中郎将，督零陵、桂阳、长沙三郡，调其赋税，以充军实。[55] 与此同时，开始署置地方官员。刘备任用的官员不少出自荆北的地方大族，如以襄阳习珍为零陵郡北部都尉，襄阳庞统为桂阳郡耒阳令，南阳樊胄（伷）为武陵部从事。[56] 为了势均力衡，刘备也吸纳荆南地方家族，熊君便是一例。刘备起用赋闲在家的熊君，正是看到他在零陵、桂阳一带的影响力与其本身招抚流民的才能。那么，为何是新立灌阳

---

54 江田祥、何超：《〈汉绥民校尉熊君碑〉所见汉末政局与荆南社会变动》，《西华师范大学学报（哲学社会科学版）》2014年第4期。
55 《三国志》卷三五《蜀书·诸葛亮传》，第915—916页。
56 习凿齿著，黄惠贤校补：《校补襄阳耆旧记》，郑州：中州古籍出版社，1987年，第19页；《三国志》卷三七《吴书·庞统传》，第954页；《三国志》卷六一《吴书·潘濬传》注引《江表传》，第1398页。

县？此县与熊氏家族的居住地是否有关系？刘备为何做出这样的安排？

若要回答上述的问题，首先要弄清楚的是熊君的郡望。关于此点，碑文并无明确提及。碑文曰："君高祖父筹，自汝南吴□□□□□子灵王玄孙。"汝南郡属县有吴房，《汉书·地理志》"汝南郡"下载有吴房县，孟康注曰："本房子国。楚灵王迁房于楚。吴王阖闾弟夫概奔楚，楚封于此，为堂溪氏。以封吴，故曰吴房，今吴房城堂溪亭是。"[57]则碑文"吴"下当可补出"房"字。此句虽残，但大体意思与《地理志》孟康注相符。揣测碑文之意，熊君高祖父熊筹自汝南郡吴房县迁至南方。碑石置于永州道县，在汉为营浦县地；碑文末载舂陵程福造石，舂陵位于营浦县东北。据此两点，熊君郡望零陵郡，应无疑义。

不仅如此，立碑的具体地点暗示了熊氏家族的居住地及其势力范围，因此有必要做进一步探究。碑石的所在地，究竟位于零陵郡营浦县何处？洪适所述过于宽泛，《舆地纪胜》谓在道州营道县北四十里龙村，[58] 在今永州道县西北乐福堂乡龙村石羊山。熊君墓前今尚存碑座及石兽等物。[59]龙村地处沱水支流宜水的北岸山麓，龙村河发源于胡家累村西，流经谢家村、龙村等地，向南注入宜水。宜水即马王堆三号汉墓出土"地形图"的西北角佁

---

[57]《汉书》卷二八上《地理志第八上》，第1561—1562页。
[58] 王象之：《舆地纪胜》卷五八《荆湖南路·道州》"碑记"栏，第2112页。
[59] 湖南省地方志编纂委员会编：《湖南省志》卷二八《文物志》，长沙：湖南出版社，1995年，第466—467页。

水。从佟水下游至上游，图上标有徐里、重里、佟部、各里、奚里、澪里、笞里等。[60] 佟部因佟水而得名，或为乡一级治所的所在地。龙村大致位于佟部、各里的北边。佟水流域部（乡）—里政治组织的建立大体可以反映出西汉初期的人群编户、定居的状况。碑文云熊君高祖父熊筹在"大汉龙兴"时拜议郎，封龙平□。从时间上看，"大汉龙兴"即指刘秀建立的东汉。熊筹"南巡郡国"，应是安抚荆南有功而封爵。龙村这一地名与熊筹的爵位有密切关系。或许当时熊筹所封之地即在佟水流域龙村一带。零陵熊氏自熊筹至于熊乔、熊君父子，长期在地方经营，为零陵的地方大族。进一步言之，灌阳县离熊君家族所在的佟水流域不远，只要溯佟水而上，翻越都庞岭即可到达。因此，与其说是刘备招纳、起用熊君建立灌阳县，不如说是他间接承认熊君家族在零陵南部等地的影响力。同时，这也表明熊君家族在地方上不断扩张自己的势力。

（四）吴故九真太守谷府君之碑（东吴凤凰元年，272年）

是碑原立于耒阳县谷朗祠，后移于杜公祠，今在耒阳市蔡伦祠内。碑额隶书，阴文"吴故九真太守谷府君之碑"。碑文隶书18行，满行24字。立碑时间不明，碑文云谷朗卒于东吴凤凰元年四月，则碑石所立时间至少在此年及其之后。欧阳修《集古录跋尾》、赵明诚《金石录》皆有著录，《隶释　隶续》无著录，清人

60　马王堆汉墓帛书整理小组编：《古地图论文集》"马王堆三号汉墓出土地形图复原图"。里名释文见"地形图注记释文"，第11—12页。

翁方纲《两汉金石记》始录全文。[61] 碑文早经剜洗，铭文首行前、末行后镌有谷氏后人题名五（六？）列。[62] 对于此题名，欧、赵等宋代金石学家并未提及，则题名当是南宋及其以后之事。题名内容，《两汉金石记》作"兴业乡、大义乡嗣孙谷起风、谷尚志"等，并未全录。这只是铭文末行所附的内容。碑石首行前尚有"重修男童题名"等字。嘉靖《衡州府志》云谷朗祠久废，后人徙其碑于杜工部祠侧。[63] 如此说来，裔孙题名一定发生在碑石移于杜工部祠之前，则题名很有可能为明嘉靖以前所增。

碑文起首叙述耒阳谷朗先世官衔，云朗乃"豫章府君之曾孙，公府君之孙，郎中君之子也"。所谓"公府君"，《平津读碑记》认

---

61 欧阳修：《集古录跋尾》卷四《吴九真太守谷府君碑》，李逸安点校：《欧阳修全集》卷一三七，第2157—2158页；《金石录校证》卷二，第27页；翁方纲：《两汉金石记》卷一八"附吴九真太守谷朗碑"，《石刻史料新编》第1辑第10册，第7458—7459页上栏。录文或有错谬，另见陆耀遹：《金石续编》卷一，《石刻史料新编》第1辑第4册，第3015页；陆增祥：《八琼室金石补正》卷八，第43页；毛远明：《汉魏六朝碑刻校注》第2册，第240页；三國時代出土文字資料班編著：《魏晋石刻資料選注》，京都：京都大學人文科學研究所，2005年，第22—24页。

62 方若：《校碑随笔》卷三，《石刻史料新编》第2辑第17册，台北：新文丰出版有限公司，1979年，第12446页。王壮弘《增补校碑随笔》曰："此题名清初时尚完好，后即凿损。继则左旁又刻乾隆重修款字，道光间再凿去。此碑早经剜洗，即明拓也经剜洗。未见未题名及未剜洗时拓本。"（上海：上海书店出版社，2008年，第120页）关于题名位置，瞿中溶《古泉山馆金石文编残稿》卷一"九真太守谷朗碑"下跋文云："碑铭文末下有小正书，约五行。文皆漫灭，仅存数字可见。"（《石刻史料新编》第2辑第3册，第1628页上栏）与《校碑随笔》所说有所不同。李寿彰据明末清初拓片认为"碑首行前、末行后有明代谷氏后人题名。前刻'重修男童题名'等字，末列'兴业、大义乡嗣孙吏员'六列题名。"见氏著：《三湘第一古碑——吴故九真太守谷府君之碑》，《湖南文物》第1辑，长沙：湖南大学出版社，1986年。那么确切地说，题名应分布在碑铭首行前与末行后面。

63 嘉靖《衡州府志》卷四《祀典祠宇》耒阳县"谷府君祠"，《天一阁藏明代方志选刊》第59册，第18A页。

为是三公府之属官,[64]《八琼室金石补正》驳斥之,以为"公府君或是爵"。[65] 欧阳修《集古录跋尾》曰:"谷氏在吴不显,史传无所见。所谓豫章府君而下三世,皆莫知其名字。"[66] 张德容《二铭草堂金石聚》曰:"《江表传》有谷利为孙权左右给使,权爱信之,拜利都亭侯,不知即朗之先否?"[67]《江表传》所记见裴注《三国志·吴主传》。显然,张氏之说亦仅属揣测,并无确凿证据。《天下碑录》云:"汉南昌太守谷所碑,在耒阳县东北。"[68] 谷所史书无载。《舆地纪胜》著录"谷昕墓碑",谓"在耒阳县东北五十里,墓碑云延康五年葬于此"。[69]《湘水记》曰:"耒阳县东北有汉太守谷昕傍约嶮,筑塘贮水名泸〔塘〕,淹地八顷。"[70] 则"谷所"当作"谷昕"。谷昕为汉南昌太守,然两汉无南昌郡,颇疑谷昕即为谷朗曾祖豫章府君。朗曾祖、祖父与父,皆有仕宦,算得上耒阳的官宦家庭。至谷朗,碑文历叙其仕宦,"守"桂阳阳安长,除郎中、郡中正,迁长沙刘阳令,立忠都尉,广州督军校尉,大中正,九真太守等。

---

64 洪颐煊:《平津读碑记》卷二"九真太守谷朗碑",《续修四库全书·史部》第905册,第18页上栏。
65 陆增祥:《八琼室金石补正》卷八,第45页上栏。
66 欧阳修:《集古录跋尾》卷四《吴九真太守谷府君碑》,李逸安点校:《欧阳修全集》卷一三七,第2158页。
67 张德容:《二铭草堂金石聚》卷一四,《石刻史料新编》第2辑第3册,第2243页上栏。
68 洪适:《隶释》卷二七《天下碑录》,见《隶释 隶续》,第288页上栏。
69 王象之:《舆地纪胜》卷五五《荆湖南路·衡州》"碑记"栏,第2026页。案,"延康"为汉献帝年号,然只存在七个月。故"延康五年"应有谬误。
70 王象之:《舆地纪胜》卷五五《荆湖南路·衡州》"景物"栏"石卢塘"条引《湘水记》,第2019页。"谷昕傍约嶮"于文义不通,应在"昕"下补出一"宅"字。又《太平御览》卷七四《地部三十九·塘》引《幽明录》曰:"耒阳县东北有卢塘,淹地八顷。"(第346页上栏)

阳安县，本汉宁县，东汉永和元年（136年）置，吴改为阳安。刘阳县，东吴新置。建安中，先后为周瑜、吕蒙奉邑。黄龙元年（229年），封潘濬为刘阳侯。[71] 立忠都尉、广州督军校尉皆为武官。东吴另有建忠校尉、建忠都尉和立信都尉等武官。

上文说到碑石原立于谷朗祠。那么谷朗祠修建于何时？它与谷朗墓是否有关系？据上引嘉靖《衡州府志》，谷朗祠久废。至少可以说明，至明嘉靖时，谷朗祠已存立较久的时间。《潇湘听雨录》云："邑之谷姓最众。余尝至杜祠，其侧近皆谷氏聚族。朗祠凡三处，皆不在此地。此碑不知何故寄少陵宇下？抑或其墓所邪？"[72] 耒阳县谷朗祠，据明清志书所载，分别在芦塘、兴业乡与马水乡。[73] 芦塘，即上引《湘水记》之泸塘，为谷昕凿筑，毗邻其宅舍。《水经注·耒水注》作"卢塘"，并云："（耒阳）县有溪水，东出侯计山。其水清澈，冬温夏冷，西流谓之肥川。川之北有卢塘。"[74] 杨守敬曰："今山曰侯憩山，肥江出焉。"[75] 今泇江出侯憩山，西流至泇江村附近入耒水。元人高隆礼《芦塘华桥记》云："耒阳北十里许曰汭洲，逾江东北行不盈里至谷府君祠，祠故有吴碑。"[76] 今耒阳市东北5公里左右有汭洲、芦塘村，古今地名没有变化。《水经注》云芦塘在肥川北，应是就大体方位而言，因二者之间颇有一段距离，并非直接相连。因此确切地说，碑石原即立于

---

71 相关考证见陈健梅：《孙吴政区地理研究》，第190页。
72 江昱：《潇湘听雨录》卷六，《四库全书存目丛书》第116册，第686页下栏。
73 康熙《耒阳县志》卷二《建置·坛祠》，《故宫珍本丛刊》第152册，第267页下栏。
74 郦道元著，王先谦校：《合校水经注》卷三九《耒水注》，第555页下栏。
75 杨守敬、熊会贞注疏：《水经注疏》卷三九《耒水》，第3217—3218页。
76 康熙《耒阳县志》卷七《艺文》，《故宫珍本丛刊》第152册，第434页下栏。

芦塘谷朗祠内。而上述裔孙题名与谷朗祠的修建或有较大的关系。那么，芦塘谷朗祠是否即谷朗墓葬所在呢？没有材料表明这一点。据考察，谷朗墓在今亮源乡睦村谷家坳，当地亦有谷朗祠，[77] 即上文提到的马水乡谷朗祠。联系到上引"谷昕碑"，耒阳县东北五十里的地方似乎是谷氏的家族墓地。进一步言之，谷氏家族定居于耒阳县东北耒水右岸的芦塘一带，而睦村谷家坳则是其家族墓地。

（五）永宁侯相谷府君碑

碑石久佚，亦无拓片存世。碑主为谷朗仲子。《金石录》谓无年月，附于其父谷朗碑之次。[78] 碑文载于县志，当是节录，未见它处著录。[79] 碑文内容大略曰：

> 君，豫章府君之元孙，公府君之曾孙，郎中君之孙，九真府君之仲子也。……仕郡，历右职，上计吏，举孝廉，除郎中。不枉道以求进，不希世以苟合。再屈中正，清渊源以濯秽，整铨衡以品物。……京邑知名，乡党称焉。除临海永宁侯相，享年三十有五，遘疾不禄。……家丧俊哲，国失英贤。呜呼哀哉！乃建石表德。

"谷君"父谷朗卒于东吴凤凰元年（272年），而其本人卒时35岁。从时间上大致估算，"谷君"的任官履历应当都发生在西晋前

---

[77] 耒阳县人民政府编：《湖南省耒阳县地名资料汇编》"谷朗墓"，1983年，第403页。
[78] 赵明诚著，金文明校证：《金石录校证》卷二，第29页。
[79] 康熙《耒阳县志》卷七《艺文》，《故宫珍本丛刊》第152册，第452页下栏。

期。"谷君"官至临海永宁侯相。临海郡立于孙亮太平二年（257年），永宁侯相即临海郡永宁县侯之相。由碑文表述可知，"谷君"入晋后仕途并不如意，故有"不枉道以求进，不希世以苟合"之感慨。这与其父谷朗在东吴的任官经历亦有不少反差。简而言之，谷朗家族当崛起于东汉后期，谷朗父子是吴晋时期荆南的名士，多次担任郡、州中正，执掌州郡选举。[80] 与刘表、刘备委任绥民校尉"熊君"相似，谷朗的个人际遇是东吴立国后荆南地区的地方家族与东吴政权之间关系的缩影。

（六）汉罗训墓碑、罗彦墓碑与晋罗含墓志

《天下碑录》著录"汉罗训墓志"，在衡州耒阳县南六十里。又著录"汉罗含志"，在耒阳县南四里。[81] 罗训墓志，《通志·金石略》作"罗训碑"。[82] 罗训无考，志石铭文皆已不存。罗含为晋人，故"汉罗含志"当为"晋罗含志"。《太平寰宇记·江南西道》衡州耒阳县"罗含墓"条曰："在县南四十里。碑文讹缺，其墓犹存。"[83]

---

[80] 今《三国志·吴书》无"中正"名号。早于谷朗的习温、潘秘，任荆州"州里议主"时，裴松之注引《襄阳记》，称为"大公平"。孙诒让《籀庼述林》卷八"吴九真太守谷朗碑跋"据此碑文论说东吴中正官云："似吴时并不以中正为大公平者，石刻明墢，必无差误……或州都称大公平，而郡中正名，仍不改乎？"（北京：中华书局，2007年，第268—269页）指出在东吴时期州大中正可能俗称大公平。张旭华利用谷朗碑文试图考辨东吴效仿曹魏亦施行了九品中正制，参见氏著：《东吴九品中正试探》，《郑州大学学报（哲学社会科学版）》2001年第1期。

[81] 洪适：《隶释》卷二七《天下碑录》，见《隶释　隶续》，第288页上栏。

[82] 郑樵著，王树民点校：《通志二十略·金石略》，第1850页。

[83] 乐史著，王文楚等点校：《太平寰宇记》卷一一五《江南道四十三·衡州》，第2332页。

碑文即罗含志墓刻石，惜已残缺，亦无著录。则《天下碑录》所云罗含墓志在耒阳县南四里不确，应从《太平寰宇记》的记载。《晋书·罗含传》谓罗含"桂阳耒阳人也。曾祖彦，临海太守。父绥，荥阳太守"。[84] 前文已谈到，临海郡置于东吴太平二年，罗彦出任临海郡守，最早也应在此年或其之后。《舆地纪胜·衡州》载罗彦墓碑，谓在耒阳县西南二十里。[85] 该碑石具体内容亦无法考究。荥阳郡，西晋泰始元年（265年）分河南郡立。[86] 罗绥任荥阳郡守，应在西晋太康之后。《世说新语·方正第五》"罗君章曾在人家"条引《罗府君别传》，叙说罗氏得姓、寓居桂阳以及罗含先世较详，[87] 当为《晋书·罗含传》所本。其内容与已佚的罗含志墓刻石，或许有相同的部分。

（七）胡腾碑

《隶释天下碑录》著录此碑，谓在耒阳县南四里。[88] 碑石久佚，亦无拓片、碑文留世。郴州市苏仙桥遗址J10出土西晋上计简牍2-228云："汉故长沙太守胡縢墓石虎石柱石碑。"此外还录有"汉故平舆令张喜墓石虎"（简2-242）与"汉故郡察孝廉刘尚墓石碑"（简2-264）。[89] 这是桂阳郡郡府上计文书中记载桂阳郡辖境内

---

84 《晋书》卷九二《文苑传·罗含》，第2403页。
85 王象之：《舆地纪胜》卷五五《荆湖南路·衡州》"碑记"栏，第2026页。
86 《宋书》卷三六《州郡二》，第1103页。
87 参见刘义庆著，刘孝标注，余嘉锡笺疏，周祖谟等整理：《世说新语笺疏》卷中之上《方正第五》，第391页。
88 洪适：《隶释》卷二七《天下碑录》，见《隶释　隶续》，第288页上栏。
89 湖南省文物考古研究所、郴州市文物处：《湖南郴州苏仙桥遗址发掘简报》，《湖南考古辑刊》第8集，第101页。

的历史遗迹。张喜,即《桂阳先贤传》所记之张熹,为桂阳郡临武县人士。[90] 刘尚无考,其石碑亦不见于他处著录。胡滕即胡腾。由简2-228可知,"胡腾碑"立于胡腾墓旁。胡腾桓帝时辟荆州部南阳从事,后为窦武将军府掾属。党锢解,官至尚书。据《后汉书·窦武传》,胡腾少师事窦武。武卒,腾为其"殡敛行丧",因而"坐以禁锢"。《窦武传》进一步记述其孙窦辅逃于零陵界事云:"胡腾及令史南阳张敞共逃辅于零陵界,诈云已死,腾以为己子,而使聘娶焉。后举桂阳孝廉。至建安中,荆州牧刘表闻而辟焉,以为从事,使还窦姓,以事列上。"[91] 窦辅能举桂阳郡孝廉,想必与胡腾在桂阳郡的影响力应有一些关系。"胡腾碑文"已无法得见,然联系到上述胡腾为其府主行丧以及养育窦辅的事迹,碑石及其具体内容当与胡腾的这些德行有关。

三、汉晋之际荆南家族的地方实态

上文考释碑石七种,性质为"德政碑"与墓碑。除"周府君功勋纪铭"外,其余可考的碑主皆为零陵郡营浦县与桂阳郡耒阳县人士。立碑时间主要集中于东汉后期至西晋前期,碑文书写体例较为类似,应受到同一时期碑石书写、叙述方式的影响。其中,

---

90 杨守敬、熊会贞注疏:《水经注疏》卷二一《汝水》,第1786页。
91《后汉书》卷六九《窦武传》附"胡腾传",第2244—2245页;虞世南:《北堂书钞》卷七三《设官部二十五·从事一百六十五》引谢承《后汉书》,第300页下栏。

（1）"蒋君碑"立于今永州道县蚣坝镇石马神村荆山，记载蒋君先世及其本人任官经历，并突出书写蒋君功业德行。经考证，零陵郡营浦县东南荆山、蒋居山一带当是蒋君家族的居住地。荆南蒋氏，也主要分布在零、桂二郡。（2）"周府君功勋纪铭"，叙述桂阳太守周憬开凿泷水之功德。立碑者是周憬故吏，主要来自曲江、浈阳与含洭三县。碑石立于六泷水之新泷，其实是龚台、郭苍等三县人士的有意选择。其目的不仅在于强调作为周憬故吏的身份，而且有意凸显他们积极参与水道疏导建设并在交通要道上所拥有的话语权力。（3）"绥民校尉熊君碑"，立碑者应是熊君故吏而非其子孙，因此其碑石性质应是"德政碑"而非一般的墓碑。碑石原立于今道县乐福堂乡龙村，即宜水流域的北岸。龙村一带很有可能即熊君家族的聚居地。无论刘表抑或刘备，都是借机利用熊君在零、桂的影响力及其本人招抚流民的才能。（4）"九真太守谷府君碑"与其子"永宁侯相谷府君碑"，原立于耒阳县东北芦塘谷朗祠内。在谷朗之前，东汉谷昕已对芦塘一带进行开发、经营。经考证，谷昕是谷朗的曾祖父豫章府君的可能性比较大。因此，芦塘一带成为其家族定居地，而离此处三十里开外的亮源乡睦村谷家坳，则是他们的族葬地。谷朗子谷府君入晋后仕宦不显，但其父子二人都曾出任州、郡中正，参与了地方选举，铨衡州郡人物。（5）罗训、罗含志墓刻石今皆无法得见，然从刻石著录的地点来看，耒阳罗氏应当定居于县南四十至六十里的地方。罗含父、曾祖皆有仕宦。

若将目光聚焦到营浦、耒阳二县上，这些家族的定居地就更值得玩味。以营浦县治为中心，熊君家族定居于沱江西侧的宜水流域,而蒋君则居住于沱江东侧、蚣坝河北岸的区域。耒阳县的几个家族也是如此。以耒阳县治为中心,东北部二十里的地方是谷氏家族的居住地,而罗氏、胡氏则居住于县南部。如此鲜明的空间分布格局意味着什么呢?

为此提供进一步探究的线索是马王堆汉墓帛书"地形图"与"驻军图"。两幅地图绘制时间相距不远,其内容反映的是西汉初期九嶷山一带水系、乡里编制与驻军等情形。[92] 地图上标出各种地名,内容极为丰富,兹将其中互有关系的地名整理成下表(见表8)。

表8 马王堆汉墓帛书地图中的地名关系组及其所在流域

地 名 关 系 组	所 在 流 域
[蛇君]、蛇鄗、蛇下里、上蛇、蛇山、蛇封	深水
孑里	孑水
龀鄗、龀里、合里	如水
条山、条里	条水
絅鄗、絅里、智里	智水
[垒君]、[垒部]	[垒水]
[深平](深平城)、[深君里]	大深水
袍山、袍里	袍水
留封、留山、营鄗	营水

---

92 关于"驻军图"性质的最近讨论,请参阅邢义田:《论马王堆汉墓"驻军图"应正名为"箭道封域图"》,《湖南大学学报(社会科学版)》2007年第5期。

续 表

地名关系组	所在流域
蕃里	蕃水
满封	满水
延里	延水
垣山、垣里	深水
居向山、居向封	深水
资里	资水
[牑部]	[牑水]

注:"[ ]"表示地名来自"地形图"。
资料来源:《中国古地图论集》"马王堆三号汉墓出土地形图复原图""马王堆三号汉墓出土驻军图复原图"。

显而易见,表中部、里、鄀等行政、军事组织名称与山川名称间存在强烈的关联。同时,这些地名关系组与流域之间的对应关系,让人颇感兴趣。学者早已从地域开发的角度指出这些居民点的设置与流域间的关系。[93] 不仅如此,多数河流两岸往往只编排一个里。如孑里、条里、袍里、蕃里与延里等。这当然与某一流域的编户民数量相关,但这些里可以看作是王朝国家、地方政府掌控某一流域已纳入户籍系统的民众的据点。反过来说,对于生活其间的编户民而言,自己日常所经营、开发的流域与行政组织间名称的一致性,似乎强烈地暗示着当地民众在流域开发、土地与

---

93 张修桂:《中国历史地貌与古地图研究》第四篇《古地图研究·马王堆汉墓出土古地图》,北京:社会科学文献出版社,2006年,第468—469页。

水利等资源使用方面的话语权。[94] 此外，一些流域的居民点隐藏着更为丰富的历史内涵。在马王堆"地形图"上，蛇君、垒君、雷（？）君、不于君与深君里这些居民点引起我们的注意。《长沙马王堆汉墓简帛集成》整理者认为："'君'应是小君长。作为地名，指土著的少数民族部落酋长之所在。……后缀为'君'的地名行政级别相当于里或部。"[95] 有学者将末尾为"部"的居民点亦看作是少数民族首长所统治的地方。[96] 这些认识极为敏锐。进一步而言，在土著居民编户化的历史进程中，这些部落酋长所控制的据点也朝着乡里化的方向演进。反馈在地名命名上，由"蛇君"演变成"上蛇、蛇下里"或者直接在"深君"地名后面加上"里"字而成"深君里"，应是其乡里化演进的两种主要方式。相应的是，这些君长也被编户化。然而行政组织的乡里化并不意味着部落酋长在小流域范围内帅首地位的直接丧失。在土地开发、水利灌溉等方面，他们可能仍旧在发挥作用。

因此，上述营浦、耒阳等家族鲜明的空间分布格局应当置于荆南地区长期缓慢的区域历史进程中加以考虑。我们无法在这些家族的先世与西汉初期存在的小君长之间直接画上等号，因为他们也不一定就是西汉初期当地人群的传承者。碑铭在叙说碑主各自

---

94 从水系、水利史角度探讨王朝国家的地域权力方面的问题，参阅鹤间和幸著，徐世虹译：《中国古代的水系和地域权力》，刘俊文主编：《日本中青年学者论中国史·上古秦汉卷》，上海：上海古籍出版社，1995年，第472—497页。
95 湖南省博物馆、复旦大学出土文献与古文字研究中心编纂：《长沙马王堆汉墓简帛集成》第6册，北京：中华书局，2014年，第111页。
96 曹学群：《论马王堆古地图的绘制年代》，湖南省博物馆编：《马王堆汉墓研究文集——1992年马王堆汉墓国际学术讨论会论文选》，长沙：湖南出版社，1994年，第179页。

的先世时，往往将其家族描述成外来的迁徙者或楚国的后裔。其中固然有其事实的一面，可不具论，然而值得注意的是，在地域开发方式上，某一流域或地块往往存在着充当帅首地位的家族，也就是说，以某一家族为核心指导民众进行流域开发、土地经营，仍旧存在于汉晋时期的荆南地域中。这与原先小君长为首的土地开垦方式相比，实质上并没有发生改变。以下两个例子能进一步反映这种流域开发的方式。

例一是上节已经谈到的"周府君功勋铭"。无论立碑地点抑或碑阴题名，其实是三县故吏的有意而为。这些故吏，虽非著姓名士，然其为郡县权势之家，当无可厚非。在碑铭书写的背后，实质是三县故吏有意抬高东道的重要地位，并通过交通道路这一方式来展示话语权。因为我们完全可以想象当地家族直接或间接参与了东道交通运输业与商业贸易的活动。例二是上述东汉末阳县谷昕筑造的芦塘这一水利设施。据上文所引史料，芦塘位于耒水东岸、泚江北部，淹地八顷，其实是一个人工湖泊。这样的水利灌溉工程单凭一己之力必然无以应对，应是谷氏家族与当地民众共同协作完成的。

荆南家族正是在这样的流域开发方式下孕育、成长的。通过开发交通要道、建设水利灌溉系统等方式，不少家族在地方社会中获得了帅首的位置。如此说来，某一家族所拥有的地方凝聚力首先来自当地民众的支持而不是其仕宦经历。《零陵先贤传》的一则材料可做进一步思考：

> 郑产，字景载，泉陵人也，为白土啬夫。汉末多事，国用不足，产子一岁，辄出口钱，民多不举子。产乃敕民勿得杀

子，口钱当自代出。产言其郡、县，为表上言，钱得除，更名白土为更生乡也。[97]

郑产虽是乡吏，但能为乡民代出口算钱，说明其在白土乡应是影响力不小的人物。在乡里组织与郡县权力之间，郑产起到了救济民众的作用。同时，这样的举措不仅获取郡县的肯定，而且也为其在乡里累积一定的影响力。因此，像上述零陵熊氏那样具有招纳流民的能力，更多是熊氏家族长期在地方经营所求取的影响力。刘表或刘备的赐官任用，只不过是促使熊君的地方影响力"官僚化"。碑铭也正是着重于对碑主任官经历的叙说，而对这些家族的地方经营做模糊处理或者只字不提。就此而言，立碑地点所具有的空间意义值得引起重视。

在汉晋政局更迭纷繁之际，荆南家族或随刘备入蜀，或辗转北投曹氏。而扎根于地方的荆南家族，则成为刘、孙割据政权借以利用重建地方秩序的重要对象。对于长期处于帝国边缘的这些家族而言，与帝国政治取得联系的任官与出仕是维持、扩张家族势力的重要渠道。但与吴、会大族不同的是，荆南家族不太长久的仕宦生涯并没有产生累世的政治影响力。随着王朝政治的一统天下，局促于帝国边陲的现实环境又重新将他们与帝国政治拉开距离。然而在地方社会中，他们仍然扮演了重要的角色。家族与流域相结合的土地开发方式，还要延续较长的历史时期。

---

[97] 郦道元著，王先谦校：《合校水经注》卷三八《湘水注》引《零陵先贤传》，第542页上栏。

参考文献

一、古籍

《史记》,北京:中华书局,1959年。
《汉书》,北京:中华书局,1962年。
《后汉书》,北京:中华书局,1965年。
《三国志》,北京:中华书局,1982年。
《晋书》,北京:中华书局,1974年。
《宋书》,北京:中华书局,1974年。
《南齐书》,北京:中华书局,1972年。
《梁书》,北京:中华书局,1973年。
《陈书》,北京:中华书局,1972年。
《南史》,北京:中华书局,1975年。
《魏书》,北京:中华书局,1974年。
《隋书》,北京:中华书局,1973年。
《旧唐书》,北京:中华书局,1975年。
《新唐书》,北京:中华书局,1975年。
《明史》,北京:中华书局,1974年。
《说文解字》,许慎著,徐铉校定,北京:中华书局,1963年。
《说文解字注》,段玉裁注,上海:上海古籍出版社,1981年。
《十三经注疏》整理委员会整理:《周礼注疏》,北京:北京大学出版社,1999年。

《尔雅注疏》，郭璞注，邢昺疏，王世伟整理，上海：上海古籍出版社，2010年。
《汉书补注》，王先谦补注，上海：上海古籍出版社，2012年。
《汉书注校补》，周寿昌校补，《丛书集成初编》本，北京：中华书局，1985年。
《汉书疏证》，沈钦韩疏证，据清光绪二十六年（1900年）浙江官书局影印，上海：上海古籍出版社，2006年。
《两汉纪·后汉纪》，袁宏著，张烈点校，北京：中华书局，2002年。
《三国志集解》，卢弼著，钱剑夫整理，上海：上海古籍出版社，2009年。
《吴越春秋》，徐天祐音注，苗麓校点，南京：江苏古籍出版社，1986年。
《越绝书》，张宗祥校注，上海：商务印书馆，1956年。
《越绝书校释》，李步嘉校释，北京：中华书局，2013年。
《通典》，杜佑著，王文锦、王永兴等点校，北京：中华书局，1988年。
《史通通释》，刘知幾著，浦起龙通释，王煦华整理，上海：上海古籍出版社，2009年。
《资治通鉴》，北京：中华书局，2011年。
《通志二十略》，郑樵著，王树民点校，北京：中华书局，1995年。
《元和姓纂（附四校记）》，林宝著，岑仲勉校记，郁贤皓、陶敏整理，北京：中华书局，1994年。
《宋本广韵》，北京：中国书店，1982年。
《古今姓氏书辨证》，邓名世著，王力平点校，南昌：江西人民出版社，2006年。

郝懿行笺疏，沈海波校点：《山海经笺疏》，上海：上海古籍出版社，2019年。
《山海经校注》，袁珂校注，上海：上海古籍出版社，1980年。
《汉书地理志汇释（增订本）》，周振鹤、张莉编，南京：凤凰出版社，2021年。
《华阳国志校补图注》，常璩著，任乃强校注，上海：上海古籍出版社，1987年。
《校补襄阳耆旧记》，习凿齿著，黄惠贤校补，郑州：中州古籍出版社，1987年。
《水经注笺》，朱谋㙔笺，国家图书馆藏明万历四十三年（1615年）刻本。
《今水经》，黄宗羲著，《知不足斋丛书》本，清乾隆、道光间长塘鲍氏刊本。
《水经注》，全祖望校，李勇先、高志刚主编：《水经注珍稀文献集成》第2辑，成都：巴蜀书社，2017年。

《合校水经注》,王先谦校注,北京:中华书局,2009年。
《水经注疏》,杨守敬、熊会贞注疏,段熙仲点校,陈桥驿复校,南京:江苏古籍出版社,1989年。
《水经注正误举例》,丁谦著,刘承幹辑:《求恕斋丛书》,北京:文物出版社,1987年。
《〈水经注疏·江水〉校注补》,熊茂洽、曹诗图校注,武汉:武汉水利电力大学出版社,1999年。
《舆地志辑注》,顾野王著,顾恒一等辑注,上海:上海古籍出版社,2011年。
《秦州记》,冯国瑞辑,天水县志局,1943年。
《吴地记》,陆广微著,曹林娣校注,《江苏地方文献丛书》,南京:江苏古籍出版社,1999年。
《元和郡县图志》,李吉甫著,贺次君点校,北京:中华书局,1983年。
《太平寰宇记》,乐史著,王文楚等点校,北京:中华书局,2007年。
《宋本太平寰宇记》,北京:中华书局,1999年。
《舆地纪胜》,王象之著,北京:中华书局,1992年。
《宋平江城坊考》,王謇著,张维明整理,南京:江苏古籍出版社,1999年。
《宋元方志丛刊》,中华书局编辑部编,北京:中华书局,1990年。
    景定《建康志》,《宋元方志丛刊》第2册。
    绍熙《云间志》,《宋元方志丛刊》第1册。
    《吴郡志》,《宋元方志丛刊》第1册。
    《吴郡图经续记》,《宋元方志丛刊》第1册。
    淳祐《临安志》,《宋元方志丛刊》第4册。
    咸淳《毗陵志》,《宋元方志丛刊》第3册。
    咸淳《临安志》,《宋元方志丛刊》第4册。
    乾道《四明图经》,《宋元方志丛刊》第5册。
    《重修琴川志》,《宋元方志丛刊》第2册。
    宝庆《四明志》,《宋元方志丛刊》第5册。
    嘉泰《吴兴志》,《宋元方志丛刊》第5册。
    嘉泰《会稽志》,《宋元方志丛刊》第7册。

宝庆《会稽续志》,《宋元方志丛刊》第7册。

嘉定《剡录》,《宋元方志丛刊》第7册。

淳熙《新安志》,《宋元方志丛刊》第8册。

淳熙《三山志》,《宋元方志丛刊》第8册。

至元《嘉禾志》,《宋元方志丛刊》第5册。

洪武《永州府志》,中国国家图书馆编著:《原国立北平图书馆甲库善本丛书》本,北京:国家图书馆出版社,2013年。

《永乐大典方志辑佚》,马蓉等点校,北京:中华书局,2004年。

《大明一统志》,李贤等编纂,西安:三秦出版社,1990年。

《大明一统名胜志》,曹学佺著,《四库全书存目丛书·史部》,济南:齐鲁社,1996年。

弘治《永州府志》,《天一阁藏明代方志选刊续编》本,上海:上海书店出版社,1990年。

弘治《八闽通志》,福建省地方志编纂委员会主编,福州:福建人民出版社,1990年。

正德《姑苏志》,《天一阁藏明代方志选刊续编》本,上海:上海书店出版社,1990年。

嘉靖《浙江通志》,《天一阁藏明代方志选刊续编》本,上海:上海书店出版社,1990年。

嘉靖《续澉水志》,《中国地方志集成·乡镇志专辑》,上海:上海书店出版社,1992年。

嘉靖《衡州府志》,《天一阁藏明代方志选刊》本,上海:上海古籍书店,1963年。

隆庆《永州府志》,《四库全书存目丛书·史部》,济南:齐鲁社,1996年。

万历《金华府志》,《四库全书存目丛书·史部》,济南:齐鲁社,1996年。

万历《杭州府志》,《中国方志丛书》据明万历七年(1579年)刊本影印,台北:成文出版社有限公司,1983年。

万历《绍兴府志》,《中国方志丛书》据明万历十五年(1587年)刊本影印,台北:成文出版社有限公司,1983年。

《闽书》,何乔远编纂,福州:福建人民出版社,1995年。
《读史方舆纪要》,顾祖禹著,贺次君、施和金点校,北京:中华书局,2005年。
康熙《衢州府志》,《北京图书馆古籍珍本丛刊·史部》,北京:书目文献出版社,1988年。
康熙《衢州府志》,《中国方志丛书》据清康熙五十年(1710年)修、光绪八年(1882年)重刊本影印,台北:成文出版社有限公司,1975年。
康熙《耒阳县志》,《故宫珍本丛刊》本,海口:海南出版社,2001年。
雍正《浙江通志》,乾隆元年(1736年)刻本。
雍正《江华县志》,《故宫珍本丛刊》本,海口:海南出版社,2001年。
乾隆《绍兴府志》,《中国方志丛书》,台北:成文出版社有限公司,1983年。
乾隆《江南通志》,《中国地方志集成·省志辑·江南》据清乾隆元年(1736年)刻本影印,南京、成都:凤凰出版社、巴蜀书社等,2001年。
乾隆《歙县志》,《中国方志丛书》影印乾隆三十六年(1771年)刻本,台北:成文出版社有限公司,1975年。
嘉庆《大清一统志》,上海:上海古籍出版社影印《四部丛刊续编》本,2008年。
嘉庆《湖南通志》,嘉庆二十五年(1820年)刻本。
光绪《青浦县志》,《中国地方志集成·上海府县志辑》据光绪五年(1879年)尊经阁刻本影印,上海:上海书店出版社,1991年。
光绪《道州志》,《中国地方志集成·湖南府县志辑》,南京:江苏古籍出版社等,2002年。
民国《嵊县志》,《中国方志丛书》据民国三十三年(1944年)刊本影印,台北:成文出版社有限公司,1975年。
民国《木渎小志》,《中国地方志集成·乡镇志专辑》,南京:江苏古籍出版社,1992年。
民国《吴县志》,《中国地方志集成·江苏府县志辑》,南京:江苏古籍出版社,1991年。
《浙江全省舆图并水陆道里记》,《中国方志丛书》影印民国四年(1915年)石印本,台北:成文出版社有限公司,1970年。
《重修浙江通志稿》,民国浙江省通志馆编,浙江省地方志编纂委员会整理:北京：方志出版社，2010年。
《汉唐方志辑佚》，刘纬毅著，北京：北京图书馆出版社，1997年。

敦煌石室残本《修文殿御览》，《续修四库全书》编纂委员会编：《续修四库全书》本，上海：上海古籍出版社，2002年。
《北堂书钞》，虞世南著，天津：天津古籍出版社，1988年。
《艺文类聚》，欧阳询著，汪绍楹校，上海：上海古籍出版社，1999年。
《初学记》，徐坚等著，北京：中华书局，1962年。
《日藏弘仁本文馆词林校证》，许敬宗编，罗国威整理，北京：中华书局，2001年。
《太平御览》，李昉等编纂，北京：中华书局，1960年。
《太平广记》，李昉等编纂，北京：中华书局，1961年。
《文苑英华》，李昉等编纂，北京：中华书局，1966年。
《别国洞冥记》，郭宪著，《汉魏丛书》本，长春：吉林大学出版社，1992年。
《世说新语笺疏》，刘义庆著，刘孝标注，余嘉锡笺疏，周祖谟等整理，北京：中华书局，2007年。
《异苑》，刘敬叔著，范宁校点，《古小说丛刊》，北京：中华书局，1996年。
《幽明录》，刘义庆辑，《丛书集成初编》本，北京：中华书局，1991年。
《金楼子校笺》，许逸民校笺，北京：中华书局，2011年。
《〈观世音应验记三种〉译注》，董志翘译注，南京：江苏古籍出版社，2002年。
《新辑搜神记　新辑搜神后记》，干宝著，陶潜著，李剑国辑校，北京：中华书局，2007年。

《春秋左传注》，杨伯峻编著，北京：中华书局，2009年。
《战国策集注汇考（增补本）》，诸祖耿编撰，南京：凤凰出版社，2008年。
《国语集解》，徐元诰著，王树民、沈长云点校，北京：中华书局，2002年。
《论衡校释》，黄晖校释，《新编诸子集成》，北京：中华书局，1990年。
《淮南鸿烈集解》，刘文典集解，冯逸、乔华点校，《新编诸子集成》，北京：中华书局，2013年。

《焦氏易林校注》，焦延寿著，刘黎明校注，成都：巴蜀书社，2011年。
《管氏指蒙》，管辂著，《续修四库全书》本，上海：上海古籍出版社，2002年。
《扬雄方言校释汇证》，扬雄著，华学诚汇证，北京：中华书局，2006年。
《风俗通义校注》，应劭著，王利器校注，北京：中华书局，1981年。
《临海水土异物志辑校》，张崇根辑校，《中国农书丛刊·综合之部》，北京：农业出版社，1988年。
《齐民要术今释》，石声汉校释，北京：中华书局，2009年。
《直斋书录解题》，陈振孙著，徐小蛮、顾美华点校，上海：上海古籍出版社，2015年。
《戏鸿堂法帖》，董其昌编，北京：中国书店，1989年。
《籀庼述林》，孙诒让著，许嘉璐主编，雪克点校，《孙诒让全集》，北京：中华书局，2007年。

《比丘尼传校注》，释宝唱著，王孺童校注，北京：中华书局，2006年。
《高僧传》，释慧皎著，汤用彤校注，北京：中华书局，1992年。
《续高僧传》，释道宣著，郭绍林点校，北京：中华书局，2014年。
《大唐内典录》，释道宣著，《续修四库全书》本，上海：上海古籍出版社，2002年。
《法苑珠林校注》，释道世著，周叔迦、苏晋仁校注，北京：中华书局，2003年。
《一切经音义三种校本合刊》，徐时仪校注，上海：上海古籍出版社，2008年。
《历代三宝纪》，费长房著，《续修四库全书》本，上海：上海古籍出版社，2002年。
《大正新修大藏经》，台北：财团法人佛陀教育基金会印赠，1990年。
《卍新纂续藏经》，日本藏经书院编，台北：新文丰出版有限公司，1976年。
《抱朴子内篇校释》，葛洪著，王明校释，北京：中华书局，1985年。
《真诰校注》，吉川忠夫、麦谷邦夫编，朱越利译，北京：中国社会科学出版社，2006年。

《六臣注文选》，萧统编，李善等注，北京：中华书局，2012年。

《全上古三代秦汉三国六朝文》,严可均辑,北京:中华书局,1958年。
《汉魏六朝百三家集》,张溥编,光绪五年(1979年)刻本。
《汉魏六朝杂传集》,熊明辑校,北京:中华书局,2017年。
《全唐文》,董诰等编,北京:中华书局,1983年。
《古文苑》,《四部丛刊初编》本,上海:上海书店出版社,1989年。
《扬雄集校注》,扬雄著,张震泽校注,上海:上海古籍出版社,1993年。
《陆机集》,陆机著,金涛声点校,北京:中华书局,1982年。
《陆云集》,陆云著,黄葵点校,北京:中华书局,1988年。
《陆士衡文集校注》,刘运好校注,南京:凤凰出版社,2007年。
《陆士龙文集校注》,刘运好校注,南京:凤凰出版社,2010年。
《谢灵运集校注》,谢灵运著,顾绍柏校注,台北:里仁书局,2004年。
《谢宣城集校注》,谢朓著,曹融南校注,上海:上海古籍出版社,1991年。
《江文通集校注》,江淹著,丁福林校注,上海:上海古籍出版社,2017年。
《何逊集校注》,何逊著,李伯齐注,北京:中华书局,2010年。
《徐陵集校笺》,徐陵著,许逸民校笺,北京:中华书局,2008年。
《白居易文集校注》,谢思炜校注:北京:中华书局,2011年。
《孙可之文集》,孙樵著,《宋蜀刻本唐人集丛刊》,上海:上海古籍出版社,2013年。
《杨炯集笺注》,杨炯著,祝尚书笺注,北京:中华书局,2016年。
《韩昌黎诗系年集释》,韩愈著,钱仲联集释,上海:上海古籍出版社,1984年。
《欧阳修全集》,欧阳修著,李逸安点校,北京:中华书局,2001年。
《宋宝章阁直学士忠惠铁庵方公文集》,方大琮著,四川大学古籍整理研究所编:《宋集珍本丛刊》,北京:线装书局,2004年。
《西溪丛语》,姚宽辑,孔凡礼点校,北京:中华书局,1993年。
《攻媿集》,楼钥著,《四部丛刊初编》本,上海:上海书店出版社,1989年。
《贞素斋集》,舒頔著,《景印文渊阁四库全书》本,台北:台湾商务印书馆,1986年。
《揅经室集》,阮元著,邓经元点校,北京:中华书局,1993年。
《杨守敬集》,谢承仁编,武汉:湖北人民出版社、湖北教育出版社,1988年。

《养素堂文集》，张澍著，《续修四库全书》本，上海：上海古籍出版社，2002年。
《麓山精舍丛书》，陈运溶辑撰，长沙：岳麓书社，2008年。
《岭南遗书》，伍崇曜辑，伍氏粤雅堂刻本。
《二十五史补编》，二十五史刊行委员会编，北京：中华书局，1995年。
《先秦汉魏晋南北朝诗》，逯钦立辑，北京：中华书局，1983年。
《全唐诗》，彭定求等编，北京：中华书局，1960年。
《清代诗文集汇编》，上海：上海古籍出版社，2010年。

《宝刻丛编》，陈思编著，杭州：浙江古籍出版社，2012年。
《金石录校证》，赵明诚著，金文明校证，桂林：广西师范大学出版社，2005年。
《隶释 隶续》，洪适著，北京：中华书局，1986年。
《汉隶字源》，娄机著，《景印文渊阁四库全书》本，台北：台湾商务印书馆，1986年。
《八琼室金石补正》，陆增祥著，北京：文物出版社，1985年。
《潇湘听雨录》，江昱著，《四库全书存目丛书》，济南：齐鲁书社，1996年。
《二铭草堂金石聚》，张德容著，《石刻史料新编》第2辑，台北：新文丰出版有限公司，1979年。
《金石录补续跋》，叶奕苞著，《石刻史料新编》第1辑，台北：新文丰出版有限公司，1982年。
《两汉金石记》，翁方纲著，《石刻史料新编》第1辑，台北：新文丰出版有限公司，1982年。
《金石续编》，陆耀遹著，《石刻史料新编》第1辑，台北：新文丰出版有限公司，1982年。
《古泉山馆金石文编残稿》，瞿中溶著，《石刻史料新编》第2辑，台北：新文丰出版有限公司，1979年。
《闽中金石志》，冯登府编，《石刻史料新编》第1辑，台北：新文丰出版有限公司，1982年。
《平津读碑记》，洪颐煊著，《续修四库全书》本，上海：上海古籍出版社，2002年。

《校碑随笔》，方若著，《石刻史料新编》第2辑，台北：新文丰出版有限公司，1979年。

《增补校碑随笔》，王壮弘著，上海：上海书店出版社，2008年。

《千甓亭古砖图释》，陆心源著，杭州：浙江古籍出版社，2011年。

《浙江砖录》，冯登府辑，贾贵荣、张爱芳选编：《历代陶文研究资料选刊》，北京：北京图书馆出版社，2005年。

《温州古甓记》，孙诒让著，祝鸿杰点校，许嘉璐主编：《孙诒让全集》，北京：中华书局，2014年。

《余姚古砖》，陈元振、孙勤忠编著，杭州：西泠印社出版社，2021年。

《魏晉石刻資料選注》，三國時代出土文字資料班編著，京都：京都大學人文科學研究所，2005年。

《长沙走马楼三国吴简·竹简［叁］》，长沙简牍博物馆、中国文物研究所与北京大学历史学系走马楼简牍整理组编著，北京：文物出版社，2008年。

二、论著

《池内博士還曆紀念東洋史論叢》，東京：座右寶刊行会，1940年。

《傅乐成教授纪念论文集：中国史新论》，台北：台湾学生书局，1985年。

《湖南省道县地名录》，道县人民政府出版，1982年。

《湖南文物》编辑室编辑：《湖南文物》第1辑，长沙：湖南大学出版社，1986年。

《江苏文物综录》编辑委员会编：《江苏文物综录》，南京：南京博物院，1988年。

《歷史における民衆と文化——酒井忠夫先生古稀祝賀記念論集》，東京：国書刊行会，1982年。

John Agnew, Place and Politics in Modern Italy, Chicago: University of Chicago Press, 2002.

Tim Cresswell, Place: A Short Introduction, Malden, MA: Blackwell Pub, 2004.

Tim Cresswell著，徐苔玲、王志弘译：《地方：记忆、想象与认同》，台北：群学出版社，2006年。

参考文献

爱德华·雷尔夫著,刘苏、相欣奕译:《地方与无地方》,北京:商务印书馆,2021年。

鲍远航:《〈水经注〉与魏晋南北朝地理文学文献研究》,北京:中国社会科学出版社,2019年。

鲍远航:《东晋伏滔〈北征记〉考论——兼证老子故里》,《巢湖学院学报》2014年第2期。

北京大学中国古代史研究中心编:《田余庆先生九十华诞颂寿论文集》,北京:中华书局,2014年。

长沙简牍博物馆编:《长沙简帛研究国际学术研讨会论文集》,上海:中西书局,2017年。

陈阿依:《从昭觉古墓葬、古遗址谈"卑水"》,《四川文物》1990年第4期。

陈炳荣编著:《枫桥史志》,北京:方志出版社,1998年。

陈丹正:《隋唐时期宁波地区州县城址沿革三题》,《中国历史地理论丛》第23卷第2辑,2008年。

陈东:《汉代西南夷之"徙"及其去向》,《西南民族大学学报(人文社科版)》2009年第6期。

陈怀荃:《〈汉志〉分江水考释》,《历史地理》第3辑,上海:上海人民出版社,1983年。

陈健梅:《孙吴政区地理研究》,长沙:岳麓书社,2008年。

陈连庆:《孙吴的屯田制》,《社会科学辑刊》1982年第6期。

陈明忠:《试析福建六朝墓砖铭文》,《福建文博》2013年第2期。

陈槃:《陈槃著作集》,上海:上海古籍出版社,2009年。

陈桥驿:《〈水经注〉研究》,天津:天津古籍出版社,1985年。

尹全海:《"八姓入闽"考释》,《中州学刊》2015年第6期。

陈桥驿:《古代鉴湖兴废与山会平原农田水利》,《地理学报》1962年第3期。

陈桥驿:《水经注校证》,北京:中华书局,2007年。

陈桥驿编著:《〈水经注〉地名汇编》,北京:中华书局,2012年。

陈爽:《世家大族与北朝政治》,北京:中国社会科学出版社,1998年。

陈伟:《楚"东国"地理研究》,武汉:武汉大学出版社,1992年。

陈寅恪：《金明馆丛稿初编》，北京：生活·读书·新知三联书店，2011年。

陈寅恪著，万绳楠整理：《陈寅恪魏晋南北朝史讲演录》，合肥：黄山书社，1987年。

陈远志、林贤炳：《光泽县止马乡发现东汉墓》，《福建文博》1987年第1期。

陈征琳、邹逸麟等主编：《上海地名志》，上海：上海社会科学院出版社，1998年。

陈直：《福建崇安城村汉城遗址时代的推测》，《考古》1961年第4期。

陈志坚：《杭州初史论稿》，杭州：杭州出版社，2010年。

成都武侯祠博物馆编、谢辉主编：《诸葛亮与三国文化（七）》，成都：四川科学技术出版社，2014年。

仇鹿鸣：《略谈魏晋的杂传》，《史学史研究》2006年第1期。

川胜义雄著，徐谷芃、李济沧译：《六朝贵族制社会研究》，上海：上海古籍出版社，2007年。

崔富章：《沈约籍贯考》，《杭州大学学报》（哲学社会科学版）1980年第1期。

大川富士夫：《六朝江南の豪族社会》，東京：雄山閣，1987年。

戴卫红：《从湖南郴州苏仙桥遗址J10出土的晋简看西晋上计制度》，《中国社会科学院历史研究所学刊》第8集，北京：商务印书馆，2013年。

当涂县文物管理所：《当涂县发现东吴晚期地券》，《文物》1987年第4期。

邓少琴：《邓少琴西南民族史地论集》，成都：巴蜀书社，2001年。

冻国栋：《六朝至唐吴郡大姓的演变》，《魏晋南北朝隋唐史资料》第15辑，1997年。

杜正胜：《编户齐民——传统政治社会结构之形成》，台北：联经出版事业股份有限公司，1990年。

段义孚著，李旭旦、汤茂林译：《人文主义地理学》，《中国城市评论》第4辑，南京：南京大学出版社，2008年。

段义孚著，王志标译：《空间与地方：经验的视角》，北京：中国人民大学出版社，2017年。

段义孚著，志丞、刘苏译：《恋地情结》，北京：商务印书馆，2018年。

俄比解放：《四川省昭觉县出土的汉代画像砖石》，《考古与文物》1994年第3期。

俄比解放：《昭觉县四开乡出土十七方铜印》，《四川文物》1990年第1期。

方国瑜:《中国西南历史地理考释》,北京:中华书局,1987年。

斐迪南·滕尼斯著,张巍卓译:《共同体与社会》,北京:商务印书馆,2019年。

符杏华:《浙江绍兴碧波潭发现纪年墓》,《南方文物》1992年第4期。

福建博物院、福建闽越王城博物馆编:《武夷山城村汉城遗址发掘报告(1980—1996)》,福州:福建人民出版社,2004年。

福建博物院、福州市文物考古工作队:《福州冶山路财政厅工地发掘简报》,《福建文博》2005年增刊。

福建博物院:《福建政和县发现东汉晚期至三国时期窑址》,《南方文物》2013年第4期。

福建博物院:《南安丰州皇冠山墓群的发掘与收获》,《福建文博》2007年第3期。

福建博物院:《政和县凤凰山六朝墓第二次考古发掘简报》,《福建文博》2013年第4期。

福建博物院:《福建考古资料汇编(1953—1959)》,北京:科学出版社,2011年。

福建闽越王城博物馆:《浦城县上面山汉代遗址发掘简报》,《福建文博》2012年第1期。

福建省博物馆、福州市文物管理委员会:《福州怀安窑址发掘报告》,《福建文博》1996年第1期。

福建省博物馆、浦城县文化馆:《福建浦城吕处坞晋墓清理简报》,《考古》1988年第10期。

福建省博物馆、政和县文化馆:《福建政和松源、新口南朝墓》,《文物》1986年第5期。

福建省博物馆:《崇安城村汉城探掘简报》,《文物》1985年第11期。

福建省博物馆:《浦城吕处坞会窑古墓群清理简报》,《福建文博》1991年第1、2期合刊。

福建省泉州市文管办、福建省晋江市博物馆:《福建晋江霞福南朝纪年墓》,《南方文物》2000年第2期。

福建省炎黄文化研究会、中共南平市宣传部编:《武夷文化研究》,福州:海峡文艺出版社,2003年。

复旦大学历史地理研究中心、哈佛大学哈佛燕京学社编:《国家视野下的地方》,上海:上海人民出版社,2014年。

傅璇琮:《唐代诗人丛考》,北京:中华书局,1980年。

高恒:《秦汉简牍中法制文书辑考》,北京:社会科学文献出版社,2008年。

葛剑雄:《福建早期移民史实辨正》,《复旦学报(社会科学版)》1995年第3期。

葛剑雄:《秦汉的上计和上计吏》,《中华文史论丛》1982年第2辑。

宫川尚志:《六朝史研究·政治社会篇》,東京:日本学術振興会,1956年。

宫崎市定:《宫崎市定全集》7《六朝》,東京:岩波書店,1992年。

谷川道雄等编著:《中国辺境社会の歴史的研究》,昭和63年度科学研究費補助金総合研究(A)研究成果報告書,1989年。

谷川道雄主编:《日中国際共同研究:地域社会在六朝政治文化上所起的作用》,京都:玄文社,1989年。

谷川道雄著,李济沧译:《隋唐帝国形成史论》,上海:上海古籍出版社,2004年。

谷川道雄著,马彪译:《中国中世社会与共同体》,北京:中华书局,2002年。

谷川道雄著,牟发松译:《六朝时代城市与农村的对立关系——从山东贵族的居住地问题入手》,《魏晋南北朝隋唐史资料》第15辑,1997年。

顾从德编:《集古印谱》,长春:吉林出版集团责任有限公司,2010年。

顾江龙:《〈太康地记〉考》,首都师范大学历史学院:《"中古中国的政治与制度"学术研讨会论文集》,2014年5月。

顾颉刚:《顾颉刚古史论文集》,北京:中华书局,2011年。

关荣华:《斯人踪迹探寻》,《西南民族大学学报(人文社科版)》1990年第6期。

广州市文物管理委员会、中国社会科学院考古研究所等:《西汉南越王墓》,北京:文物出版社,1991年。

广州市文物考古研究所、中国社会科学院考古研究所等:《广州市南越国宫署遗址2003年发掘简报》,《考古》2007年第3期。

郭声波:《唐代褟属羁縻州及其部族研究》,《历史地理》第20辑,上海:上海人民出版社,2004年。

国家文物局主编:《中国考古60年:1949～2009》,北京:文物出版社,2009年。

国家文物局主编:《中国文物地图集·江苏分册》,北京:中国地图出版社,2008年。

韩连琪：《汉代的户籍和上计制度》，《文史哲》1978年第3期。
韩树峰：《汉晋时期的黄簿与黄籍》，《史学月刊》2016年第9期。
汉斯·比伦斯泰因著，周振鹤译：《唐末以前福建的开发》，《历史地理》第5辑，上海：上海人民出版社，1987年。
何德章：《魏晋南北朝史丛稿》，北京：商务印书馆，2010年。
贺次君：《水经注经流支流目》，《禹贡半月刊》第2卷第8期，1934年。
侯旭东：《北朝村民的世界——朝廷、州县与村里》，北京：商务印书馆，2005年。
侯旭东：《丞相、皇帝与郡国计吏：两汉上计制度变迁探微》，《中国史研究》2014年第4期。
侯旭东：《近观中古史——侯旭东自选集》，上海：中西书局，2015年。
侯旭东：《字词观史——从陈寅恪"凡解释一字即是作一部文化史"说起》，《北京大学学报（哲学社会科学版）》2020年第4期。
后晓荣：《秦代政区地理》，北京：社会科学文献出版社，2009年。
胡阿祥编著：《宋书州郡志汇释》，合肥：安徽教育出版社，2006年。
胡宝国：《汉唐间史学的发展（修订本）》，北京：北京大学出版社，2014年。
王琳：《六朝地记：地理与文学的结合》，《文史哲》2012年第1期。
胡鸿：《能夏则大与渐慕华风——政治体视角下的华夏与华夏化》，北京：北京师范大学出版社，2017年。
胡立初：《齐民要术引用书目考证》，济南：山东齐鲁大学国学研究所，1934年。
胡平生、张德芳编著：《敦煌悬泉置汉简释粹》，上海：上海古籍出版社，2001年。
胡顺利：《昭觉县东汉石表考释的几点辨正》，《四川文物》1988年第3期。
湖南省博物馆、复旦大学出土文献与古文字研究中心编纂：《长沙马王堆汉墓简帛集成》，北京：中华书局，2014年。
湖南省博物馆编：《马王堆汉墓研究文集——1992年马王堆汉墓国际学术讨论会论文选》，长沙：湖南出版社，1994年。
湖南省地方志编纂委员会编：《湖南省志》，长沙：湖南出版社，1995年。
湖南省文物考古研究所、郴州市文物处：《湖南郴州苏仙桥遗址发掘简报》，《湖南考古辑刊》第8集，长沙：岳麓书社，2009年。
湖南省文物考古研究所编著：《沅陵虎溪山一号汉墓》，北京：文物出版社，

2020年。
华国荣:《六朝墓文字砖的归类分析》,《南方文物》1997年第4期。
华林甫:《论两汉时期中国地名学的奠基》,《中国史研究》1996年第2期。
华林甫:《中国地名学源流》,长沙:湖南人民出版社,1999年。
黄承宗:《四川西昌城郊出土的石阙》,《文物》1979年第4期。
黄承宗:《西昌东汉、魏晋时期砖室墓调查》,《考古与文物》1983年第1期。
黄汉杰:《福建荆溪庙后山古墓清理》,《考古》1959年第6期。
黄宽重主编:《中国史新论·基层社会分册》,台北:联经出版事业股份有限公司,2009年。
黄荣春等编著:《闽越源流考略》,福州:海潮摄影艺术出版社,2002年。
黄学超:《〈水经〉文本研究与地理考释》,上海:复旦大学出版社,2021年。
黄亦钊:《霞浦发现东吴天纪元年墓》,《福建文博》1989年第1、2期合刊。
吉木布初、关荣华:《四川昭觉发现东汉石表和石阙残石》,《考古》1987年第5期。
建瓯县博物馆:《福建建瓯水南机砖厂南朝墓》,《考古》1993年第1期。
建瓯县博物馆:《福建建瓯阳泽晋墓清理简报》,《考古》1989年第3期。
建瓯县博物馆:《建瓯水南机砖厂南朝墓》,《福建文博》1989年第1、2期合刊。
建瓯县博物馆:《建瓯县阳泽晋墓清理简报》,《福建文博》1988年第1期。
江田祥、何超:《〈汉绥民校尉熊君碑〉所见汉末政局与荆南社会变动》,《西华师范大学学报》(哲学社会科学版)2014年第4期。
姜武福、张俊杰:《盛弘之〈荆州记〉成书年代考》,《古籍研究》1996年第3期。
角谷常子编:『古代東アジアの文字文化と社会』,京都:臨川書店,2019年。
金发根:《永嘉乱后北方的豪族》,台北:台湾"中国学术著作奖助委员会",1964年。
金华地区文管会:《浙江金华古方六朝墓》,《考古》1984年第9期。
晋江市博物馆:《霞福南朝墓清理简报》,《福建文博·晋江文物专辑》2000年第1期。
具圣姬:《两汉魏晋南北朝的坞壁》,北京:民族出版社,2004年。
孔祥军:《从新出土湖南郴州苏仙桥晋简看〈汉书·地理志〉之史源》,《南京晓庄学院学报》2014年第4期。

孔祥军：《西晋上计簿书复原与相关历史研究——以湖南郴州苏仙桥出土晋简为中心》，董劭伟主编：《中华历史与传统文化研究论丛》第1辑，北京：中国社会科学出版社，2015年。

堀敏一先生古稀記念集編集委員会編：《中国古代の国家と民衆：堀敏一先生古稀記念》，東京：汲古書院，1995年。

蓝勇：《四川古代交通路线史》，重庆：西南师范大学出版社，1989年。

耒阳县人民政府编：《湖南省耒阳县地名资料汇编》，1983年。

黎明钊：《辐辏与秩序：汉帝国地方社会研究》，香港：香港中文大学出版社，2013年。

李锦芳：《百越族系人名释要》，《民族研究》1995年第3期。

李晓杰、杨长玉等著：《古本与今本：现存〈水经注〉版本汇考》，上海：复旦大学出版社，2021年。

李晓杰主编：《水经注校笺图释 汾水涑水流域诸篇》，北京：科学出版社，2020年。

李晓杰主编：《水经注校笺图释 洛水流域诸篇》，北京：科学出版社，2021年。

夏婧：《〈水经注〉援引文献溯源研究》，博士后出站报告，复旦大学历史地理研究中心，2015年。

李晓杰主编：《水经注校笺图释 渭水流域诸篇》，上海：复旦大学出版社，2017年。

连云港市博物馆、东海县博物馆等编：《尹湾汉墓简牍》，北京：中华书局，1997年。

凉山彝族自治州博物馆、凉山彝族自治州文物管理所编：《一个考古学文化交汇区的发现——凉山考古四十年》，北京：科学出版社，2015年。

凉山彝族自治州博物馆、四川大学历史文化学院考古学系、昭觉县文物管理所：《四川昭觉县四开坝子汉代遗存的调查与清理》，《考古》2018年第8期。

凉山彝族自治州博物馆、四川大学历史文学院考古学系、昭觉县文管所：《四川昭觉县四开乡石棺墓地的清理》，《考古》2016年第8期。

凉山彝族自治州博物馆、昭觉县文管所：《四川凉山州昭觉县好谷乡发现的东汉石表》，《四川文物》2007年第5期。

凉山彝族自治州博物馆、凉山彝族自治州文物管理所编著：《凉山历史碑刻注评》，北京：文物出版社，2011年。

梁德水、墨僧编著：《两汉残石精粹》，郑州：河南美术出版社，2015年。

廖大珂：《梁安郡历史与王氏家族》，《海交史研究》1997年第2期。

林昌丈：《汉魏六朝墓砖铭文辑录校释（一）》，厦门：厦门大学出版社，2020年。

林昌丈、韩轲轲：《入闽陆路交通考补》，《中国社会经济史研究》2022年第4期。

林昌丈：《社会力量的合流与东吴政权的建立约论》，《魏晋南北朝隋唐史资料》第32辑，2015年。

林华东：《钱唐故址考辨》，《浙江学刊》1987年第3期。

林华东：《钱唐故址位置新考——兼论西部都尉和西湖的形成》，《东南文化》1990年第4期。

林华东：《越国固陵城考》，《东南文化》1986年第2期。

林华东：《越国固陵城再辨》，《浙江学刊》1993年第3期。

林汀水：《福建人口迁徙论考》，《中国社会经济史研究》2003年第2期。

林汀水：《闽东、闽北若干政区地名沿革考辨》，《厦门大学学报（哲社版）》1998年第1期。

林志伟：《东晋南朝陈郡阳夏谢氏的兴衰——一个门阀士族的个案研究》，台湾东海大学硕士学位论文，2000年。

林忠干：《福建地区出土的汉代陶器》，《考古》1987年第1期。

鈴木敏雄：《謝霊運の詩表現の一特色—「楚辞」との関連を中心に》，《中国中世文学研究》15，广岛大学文学部中国中世文学研究会，1981年。

刘弘：《崇山峻岭中的"绿洲"——安宁河文化遗存调查研究》，成都：巴蜀书社，2009年。

刘弘：《从川滇古道上的汉墓看汉代邮亭》，《四川文物》1990年第3期。

刘华祝：《试论两汉豪强地主坞壁》，《历史研究》1985年第5期。

刘季高：《东汉三国时期的谈论》，上海：上海古籍出版社，1999年。

刘俊文主编：《日本学者研究中国史论著选译》第3卷《上古秦汉》，北京：中华书局，1993年。

刘俊文主编：《日本学者研究中国史论著选译》第4卷《六朝隋唐》，北京：中华书局，1992年。

刘俊文主编：《日本中青年学者论中国史·上古秦汉卷》，上海：上海古籍出版社，1995年。

刘淑芬：《六朝的城市与社会》，台北：台湾学生书局，1992年。

刘纬毅、郑梅玲、刘鹰辑校：《汉唐地理总志钩沉》，北京：国家图书馆出版社，2016年。

刘钊：《古文字考释丛稿》，长沙：岳麓书社，2005年。

鲁西奇：《城墙内外：古代汉水流域城市的形态与空间结构》，北京：中华书局，2011年。

鲁西奇：《释"蛮"》，《文史》2008年第3期。

鲁西奇：《谁的历史》，桂林：广西师范大学出版社，2019年。

鲁西奇：《新县的置立及其意义——以唐五代至宋初新置的县为中心》，荣新江主编：《唐研究》第19卷，北京：北京大学出版社，2013年。

鲁西奇：《中国古代乡里制度研究》，北京：北京大学出版社，2021年。

鲁迅辑：《会稽郡故书杂集》，《鲁迅全集》第8卷，北京：人民文学出版社，1973年。

逯耀东：《魏晋杂传与中正品状的关系》，《中国学人》第2期，1970年。

罗新：《王化与山险——中古边裔论集》，北京：北京大学出版社，2019年。

罗宗真：《江苏宜兴晋墓发掘报告——兼论出土的青瓷器》，《考古学报》1957年第4期。

吕蒙、袁苹：《〈汉魏六朝碑刻校注〉汉碑释文补正》，《中华文化论坛》2014年第2期。

马非百：《秦集史》，北京：中华书局，1982年。

马念祖：《水经注引书考》，蟫吟社，1932年。

马王堆汉墓帛书整理小组编：《古地图论文集》，北京：文物出版社，1977年。

毛汉光：《两晋南北朝士族政治之研究》，"中国学术著作奖助委员会"丛书，1965年。

毛汉光：《中国中古政治史论》，上海：上海书店出版社，2002年。

毛瑞芳、邹麟:《四川昭觉县发现东汉武职官印》,《考古》1993年第8期。
毛远明编著:《汉魏六朝碑刻校注》,北京:线装书局,2008年。
蒙思明:《魏晋南北朝的社会》,上海:上海人民出版社,2006年。
蒙文通:《古地甄微》,《蒙文通文集》,成都:巴蜀书社,1998年。
那波利贞:《坞主考》,日本《東亞人文學報》1943年第2—4期。
纳日碧力戈:《姓名论》,北京:社会科学文献出版社,1997年。
南京博物院:《江苏吴县张陵山张氏墓群发掘简报》,《南方文物》2005年第4期。
南京博物院:《江苏义兴晋墓的第二次发掘》,《考古》1977年第2期。
南京市博物馆:《南京象山5号、6号、7号墓清理简报》,《文物》1972年第11期。
南京市文物保管委员会:《南京板桥镇石闸湖晋墓清理简报》,《文物》1965年第6期。
南越王宫博物馆筹建处、广州市文物考古研究所编著:《南越宫苑遗址:1995、1997年考古发掘报告》,北京:文物出版社,2008年。
聂溦萌:《中古地理书的源流与〈隋志〉史部地理篇》,《史林》2019年第4期。
宁波市文物考古研究所、宁波市文物保护管理所编著:《宁波文物考古研究文集(二)》,北京:科学出版社,2012年。
潘表惠:《浙江新昌出土的历代墓砖》,《东南文化》1992年第6期。
钱穆:《古史地理论丛》,北京:生活·读书·新知三联书店,2005年。
青山定雄:《六朝時代の地方誌について—撰者とその内容—(承前)》,《東方學報(東京)》第13册第1分册,東京:1941年。中译本见颐安译《六朝之地记》(二、三、四),北平《中和月刊》第4卷第3—5期,1943年。
邱建智:《中国中古"四姓"说之回顾与检讨》,《早期中国史研究》第2卷第1期。
泉州市文物保护研究中心:《泉州北峰南朝墓清理简报》,《福建文博》2005年第2期。
日本唐代史研究会编:『中国の都市と农村』,東京:汲古書院,1992年。
日比野丈夫:『唐宋時代に於ける福建の開發』,『東洋史研究』第4卷第3號,1939年。
厦门大学历史系考古专业、南平市博物馆:《福建建瓯市东峰村六朝墓》,《考古》2015年第9期。

商略、孙勤忠：《有虞故物——会稽余姚虞氏汉唐出土文献汇释》，上海：上海古籍出版社，2016年。

盛鸿郎主编：《鉴湖与绍兴水利》，北京：中国书店，1991年。

嵊县文管会：《浙江嵊县大塘岭东吴墓》，《考古》1991年第3期。

施蛰存：《水经注碑录》，天津：天津古籍出版社，1987年。

石硕、李锦、邹立波等：《交融与互动——藏彝走廊的民族、历史与文化》，成都：四川人民出版社，2014年。

石硕：《青藏高原东缘的古代文明》，成都：四川人民出版社，2011年。

史念海：《论班固以后迄于魏晋的地理学和历史地理学》，《中国历史地理论丛》1990年第1期。

史念海：《秦县考》，《禹贡半月刊》第7卷第6、7合期"古代地理专号"，1937年。

守屋美都雄著，梁辰雪译：《六朝门阀：太原王氏家系考》，上海：中西书局，2020年。

四川大学博物馆、四川大学考古学系、成都文物考古研究所编：《南方民族考古》第7辑《四川大学考古专业创建五十周年纪念专辑》，北京：科学出版社，2011年。

宋会群：《〈神汉桂阳太守周府君功勋之纪铭〉碑辑校和研究》，《韶关学院学报》2006年第8期。

宋少华、张春龙、郑曙斌等编著：《湖南出土简牍选编》，长沙：岳麓书社，2013年。

孙琪华著，蒙默、黎明春整理：《〈益州记〉辑注及校勘》，成都：巴蜀书社，2015年。

孙启治、陈建华编：《古佚书辑本目录》，北京：中华书局，1997年。

谭其骧：《长水集》，上海：上海人民出版社，1987年。

谭宗义：《汉代国内陆路交通考》，香港：新亚研究所，1967年。

汤用彤：《汉魏两晋南北朝佛教史（增订本）》，北京：北京大学出版社，2011年。

唐晓峰：《地理学与"人文关怀"》，《读书》1996年第1期。

唐晓峰：《还地理学一份人情》，《读书》2002年第11期。

唐燮军：《六朝吴兴沈氏及其宗族文化研究》，台北：文津出版社，2006年。

唐长孺:《唐长孺文集》,北京:中华书局,2011年。
藤家禮之助:《漢三國兩晉南朝の田制と税制》,東京:東海大学出版会,1989年。
天水市政协文史资料委员会、麦积山石窟研究所编:《天水文史资料(第十五辑)——冯国瑞纪念集》,兰州:兰州大学出版社,2009年。
田天:《秦汉国家祭祀史稿》,北京:生活·读书·新知三联书店,2015年。
田余庆:《秦汉魏晋史探微(重订本)》,北京:中华书局,2004年。
万光治:《汉赋通论》,成都:巴蜀书社,1989年。
王承略、刘心明主编:《二十五史艺文经籍志考补萃编》,北京:清华大学出版社,2012年。
王家佑:《四开军屯遗址调查记》,《凉山彝族奴隶制研究》1980年第1期。
王俊主编:《马鞍山六朝墓葬发掘与研究》,北京:科学出版社,2008年。
王莲瑛:《余姚西晋太康八年墓出土文物》,《文物》1995年第6期。
王谟:《汉唐地理书钞》(附麓山精舍辑本),北京:中华书局,1961年。
王万隽:《地方史的建立、延续与运用——以汉唐间的〈越绝书〉和〈吴越春秋〉为中心》,台湾师范大学硕士学位论文,2005年。
王新、叶玉琪:《吴县张陵山发现晋代铭文砖》,《东南文化》1985年。
王伊同:《五朝门第》,北京:中华书局,2006年。
王庸:《中国地理学史》,长沙:商务印书馆,1938年。
王元林:《秦汉时期南岭交通的开发与南北交流》,《中国历史地理论丛》第23卷第4辑,2008年。
王云路、许菊芳:《关于〈钱塘记〉的几个问题》,《文献》2007年第3期。
王允亮:《俯仰在兹——先唐地理观念与文学论稿》,北京:科学出版社,2018年。
王振镛:《论闽越时期的墓葬及相关问题》,《福建文博》1990年第1期。
魏斌:《单名与双名:汉晋南方人名的变迁及其意义》,《历史研究》2012年第1期。
魏斌:《东晋寻阳陶氏家族的变迁》,《中国史研究》2002年第4期。
魏斌:《古人堤简牍与东汉武陵蛮》,"中研院"历史语言研究所编:《"中研院"历史语言研究所集刊》85本第1分,2014年。
魏斌:《汉晋上计簿的文书形态——木牍和简册》,复旦大学历史学系、《中国中古史研究》编委会编:《中国中古史研究》第8卷《"'文'与'物'的生成"专号》,上海:中西书局,2020年。

魏斌:《吴简释姓——早期长沙编户与族群问题》,《魏晋南北朝隋唐史资料》第24辑,武汉:武汉大学文科学报编辑部,2008年。

魏斌:《五条诏书小史》,武汉大学中国三至九世纪研究所编:《魏晋南北朝隋唐史资料》第26辑,武汉:武汉大学人文社会科学报编辑部,2010年。

文物编辑委员会编:《文物资料丛刊》第1辑,北京:文物出版社,1977年。

吴春明:《崇安汉城的年代与族属》,《考古》1988年第12期。

吴春明:《福建秦汉墓葬的文化类型及其民族史意义》,《东南文化》1988年Z1期。

吴春明:《闽江流域先秦两汉文化的初步研究》,《考古学报》1995年第2期。

吴荣清:《吴县张陵山东山出土砖刻墓志》,《文物》1987年第11期。

吴小平:《汉晋南朝时期福建政治、经济中心区域的变迁》,《中国社会经济史研究》2000年第2期。

吴修安:《福建早期发展之研究:沿海与内陆的地域差异》,台北:稻乡出版社,2009年。

夏婧:《唐梁载言〈十道志〉辑校》,袁行霈主编:《国学研究》30卷,北京:北京大学出版社,2012年。

向群、万毅编:《岑仲勉文集》,广州:中山大学出版社,2004年。

谢道华、王治平:《建阳县邵口坉汉代遗址调查简报》,《福建文博》1990年第1期。

辛德勇:《两汉州制新考》,《文史》2007年第1期。

新昌文物志编纂委员会编:《新昌文物志》,北京:当代中国出版社,2001年。

邢义田:《今尘集——秦汉时代的简牍、画像与文化流播》,上海:中西书局,2019年。

邢义田:《论马王堆汉墓"驻军图"应正名为"箭道封域图"》,《湖南大学学报(社会科学版)》2007年第5期。

徐玉立主编:《汉碑全集》,郑州:河南美术出版社,2006年。

徐中舒:《论巴蜀文化》,成都:四川人民出版社,1982年。

徐中舒:《徐中舒历史论文选辑》,北京:中华书局,1998年。

严耕望：《魏晋南北朝佛教地理稿》，上海：上海古籍出版社，2007年。

杨琮：《崇安县城村汉城北岗遗址考古发掘的新收获》，《福建文博》1988年第1期。

杨琮：《福建战国秦汉考古的重要发现》，《福建文博》2002年第2期。

杨琮：《关于崇安等地出土汉代陶器的几点认识——兼与林忠干同志商榷》，《福建文博》1990年第2期。

杨琮：《论崇安城村汉城的年代和性质》，《考古》1990年第10期。

杨琮：《闽越国文化》，福州：福建人民出版社，1998年。

杨琮：《闽越文化新探索》，《东南学术》2004年第S1期。

杨际平：《从东海郡〈集簿〉看汉代的亩制、田产与汉魏田租额》，《中国经济史研究》1998年第2期。

杨际平：《杨际平中国社会经济史论集》第1卷《先秦秦汉魏晋南北朝卷》，厦门：厦门大学出版社，2016年。

杨宽：《古史探微》，收入《杨宽著作集》，上海：上海人民出版社，2016年。

杨宽：《战国史》，上海：上海人民出版社，2003年。

杨联陞：《东汉的豪族》，《清华学报（自然科学版）》第11卷第4期，1936年。

叶程义：《汉魏石刻文学考释》，台北：新文丰出版有限公司，1997年。

叶玉奇：《东晋顾楮墓在吴县出土》，《东南文化》1991年第6期。

叶韵翠：《批判地名学——国家与地方、族群的对话》，台湾大学地理学报编辑委员会编：《地理学报》第68期，2013年。

伊强：《〈光和四年石表〉文字考释及文书构成》，《四川文物》2017年第3期。

永田拓治：《上计制度与"耆旧传""先贤传"的编纂》，《武汉大学学报（人文科学版）》2012年第4期。

永田英正：《汉代石刻集成》，京都：同朋舍，1994年。

尤中编著：《西南民族史论集》，昆明：云南民族出版社，1982年。

约翰·布林克霍夫·杰克逊著，俞孔坚等译：《发现乡土景观》，北京：商务印书馆，2016年。

越智重明：《東晉南朝の村と豪族》，《史学雑誌》79卷第10号，1970年。

越智重明：《漢魏晋南朝の郷·亭·里》，《東洋学報》53卷第1号，1970年。

越智重明：《里から村へ》，《九州大学東洋史論集》第1辑，1973年。

詹姆斯·C.斯科特著，王晓毅译：《国家的视角：那些试图改善人类状况的项目是如何失败的》，北京：社会科学文献出版社，2019年。

张步天：《水经注地理疏证》，北京：线装书局，2017年。

张承宗：《三国"吴四姓"考释》，《江苏社会科学》1998年第3期。

张帆帆：《庾仲雍生平补证及其地记数种考论与辑补》，《中国地方志》2018年第2期。

张国淦：《中国古方志考》，北京：中华书局，1962年。

张恒、陈锡淋：《古剡汉六朝画像砖》，杭州：浙江人民出版社，2010年。

张俊彦：《真谛所到梁安郡考》，《北京大学学报》1985年第3期。

张修桂：《中国历史地貌与古地图研究》，北京：社会科学文献出版社，2006年。

张旭华：《东吴九品中正试探》，《郑州大学学报（哲学社会科学版）》2001年第1期。

章巽：《章巽文集》，北京：海洋出版社，1986年。

章巽：《真谛传中之梁安郡》，《福建论坛》1983年第4期。

漳浦县政协文史资料征集研究委员会：《漳浦文史资料》第6辑，1986年。

赵昌平：《关于顾况生平的几个问题——与傅璇琮先生商榷》，《苏州大学学报（哲学社会科学版）》1984年第1期。

赵超：《汉魏南北朝墓志汇编》，天津：天津古籍出版社，2008年。

赵克尧：《论魏晋南北朝的坞壁》，《历史研究》1980年第6期。

赵祎缺：《老子出生地厉乡与赖（濑）乡关系考》，《长江大学学报（社会科学版）》2015年第2期。

赵中亚选编：《王庸文存》，南京：江苏人民出版社，2014年。

曾凡：《福州洪塘金鸡山古墓葬》，《考古》1992年第10期。

曾凡：《关于福建六朝墓的一些问题》，《考古》1994年第5期。

郑德坤：《水经注引书考》，台北：艺文印书馆，1974年。

郑辉：《福建地区六朝考古的发现与研究》，《福建文博》2008年第4期。

郑辉、栗建安：《福建晋唐五代考古的主要收获》，《福建文博》2002年第2期。

郑张尚芳：《古越语地名人名解义》，《温州师范学院学报》1996年第4期。

中国科学院历史研究所编译组编译：《宫崎市定论文选集》，北京：商务印书馆，1963年。

中国科学院自然科学史研究所地学史组主编:《中国古代地理学史》,北京：科学出版社，1984年。

中国文物研究所、甘肃省文物考古研究所编:《敦煌悬泉月令诏条》,北京：中华书局，2001年。

钟翀:《姑末考——兼论江南河谷平原地带中历史人文地域之形成》,《杭州师范学院学报》2005年第1期。

钟翀:《释"姑妹"》,《浙江学刊》2001年第2期。

周振鹤:《体国经野之道：中国行政区划沿革》,上海：上海书店出版社，2009年。

周振鹤:《中国历代行政区划的变迁》,北京：商务印书馆，1998年。

朱道清编纂:《中国水系辞典》,青岛：青岛出版社，2007年。

朱海滨:《浦阳江下游河道改道新考》,《历史地理》第27辑，上海：上海人民出版社，2013年。

朱维幹:《福建史稿》,福州：福建教育出版社，1984年。

祝鹏:《读〈水经注〉溱水篇札记》,《中华文史论丛》1981年第4辑。

邹厚本:《东晋张镇墓碑志考释》,南京博物院:《文博通讯》1979年第10期。

佐藤達郎:《漢代の扁書・壁書：特に地方的教令との関係で》,《関西學院史学》第35卷，2008年。

后　记

　　小书脱胎于博士论文。目前呈现在读者面前的篇章结构，已经不是2013年6月提交博士论文时的原貌，但思路和问题意识仍是以博士论文为基础进行的延续和深化。通过博士论文答辩后，考虑论文使用史料的相对单一，在接下来的几年时间里，我尝试不断地拓展资料，重新审视博士论文的议题，进行相关篇章的修改。其中最明显的变化是，我花费较多的时间和精力去关注、整理墓砖铭文，试图将这一类资料运用到具体的论文修改和写作中去。意外的是，资料整理的工作占用了太多的精力，以至于今日还看不到尽头。我不知道自己是不是又陷入另一个"死胡同"，然而不可否认的一点是史料整理和史学研究之间是相辅相成，而非互相拖累。收入小书中的几篇文章，其最直接的灵感便是来自整理细碎而内容又寥寥无几的砖文的过程。

　　回想起来，自打高中二年级决定放弃理科学习后，我还隐约回忆起在日记本上开列过未来想实现的人生愿望，似乎在当时胪列的计划中就有"出版一部著作"这么一条。青涩岁月时憧憬过的未来理想，大多荒诞无稽、不切实际！遗憾的是现在已经找不到当时的日记本了。很多的人生愿景，早已随着年龄的徒长而被丢弃了，但唯独这一桩事，在很多年后竟然要实现了。

本科时期，我从对历史学不太感兴趣转变为"既来之则安之"的学习往事，至今历历在目。而带我进入历史学领域的是很多令人尊重的师长，尤值得感谢的是张侃和鲁西奇两位老师。张侃老师教我们需要关注身边的历史。记得当时每到寒暑假，自己就跑回老家的村子里翻箱倒柜，阅读族谱，找寻家族、地方的历史。关注地方社会中的家族这一重要因素，对我之后进入古代史领域的学习和研究帮助很大。研究生开始跟着鲁西奇老师念书、学习。2008年的冬天，随鲁老师第一次去汉中做田野调查。在考察期间，有两件事至今仍深深地刻在脑海里。一是在寒冬时节，鲁老师带我抄录、校对汉中的水利碑刻；二是天未亮，鲁老师就起来在宾馆里修改我那非常稚嫩的文稿。促使自己对历史学相关领域和课题发生兴趣并一直磕磕碰碰地坚持下来，离不开鲁老师对我的引导、鼓励和付出。

小书没有结论，也可能是自己刻意回避去做总结。在修改论文和成书的过程中，我追问自己书稿的修改方向在哪里。应该说，我大致找到了方向，但依然不明朗。六朝地域社会史的深入探究，总是受到史料缺乏的束缚。不过有一点需要表明，那就是：栖居于不同自然环境下的人群及其社会、经济行为、方式，构成了地方（地域）历史的主体。人群是谁以及他们的居地、身份（社会、政治身份）和阶层等情况，是本书的重心所在。本书还聚焦于不同地域的人群，发现那些名不见经传的地方小人物，观察他们生存、生活的一些面向。

小书中的部分篇章，曾先后在《历史研究》《文史哲》《中华文史论丛》《魏晋南北朝隋唐史资料》等刊物上发表。在论文撰写、修改的过程中，得到吴兆丰、刘莹、孙正军、胡鸿、孙齐、吕博、陆帅、李猛、聂溦萌、屈涛、葛少旗和席子涵等师友的热心帮助。形成书稿后，部分篇章的内容也经过了调整和修改。

博士毕业以来，业师鲁西奇教授仍旧关心我的学术成长，无论是论文的思路，还是书稿的框架和内容，时常给我启发。师母陈勤奋老师，在生活上给予我们很多照顾。做学生时，我们总是厚着脸皮去蹭师母做的美味佳肴；自己毕业、成家后，还在不断劳烦师母。在武汉大学三至九世纪研究所做博后期间，感谢冻国栋、徐少华、刘安志、杨华、魏斌、刘超和李永生等老师，给了我很多的帮助。吴兆丰、朱冶伉俪对我在生活上照顾颇多。2015年底回到厦大任教以来，感谢杨际平、张侃、林枫、毛蕾、靳小龙、水海刚、马一舟、周杨、孙飞燕等老师的关心和帮助。另外，特别感谢胡鸿、苗润博二位兄台的鼓励，使得我下定决心出版小书。感谢责编戴浴宇兄，在我对小书的出版一筹莫展之际，热心伸出援手。在定稿和校样的过程中，给他的工作增添了诸多麻烦。

内子轲轲，通读了小书，修正不少错误。在我忙乱之际，她分担了不少家庭事务。小女雪闲，总是一本正经地问我"你的书要出版啦"。她每次说这句话的时候，我的脑海中对书稿似乎有了条件反射，使自己不得不再多看一眼书稿。今年是内子和我结婚十周年，小书的出版，纪念我们那虽已逝去但仍旧值得回忆的岁月。

林昌丈

2024年9月30日于厦门大学联兴楼

图书在版编目（CIP）数据

生长于斯：六朝史上的"地方" / 林昌丈著. —
上海：东方出版中心，2024.12（2025.3重印）.
ISBN 978-7-5473-2380-9

Ⅰ.①生… Ⅱ.①林… Ⅲ.①历史地理-中国-六朝时代 Ⅳ.①K928.635

中国国家版本馆CIP数据核字（2024）第075638号

生长于斯：六朝史上的"地方"

著　　者	林昌丈
本书策划	戴浴宇
责任编辑	戴浴宇
封扉设计	甘信宇

出 版 人	陈义望
出版发行	东方出版中心
地　　址	上海市仙霞路345号
邮政编码	200336
电　　话	021-62417400
印 刷 者	山东韵杰文化科技有限公司
开　　本	890mm×1240mm 1/32
印　　张	14
插　　页	2
字　　数	286千字
版　　次	2024年12月第1版
印　　次	2025年3月第2次印刷
定　　价	78.00元

版权所有　侵权必究
如图书有印装质量问题，请寄回本社出版部调换或拨打021-62597596联系。